동물매개치료와 심리상담

김옥진 · 임세라 지음

동일출판사

저자약력

| 김옥진

- 서울대학교 수의과대학/대학원 졸업/수의학박사
- 서울대학교 수의과대학/대학원 졸업/수의학박사
- 現 원광대학교 동물매개치료 대학원 주임교수
- 現 한국동물매개심리치료학회 회장
- 주요저서 : 동물매개치료 이해와 적용, 문운당, 2012
  인간과 동물의 유대, 동일출판사, 2012
  동물매개치료학, 동일출판사, 2011
  동물매개치료, 학지사, 2007

| 임세라

- 성신여자대학교 대학원 임상심리 전공/박사과정 수료
- 성신여자대학교 일반대학원 임상심리박사과정 수료
- 現 원광대학교 보건보완의학대학원 외래 교수
- 現 한국동물매개심리치료학회 산학협력위원장
- 現 (사)한국예술치료학회 특별이사
- 주요저서 : 예술치료용어사전, 양서원, 2010
  다문화심리학, 시그마프레스, 2012
  임상심리학, 한국정보지원센터, 2013
  아동심리검사, 한국정보지원센터, 2013

머리말

인간과 동물의 유대(human and animal bond, HAB)는 동물과 사람 간에 끈끈한 감정을 말한다. 오늘날 인간과 동물의 유대는 개와 고양이 같은 반려동물들 뿐만 아니라 말이나 야생동물과 같은 다양한 동물 종에서도 접촉하는 사람과 동물 간에 이루어지고 있다.

인간과 동물의 유대는 최근에 동물매개치료로 발전하여 동물이 사람에 주는 이로운 이점들을 적극 이용하여 자폐나 치매, ADHD, 지적장애 등의 다양한 대상자들에 심리적, 신체적, 정신적 대체의학적 치료 효과를 얻고 있다. 동물매개치료 프로그램에 참여한 사람들이 보고하는 일화 같은 치료도우미동물에 의해 얻는 이점들에 대한 많은 보고들이 있다. 동물매개치료 프로그램은 의사, 간호사, 수의사, 동물매개치료사 등의 다양한 전문가들이 참여하는 협동 치료 프로그램이다.

저자들은 일찍이 동물매개치료의 무한한 가능성을 인지하여 국내 동물매개치료의 도입과 활성화에 노력을 기울여 왔다. 동물매개치료의 과학적 접근과 학술적 지원을 위하여 국내 유일의 동물매개치료 학술단체인 '한국동물매개심리치료학회'를 설립하여 동물매개치료의 효과에 대한 과학적 학술활동을 수행하여왔다. '한국동물매개심리치료학회'는 동물매개치료 전문인력 양성을 위해, 그 동안 동물매개심리상담사 자격 발급을 수행하여 왔다. 동물매개심리상담사 자격을 준비하는 수험생들과 동물매개치료에 관심 있는 일반인들에게 동물매개치료를 체계적으로 학습할 수 있는 동물매개치료 관련 전문 학술 도서를 계획한 바 있다.

현대사회에서 인간과 동물의 유대에 기초한 동물매개치료는 다양한 대상군에 적용되고 있으며 그 결과들 또한 과학적으로 검증되고 있다. 그 동안 동물매개치료의 과학적 연구 결과들에 대한 소개를 위해 교재 작성에 대한 마음은 있었으나 시간이 허락되지 않아 엄두를 내지 못하고 있었는데 더 이상 미룰 수 없어 그 동안 수집한 자료와 원고들을 정리해보고자 노력하였다.

동물매개치료는 자격을 갖춘 치료도우미 동물이 중재하여 사람 대상자의 심리치료와 재활치료 효과를 얻는 보완대체의학적 방법이다. 동물매개심리상담사는 동물매개치료 프로그램의 계획, 운영 및 평가를 담당하는 전문가로 최근 동물매개치료의 확대와 더불어 그 수요가 크게 증가하고 있는 상황이라 할 수 있다.

본 교재가 동물매개심리상담사를 준비하는 수험생들에게 학습의 길잡이 역할을 하는 지침서가 될 것으로 기대하며, 아울러 본 교재의 완성을 위하여 인용 및 발췌를 허락하여 주신 여러 선배님께 감사드린다. 또한 본 교재가 출간되어 동물매개심리상담사 자격 준비와 동물매개치료 학습에 큰 도움이 될 수 있도록 기꺼이 출판을 허락해주신 동일출판사 임직원님들께 감사를 드린다.

본 교재가 동물매개치료의 이해를 도모하고 동물매개심리상담사의 방향을 제시하여 줄 수 있으면 하는 바람으로 이 글을 맺을까 한다.

저자 일동

차 례

제 1 부 동물매개치료의 이해와 실제

제 1 부

동물매개치료의 이해와 실제

제 1 장

동물매개치료의 이해

1.1 인간과 동물의 유대

1. 인간과 동물의 긍정적 관계

(1) 최근 연구들에 의하면 반려동물과의 동반은 주인들의 건강을 증진시키는 것으로 밝혀지고 있다. **반려동물의 소유**(pet ownership)는 북부 이스라엘에서 발견된 12,000년 전 구석기 무덤에서 사람과 개가 함께 묻혀있는 예에서 보듯이 오래된 역사를 가지고 있다. 구석기 시대의 이 무덤에서 발견된 사람의 한쪽 팔이 함께 발견된 개의 어깨 위에 놓여 있는 것으로 발견되어 주인과 개의 강한 애정에 대한 추정이 가능하였다. 동물의 **가축화**(domestication)는 식량자원으로서의 역할과 운반을 위한 사역 동물로 활용하기 위하여 인류의 오랜 역사 전에 이루어진 것으로 알려져 왔으나 이 구석기 무덤의 개와 사람의 뼈 발굴 이후로 동물들이 **반려감**(companionship)을 목적으로 사람에 의해 길들여진 것이라는 주장이 설득력 있게 제기되었다.

(2) **인간과 동물의 유대**(human and animal bond, HAB)는 이와 같이 동물과 사람 간에 끈끈한 감정을 말한다. 인간과 동물의 유대는 구석기 무덤의 주인과 개의 관계에서 보듯이 사람이 가장 먼저 가축화한 개와 가장 먼저 이루어졌을 것으로 판단되며, 오늘날 인간과 동물의 유대는 개와 고양이 같은 반려동물들 뿐만 아니라 말이나 야생동물과 같은 다양한 동물 종에서도 접촉하는 사람과 동물 간에 이루어지고 있다.

2. 인간과 동물과의 유대

(1) **인간과 동물의 유대**(Human-Animal Bond, HAB)의 Bond는 "얽음"으로서 잘 표현되고 있다. 인간과 동물은 오랜 역사 가운데 함께 노력하여 생활하여 왔었고, 사람과 동물이 자연과 함께 어울려 생활하던 그 시대에는 그렇게 화제가 되지 않았다가 근래에 와서 동물과의 관계와 만남이 되어있는 지금, 왜 주목하고 이를 위해서 노력하기 시작하는가 하면 악화되어 가는 지구 환경 가운데 자연과 동물과의 만남의 기회를 잃어서 사람의 영육에 위험을 느꼈기 때문이라고 본다.

(2) **인간과 동물의 유대**는 사람과 동물과의 상호작용에서 생기는 사람과 동물 쌍방에 정신적, 신체적으로 생기는 좋은 효과를 인식해 사람과 동물 쌍방의 행복을 증진시키고 양자의 복지를 증진할 수 있다.

(3) 1970년대부터 세계 각국에서 사람과 동물과의 유대를 중요시하는 활동이 시작되었다. 이러한 활동의 중심이 된 것은 수의사나 정신과 의사였으며 1978년 워싱턴 주립대학에서 제 1회 회의를 개최하였었다.

(4) 이를 계기로 하여 세계각지에서 활동을 추진하는 그룹이 탄생하였다. 그 중에서도 세계적인 활동을 주동하는 미국의 **델타 소사이어티**는 1970년대 초에 동물이 인간의 중요한 동료로 인식하는 전문가의 작은 그룹, 델타 파운데이션으로 발족하여 1981년 공익법인으로 하여 전 미사무국을 가져 인간과 동물의 상호작용에 관하여 세계적인 정보 센터로서 프로그램의 입안과 실천, 조사연구, 교육과 봉사, 정기간행물의 발행 등의 활발한 활동을 하며 미국, 캐나다, 호주에 지부를 갖고 있는 단체이다.

(5) **인간과 동물의 유대**란 인간과 동물 간에 상호 교감을 말한다. 인간은 사육하는 동물과의 상호 교감으로부터 많은 이로운 반응들을 얻을 수 있다. 최근인간과 동물의 유대에 대한 체계적인 연구가 활발히 수행되고 있으며, 이를 이용한 사람의 치료, 즉 동물매개치료가 수행되고 있다. 인간과 동물의 유대감과 관계에 대한 많은 연구들과 애완동물이 인간에게 주는 이점들에 대한 많은 연구들이 있다.

(6) 많은 전문가들은 동물들이 사람의 사회성을 증가시키고 통증을 잊게 해 주기도 한다고 하였다. 많은 연구가들이 동물이 인간의 삶의 질을 향상시킨다고 보고하고 있다. 동물매개치료 프로그램을 통하여 환자의 건강을 향상시킨다는 많은 보고들이 있다.

1.2 동물매개치료 관련 정의

1. 인간과 동물과의 유대 (Human Animal Bond, HAB)

HAB는 사람과 동물과의 상호작용에서 생기는 사람과 동물 쌍방에 정신적, 신체적으로 생기는 좋은 효과를 인식해 사람과 동물 쌍방의 행복을 증진시키고 양자의 복지를 목적으로 한다.

2. 동물매개활동(Animal Assisted Activity, AAA)

사람과 동물과의 상호작용을 통하여 사람들의 정서적인 안정과 심리적인 안정, 신체적인 발달을 촉진시켜 삶의 질을 향상시키는 것이다. 즉 전문적인 치료활동이라기 보다는 반려동물과 함께 즐거운 시간을 보내는 정도의 오락적, 교육적, 예방적 기능에 중점을 두는 활동이다.

▮ 수동적 매개활동

수동적 활동은 동물들을 특별히 훈련시킬 필요가 없고 활동에 특별한 능력이나 기술이 필요하지 않다. 이런 경우 동물의 역할은 수동적이며 사람들은 동물을 직접 만질 수 없으나 동물들의 몸짓이나 노래 소리를 보고 들으면서 효과를 얻게 된다.

▮ 상호작용적 매개활동

이 활동은 사람들이 직접 동물과의 상호작용을 통하여 동기를 유발시키고 신체적 활동의 증가와 사회성 등을 향상시키는 적극적인 동물매개활동이다.

3. 동물매개치료(Animal Assisted Therapy, AAT)

치료도우미 동물이 중재되어 대상자의 심리상담 또는 재활치료 효과를 얻기 위해 전문가인 동물매개심리상담사가 프로그램을 계획하고 운영하며 효과를 평가하는 전문적인 보완대체의학적 치료 행위이다.

1.3 동물과 유대에 의한 이점

1. 동물과의 관계형성이 주는 이점

인간은 사육하는 동물과의 상호 교감으로부터 많은 이로운 반응들을 얻을 수 있다. 최근 인간과 동물의 유대에 대한 체계적인 연구가 활발히 수행되고 있으며, 이를 이용한 사람의 치료, 즉 동물매개치료가 수행되고 있다.

▮ 인간과 동물의 상호반응에 대한 신체적 반응

① 인간과 개의 상호반응이 이루어내는 긍정적 활동 후 약 15분 정도에 옥시토신, 도파민, 프로락틴, 페닐틸라민, 베타엔돌핀과 같은 감정에 이로운 신경화학물질 분비에 변화가 일어난다. 여러 연구가들이 동물과의 상호반응이 인간의 혈압을 낮추는 효과가 있다 보고하고 있다. 인간이 그들의 애완동물을 귀여워하는 행위로 인간과 동물의 유대감이 형성되고 결과적으로 확장기와 **수축기 혈압이 낮아진다**는 것이다. 스트레스를 받는 수학문제를 푸는 상황에서 그들의 애완견이 있을 때와 없을 때의 혈압을 비교하였을 때 애완견이 있는 경우가 혈압이 낮아지는 것을 알 수 있었다

② 인간과 동물의 만남이 관상동맥 질환 환자들에서 **혈압과 스트레스 감소**로 결과적으로 1년 생존율을 높여준다고 한다. 이러한 현상은 보다 큰 규모의 대상자들을 참여한 연구에서도 동일하게 나타났다. 애완동물은 나이든 성인들의 신체적인 건강을 향상시키는데 도움을 준다. Anderson 등(1992)은 애완동물을 키우는 것이 **확장기 혈압 저하, 트리글리세라이드 및 콜레스테롤의 감소 효과**가 있다 보고하였다. Lago 등(1989)은 애완견 소유가 의욕(morale)을 높이고 결과적으로 **건강을 향상**시킨다고 보고하였다. 애완동물을 키우는 것이 인간과 동물의 유대감에 의한 정신적 이로움뿐 아니라 신체적 운동의 증가로 인간의 건강 향상에 큰 도움을 주며, 소규모의 제한된 임상 환경인 동물매개치료 또는 방문 활동에서도 이러한 이로운 결과를 얻어낼 수 있다고 한다. 예를 들면 물고기가 수영하는 비디오테이프를 보도록 한 참여자보다 수족관을 설치하여 수영하는 실제 물고기를 보게 한 참여자들이 더 큰 이완반응을 받는 것으로 보고되고 있다. 또한 치료견 방문 프로그램에 참여한 그룹이 그렇지 않은 그룹 보다 확장기와 수축기 혈압이 감소되었다.

▮ 인간과 동물의 유대에 의한 정신과학적인 반응

① 사회적 스트레스 인자들은 인간과 동물에서 면역 저하와 같은 신체에 해로운 결과들을 유발 한다. 예를 들면 squirrel monkey를 가지고 한 실험의 결과 엄마와 새끼를 정상보다 일찍 떨어뜨리면 면역 기능이 떨어지는 것으로 보고되고 있다. 유사하게 실험동물의 스트레스를 가하면 암, 전염병, 및 다른 질병에 대하여 체액성 및 세포성 면역 모두 저하되어 감수성이 증가한다고 보고되고 있다.

② 다양한 연령 그룹에서 애완동물은 **스트레스 경감**, **위안**, **정신적 지지(support)**를 제공한다고 한다. Trienenbacher(1998)은 5학년 미만의 초등학생들을 대상으로 조사한 결과 대다수가 방과 후 집에 돌아갈 때 그들의 애완동물을 보고 기뻐하며 애완동물이 자신의 말을 알아듣고 사랑을 주는 것으로 생각한다고 보고하였다.

③ 젊은 여성에서 가족들과 함께 생활하는 경우 보다 혼자 사는 경우에 그들의 애완동물이 가족의 일부로서 느끼는 경향이 강하다. 복지시설에 거주하는 노인의 경우에 애완동물은 즐거움과 의지와 이완 효과를 준다. 그들은 자녀가 있거나 없는 것에 상관없이 애완동물을 자식처럼 생각하는 것으로 보고되었다.

④ 요양원에 방문치료의 한 결과도 애완동물의 방문이 **자기의식의 향상**, **사회경쟁력**, **흥미**, **정신사회적 기능**, **삶의 만족**, **개인적 청결도**, **정신적 기능을 개선하고 우울감을 감소**시킨다고 보고되었다. 다른 연구에서도 요양소의 노인들과 치매(dementia) 환자에서 개와 반응을 통하여 사회적 상호반응이 증가된 것으로 나타났다.

2. 동물매개치료 이점

(1) 동물들이 인간과 동물의 유대감을 이용하여 질병을 가진 사람의 임상적 치료 영역에 하나 또는 두 가지 방식으로 활용될 수 있다. 방문치료가 가장 흔한 형태의 **동물매개치료** 방법이다. 치료동물을 데리고 병원이나 요양소와 같은 환자가 있는 곳을 **방문하는 방법**(visiting program)이다. 다른 하나는 치료동물이 있는 기관에 **거주하는 프로그램**(residential program)으로 동물매개치료가 이루어지는 것이다. 동물매개치료의 효과에 대한 연구가 가장 많이 이루어지는 기관은 장기요양시설이다. 일부 소수 보고들에 의하면 거주프로그램 보다 방문프로그램이 더 효과적이라고 한다. 그러나 알츠하이머 병동의 노인 환자를 대상으로 한 다른 연구에 의하면 방문프로그램과 거주프로그램 모두 환자의 사회 행동의 개선을 가져왔고 그 효과 정도에서 두 방법 간에 차이는 보이지 않았다고 한다.

(2) 거주프로그램에 의한 동물매개치료는 참여한 노인과 스텝 직원들에게 긍정적인 결

과를 얻는 것으로 보고되고 있다. Winkler 등(1989)은 간호스텝직원들과 노인 환자 간에 치료동물의 존재로 보다 사회적 상호반응이 증가하였다고 한다. 유사한 보고가 Brickel(1979)에 의하여 이루어졌는데 두 마리의 치료고양이와 노인 환자의 만남이 환자의 활동성을 증가시키고 보다 편안한 마음을 가지게 한 것으로 보고하고 있다.

(3) 방문프로그램 또한 장기요양시설과 같은 시설과 병원의 환자에게 적용되어 건강의 향상을 가져온다. 가장 많은 보고들은 장기요양시설의 노인들에게 방문프로그램이 **사회적 상호반응을 증가**시킨다는 것이다. 이러한 결과는 매우 가치 있는 것이다. 요양시설의 가장 큰 문제점이 고립감과 사회 상호반응의 감소인데 방문프로그램에 의한 동물매개치료는 이러한 문제점을 해결함으로서 환자들의 건강 회복을 가져올 수 있다.

(4) 동물매개치료의 치료동물의 종류는 다양한데 가장 흔히 사용되는 개 이외에 고양이, 수족관 물고기 등이 있는데 연구 수가 적고 통계적 유의성에 대한 검증 또한 필요하다.

(5) 다른 문제로 다양한 집단의 환자군에서 동물매개치료에 대한 효과 연구가 수행되어야 한다. 암환자, AIDS 환자, 어린이 환자 등의 연구가 적은 편이고 향후 다양한 집단의 특성에 맞는 다양한 프로그램의 개발과 전염 관리 방법 등의 지침서 개발이 필요하다.

▮ 신체적 이점 (Physiologic benefits)

① AAT의 신체적 이점을 뒷받침하는 대부분의 연구들은 AAT가 환자들에게 **혈압과 심박수 감소 및 이완반응(relaxation)을 증가**하는 것을 보고하고 있다. 1992년에 호주의 멜버른에 있는 무료진료소에서 심혈관질환 검사 프로그램에 참여한 5,741명의 환자들을 대상으로 애완동물의 사육 여부를 조사하였다. 결과는 애완동물을 키우는 사람들이 트리글리세라이드 수준과 혈압이 키우지 않는 사람보다 유의하게 낮았다. 2001년 30명의 남자와 30명의 여자를 대상으로 애완견 소유와 고혈압의 상관관계에 대한 연구가 수행되었다. 참여 대상자들의 평균 혈압은 145/92 mmHg이었다. 연구를 위한 대상자들을 두 그룹으로 나누었다. 한 그룹은 유기견 보호소로부터 개를 분양 받아 키우도록 하였고 다른 그룹은 고혈압에 대한 약물 처방을 받도록 하였다. 정신적인 스트레스 테스트가 가해진 후 대상자들의 혈압, 심박수를 연구를 시작하는 날과 3개월 후에 각각 검사하였다. 연구 시작하는 시점에서 스트레스 테스트를 가한 후 혈압 수준이 두 그룹 모두에서 유의하게 상승하였다. 3개월 후 두 그룹간에 놀라운 차이가 나타났다. 약물처방을 받는 그룹의 대상자들은 활동 기간에 혈압의 유의

한 변화가 없었으나 개를 키우는 그룹은 일상 혈압의 유의한 감소가 나타났다.

② AAT를 위한 과학적 기초를 확립하기 위한 시도로 1999년 18명의 사람과 18두의 개를 이용한 연구에서 동맥압과 신경화학물질을 참여한 사람과 동물에서 측정하였다. 이 연구에서 사람과 개의 상호반응은 스트레스를 감소하는 활성을 가지고 있음이 증명되었다. 이 연구는 옥시토신, 프로락틴 및 엔도르핀 수준을 측정하여 스트레스 감소 효과를 직접적으로 증명하였다.

③ 동물을 이용한 재활프로그램의 사례 보고들은 AAT의 다른 이점들을 보여주고 있다. 예를 들어 뇌졸증을 가진 환자가 개를 키우면서 개의 브러시 질을 하면서 팔목의 힘과 근력이 증가 되었다.

▮ 감정적 이점 (Emotional benefits)

① 대부분의 사람들은 동물들과 상호반응 하면서 즐거움을 받는다. 일부 연구 보고들에 의하면 이러한 동물들과 상호반응이 정신병적인 이점을 가지고 있다고 한다. Barak 등은 **정신분열증**(schizophrenia)을 가진 노인과 환자를 대상으로 1년간의 AAT 연구를 수행하였다. 참여자들은 12개월 동안 1주일에 4시간을 개와 고양이와 만남을 가졌다. 다른 그룹은 최근 뉴스를 읽거나 토론하는 10명으로 구성되었다. 결과적으로 AAT 그룹의 참여자들은 **사회 활동의 증가, 1일 활동의 증가 및 충동 억제력 증가** 등을 뉴스 그룹의 참여자들 보다 유의하게 보였다.

② Conner와 Miller는 AAT의 여러 정신과적인 이점에 대하여 보고된 문헌 검토 연구를 수행하였다. 그 결과 AAT는 **스트레스 수준의 감소, 자기 가치에 대한 감정의 증가, 신체의 변화에 대한 적응력 증가**를 가져온다고 한다. Barker와 Dawson은 치료 레크리에이션 활동을 받은 그룹에 비교하여 AAT를 받은 그룹의 참여자들은 근심(anxiety) 척도에서 2배로 감소되었다.

③ 교도소들 중에 죄수의 행동 변화 프로그램으로서 또한 모범 행동에 대한 보상으로서 동물 상호반응을 이용하였다. 죄수들이 동물들을 훈련하는 프로그램을 만들었고 이 프로그램은 참여한 죄수들이 자기를 존중하는 마음을 증진시켰다.

▮ 접촉의 이점 (Benefits of touch)

AAT의 접촉에 의한 이점에 대한 연구보고는 매우 적은 편이다. Stanley는 텍사스에 있는Trinity Mother Frances Health System에서 이와 관련된 연구를 수행하였다. 10명의 환자에서 AAT를 수행하기 전과 수행 후의 환자의 감정을 평가하였다. 환자들은 매일 5분 정도를 개를 쓰다듬고 안아주는 것에 의해 개와 상호반응을 하였다. 결과적으로 참여 환자들은 **분노, 적대감, 긴장, 근심의 감소**를 가져왔다.

3. 동물매개치료의 특징

▌살아있는 생명체를 매개로 한다.

① 동물매개치료는 다른 심리상담과 달리 살아 움직이는 생명체인 동물을 활용하여 대상자를 치료하는 특수한 심리상담의 한 방법이다. 동물에게는 우리 사람과 똑같이 생명이 있고 또한 따뜻한 체온이 있다. 그러므로 도움을 필요로 하는 대상자와 생명이 있는 동물, 그리고 이들의 관계를 도와주고 치료적인 개입을 하는 동물매개심리상담사의 관계가 형성되는 것이다. 성공적인 치료환경을 위해서는 대상자와 동물매개심리상담사의 관계형성이 중요하지만 매개동물은 대상자와의 친밀감뿐만 아니라 동물매개심리상담사와 대상자의 관계형성에도 중요한 역할을 한다.

② 그러므로 동물매개심리상담사는 대상자와 매개동물이 원만한 관계를 유지하고 발전시켜 나갈 수 있도록 조정자의 역할을 해야 하며 그러기 위해서는 대상자인 인간 심리와 가지고 노는 놀이기구나 장난감이 아닌 생명체인 매개동물의 행동이나 심리에 대한 깊은 이해와 응용기술이 필요하다.

▌감정을 갖고 있어 상호역동적인 작용을 한다.

① 동물매개치료는 생명이 있고 따뜻한 체온이 있고 사람과 같은 감정을 갖고 있기 때문에 동물과의 생활이나 상호작용에 의하여 이루어진다. 동물은 대상자가 잘 보살피고 애정을 갖는 만큼 잘 따르고 재롱도 부리며 사람들과의 감정교류가 가능하기 때문에 대상자의 행동이나 반응에 따라 매개동물의 반응도 다르게 나타나며 대상자와 언어적, 비언어적, 신체적 교류가 상호간에 이루어 질 수 있다. 그러므로 동물매개치료는 대상자의 신체적, 정신적, 심리적 효과가 매우 크고 빠르게 나타날 수 있다.

② 또한 동물매개치료는 살아있는 동물을 매개로 하기 때문에 대상자의 친구로서, 생활의 동반자적인 역할을 할 수 있다. 매개동물과의 상호작용과 보살핌, 접촉을 통해 동료의식과 생명존중, 공동체의식을 갖게 되어 타인에 대한 이해와 사회화를 촉진할 수 있다.

▌동물은 대상자를 차별하지 않는다.

① 동물은 사람들에 대해 성별이나, 생활수준, 외모나 장애 등에 관계없이 비판적이지 않고, 무조건적으로 수용하고, 옛날이나 지금이나 항상 타고난 모습 그대로 순수함을 유지하고 있다. 대상자들은 이런 동물과의 관계를 통하여 상실되어가는 인간 본연의 모습을 되찾을 수 있다. 동물은 사람들과 같이 상대방을 다른 사람과 비교하거나 비판하지 않고 차별하지 않는다. 어떤 사람이나 자신을 대하는 정도에 따라 공평

하게 있는 그대로 받아들인다. 그러므로 대인관계에 어려움이 있거나 마음의 문을 열지 못하는 사회정서적인 문제가 있는 장애인, 소외계층의 사람, 범법자 등의 사회심리적 재활과 회복에 효과적이다.

② 동물은 대상자가 어떤 행동과 관심을 보이느냐에 따라 동물의 행동이나 반응도 달라지기 때문에 대상자들은 이런 동물의 행동과 반응에 적응해가면서 바람직한 대인관계의 방법과 사회성, 그리고 조건 없는 사랑과 친화성을 배우게 된다.

▌다학제적인 전문분야이다.

① 동물매개치료는 심리상담의 한분야로서 동물을 매개로하여 치료자가 의도적이고 계획적인 활동을 통하여 대상자를 심리적, 인지적, 정서적, 사회적, 교육적, 신체적인 발달과 적응력을 향상시킴으로서 육체적인 재활과 정신적인 회복을 추구하는 전문적인 분야이다.

② 동물매개치료는 **대상자**, **치료도우미동물**, 동물매개심리상담**사**의 구성요소를 갖게 된다. 이 중에서도 치료의 주체는 동물매개심리상담**사**라고 할 수 있다. 그러므로 치료사는 대상자의 심리재활을 위한 심리학, 상담학, 정신병리, 복지학, 재활의학, 인간행동과 사회환경 등의 심리상담에 관한 전반적인 지식뿐만 아니라, 매개동물의 생

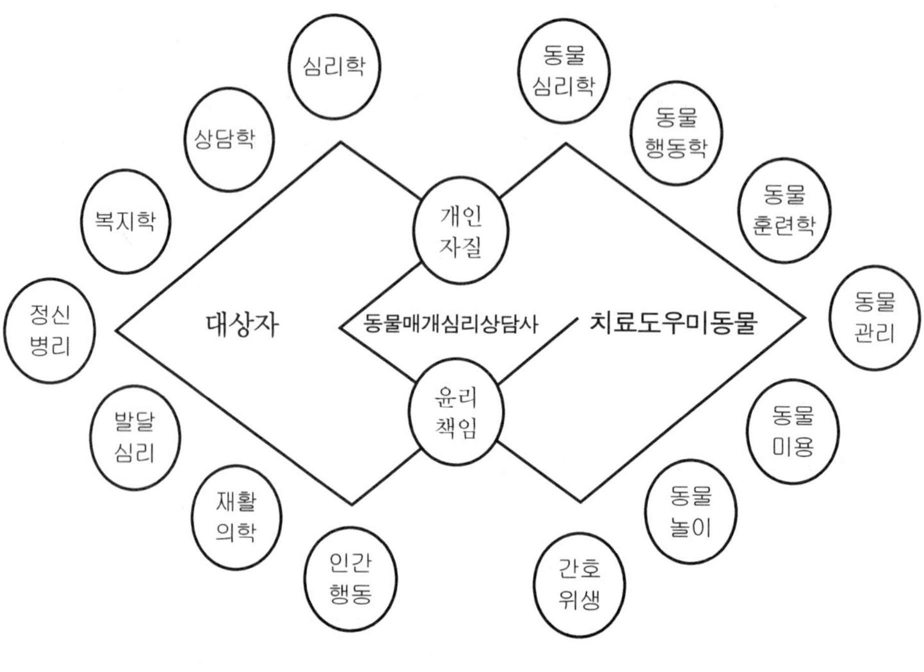

| 그림 1-1 동물매개치료의 다학제적 특성 |

리와 심리, 행동, 관리, 훈련, 위생과 활용하고자하는 동물의 특성 등에 대한 전문적인 지식과 응용기술이 있어야하고, 치료사의 개인적인 자질은 물론 치료사로서의 윤리적, 전문가적 책임을 가진 치료사에 의해서 이루어지는 다학제적인 전문 분야인 것이다.

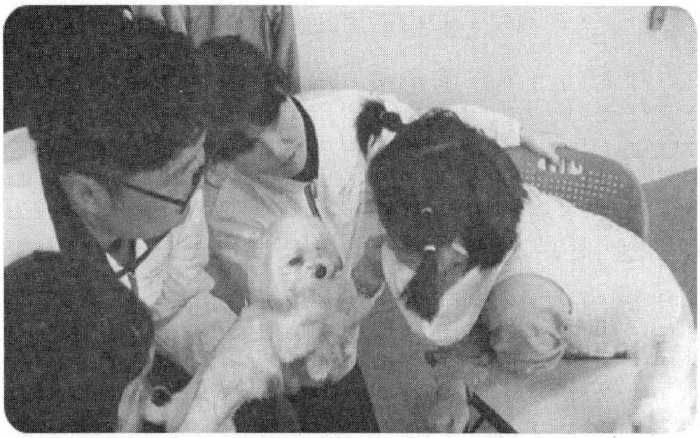

| 그림 1-2 매개동물에게 관심보이는 모습 |

4. 동물매개치료의 효과

동물매개치료의 효과는 도구적 효과, 건강효과, 스트레스 감소와 대처기술 효과, 인지효과, 그리고 정서적 효과와 자아존중감과 자기 효능감의 향상과 카타르시스(catharsis) 효과로 나누어 볼 수 있다.

▮ 도구적 영향

① 장애인도우미견은 신체적, 정신적으로 불편한 장애인이나 노인 등에게 도구적인 도움을 제공하여 일상생활상의 불편을 해소하며, 독립적일 수 있도록 하여 자존감을 가질 수 있도록 하며 소외되고 외로운 장애인의 친구와 인생의 동반자의 역할을 하고 장애인과 비 장애인간의 가교적인 역할을 한다.

② 장애인도우미견에는 활용용도에 따라 시각, 지체, 청각, 노인 도우미견을 들 수 있다.

▮ 건강효과

① 소근육과 대근육의 운동과 발달

② 근육계 및 평형감각의 재활

③ 규칙적인 운동습관 형성

▌스트레스 감소 및 대처기술

① 반려동물은 사람들의 스트레스 해소를 위한 적절한 배출구 역할을 한다.

② 반려동물을 보살피면서 얻을 수 있는 안전감, 자기가치 또는 자기 효능감 등은 사람들에게 좋은 동기적, 정서적, 그리고 인지적 효과를 가져다주어 스트레스를 효과적으로 대처할 수 있는 좋은 자원이 된다.

▌인지효과

① 자아존중감과 자기 효능감의 향상

② 지적 호기심과 관찰력 배양

③ 언어발달에 효과적

④ 기억력의 향상

▌사회적 정서적 효과

(1) 사회적 효과

① 다른 사람에 대한 이해심 향상

② 의사소통기술 및 사회기술향상

③ 조건 없는 사랑과 친화력 습득

④ 공동체 의식 향상

⑤ 긴장완화와 사회적 접촉 확대

(2) 정서적인 효과

① 심리적 안정과 즐거움 제공

② 기분개선과 흥미유발

▌자아존중감과 자기효능감 향상

① 동물과의 놀이는 아동이 스스로 목표를 설정하고 자신의 방법으로 성취할 수 있으며 이런 성취의 경험은 아동의 손상된 자아를 스스로 치유하고 자신감을 갖게 되며 자신을 존중하는 마음을 갖게 된다.

② 또한 살아있는 동물과의 놀이는 자기 동기화된 활동이고 성취감을 갖고자하는 내적 욕구를 자연스럽게 충족시켜줄 수 있기 때문에 자기 효능감을 키워줄 수 있다.

▌카타르시스(catharsis)

① 아동들은 동물과의 놀이를 통하여 자연스럽게 카타르시스 기능을 수행한다.

② 현실생활에서 표출할 수 없었던 불만, 분노, 슬픔 등 여러 가지 감정을 동물과의 놀이를 통해 아주 자연스럽게 표현하고 해소시킨다.

| 그림 1-3 매개동물과 산책하기 |

5. 동물매개치료의 필요성

(1) 과거 30년 동안 서로 다른 연구들이 사람과 동물의 상호관계에 대하여 수행되어져 왔다. 동물과 함께 생활하고 반응하는 것은 어린이들, 특히 건강문제를 가지고 있는 어린이들의 사회성을 향상시키고 다른 사람들과 함께 생활할 수 있는 능력을 증가시킬 수 있다. 심각한 질병에 시달리며 병원에 입원한 환자의 경우에 그들의 무료한 일상생활의 탈출로서 AAA/AAT 활동 동물들은 매우 중요한 의미를 부여하며 '희망과의 연결(liaison with hope)'로서 서술되어지기도 한다.

(2) Animal-assisted activity(AAA)와 animal-assisted therapy(AAT)의 목적은 사람과 동물의 유대(human-animal bond, HAB)를 통하여 약물처치 없이 환자의 질병을 개선하는 보완(complementary) 또는 대체 요법(alternative therapy)의 효과를 얻는 것이다. AAA와 AAT는 사람의 신체, 사회성, 감성과 인지 기능의 향상을 얻고자 계획된다. 치료와 치유를 위한 방법으로서 동물의 도움을 받는 동물매개치료의 활용이 점차 늘어가고 있는 실정이다.

(3) 동물들은 수천 년 동안 여러 환경에서 환자의 치료 목적으로 사용되어왔고 최근에는 병원, 요양소, 정신병원 등에서 사용되고 있다. 신체 및 정신과적인 많은 이점들은 환자들이 동물들과 활동하는 동안 얻어질 수 있다. 이러한 이점들로는 혈압, 심박수와 스트레스 수준 감소 등이 있다. 감정조절 및 사회성의 개선 효과도 동물을 이용한 치료로 얻어질 수 있다.

(4) AAT는 소아과부터 노인병학 영역까지 모든 환자들에게 적용될 수 있는 보조 치료

법으로서 또한 각종 요양소에서 적용되고 있다. AAT는 지각 능력 및 사회성의 향상을 비롯한 신체 및 정신에 끼치는 이점을 가지고 있으며, 환자에게 집중력 및 가동성 (mobility), 대화능력, 감정조절 능력을 향상시키고 상황을 바르게 인식하는 능력인 정위력(orientation)을 개선하는 것으로 알려져 있다. 많은 연구 보고들이 이러한 AAT의 효과를 설명해주고 있다. 따라서 AAT는 간호 및 치료 분야에서 AAT의 과학적 기초자료를 바탕으로 환자의 **삶의 질**(quality of life, QOL) **향상**과 **건강의 향상**을 위한 의료 행위로서 받아들여지고 있다.

| 그림 1-4 매개동물과의 만남 |

6. 치료도우미동물

(1) 동물매개치료에서 가장 많이 이용되는 동물은 개이다. 이외에도 고양이, 새, 토끼, 기니피그, 햄스터, 설치류, 염소, 오리, 말, 소, 닭, 미니돼지, 파충류 등도 치료도우미 동물로 이용되고 있다.

(2) 사람과 동물이 서로 신체적인 접촉을 할 수 있는 동물은 기니피그, 토끼, 양이나 염소이고 개나 고양이도 안아주거나 쓰다듬기 등 상호 접촉성이 좋은 동물이다. 사람과 동물이 친밀감을 느낄 수 있고 서로 감정을 주고받을 수 있는 동물은 개, 고양이, 말 등이다.

(3) 동물이 사람에 대한 공격을 하지 않아 안전한 동물은 물고기, 새, 기니피그, 토끼 등이며 원숭이는 사람에게 공격을 할 수 있어서 조심해야 한다. 동물과 사람이 함께 운동할 수 있는 동물은 개, 말, 돌고래 등이며 물고기나 파충류, 새 등은 함께 운동하기는 어려운 동물이다.

| 표 1-1 동물매개치료 활용 동물의 장·단점 |

종 류	사육성	운반성	상 호 접촉성	감 정 소통성	안전성	인간의 운동성	동물자신의 즐거움	감염의 안전성
물 고 기	★	▽	▽	◇	★	▽	◇	☆
파 충 류	◇	◇	◇	◇	☆	▽	◇	☆
조 류	★	◇	☆	◇	★	▽	◇	☆
햄 스 터	★	★	◇	◇	☆	◇	◇	☆
기니피그	★	★	★	◇	★	◇	◇	☆
토 끼	★	★	★	☆	★	◇	◇	☆
양, 염소	◇	◇	★	☆	☆	☆	◇	☆
소	◇	◇	☆	☆	☆	☆	◇	☆
돼 지	◇	◇	☆	☆	☆	☆	☆	☆
고 양 이	☆	☆	★	★	☆	☆	★	☆
개	☆	☆	★	★	☆	★	★	☆
말	◇	▽	☆	★	☆	★	☆	☆
돌 고 래	▽	▽	☆	☆	☆	★	◇	☆
원 숭 이	▽	◇	◇	☆	▽	☆	☆	▽
곤 충	★	★	▽	▽	★	▽	▽	★

(위자료는 "Tails World" 내용을 인용한 이보연(http://www.playtherapy.ne.kr)의 내용을 발췌 수정)
주: 1) ★ = 매우 좋음 ☆ = 좋음 ◇ = 보통 ▽ = 나쁨

(4) 사람과 동물이 함께 어울리는 것을 좋아하고 사람도 즐겁고 동물도 즐거워 할 수 있는 동물은 개와 고양이들 이다. 동물의 질병이 사람에게 전염될 수 있는 동물은 사람과 유사한 질병을 가지고 있는 원숭이류를 제외하고는 대부분의 동물들이 안전한 편이다.

(5) 동물매개치료에 활용되는 동물의 선택은 대상자에 따라서 선호도도 다르고 알레르기 등이 있어 특정한 동물을 기피하는 경향이 있지만 대상자에 의해서 선택되는 것이 아니라 동물매개심리상담사에 의해서 이루어지는 것이다.

(6) 동물매개치료사는 다양한 동물에 대한 지식과 응용기술이 필요하다. 한국에서는 대부분 개나 고양이, 말(승마치료)을 이용하고 있으며 앞으로 다양한 동물이 동물매개치료나 활동에 활용될 전망이다.

▮ 개

① 치료도우미 동물 중에서 가장 많이 동물매개치료와 활동에 활용되는 것이 개다.

② 일반적으로 소형견 중에서는 시츄, 말티즈, 코카스파니엘 등이 많이 활용되며 중 대형견에서는 라브라도 래트리버, 골든 래트리버 종들을 많이 활용하는 편이다.

▮ 고양이

① 치료도우미 고양이로서는 침착하고 낯선 사람이 고양이를 안거나 만지더라도 공격을 하거나 두려워하지 말고 안정되어야 하며 많은 사람과의 접촉에도 인내하며 스트레스를 받지 말아야 한다.

② 일반적으로 고양이는 활동적이기 보다는 내담자의 무릎 위에 조용히 앉아 있을 수 있어야 한다.

▮ 토끼

① 치료도우미 토끼로 활용하기 위해서는 어렸을 때부터 사람과 자주 어울리고 안아주어 사람이 토끼를 안았을 때 얌전히 있을 수 있도록 훈련하는 것이 필요하다. 어린 아동이나 거동이 불편한 어르신들에게 활용할 수 있다.

▮ 햄스터

① 햄스터는 야성의 습성이 남아있어 치료도우미로 활용하기 위해서는 사람들과 친해지고 거부감을 갖지 않도록 시간을 갖고 훈련을 해야 한다.

② 우선 햄스터에게 사람을 신뢰할 수 있도록 하는 것이 필요하다. 사람과 충분히 친해지고 손위에서 먹이를 받아먹고 안심하고 놀 수 있을 때 치료도우미동물로 활용할 수 있을 것이다.

▮ 새

① 장애아동이나 어르신들이 생활하는 시설이나 내담자들에게 새장 속에 가두어진 새를 사육하게 하거나 새를 데리고 방문하여 새들의 노는 모습을 보도록 하는 방법도 있고 길들여진 새를 활용하여 새들을 직접 만지고 먹이를 주면서 새들과 함께 어울리는 시간을 갖도록 할 수도 있다.

② 간혹 알레르기가 있는 사람들에게는 새의 비듬이나 먼지 등이 문제가 될 수 있다.

▮ 관상어(물고기)

① 물고기를 이용하는 것은 동물매개치료 중에서 수동적 매개치료의 대표적인 예이다.

② 이 수동적 동물매개활동은 동물의 털에 대한 알레르기가 있거나 동물을 싫어하는 대상자들에게 적당하며 질병과 기생충 감염의 위험이 적고 비교적 관리가 쉬운 장점이 있다.

동물원을 이용한 동물매개치료

동물원 동물매개치료 프로그램의 효과로 아래 내용을 들 수 있다.

① 동물원 동물들을 그냥 보고 즐기는 것이 아니고 실제 관리 등에 참여하도록 함으로서 교육의 효과를 높인다.
② 과제 수행을 적절히 조정하고 성과에 대하여 격려를 해 준다.
③ 다른 사람의 도움을 받던 환경에서 다른 생명을 돌봄으로써 본성적인 만족감과 자존감을 느낄 수 있다.
④ 친숙하지 않은 동물과의 접촉으로 생기는 두려움을 감소시키고 자신감을 갖게 해준다.
⑤ 동물사육의 기술을 습득하여 양육능력을 길러준다.
⑥ 동물을 만지고 상호작용을 통하여 다른 사람들과의 사회성 향상과 감정 표현의 능력을 향상시킨다.
⑦ 여러 동료들과 함께 함으로서 협동심과 사회성을 배운다.
⑧ 본능적으로 행동하는 동물의 행동을 관찰함으로서 관찰력과 긍정적 사고력을 갖도록 한다.
⑨ 체험활동 내용을 기록하고 발표하도록 함으로서 문제를 정리하는 능력과 발표력의 향상을 기대할 수 있다.
⑩ 동물과 자연 환경에 주의를 기울임으로써 문제를 감소시키는 기회를 가질 수 있다.
⑪ 만지며 말하는 대화법으로 동물에 대한 애정 표현력을 키워준다.

말

① 말을 이용한 치료는 승마요법(hippotherapy), 승마 치료 (riding therapy), 재활승마(riding for rehabilitation), 도약(vaulting)과 같은 4가지로 분류된다.
② 향상된 균형과 팔 다리 근육의 공동작용 그리고 증가된 근력, 이동성, 자존감, 주의집중 기간, 그리고 극기 등의 이점을 제공한다.

농장 동물

① 농장 동물과의 교류로 얻어진 긍정적인 결과에는 향상된 의사전달, 증가된 가치 의식, 그리고 필요한 존재 의식 등이 있다.

▮ 돌고래

① 돌고래 AAT는 전통적인 치료의 신선한 대안을 제공하고, 동기, 주의집중 기간, 대근육과 소근육 운동 기술, 그리고 말하기와 언어 등의 증가 등을 기대할 수 있다.

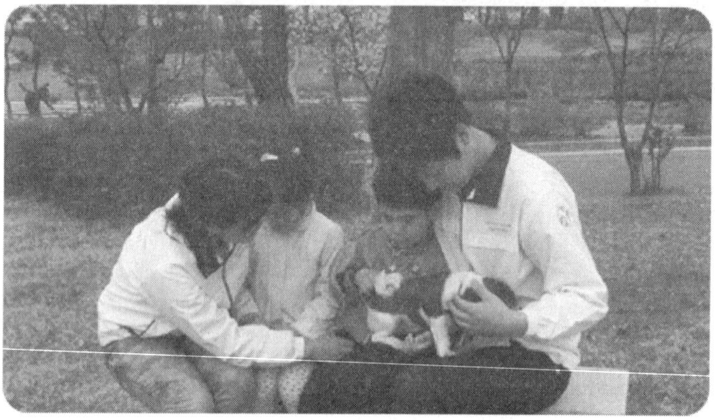

| 그림 1-5 매개동물과 스킨십 |

1.4 동물매개치료의 국내외 현황

50만 년 전부터 사람과 동물은 서로의 생존을 위하여 함께 협력해왔다. 초기 원시인에 의해 야생동물로부터 길들여진 개들은 인류의 조상인 원시인들의 사냥 때, 그들을 도왔다. 사람들은 길들여진 개와 고양이에게 먹이를 제공하고 개와 고양이들은 사람을 돕는 역할을 수행해왔다. 원시인들이 개와 고양이로부터 얻을 수 있었던 이점들에는 원시인들을 위협하는 야생동물의 접근을 감시하고 사전에 경고를 주어 위험을 미리 예측하게 해주거나 사람의 비축된 식량을 다른 야생의 동물들로부터 지켜주는 역할을 해주었다고 알려져 있다. 개와 고양이와 같이 인류 초기 역사 때부터 사람과 함께 협력관계로 생활하던 동물들은 사람을 도와줄 수 있도록 그들의 감각을 극대화하는 방향으로 진화하였다(Fawcert & Gullone, 2001).

동물매개치료는 인간과 동물의 유대에 의해 일어나며, 지구상에 인류가 출현한 구석기 시대부터 개와 같은 길들여진 동물들과의 교감에 의해 자연스럽게 사람의 정신적 위안과 재활 치유가 유도되었다고 볼 수 있다. 따라서 **동물매개치료의 역사는 인류의 역사와 같이 한다고 볼 수 있으며, 동물매개치료의 역사는 현대 인류의 탄생 시기까지 거슬러 올라갈 수 있을 정도로 오랜 역사를 가지고 있다고 할 수 있다.** 9세기에 벨기에에서는 벌써 재활치료의 방법으로 농장 동물을 돌보는 방법을 적용하였다고 한다.

오늘날과 같은 의학적 지식과 심리상담적 이론에 근거한 대체보완의학으로서의 동물매개치료는 1700년대부터 거슬러 올라간다. 그 이후 다양한 과학적 연구 결과를 바탕으로 동물매개치료는 더욱 체계화되고 발전하였다.

1. 외국 동물매개치료 발전의 역사

▮ 초창기: 1700년대~1800년대

① 1792년. 영국 퀘이크 상인 : 정신 장애인 수용소에서 토끼나 닭을 키우게 하였다.

② 1867년. 독일에서 간질 환자에게 새나 고양이, 개, 말 등을 돌볼 수 있게 하였다.

▮ 도입기: 1900년대~1950년대

① 1901년. 영국의 헌트와 선즈가 재활승마 치료

② 1912년. 프로이드(지그문트 프로이트, 정신분석 학자). 심리상담에 애견 조피 활용

③ 1919년. 미국 래인이 정신 질환을 앓는 군인의 치료에 개를 활용

④ 1942년. 파울링 공군요양병원 부상 병사 치료- 농장동물 프로그램을 적용

⑤ 1952년. 헬싱키 올림픽에서 덴마크의 하텔이라는 소아마비 승마선수 우승

⑥ 1958년. 영국에서 장애인 조랑말 승마단체가 설립

▮ 발전기: 1960년대~1970년대

① 1962년대 미국 소아과 의사인 레빈슨 박사가 애견 징글을 치료매개로 활용

② 1964년. 유럽지역 재활승마 단체 간 협력 위원회가 결성

③ 1966년. 노르웨이의 베이토스톨런 장애인 재활센터에서 말 치료요법 적용

④ 1969년. 영국 재활승마협회(RDA, Riding for the Disabled Association) 결성

▮ 성장·보급기: 1970년대 이후

① 1970년대 맬런은 발달 및 정서·행동장애아의 '치료농장 프로그램' 운영

② 1973년. 미국 파이크스 피크지역의 '이동 애완동물 방문프로그램' 적용

③ 1975년. 오하이오 주립대학의 코손은 반려동물을 이용해 양로원 환자를 치료
④ 1976년. 영국에서 미국으로 이주한 스미스는 국제치료견협회(TDI)를 설립
⑤ 1977년. 미국에서 델타협회(Delta Society)가 발족
⑥ 1990년. 국제인간동물상호작용연구협회 (IAHAIO) 발족 (22개국 30단체)
⑦ 1980년. 세계장애인승마연맹(FRD) 창립

2. 국내 동물매개치료 역사

▌국내동물매개치료 활동 연혁

① 1990년. 한국동물병원협회. '동물은 내친구' 반려동물 활동 시작
② 1994년. 삼성화재 안내견 학교 설립
③ 2001년. 삼성재활 승마단 발족
④ 2002년. 삼성 치료도우미견센터 발족
⑤ 2002년. 일산 '디오지에스 클럽' 홀트아동복지회 연계 치료견 활동
⑥ 2005년. 한국동물개개치료연구회 발족
⑦ 2006년. 한국애완반려동물학회. HAB 분과 설립
⑧ 2008년. 원광대학교 동물매개치료 대학원 설립
⑨ 2008년. 한국동물매개심리치료학회 설립
⑩ 2009년. 전국 동물매개치료 유관기관 모임 개최
⑪ 2012년. 한국동물매개심리상담학회지 창간

▌국내 동물매개치료 연구소 현황

① 대구 푸른나무 아동심리연구소
② 일산 이보연 아동가족상담 센터
③ 원광대학교 동물매개치료연구소

▌국내 동물매개치료 교육활동 현황

① 2005년. 서정대학 애완동물학과 동물매개치료학 과목 개설
② 2007년. 원광대학교 애완동식물학과 동물매개치료학 과목 개설
③ 2008년. 원광대학교 동서보완의학대학원 동물매개치료학 전공 신설
④ 2009년. 서울호서전문학교. 동물매개복지 전공 신설

▮ 국내 동물매개치료 시설 활동 현황

① 대구광역시 재가노인복지 센터, 가정방문 동물매개치료 사업 실시

② 경기도 장애인복지관. '해피플레이' 동물매개활동

③ 에바다 장애인복지관. 동물매개치료 활동

④ 익산시 장애인복지관. 동물매개활동 프로그램 운영

1.5 보완과 대체요법으로써의 동물매개치료

1. 동물매개치료의 활용 범위

치료와 치유를 위한 방법으로써 동물의 도움을 받는 동물매개치료 (animal-assisted therapy; AAT)의 활용이 점차 늘어가고 있는 실정이다 (Cole과 Gawlinski, 2000).

▮ 급만성질환 환자

① 개, 고양이와 토끼를 포함한 많은 종류의 동물들이 급만성 질환 환자의 치료에 사용이 더욱 늘어가고 있다. 치료의 목적은 스트레스를 줄이고 환자의 신체 상태를 개선하는 것이다. 치료동물은 성격에 대한 평가를 받아야 되고 복종과 행동 훈련을 받아야 한다.

② 1859년 나이팅게일 (Florence Nightingale)은 "애완 소동물은 환자에게, 특히 만성 질환자에게는, 훌륭한 동반자이다."라고 말하였다. 그녀는 환자들이 동물들을 돌보는 것이 환자의 회복에 도움을 준다고 생각하였고 환자들이 동물들을 돌보도록 권장하였다 (Nightingale, 1969).

③ 동물들은 수천년 동안 여러 환경에서 환자의 치료 목적으로 사용되어 왔고 최근에는 병원, 요양소, 정신병원 등에서 사용되고 있다. 신체 및 정신과적인 많은 이점들은 환자들이 동물들과 활동하는 동안 얻어질 수 있다. 이러한 이점들로는 혈압, 심박수와 스트레스 수준 감소 등이 있다. 감정조절 및 사회성의 개선 효과도 동물을 이용한 치료로 얻어질 수 있다 (Jorgenson, 1997).

▌소아과 환자

① AAT는 소아과부터 노인병학 영역까지 모든 환자들에게 적용될 수 있는 보조 치료법으로서 또한 각종 요양소에서 적용되고 있다 (Triebenbacher, 1998).

② AAT는 지각 능력 및 사회성의 향상을 비롯한 신체 및 정신에 끼치는 이점을 가지고 있으며, 환자에게 집중력 및 가동성 (mobility), 대화능력, 감정조절 능력을 향상시키고 상황을 바르게 인식하는 능력인 정위력(orientation)을 개선하는 것으로 알려져 있다.

③ 많은 연구 보고들이 이러한 AAT의 효과를 설명해주고 있다 (Triebenbacher, 1998; James, 1998; Batson 등, 1995). 따라서 AAT는 간호 및 치료 분야에서 AAT의 과학적 기초자료를 바탕으로 환자의 삶의 질 (quality of life, QOL) 향상과 건강의 향상을 위한 의료 행위로서 받아들여지고 있다.

▌이완 반응 (relaxation response)

① 이완 반응은 1914년 Cannon (Friedmann, 1983)에 의하여 기술된 스트레스 반응 'fight or flight syndrome'에 반대되는 개념이다. Cannon은 고양이로부터 부신 (adrenal gland)을 적출하는 실험을 수행하여 epinephrine과 norepinephrine을 발견하였다. Cannon은 이들 catecholamine들을 다른 고양이에 주사하여 그들의 작용이 교감 반응 (sympathetic response)과 혈압, 심박수 및 호흡수 상승임을 발견하였다. Hess와 Brugger (Brickel, 1979)는 고양이 시상하부 (hypothalamus)에 전기자극을 주어 Cannon이 catecholamine들에 의해 유도한 교감반응과 유사한 반응들이 유도되는 것을 발견하였다. 시상하부의 전기자극으로 동공확대, 혈압상승, 호흡수 상승 및 운동흥분성 증가가 유도되었다 (Brickel, 1979).

② 이 실험과 반대로 Hess는 시상하부 전엽을 전기자극하여 골격근의 쇠약 (adynamia), 혈압강하, 호흡수 감소, 동공축소로 대표되는 저각성 상태 (hypoarousal state)로 이완반응이 유발되는 것을 알아내었다 (Barker와 Dawson, 1998).

③ 이완반응은 감소된 교감신경계 활성과 증가된 부교감신경 활성으로 특징되어진다. Hess는 이완반응을 스트레스 반응으로부터 보호하는 작용으로 언급하였다 (Barker와 Dawson, 1998).

④ 이완반응을 이끄는 보고된 기술로는 명상 (transcendental meditation), 심상 (imagery), 최면 (hypnosis), 자율훈련법 (autogenic training), 진행성 근육 이완 (progressive muscle relaxation)이 있다. 모든 기술들이 반복적인 정신 집중과수동적 태도로 구성되어 있다 (Wilson, 1991). 여러 연구보고들에 의하면 AAT는 혈압

강하, 심박수 감소, 호흡수 감소와 같은 이완반응의 신체적 반응들을 이끌어 낸다 (Fila, 1991; Mugford와 M'Comsky, 1975). 다른 연구들은 반려견 (companion dog)을 귀여워하는 것이 건강한 사람에서 혈압강화와 고혈압을 가진 사람에게서 혈압강화와 사지 피부 온도를 감소시키는 것을 보고하고 있다 (Sebkova, 1977; Sobo, 2006)

▌정신건강

① 애완동물의 소유가 신체와 정신 건강에 미치는 이점에 대하여 여러 연구 결과에 기초한 자료들이 보고되고 있다 (Raina, 1999; Allen와 Blaskovich, 1996; Friedmann와 Thomas, 1995; Serpell, 1991; Anderson 등, 1992). 예를 들면, Anderson 등 (Raina, 1999)은 애완동물을 소유하지 않은 성인 남성 보다 애완동물을 소유한 성인 남성이 혈압, triglyceride, 콜레스테롤 수준이 유의하게 낮은 것을 보고하였다. 또한 40세 이상의 여성의 경우에도 애완동물을 소유하지 않은 여성 보다 애완동물을 소유한 여성의 혈압이 유의하게 낮은 것을 보고하였다.

② 심부정맥억압증 (Cardiac Arrhythmia Suppression Trial; CAST) I과 II에 해당하는 환자들을 대상으로 수행한 다른 연구 결과에 의하면 심근경색 (myocardial infarction; MI)을 가진 환자 중에 애완견을 소유한 환자 (n=87; 1 death)가 애완견을 소유하지 않은 환자 (n=282; 19 death) 보다 1년 생존율이 유의하게 높았다 (Allen과 Blaskovich, 1996). 이 연구결과로부터 애완견 소유가 환자의 심리적 상태와 신체 상태에 독립적으로 환자의 생존율 향상에 변수를 주는 요인으로 작용하는 것을 알 수 있었다 (Allen와 Blaskovich, 1996). 995명의 성인을 대상으로 조사한 또 다른 연구에서 애완견 소유가 1년 안에 사회성 향상과 삶의 질을 향상 시킨 것으로 보고되고 있다 (Anderson 등, 1992). 이 보고에 의하면 애완동물을 소유하지 않은 사람은 1일 활동량이 감소되었다 (Anderson 등, 1992).

③ 다른 연구로 정신질환을 가진 입원 환자들 (n=230)을 치료도우미견이 참여한 AAT를 받은 경우와 치료레크레이션에 참여한 경우로 나누어 그 효과를 비교하였다 (Riddick, 1985). 이 연구에 따르면 AAT에 참여한 정신질환을 가진 그룹이 치료레크레이션에 참여한 경우 보다 통계적으로 유의한 개선 효과를 가지는 것으로 보고되었다 (Riddick, 1985).

▌신체적 이점 (Physiologic benefits)

① AAT의 신체적 이점을 뒷받침하는 대부분의 연구들은 AAT가 환자들에게 혈압과 심

박수 감소 및 이완반응(relaxation)이 증가하는 것을 보고하고 있다. 1992년에 호주의 멜버른에 있는 무료진료소에서 심혈관질환 검사 프로그램에 참여한 5,741명의 환자들을 대상으로 애완동물의 사육 여부를 조사하였다. 결과는 애완동물을 키우는 사람들이 트리글리세라이드 수준과 혈압이 키우지 않는 사람보다 유의하게 낮았다 (Anderson, 1992). 2001년 30명의 남자와 30명의 여자를 대상으로 애완견 소유와 고혈압의 상관관계에 대한 연구가 수행되었다. 참여 대상자들의 평균 혈압은 145/92 mmHg이었다. 연구를 위한 대상자들을 두 그룹으로 나누었다. 한 그룹은 유기견 보호소로부터 개를 분양 받아 키우도록 하였고 다른 그룹은 고혈압에 대한 약물 처방을 받도록 하였다. 정신적인 스트레스 테스트가 가해진 후 대상자들의 혈압, 심박수를 연구를 시작하는 날과 3개월 후에 각각 검사하였다. 연구 시작하는 시점에서 스트레스 테스트를 가한 후 혈압 수준이 두 그룹 모두에서 유의하게 상승하였다. 3개월 후 두 그룹간에 놀라운 차이가 나타났다. 약물처방을 받는 그룹의 대상자들은 활동 기간에 혈압의 유의한 변화가 없었으나 개를 키우는 그룹은 일상 혈압의 유의한 감소가 나타났다 (Allen, 2002).

② AAT를 위한 과학적 기초를 확립하기 위한 시도로 1999년 18명의 사람과 18두의 개를 이용한 연구에서 동맥압과 신경화학물질을 참여한 사람과 동물에서 측정하였다. 이 연구에서 사람과 개의 상호반응은 스트레스를 감소하는 활성을 가지고 있음이 증명되었다. 이 연구는 옥시토신, 프로락틴 및 엔도르핀 수준을 측정하여 스트레스 감소 효과를 직접적으로 증명하였다. 그러나 이 연구는 표본 수가 적다는 제한점을 가지고 있다.

③ 동물을 이용한 재활프로그램의 사례 보고들은 AAT의 다른 이점들을 보여주고 있다. 예를 들어 뇌졸중을 가진 환자가 개를 키우면서 개의 브러쉬 질을 하면서 팔목의 힘과 근력이 증가 되었다 (Collins, 1996).

▮ 감정적 이점 (Emotional benefits)

① 대부분의 사람들은 동물들과 상호반응 하면서 즐거움을 받는다. 일부 연구 보고들에 의하면 이러한 동물들과 상호반응이 정신병적인 이점을 가지고 있다고 한다. Barak 등은 정신분열증 (schizophrenia)을 가진 노인과 환자를 대상으로 1년간의 AAT 연구를 수행하였다. 참여자들은 12개월 동안 1주일에 4시간을 개와 고양이와 만남을 가졌다. 다른 그룹은 최근 뉴스를 읽거나 토론하는 10명으로 구성되었다 (Barak, 2001). 결과적으로 AAT 그룹의 참여자들은 사회 활동의 증가, 1일 활동의 증가 및 충동 억제력 증가 등을 뉴스 그룹의 참여자들 보다 유의하게 보였다.

② Conner와 Miller는 AAT의 여러 정신과적인 이점에 대하여 보고된 문헌 검토 연구를 수행하였다. 그 결과 AAT는 스트레스 수준의 감소, 자기 가치에 대한 감정의 증가, 신체의 변화에 대한 적응력 증가를 가져온다고 한다 (Connor와 Miller, 2001). Barker와 Dawson은 치료 레크리에이션 활동을 받은 그룹에 비교하여 AAT를 받은 그룹의 참여자들은 근심 (anxiety) 척도에서 2배로 감소되었다 (Barker와 Dawson, 1998).

③ 교도소들 중에 죄수의 행동 변화 프로그램으로서 또한 모범 행동에 대한 보상으로써 동물 상호반응을 이용하였다. 죄수들이 동물들을 훈련하는 프로그램을 만들었고 이 프로그램은 참여한 죄수들이 자기를 존중하는 마음을 증진시켰다 (Hasenauer, 1998).

▮ 접촉의 이점 (Benefits of touch)

AAT의 접촉에 의한 이점에 대한 연구보고는 매우 적은 편이다. Stanley는 텍사스에 있는 Trinity Mother Frances Health System에서 이와 관련된 연구를 수행하였다. 10명의 환자에서 AAT를 수행하기 전과 수행 후의 환자의 감정을 평가하였다. 환자들은 매일 5분 정도를 개를 쓰다듬고 안아주는 것에 의해 개와 상호반응을 하였다. 결과적으로 참여 환자들은 분노, 적대감, 긴장, 근심의 감소를 가져왔다.

2. 치료와 방문 (Therapy Vs. visitation)

동물매개활동 (animal-associated activity; AAA) 또는 동물매개방문활동(animal-assisted visitation)과 동물매개치료 (animal-assisted therapy; AAT)에는 차이점이 있다.

▮ 동물매개활동 (animal-assisted activity; AAA)

동물매개활동 또는 동물매개방문활동은 자격을 갖춘 활동 동물을 데리고 환자와 가족들을 방문하여 만나는 것이다. 동물매개활동의 목적은 근심의 감소 (reducing anxiety), 접촉에 의한 자극의 증가 (increasing tactile contact), 자기 존중감의 개선 (improving self-esteem)이다. 근심의 감소는 설문지 평가 이외에도 심박수와 혈압의 감소로 평가될 수 있다. 동물매개방문은 환자의 활동성을 증가시키고 병원 치료 과정에 관하여 낙관적인 태도를 갖게 한다.

▮ 동물매개치료 (animal-assisted therapy; AAT)

AAT는 1대 1로 수행되며 훈련된 전문가들에 의해 수행된다. AAT의 목적은 활동성, 기억력, 평형감, 근력, 언어구사력의 증가 등이다. 이러한 목적이 치료도우미동물의 매개로 환자의 운동성 증가에 초점이 맞춰져 있다. 예를 들면 거동이 불편한 부분 마비 환자들이 치료도우미견을 빗질하고 공을 던져 함께 노는 등의 활동을 통하여 근력과 평형감, 운동성을 개선할 수 있다. **실어증**(aphasia) 환자의 경우 치료도우미견의 신체 부위 이름을 부르거나 치료도우미견의 털을 부는 등의 행동을 함으로서 안면근육의 운동이 증가되고 언어구사력이 향상될 수 있다.

3. 안전성에 대한 고려

(1) AAT의 최대 걸림돌은 동물로부터 올 수 있는 전염병인 **인수공통전염병**(zoonosis), 전염병 문제 등의 안전성이다. 1997년에 Emmett는 AAT 프로그램 수행으로 "질병이 전염된 보고 사례는 없다"고 하였다(Emmett, 1997). 본 연구조사에서도 또한 보고된 질병 전염 사례를 발견할 수 없었다.

(2) 동물매개심리상담사들은 환자와의 접촉을 위하여 비누를 가지고 손을 철저히 씻어야 한다. 치료도우미동물 또한 24시간 안에 목욕을 시키고 예방접종 프로그램에 따라 최근 백신이 접종되어야 하고 질병이나 기생충이 없도록 철저한 관리가 필요하다. 치료도우미동물은 항상 동물매개심리상담사의 조절이 될 수 있도록 목줄이나 이동장을 사용하여 제한되어져야 한다.

4. 정책과 과정

(1) 치료도우미동물의 인증에 관여하는 공인 기관의 신뢰도가 매우 중요하다. AAT 프로그램의 안전성은 간호사와 동물매개심리상담사, 치료도우미동물을 위한 일관성 있는 훈련과 평가의 지침을 갖추는 것이 중요하다. 최소한의 지침은 치료도우미동물의 성격 평가와 치료도우미동물과 동물매개심리상담사의 상호반응에 대한 내용이 포함된다. 예를 들어 동물매개심리상담사가 치료도우미동물을 학대하거나 너무 큰 소리로 명령하지 못하도록 하는 내용도 포함될 수 있다. 치료도우미동물의 성격이 사회적이지 않아 동물매개심리상담사와 친화도가 낮으면 안 된다. 치료도우미동물과 동물매개심리상담사 둘 다 함께 활동하는 것을 즐겨야 한다. 또한 치료도우미동물이 간단한 복종 훈련을 받아 "앉아, 일어서, 누워" 등의 명령을 수행할 수 있어

야 한다. 이러한 평가는 치료도우미동물이 활동하는 기관에서 수행되어야 한다.

(2) 치료도우미동물의 평가는 최소한의 복종훈련에 대한 평가를 포함하는데 종종 이러한 평가는 치료도우미동물에게 스트레스를 줄 수 있다. 평가는 치료도우미동물이 활동하려는 병원이나 기관에 적합한지 부적합한지로 결과가 나오게 된다. 평가 동안 치료활동 동안에 부딪히게 될 상황과 유사한 환경에서의 치료동물의 반응도 포함된다. 예를 들면 치료활동 중 환자가 갑자기 소리를 지르거나 움직이는 경우가 발생할 수도 있다. 이러한 경우에 평가 받는 동물이 과민하게 받아들이면 안 된다. 만약 평가 받는 동물이 으르렁거리거나, 공격하거나, 주의력이 분산되거나, 신경질적으로 된다면 부적합한 동물로 평가된다. 평가자는 관찰의 결과를 기초로 하여 'pass' 또는 'fail'로 치료도우미동물을 평가한다.

(3) 치료도우미동물로 선택된 동물들은 활동하려는 병원 또는 기관의 전염병위원회(infectious disease committee)의 평가를 받아야 한다. 치료도우미동물로 가장 많이 선택 되는 동물은 개이다. 고양이나 토끼에 비교하여 훈련이 쉽고, 성격이 다루기 쉽기 때문이다. 새들은 AAT의 치료도우미동물로 허락되지 않는 경우가 많다. 새들은 인수공통전염병인 조형 결핵균(Mycobacterium avium)과 같은 전염병에 감염되어있을 확률이 높기 때문이다 (Waltner-Toews와 Ellis, 1994). 고양이와 토끼는 AAT 활동을 위하여 개와 동일한 기준의 평가를 받아야 한다. 그러나 고양이와 토끼는 명령에 대한 복종 평가는 필요 없다. 고양이와 토끼는 치료활동 동안에 환자가 접촉할 때 바구니에 있도록 훈련되어야 한다. 고양이와 토끼는 발톱에 세균을 가지고 있을 수 있다. 개 발바닥 또한 환자가 직접 접촉하지 않도록 한다. 만약 치료도우미견이 점프를 해서 환자를 발톱으로 상처를 내게 된다면 간호사는 바로 기록보고를 하고 의사에게 환자를 보여야 한다. 만약 환자가 침대에 치료도우미견을 올려두기를 원한다면 수건이나 시트 등을 깔아 침대에 직접 접촉하지 않도록 한다. 치료도우미동물의 크기와 모양 등에 대하여 환자가 요구한다면 가능한 환자의 요구를 맞추도록 한다.

5. 환자의 적합성 (Eligibility of patients)

(1) AAT에 참여하는 스텝 직원과 AAT 진행 담당자는 환자가 AAT 프로그램 참여에 적합한지를 평가하여야 한다. 격리 병동에서 치료를 받거나 면역저하 환자의 경우는 AAT 참여가 어렵다. 동물매개심리상담사는 예방접종 프로그램에 따라 최근 계획된 예방접종을 받아야 되고 결핵 검사를 매 년 실시하고 다른 활동성 전염병이 없어야

한다.

(2) 치료활동이 수행되는 병원의 참여 스텝 직원들은 방문과 치료활동에 대하여 기록되어야 한다. 예를 들어 한 병원의 경우 월 2회 방문과 방문시 종양과, 심장과, 소아과, 집중치료실의 환자들을 방문 치료한다.

6. 의료적 이점

(1) 최근 연구 보고들에 의하면 애완동물을 소유하는 것에 의해 또는 동물과의 만남을 가질 수 있는 것에 의해 환자들은 아래와 같은 건강상의 여러 이점을 받을 수 있다 (Miller, 2000).

- 혈압감소
- 콜레스테롤 수치 감소
- 생존율 향상
- 고독감의 개선
- 의사소통의 향상
- 신뢰의 증진
- 주의력 분산으로 통증에 대한 약물처방의 필요성 감소
- 인지기능의 향상
- 신체적 상태의 향상
- 환자와 가족들에게 스트레스와 근심을 감소
- 조건 없는 사랑을 치료도우미동물이 보여줌으로써 화상과 같은 신체 변화 환자에게 사회성 향상
- 환자에게 빠른 회복에 대한 동기 부여
- 수술 등에 대한 두려움 회복
- 간질 환자의 임박한 발작에 경보를 제공

(2) 의학적 연구보고에 의하면 동물을 예뻐하는 행위가 혈압을 낮추고 심박수를 낮추며, 체온을 낮출 수 있다고 한다 (Gerhardt, 2000). 또한 애완동물을 키우는 사람이 더 오래 생존한다고 하고 (Miller, 2000) 심장질환에 대한 위험이 낮아지고 에너지와 정신적 건강이 증진된다 (Wilson, 1998). 치료동물의 활동은 우울증이 개선되고 근심이 덜어지며 통증 환자의 예와 같이 주의를 분산시킴으로써 약물처방을 줄여줄 수 있다 (Miller, 2000).

(3) 동물들은 환자에게 혈압을 감소하고 콜레스테롤 감소, 스트레스 수준 감소, 정신건강 개선과 일에 대한 집중력 증가를 도울 수 있다 (Miller, 2000). 많은 사람들, 특히 어린이들은 부드럽고 안락한 물체를 좋아한다. 많은 어린이들은 좋아하는 부드러운 이불 그리고 봉제 동물 인형을 가지고 있다 (Buchanan, 2000). 이런 부드러운 물체에서 느끼는 감정은 동물을 귀여워하면서 쓰다듬고 만질 때 느낌과 유사하

다. 동물을 쓰다듬으면서 사람들은 차분해지고 정신적으로 안정감을 얻을 수 있다 (Miller, 2000). 이러한 차분한 안정감은 근육 이완반응을 나타나게 된다. 근육이완은 혈관을 이완하게 되고 이완된 혈관은 혈액이 보다 잘 흘러갈 수 있도록 한다. 혈액 흐름의 저항이 줄어듦으로써 심장의 부담이 줄어들고 결과적으로 혈압이 낮아지게 된다 (Vander, 2001). 사람이 이완되었을 때, 주변 환경에 대한 스트레스를 덜 받게 되고 이러한 현상은 다른 불필요한 일들에 신경 쓰는 것으로 줄여주고 일에 대한 집중력을 향상시키는 효과를 불러일으킨다 (Wilson, 1998).

7. 치료도우미동물의 조건

동물매개치료 프로그램에 참여하는 치료도우미동물은 많은 조건들을 충족하여야 한다. 한 단체에서 사용하는 치료동물의 조건 기준은 아래와 같다 (Therapet, 2001).

- 최소 1살 이상
- 기초 복종 훈련 수업을 통과할 것
- 기초적인 복종이 되어야 함
- 성격이 검사되어져야 함
- 수의학적인 검사가 수행되어야 함
- 스트레스에 대한 반응이 검증되어야 함
- 동물매개심리상담사와 호흡이 맞아야 됨

8. 인수공통전염병

(1) 동물매개치료의 적용에 가장 큰 걸림돌은 많은 의료 전문가들이 병원, 장기요양시설 등의 의료시설에 치료도우미동물의 반입을 반대한다는 것이다. 특히 면역 저하 우려가 있는 환자의 경우에 더 큰 반대에 부딪히게 된다. 이러한 반대는 치료도우미동물로부터 올 수 있는 상해 (물리거나 할퀴게 되는 것) 또는 알레르기 보다 인수공통전염병 (zoonosis)에 대한 염려로부터 기인한다. Hines (1996)는 동물매개치료 과정 동안에 발생한 인수공통전염병에 대한 과학적 연구 보고가 많지 않다고 지적한다. 문서화된 지침서는 이러한 위험을 감소시킨다 (Center for DiseaseControl and Prevention, 2001; Duncan, 2000; Greene, 1998; Marcus & Marcus, 1998; Weber & Rutala, 1999). 인수공통전염병에 대한 염려는 비과학적이고 비합리적이다 (Hines, 1996; Khan and Farrag, 2000; Owen, 2001; Serpell, 1986). Serpell

(1986)은 동물에 의해서보다는 사람에 의해서 감기나 다른 질병이 환자에 옮겨진다고 하였다.

(2) 동물매개활동/치료 과정 동안의 치료도우미동물에 의한 문제들의 발생에 대한 연구들이 수행되었고 이들 연구 결과 동물에 의한 문제는 거의 없는 것으로 보고되고 있다 (Jorgenson, 1997; Lerner-Durjava, 1994). Stryler-Gordon 등 (1985)은 284 곳의 애완동물을 키우는 요양소를 대상으로 12개월의 조사에 의한 동물유래 문제점에 대한 연구를 수행하였으며 그 결과 100,000명 당 1건이 애완동물 유래 문제 발생이었고 506건이 애완동물과 관련 없는 문제 발생이었다. 동물매개활동/치료의 반대는 2세기 전 Edward Jenner가 수두 바이러스에 대한 예방접종을 개발하여 사람에 접종할 때 부딪혔던 반대를 떠올리게 한다. 반대의 큰 이유 중 하나가 예방접종이 사람을 절반의 소로 만들 수 있다는 염려였다고 한다 (Serpell, 1986). 동물매개활동/치료에 대한 최근의 반대는 치료도우미동물이 환자의 감염율을 높일 것이라는 것이다.

(3) 동물매개활동/치료는 엄격한 치료도우미동물의 선발과 훈련 및 동물매개심리상담사가 지켜야 될 지침서를 가지고 있다. 인수공통전염병에 대한 염려는 수의사에 의한 치료동물의 정기적인 예방접종, 월 1회 내부기생충 구충, 정기적으로 외부기생충 예방 및 검사, 알레르기 감소 물질 함유 샴푸로 정기적 목욕 등의 지침서 내용을 따르면서 최소화될 수 있다.

| 표 1-2 국내 동물매개치료 관련 교육 기관 |

국내 동물매개치료 관련 기관 (AAT Educational Resources)
원광대학교 보건보완의학대학원 동물매개심리치료 전공 전북 익산시 익산대로 460. 원광대학교 보건보완의학대학원 교학팀 (063) 850-7878, 6668 http://cms.wonkwang.ac.kr/hcmed/ **한국동물매개심리치료학회** 전북 익산시 익산대로 460. 원광대학교 동물자원개발연구센터(內) 한국동물매개심리치료학회 사무국 (063) 850-7128, 6668 http://www.kaaap.org/

제 2 장

치료도우미동물의 이해

2.1 치료도우미동물의 선택과 평가

1. 동물매개치료를 위한 동물의 선택

동물을 선택하는 데는 환경과 정황이 중요하다. 동물을 가끔 방문할 것인가 아니면 전시간제로 할 것인가? 신체적인 운동을 하도록 동기부여를 해주는 역할을 그 동물이 할 수 있는가? 그 동물이 보안과 안전감을 더 해줄 수 있는가? 소외되고 외로운 사람들을 위해 사회적 접촉의 대화를 자극해 주는 역할을 할 수 있는가? 일시적으로 어려운 환경에 처 했을 때 도와 줄 수 있는가? 치료를 받는 사람이 동물을 관리해야 하는가? 시설에 동물이 가끔 방문을 하면 사람들에게 오락과 기분전환을 제공해 준다. 또 시설에 갔을 때 방문한 동물을 아주 데리고 있고자 하는 사람이 있을 때 동물에 대한 관리가 가능한지 등 여러 가지 문제를 면밀히 고려해야 한다.

▮ 개

개는 AAA/T에 가장 많이 활용된다. 이는 열성적인 자원봉사자의 덕이기도 하다. 잘 훈련된 개를 가진 그들은 정기방문동안 자신의 개를 데리고 사람들과 함께 즐기기를 좋아한다.

개는 유일한 전시간제, 24시간 언제나 가능한 동료이다. 사람과 달리 개들은 그들을 돌보는 사람 곁에 있기를 좋아하고 애정 어린 친구가 되고자 노력한다. 하지만 지나친 한사람에 대한 집착은 치료도우미개로써는 적당하지 않다. 개는 훈련을 통해서 아주 다양한 방법으로 활용이 가능하고 좋은 파트너가 될 수 있다.

개는 사교적인 동물로서 봉사하는 것, 새로운 사람을 만나고 반기는 것은 개들에게는 아주 자연스러운 일이다. 이 특성은 외롭고 우울한 사람을 위한 AAA/T 프로그램의 기초가 될 수 있다. 개들은 낯선 사람에게 그들의 애정을 보이고 새로운 친구와 시간을 적절히 잘 보낼 수 있다. 개는 각 품종에 따라서 특성이 있으며 같은 품종이라 해도 개체에 따라서 성격이 다를 수 있기 때문에 용도에 따라서 품종이나 성격을 고려하여 선발해야 한다. 노인들은 전형적으로 큰 개보다는 작은 품종의 개에게 편안함을 느낀다고 한다.

(1) 치료도우미개 선발방법

① 도우미개 선발 기준

- 사람을 좋아할 것
- 다른 동물에 지나친 관심을 갖지 않을 것
- 자극적인 상태에서도 안정적일 것
- 훈련 상태 및 매너가 좋을 것
- 건강할 것
- 주인이 동물과 함께 활동할 수 있을 것

이러한 조건과 함께 실기시험과 파트너 테스트를 한 후 인정 한다.

(2) 치료도우미개 테스트

① 수의학적인 조건

내·외부 기생충, 피부질환 등 사람이나 다른 동물에게 옮길 수 있는 질환이 없으며 종합적인 건강검진에 이상이 없을 것

② 사회성 조건

- 낯선 사람을 만나도 경계하지 않아야 한다.

  사람에 대하여 경계하지 않고 호의적인 감정을 가질 수 있어야 한다. 경계심이 있는 개들은 사람들을 만나는 것이 즐거운 일이며 그 사람이 개 자신을 불편하게 하거나 괴롭히지 않을 것이라는 신뢰감을 갖도록 하는 것이 필요하며 새로운 사람으로 하여금 개가 좋아하는 것(음식, 장난감 등)을 준다는 것을 알도록 하는 것이 좋다.
- 귀찮게 쓰다듬어도 거부하지 않는다.

  개가 자신의 몸을 사람에게 맡길 수 있도록 하는 것이 중요한데 독립적이고

순화가 덜 되어있고 방어적인 견종일수록 이렇게 하는 것이 어렵다. 대표적으로 진돗개의 경우 자신의 몸을 지키려는 습성이 강해 주인에게도 안기는 것을 싫어한다. 어릴 때부터 사람과의 신체적 접촉을 점차적으로 늘려가는 훈련이 필요하다. 주인과의 신뢰도가 많은 작용을 하는데 주인과의 신체적인 접촉이 자연스러워지면 타인과의 접촉의 정도와 빈도를 늘려간다. 무리하게 강행하여 심하게 반항하거나 두려워하게 되면 오히려 역반응을 일으킬 수 있으므로 오랜 시간을 두고 실시한다. 신체적 접촉 시 개들이 접촉을 좋아하는 부위부터 접촉을 시도한다. 접촉을 좋아하는 부위는 턱 아래, 가슴, 배와 옆구리가 이어지는 부분, 귓바퀴 등이며 싫어하는 부위는 발 부위, 항문이나 꼬리, 생식기 등이다. 좋아하는 부위를 먼저 익숙하게 한 후 싫어하는 부위의 접촉을 서서히 시도한다. 여러 번 같은 자극을 줌으로써 자극에 익숙하도록 한다.

- 처음 보는 행동에도 당황해 하지 않는다.

사람이 위험한 존재가 아니라는 것을 인식시키는 것이 중요하다. 내담자가 갑자기 춤을 추고, 소리를 지르거나, 물건을 집어 던지고 싸우거나 몸을 비트는 등 이상한 행동에도 당황하지 않도록 여러 가지 행동을 미리 경험해 보도록 하는 것이 필요하다. 중요한 행동 중의 하나는 다른 사람이 주인에게 공격을 할 때 치료도우미개가 보호본능에 의해서 주인을 구한다고 상대방에게 공격적인 행동을 해서는 절대로 안 된다. 사물과 함께하는 도발적이고 갑작스런 동작에도 익숙하게 하며 다양한 경험을 미리 해보는 것이 가장 좋은 방법이다.

- 안아줄 때 발버둥치지 않는다.

대부분의 개들은 안아줄 때 가만히 있지 않는다. 호기심이 강하고 활동을 많이 하는 개들일 수록 이런 행동이 심하다. 특히 후각으로 정보를 얻는 개의 경우 먼저 사람을 만날 때 냄새를 맡아보는 순서가 있기 때문에 처음 보는 상대가 안았을 때 가만히 있는 것은 쉽지 않다. 한두 번 만난 사람도 몇 초 동안 안는 것은 허용하지만 조금 있으면 몸을 비틀게 된다. 안아주었을 때 가만히 있도록 하는 것은 자주 안아주어 안기는 것에 익숙하도록 하는 훈련이 필요하다. 처음에는 사람이 안고나면 무엇인가 보상을 해 줌으로써 보상을 바라는 마음에서 기다린다. 안고 있는 동안에도 여러 부위를 쓰다듬듯이 만져주어 안기는 것이 기분 좋은 것이라는 인식을 갖도록 한다. 주인과의 훈련 후 타인과의 훈련을 통해 안기는 것에 익숙하게 한다.

- 사람이 많은 곳이나 여러 사람이 모여들어도 무서워하지 않는다.

사람들이 많은 곳에 데리고 다니면서 사람들에 대한 두려움과 경계심을 없애 준다. 그저 지나가는 사람일 뿐, 해를 끼치지 않는다는 것을 알려준다. 겁이 많은 개들은 도망가려하거나 숨으려고 할 수 있는데 이때마다 안심시키고 주인이 옆에 있어준다는 것을 인식시킨다.

사람들이 많은 곳을 무서워하지 않게 되면 한 단계 발전하여 사람들에게 둘러 싸였을 때의 상황을 만든다. 사람들이 지나가는 존재가 아니라 자신에게 관심을 가지고 직접적으로 다가온다는 것에 민감하지 않게 한다. 사람들이 둘러싸고 개를 만지기도 하고 말을 걸기도 하면서 카메라를 들이대는 행동을 반복하여 연습한다. 아울러 모인 사람들이 자신에게 이로운 사람이라는 것을 알도록 하기 위해서 간식을 주거나 좋아하는 장난감 등으로 놀아주는 행동도 바람직하다.

- 큰 소리가 나도 신경 쓰지 않는다.

어려운 과제 중의 하나이다. 어릴 때 큰 소리에 충격을 받아 예민한 개들은 큰 소리 자체가 매우 큰 스트레스이다. 특히 천둥치는 소리나 사이렌소리, 총소리 등은 대부분의 개들이 무서워하고 두려워한다. 이러한 개들에게는 계속적인 자극을 주는 방법이 있는데 계속적인 자극을 주어 그런 소리가 아무 해를 끼치지 않음을 알게 한다. 물건이 떨어지는 소리나 사람이 소리를 지르는 소리, 사람들의 고함소리 등은 기본적으로 연습해 두어야 할 소리이다.

- 관심 있는 물건으로부터 통제가 된다.

기다려 훈련을 바탕으로 할 수 있는 항목이다. 사료를 주기 전 '앉아'서 기다리는 훈련과 공이나 장난감 등 개 자신이 좋아하는 물건에 대하여 통제가 될 수 있도록 한다. 물건을 가만히 둔 상태에서 통제가 된다면 물건을 옮기면서, 다른 사람이 물건을 가져가도 통제가 되는 훈련을 실시한다. 통제훈련을 하고 난 후에는 보상을 해주거나 물건을 주어 주인을 신뢰할 수 있도록 하는 것이 중요하다.

- 다른 동물(개, 고양이 등)에 대해서 공격성이 없다.

방어적이고 독립적인 견종에서는 매우 힘든 훈련이다. 어릴 때부터 다른 동물과 놀도록 하여 동물과의 사회성을 키워주는 것이 필요하다. 개에게 과도한 애정이 주어진 경우 무리의 리더가 되려는 욕구와 함께 공격성이 높아지는데 이것은 주인의 적절한 조절을 요구한다. 다른 동물을 물거나 해치려 할 경우 주인의 단호한 질책과 교정이 필요한데 사람의 입장이 아닌 개의 입장에서는 교정을 해야 한다. 가장 좋은 방법은 다른 동물들과 자주 접촉하도록 하는 것이고 함께 활동할 동물친구들과의 잦은 접촉은 더욱 바람직한 방법이라 할 수 있다.

▌고양이

개보다 노력을 더 적게 요하고 요구사항도 적은 고양이는 기분전환도 되고 예쁘고 조용한 서비스를 제공한다. 일반적으로 개보다 고양이는 독립적으로 행동하는 것으로 알려져 있다.고양이가 사람과 잘 교류할 가능성은 어린시기에, 특히 2주에서 7주 사이에 사람이 자주 다루어주는 경우 증가한다. 고양이들은 그들이 원하는 것을 표현함으로써 확실하게 의사를 전달한다. 자기가 있다는 것을 확인시키고 관심을 끌고 싶어 하며 재미있는 익살맞은 행동으로 웃음을 자아낸다. 그러나 관리가 필요한 사항은 개보다 단순하다. 그래서 흔히 혼자 사는 사람이 관리하기가 쉽기 때문에 고양이를 더 선호한다.

교류가 많지 않고 힘이 많이 들지 않는 교류를 원한다면 고양이가 좋다. 이미 바쁘고 정신없이 사는 사람, 근래에 가까운 누군가가 사망한 사람, 건강이 좋지 못한 사람들은 요구가 적은 고양이를 선호한다. 알츠하이머 환자를 돌보는 사람에게 고양이는 부담감과 우울증을 덜 느끼게 하였고, AIDS가 있는 남성은 고양이는 아주 좋은 반려동물이었다. 개와 달리 일반적으로 고양이는 낮에 홀로 남겨졌을 때 행동상의 문제가 발생하지 않는다. 오히려 고양이의 타고난 행동 성향 또는 다른 고양이와 교류가 그 주인을 괴롭히는 문제행동이 되기도 한다.

▌새, 작은 동물 그리고 물고기

작은 동물은 보다 쉽게 제어할 수 있는 이점이 있다. 그래서 개인 주택이나 요양시설에서 받아들이기가 보다 쉽다. 그러나 그들은 어떻게 양육하느냐에 따라 달라지는 애완동물이다. 새 중에 많은 종들은 특별히 돌보는 사람과 가까운 관계를 형성하고 사람의 관심에 반응하며 그 사람에게 보답하는 방법으로 말을 한다. 새의 경우 어떤 사람은 배설물과 소음을 문제로 얘기하고 있다.

기니피그는 차분하고 조용하고 부드러운 특성 때문에 적은 노력을 요하는 가장 인기 있는 종으로 꾸준히 사랑 받고 있다. 물고기는 예쁘고 사람들에게 휴식을 제공한다.

▌프로그램을 위한 동물선택의 지침과 기준

동물이 단순히 시설에 있는 것만으로 치료가 된다는 생각은 실수이다. 동물이 교류에 참여할 수 있으려면 동물조련사는 교육을 받아야하고 그 특수 동물의 능력에 민감해야 한다. 안전하고 효율적인 결과를 위해 동물의 건강관리는 꼭 필요하다. 다양한 요인들이 결과에 영향을 미친다. 훌륭한 프로그램이 되기 위해서는 내담자에 맞는 특수한 종, 동물조련사, 동물매개심리상담사의 세 가지 구성요소와 동물의 적성, 시설의 환경, 팀의 역량수준 등이 아주 중요하다. 이들 변수들은 서로 매우 의존적이다.

선택기준은 이들 동물이 신뢰할 수 있는지, 조정가능한지, 예측할 수 있는지, 그리고 AAA/T과제, 대상자, 일하는 환경에 적합한지를 알아본다. 동물의 종/품종, 종류, 성별, 나이, 크기, 건강, 적성, 적합성, 역량 등에 주의해야 한다. 더불어 조련사와 동물간의 질적 교류도 고려되어야 한다.

(1) 동물선택의 기준

AAA/T에서 동물도 중요하지만 그 보다 더 중요한 것이 동물을 조정할 수 있는 조련사이다. 조련사를 배제하고 동물에게만 초점을 맞추는 것은 현장에서 큰 문제를 가져 올 수 있다.

예를 들어 노련한 동물과 함께 있는 경험이 없는 조련사는 동물이나 내담자를 의심 받을 만한 상황에 또는 심지어 위험한 상황에 처할 수도 있다. 그러므로 동물과 조련사는 팀으로 함께 일한다. 동물선택의 기준은 신뢰성, 예측가능성, 조절가능성, 적합성 그리고 신임을 주는 능력이다.

① 신뢰성

신뢰성이란 행동이 독립적이거나 또는 반복되는 비슷한 상황에서 거의 똑같이 행동하는 것을 의미한다. 효과적인 치료를 하기 위해서 동물매개심리상담사는 동물(그리고 조련사)이 비슷한 상황에 처했을 때 기본적으로 비슷한 방법으로 대처할 것이라는 확신이 있어야 한다. 이는 관련된 동물, 조련사, 동물매개심리상담사, 환자, 직원, 그리고 방문자의 안전과 안녕을 위해서이다.

예를 들어 개를 요양원에 데리고 갔을 때 직원들은 개가 차분하고 공격적이지 않으며 카트, 휠체어, 걸어 다니는 사람을 만나면 항상 좋아한다는 것을 알아야 한다. 직원은 조련사가 믿을 만한 역량이 있음을 알아야 한다. 병원에서 돌발적인 상황이 되어도 놀라거나 공포로 도망을 가서는 안 되며 조련사도 장애가 심한 사람을 봐도 환자를 이상하게 보고 응시해서는 안 된다.

② 예측 가능성

예측가능성이란 특수한 환경에서의 행동을 미리 예측할 수 있음을 의미한다. 예측가능성과 신뢰는 밀접한 관계가 있다. 예측가능성은 훈련을 받는다고 반드시 강화되는 것은 아니다. 다양한 개 행동 간의 상호작용은 복종훈련과 이상적인 행동과는 관계가 적다. 예를 들어 재활훈련을 위해 팔을 굽혔다 폈다 하는 환자를 위해 치료적 중재로서 물건 가져오기 게임을 할 때 개는 다른 물건이나 먹을 것에 대한 유혹에 넘어가지 않고 지정한 물품을 가져 올 거라는 확신을 가져야 한다.

③ 조정 가능성

조정가능성이란 행동을 억제하거나 안내하거나 관리할 수 있음을 의미한다. 동물들의 경우 조정가능성은 흔히 훈련에 의해서 향상될 수 있다. 동물이 프로그램에 있는 행동을 예상대로 실천하기 위해서는 최소한의 훈련이 요구된다. 예를 들어 토끼를 데리고 건강상태가 아주 안 좋은 어린이를 방문할 때 이 침대에서 저 침대로 옮기는 중에도 토끼가 바구니 안에서 조용히 앉아 있도록 훈련시켜야 한다.

④ 적합성

적합성이란 목적에 맞거나 적격하다는 것을 의미한다. 여기서 목적이란 동물매개심리상담사가 프로그램에서 확인할 특수한 목표이다. 동물과 조련사는 환자가 이 목표를 향해 갈 수 있도록 도와야 한다. 또한 동물이나 조련사 모두 환자에게 위험을 주지 않는 건강상태이어야 한다. 조련사는 동물의 요구에 민감해야 하며 항상 귀 기울여 그들의 요구를 살펴야 한다. 그렇지 않은 경우 개는 병이 나거나 공격성을 띠게 될 수도 있다.

⑤ 신임을 주는 능력

신임을 주는 능력이란 사람들이 동물의 주위에 있을 때 편안함(위협적이지 않은)을 느끼는 것이다. 본인의 안전을 두려워하는 사람은 치료의 목표를 성취하는데 집중할 수 없다. 예를 들어 허약한 노인은 껑충껑충 뛰어오르는 활발한 개보다는 무릎위에 조용히 앉아 있는 고양이가 더 편안할 것이다.

2.2 치료도우미동물에 대한 이해

치료도우미 동물에는 여러 가지 동물이 있지만 가장 많이 활용되고 우리와 가장 가까운 개를 중심으로 설명하고자 한다. 개는 인류 역사상 인간과 가장 밀접한 관계로 오랜 세월 동고동락을 하며 생활한 동물이다. 원시사회의 생존관계는 개와 인간의 관계를 더욱 가깝게 하였고, 인간에게 길들여진 개들은 진화와 개량의 과정을 거쳐서 인간의 생활 속에 깊숙이 파고들었다. 밤에는 사나운 맹수로부터 인간을 보호하였고 때로는 사냥과 공포로 지쳐있는 인간들을 사랑스런 애교로 위로해 주었다. 개와 인간은 공생공존의 관계에서 현재는 반려동물로서 인간의 친구이며 가족으로서 생활하고 있다.

이 장에서는 치료도우미 동물로서 가장 중요한 사회성에 대하여 설명하고자 한다.

1. 치료도우미동물의 사회화

▌사회화의 중요성

사람이 혼자살 수 없고 어울려 살아야 하듯이 사람과 가까운 대부분의 동물들도 사회적인 동물이다. 어미가 새끼를 돌보고, 동족 간에 어울려 놀고 장난하고, 함께 사냥하는 등 동물들의 일상생활에서 발견되는 이해하기 힘든 많은 행동들은 사회적 관계에 그 바탕을 두고 있다.

사람의 경우 심리학자인 Erison의 사회적 정신역동이론에서 자아의 중요성을 강조하면서 자아는 생물학적 힘보다는 인간관계에서의 경험이 자아의 기능을 요구하고 있으며 자아는 사회화 과정, 사회와의 관련성을 전제로 한다.

동물들도 시기별로 발달단계가 있다. 이 발달과업의 해결여부가 그 동물의 성격형성에 많은 영향을 미치게 되는 것이다.

동물매개치료에 활용되는 동물은 상호작용을 전제로 하기 때문에 동족 또는 사람과의 사회성은 절대적으로 필요하기 때문에 동물의 사회화가 발달되는 시기에 사회성을 향상시키는 것은 꼭 필요하다. 사회화가 제대로 이루어지지 않은 동물은 동족이나 사람과의 관계형성이 어렵고, 어울릴 수 없기 때문에, 스트레스에 민감하고 사소한 일에도 불안감을 느낄 수 있으며, 사람 또는 다른 동물의 접근에 대해서도 위협을 느낄 수 있다.

(1) 사회성의 발달

동물이 사람을 잘 따르고 좋은 품성을 갖게 되는 것은 주인이 쏟는 애정의 양과 비례한다고 할 수 있다. 사회화가 잘되면 동물과 사람간의 신뢰와 유대관계가 좋아지게 된다.

사회화는 동물이 적절한 사회적 행동을 할 수 있도록 개발시켜 나가는 과정으로 생후 처음 몇 주간이 특히 중요하다. 동물의 사회화는 동물로 하여금 사람과 친숙해지기 위해 상호 교감하는 능력과 사회화 과정에서 경험하는 다양한 환경에서 스스로 문제를 해결하는 능력이 향상될 수 있다. 어릴 때의 다양한 경험은 동물이 살아가면서 새로운 경험과 사건에 적응하는 능력을 발달시킨다고 한다.

① 개의 행동발달

개의 발달단계는 행동발달이전(신생기, 이행기)과 행동 발달기(사회화기, 유년기)로 나눌 수 있다. 사회화 시기는 생후 4주부터 14주까지이다.

• 생후 4~5주령

강아지끼리 서로 싸우며 놀고, 다른 강아지가 물면 아파서 소리를 내고, 이를 통해 무는 강도를 조절하는 법을 배우며, 이후에 무는 것을 자제하는 것을 배우게 되고. 한 마리가 입에 어떤 물건을 물고 있으면, 그 강아지를 따라다니는 등 다른 강아지의 행동을 따라 하기 시작한다. 얼굴표정을 지으며 공격적인 목소리를 내기 시작한다.

• 생후 6~7주령

이 시기는 개의 감수성기로 어떤 사건이 개체의 발달에 장기간 영향을 끼치는 시기이다. 이 기간 이후에는 어떤 일에 대한 영향력이 떨어진다. 강아지와 주인과의 관계에 있어 가장 큰 변화는 사회화기의 중반기인 5~7주령에 일어난다. 강아지는 달리고, 사물에 올라가고, 씹는 행동과 더불어 운동기관의 급격한 성장이 일어난다. 이때 강아지는 겁이 없어서 낯선 사람이나 동물 등 새로운 자극에 쉽게 접근한다. 좋지 않은 경험을 강하게 거부하는 행동은 이후에 발달된다. 6주령에 동물 종의 고유한 행동양식 표현을 볼 수 있으며, 특히 수컷에서 성적행동을 하는 것을 볼 수 있다. 서로 싸우는 횟수가 늘어나게 된다. 7주령에 어미에게서 분리하여 사람과의 사회성을 키워주는 것이 바람직하다.

• 8~9주령

싫어하는 자극에 대해 두려운 반응을 표현하기 시작한다. 다른 강아지를 집단 공격하기도 하고, 비록 불완전하지만 지배적인 서열이 형성되는 시기이기도 하다.

• 유년기

사회화기 이후의 유년기는 성 성숙이 될 때까지로, 이 시기는 개 품종 간 상당한 차이가 있다. 음식을 구걸하는 행동은 16주령까지 증가하여, 우열에 따른 지배와 복종이 잘 발달된다. 수컷이 다리를 들고 배뇨를 하고, 배변 후 긁는 행동은 5~8개월령에 나타난다. 모방행동 역시 증가한다. 유년기의 행동문제가 성견이 되어서도 지속된다.

• 사회화의 영향

개체에 따라 많은 차이가 있지만 생후 3~4개월 동안 급식과 견사 청결관리만 해주는 최소한의 접촉만 할 경우 특히 낯선 사람에게는 흔히 평생 동안 소심한 모습을 보인다.

사람과 관계를 맺는 사회화는 대체로 3~12주령, 최적기는 6~8주령이며, 생후 14주령에 이르기까지 사람의 접촉 없이 자란 개는 사회화를 시키기에 매우 어려우며, 야성이 남아 있을 수도 있다고 한다.

생후 5주령까지 매일 하루에 20분간 사람의 손길이 닿은 강아지는 사람을 잘 따르며, 태어난 지 3일 만에 어미에게서 떼어내 기른 강아지는 다른 강아지에게 공격성을 띠며, 3~4주령에 분양되어 다른 개와 거의 접촉 없이 아파트에 사는 개는 사람에게 지나치게 의존하게 되고, 감수성기에 다른 개와 접촉기회가 없었기에 다른 동종의 개를 보고 비사교적이거나 두려워 피하려 하고 공격성을 보이기도 한다.

심한 경우 다른 개와 교배를 꺼리며 성적인 행동을 소유주, 고양이 또는 방문객의 다리에서 하려고 한다. 8주령까지 동복과 자란 강아지는 사람보다 개를 더 좋아하며, 다른 강아지들과 싸우지 않고 잘 어울렸다는 보고가 있다. 이와는 반대로 약 10주령까지 사람과의 사회화가 이루어지지 않은 개들은 자라면서 사람을 경계하여 훈련도 어렵고 반려동물로 부적합하기 쉽다.

② 고양이의 행동발달

• 고양이의 사회화기

고양이의 사회화는 개에 비해 상대적으로 잘 밝혀져 있지 않다. 그렇지만 지금까지 연구결과에 의하면, 고양이의 행동발달은 신생기, 사회화기, 유년기의 3단계 이상으로 구분할 수 있다고 한다. 이중에서 사람과의 관계형성에 중요한 것은 사회화기와 유년기이다. 고양이의 사회화기는 2주령 말부터 7주령까지로 개보다 일찍 시작하여 일찍 끝난다.

• 유년기

유년기는 사회화기에 적합한 감수성기 말기부터 성 성숙이 발현될 때까지를 일컫는 말이며, 이때의 고양이 새끼는 매우 활동적으로 운동과 감각기능을 계속적으로 발달시켜 나간다. 물론 상당한 개체차이가 존재하지만 대부분 7개월령에 성 성숙 증상을 나타낸다.

• 감수성기

강아지와 마찬가지로 고양이 새끼 역시 사람에게 친근하고 잘 어울리기 위해서는 사람의 손길이 필요하며, 사람에 대해 사회화에 적당한 감수성기가 존재한다. 고양이의 경우 2주령 말부터 7주령까지의 사회화가 중요하며, 7주령 이후에는 사람에 대한 사회화의 효과가 떨어진다고 한다. 감수성기 중에도 사람에 대한 신뢰와 유대관계는 고양이를 관리하는 시간과 방식, 어미 고양이의 존재 등 여러 요인이 사람에 대한 친근감 표현에 영향을 준다고 한다.

어미의 존재가 새끼들로 하여금 낯선 상황도 친숙하게 해주고 새로운 상황에 위협을 느끼기보다 상황에 대처하고 그 상황을 익혀 나가게 하는 안도의 대상이 되기 때문에, 어미와 동배들과 같이 지내는 개체가 그렇지 않은 개체보다 호기심이 많고, 사회화 과정을 단축시키는 것으로 생각된다.

(2) 치료도우미 동물의 사회화 훈련

동물매개치료 치료도우미동물로 활용하기 위해서는 여러 가지 치료 환경에서도 당황하지 않고 예의바르게 행동할 수 있어야 한다. 예의바르게 행동할 수 있는 가장 좋은 방법은 치료도우미 동물이 사회화 되어야 하는데, 사회화 하는 방법은 치료도우미 동물이 아주 어릴 때부터 행동수정기법의 체계적 둔감법을 활용하여 약한 자극으로부터 점진적으로 강한 자극에 이르기까지 다양한 자극을 경험하도록 해야 한다.

강아지의 사회화에 가장 효과적인 시기는 생후 5~9주령의 사회화기로 가능하면 사람이나 다른 동물과의 많은 접촉을 하도록 하는 것이 좋은데 안타깝게도 이시기는 강아지들이 질병에 대한 저항력이 약한 시기이기 때문에 각별히 조심해야한다.

이때에 점차 단계적으로 다양한 사람과 동물, 환경에 익숙해지도록 한다. 가능하다면 사람이 가장 많이 다니는 곳에 케이지를 두어 매일 사람과 접촉하도록 해준다.

또한 이곳은 강아지가 혼자 있고 싶어 할 때나 잠자고 싶을 때 이용할 수 있는 공간이 되어야 한다. 혼자만의 공간처럼 강아지가 안도감을 느끼는 장소에서 아이들이나 많은 사람들을 접할 수 있게 하는 것이 효과적이다.

강아지가 새로운 자극에 자연스럽게 대응할 때 쓰다듬어 주거나, 포상용 먹이나 개가 좋아하는 것으로 보상하는 긍정적인 훈련 방법은 강아지가 쉽게 새로운 자극에 익숙하게 되고 자신감을 갖도록 하고 공격적인 반응을 완화 시킬 수 있다. 그러나 무리하게 새로운 자극에 접근을 시도하거나 체벌 등 부정적인 방법의 훈련은 강아지에게 공포감을 갖게 하고 공격적이거나 겁쟁이로 만들 수 있다.

| 표 2-1 강아지의 사회화에 도움 되는 경험들 |

사람	어린이부터 노인 남자, 여자 다양한 민족 건강한 사람, 장애가 있는 사람 휠체어를 탄 사람 있는 곳 사람들이 많이 모여 있는 곳 사람들이 많이 오고가는 곳 롤러스케이트 타는 사람	다양한 옷차림을 한 사람들 모자를 쓴 사람 가방을 들은 사람 목발을 짚고 있는 사람 지팡이를 들고 있는 사람 운동장에서 놀고 있는 아이들 달리기하는 사람 자전거 타는 사람
동물	다른 품종의 개나 고양이 어린 개에서 큰 개	다른 가축들 (말, 소, 돼지, 닭, 토끼 등) 암컷, 수컷의 동물들
소리	아기 우는소리, 사람들 큰 목소리로 얘기하는 소리, 시장같이 많은 사람들이 모이는 곳, 각종 다양한 소리	자동차소리 기차소리 경적소리 천둥소리
탈것	승용차, 버스, 지하철	엘리베이터 등
기타환경	도시, 시골, 조용한 곳, 공원 시끄러운 곳, 큰 도로, 골목길	흙길, 아스팔트길, 콘크리트 포장길 아파트, 단독주택

2. 개에 대한 이해

▌개의 역사적 배경(背景)

개의 기원에 대해서는 여러 가지 견해가 있다. 현대의 모든 개들이 어느 한 종의 선조로부터 유래 되었다는 주장과 현대의 개들이 크기와 성격 등 다양한 품종을 갖고 있는 것은 2종 이상의 서로 다른 야생의 선조들의 혼혈에서 유래되었기 때문이라는 설 등이 있다.

화석에 나타난 최초의 가축은 개로 알려져 있으며 개를 최초로 순화시킨 사람들은 중근동 및 신대륙의 사람들일 것으로 추측되며, 그 연대는 최고 3만5천년 전에서 1만2천년전 사이로 거슬러 올라간다. 가장 오래된 화석은 최근에 서독의 유적지에서 출토된 단일의 턱뼈이며 대략 1만 4000년 전의 것으로 추정되고 있다. 최초의 집개의 화석은 지금의 이스라엘의 원형 집 자리 (Ain Mallaha)에서 발견된 1만2천년 전의 화석으로서 개를 안은 자세로 묻힌 여인의 유골과 함께 발굴되었다.

한편 미국 일리노이주 리버밸리의 한 선사 유적지에서도 기원전 8500년경에 정성스럽게 매장된 네 구의 개 유골이 발견되었다. 개들을 가지런히 묻은 것으로 보아 이곳에

살던 사람들은 아주 오래 전부터 개를 다정한 친구로서 소중하게 여겼던 것을 알 수 있다.

먹이가 부족한 개들이 인류의 거주지로 자주 나타나 먹다 남은 음식을 주워 먹음에 따라 자연스럽게 교류가 생겼을 수도 있다. 뿐만 아니라 개는 인류 곁에서 생활하게 되면서 맹수들의 접근이나 위험을 짖음으로써 알려 주었고 사람들은 밤에 안심하고 잠을 잘 수가 있었다. 그 뒤부터 인류는 개의 소중함을 알게 되었고 어디든지 동반하게 된다.

개는 인간보다 뛰어난 후각과 청각을 지니고 있으므로 예부터 경비용, 사냥용으로 이용되었으며 그 뒤 사역견(썰매견, 구조견, 가축몰이견), 애완견으로 발전되었다.

▌개의 감정

우리의 주변에서 개를 좋아하는 사람들을 만나다보면 종종 듣는 말이 있다. "우리 애는 사람 같애", "사람과 똑 같이 행동하려고해", "엄마나 아빠가 무얼 하려고 하는지 먼저 알고 보챈다"는 식의 개와 사람을 동일시함으로서 개에게 사람과 동등한 지위를 부여하고 무의식중에 사람과 같이 생각하고 행동하기를 개에게 강요하기도 한다. 물론 가족이나 친구로 생각하는 것은 좋지만 개는 사람과 여러 가지로 분명히 다르기 때문에 개를 올바르게 이해하기 위해서는 개와 사람과의 다른 점을 알아보는 것이 꼭 필요하며 개는 사람이 아닌 개로서 이해하고 대하는 것이 개를 사랑하는 방법이다.

(1) 개와 사람 감정의 같은 점과 다른 점

① 개도 사람과 같이 어떤 문제에 대하여 심사숙고(深思熟考)하고 행동할 수 있는가? 아니다 개는 생각하지 않고 행동할 뿐이다.

② 개와 사람은 모두 감정의 동물이기 때문에 우리는 항상 감정을 느낄 수 있는 기회를 찾는다. 그러나 사람과 개는 감정을 밖으로 표현하는 방법에는 차이가 있다. 개는 감정을 인지적 기능을 가진 뇌를 통해서 표현하지 않고 어떤 감정을 느낀 순간 다른 부수적인 생각 없이 직접적으로 표현한다. 그러나 사람은 어떤 감정을 느낄 경우 이에 따른 어떤 행동을 하기 전에 자신의 감정에 대하여 이런 저런 생각을 하고 난 후 행동을 하게 된다.

③ 이러한 차이점이 사람으로 하여금 개보다 어떤 현상이나 상황에 대해 종종 늦게 반응하도록 만든다. 이런 개에 비해 늦은 반응시간은 개의 훈련에 있어서 훈련자가 의도하지 않았던 방향으로 개의 행동을 유도하는 결과가 될 수 있다. 따라서 개의 훈련을 할 때는 감각적이고 즉각적으로 반응할 수 있도록 자신을 준비 시키

는 것이 매우 중요하다.

④ 개를 훈련을 할 때 명령이나 행동교정 시 타이밍이 중요한데 어떻게 할까? 하고 생각하다 보면 적절한 타이밍을 놓쳐 엉뚱한 결과를 초래하기도 한다.

(2) 개는 주인의 관심이 필요하다.

개는 주인이 자신을 칭찬해 주는 것을 무엇보다도 좋아한다. 그러나 주인이 자신에게 관심을 갖지 않는다고 생각되면 주인의 주의를 끌기 위하여 주인을 화나게 하는 경우가 종종 있다. 왜냐하면 개 자신에게 화를 내는 것이지만 무관심 보다는 낫기 때문이다.

예를 들어 주인이 바빠서 개에게 신경을 쓰지 못하거나 다른 개를 새로운 가족으로 받아들여 기존의 개에게 소홀히 하게 되면 평상시 화장실에서 배변을 잘하던 녀석이 거실에다 배변을 한다든지, 물건을 망가뜨려서 주인을 화나게 만들기도 한다. 개가 가장 견디기 힘든 것은 주인의 무관심인 것이다.

사람은 가끔 감정을 앞세워 개에게 화내는 것이 자신이 강하고 엄격한 주인으로서 개에게 대하는 것이라고 착각할 때가 있다. 하지만 화가 난 표정과 짜증이 섞인 목소리는 개를 자극하게 되지만 비교적 낮게 깔리는 간결하고도 확신에 찬 명령은 개에게 무엇을 해야 할지 분명하게 알려준다.

(3) 감정적 의존과 거부의 두려움

펄스(Fritz Peris)라는 학자는 "의존과 거부에 대한 두려움은 인간 정신질환의 가장 큰 요인이다"라고 말했다. 이 말은 개에게도 똑같이 적용된다. 이 지구상에는 개보다 더 인간에게 의존적인 동물은 존재하지 않는다. 인간은 개에게 먹을 것과 잘 곳 그리고 건강을 제공해 준다. 인간은 야생의 늑대를 여러 세대에 걸친 선택적 교배를 통해 기본적인 욕구조차도 스스로 해결하지 못하는 아이와도 같은 개를 만들어 놓았다. 이처럼 주인에게 의존할 수밖에 없다는 사실은 개들로 하여금 주인에게 거부당하면 어쩌나 하는 두려움을 갖게 한다.

개에게 행동교정을 할 때는 개로 하여금 훈련자가 원하는 다른 대안을 찾도록 하는 것이지 결코 벌을 주는 것이 아니다. 사람들이 자신의 분노나 화풀이를 개에게 하는 것은 개들로 하여금 어떤 특정한 행동을 회피하게 만들 뿐 아니라 두려움을 갖게 한다. 이러한 두려움은 개에게 순간적으로는 자극이 될 수도 있지만 결국은 개로 하여금 자신감과 자신의 가치를 상실하도록 하여 목적견인 경우 원하는 역할을 할 수 없도록 만들고 만다.

(4) 기본적인 욕구에 대한 만족

사람은 생존을 위한 기본적인 욕구가 있다. 즉 의·식·주 그리고 안전에 대한 욕구가 있고 이러한 기본적인 욕구가 만족되지 않는다면 정상적인 사회생활을 하는 것이 불가능 해진다. 이것은 개의 경우도 마찬가지이다.

개는 주인이 자신에게 먹을 것과 잠자리와 또 안전을 제공해 줄 수 있고 또 항상 제공해 줄 것이라는 것을 믿을 수 있어야 한다. 그렇지 않으면 개는 생존을 위해 배고픔과 목마름, 또는 잠자리와 안전을 찾기 위한 쪽으로만 관심을 갖게 되고 주인이 원하는 행동은 제대로 할 수 없을 것이다. 따라서 훈련자는 개에게 정해진 시간에 먹을 것을 주고 항상 개를 잘 보살펴주고 있다는 느낌을 가질 수 있도록 해야 한다.

▌도전과 저항

개를 기르거나 훈련하다 보면 평상시 주인의 말에 순종하고 착하기만 하던 녀석이 어느 순간에 잘 듣던 말도 듣지 않고 엉뚱한 행동을 하거나 반항을 하는 것을 경험하게 된다.

대부분 한두 번의 시도로 원래의 상태로 되돌아가지만 어떤 경우는 오랫동안 지속되는 경우가 있다. 왜 이런 행동을 하는지 알아본다.

(1) 도전을 하는 이유

① 개들이 주인에게 도전하는 이유는 간단하다. 이 사람이 나의 우두머리로서의 능력을 가지고 있는가를 확인하는 것이다. 이것은 자연이 동물에게 준 지혜로서 자신의 무리를 이끄는 우두머리가 아직도 건재한지를 가끔씩 확인해보는 것은 무리의 구성원인 자신의 생존을 위해서도 반드시 필요한 것이다. 대장이 건재한지를 아는 데에 한번 그에게 도전해보는 것보다 더 좋은 방법이 어디 있겠는가?

② 만약 여러분의 개가 단순한 확인을 위해 도전해 보는 것이고 당신이 개에게 당신의 건재성을 간단하고 분명하게 보여준다면, 개는 곧바로 당신을 우두머리로 하는 무리 구성원으로서의 일상으로 돌아갈 것이다. 그러나 개가 당신에게 도전하는 이유가 당신이 무리의 우두머리로서의 일을 제대로 하지 못해서라고 한다면 이는 스스로를 돌아보라고 하는 경고로써 받아들여야 한다.

(2) 도전에 대처 하는 방법

① 중요한 것은 개의 도전을 감정적으로 받아들이지 말아야 한다. 이것은 여러분의 개가 개인적 감정이 있어서 그러는 것이 아니고 생존을 위한 자연의 섭리중 하나일 뿐이기 때문이다.

② 또한 개의 도전에 대해 짜증을 내며 고함을 치며 대응하지 말아야 한다. 이러한 냉정하지 못한 모습은 개로 하여금 여러분이 정말 무리의 우두머리로서 자신감을 가지고 있지 못한 것이라고 생각할 수 있다. 그렇다고 지나치게 개를 윽박질러 겁을 먹게 하는 식의 반응은 개와 주인과의 상호 관계를 불편하게 할 수 있다.

③ 그렇다면 어떻게 해야 하는가? 개로부터 도전을 받았을 때 도전은 하지 못하도록 하고 서로의 관계는 향상시키는 방법이 바람직하다.
예를 들어, "앉아"라고 명령했으나 개가 앉기보다는 당신의 무릎위로 올라오려고 할 때 받아주지 말고 보다 자신 있고 분명한 태도로 "앉아"라고 다시 명령을 한다. 그러나 이것은 절대 화가 난 표정과 목소리로 명령하라는 것이 아니다. 개와 눈을 맞춘다거나 아니면 개를 손으로 만진다거나 하는 행동은 삼가 한 채 힘 있는, 하지만 감정에 치우치지 않은 태도로 "앉아"라는 명령을 다시 할 경우 개는 여러분의 명령을 보다 심각하게 받아들일 것이다.

(3) 개의 도전의 형태

① 개의 도전은 매우 눈치 채기 힘든 교묘한 형태로도 자주 나타난다. 예를 들면 해야 할 일을 하는 대신 놀자고 만하는 행동, 명령에 대한 딴전피우기, 또는 주인이 아끼는 물건을 망가뜨리는 행위 등도 도전의 한 형태일 수 있다.

(4) 도전의 시기

① 아마도 개는 여러분이 가장 힘들고 어려워하는 순간 당신에게 도전할 것이다. 예를 들어 평상시 말을 잘 들어서 다른 사람들에게 자랑하려고 여러 사람들을 불러 놓고 개에게 명령을 하면 잘 듣지 않아 주인을 난처하게 만드는 경우가 있다.

② 그러나 이것 역시도 개인적인 감정이 있어서가 아니라 생존을 위한 자연의 섭리가 개를 통해 나타나는 것일 뿐이다. 개의 도전의 이유는 무리의 생존을 확실히 하고자 하는 것이다. 따라서 무리의 우두머리는 일상적일 때뿐 만 아니라 위기나 어려운 상황에서도 지도력을 발휘할 수 있어야 무리가 생존할 수 있기 때문에 여러분이 가장 곤란하고 힘든 순간 여러분의 개는 여러분에게 도전할 가능성이 높다.

(5) 도전의 예방

① 도전을 예방하기 위해서는 훈련자는 개의 리더로서 항상 일관성 있고 분명한 태도로 개의 안전을 지켜줄 수 있다는 믿음을 개에게 주어야 한다. 이 경우 개는 당신의 태도, 행동 등을 통해 리더로서의 자질을 수시로 확인할 수 있으므로, 당

신에게 불필요한 도전을 행하지 않을 것이다.

② 개가 이미 숙지하고 있는 명령어들을 자주 개에게 사용하고 또 그 명령을 개가 따르도록 함으로써도 개로 하여금 훈련자가 확실한 무리의 리더라는 사실을 수시로 확인시켜줄 수 있다.

(6) 저항

① 저항은 도전의 한 형태이다. 개도 사람과 마찬가지로 떠밀리거나 질질 끌려 다니는 것을 싫어하기 때문에 처음 몇 번은 끌려 다니다가도 그것이 반복되면 저항하게 된다. 개 줄을 잡아서 개를 끌면 개는 본능적으로 끌려가지 않으려고 한다.

② 따라서 개가 원하는 방향으로 가도록 하기 위해서는 개가 그 방향으로 갈 수 있는 긍정적인 동기부여를 통해서 유도하는 것이 바람직하다.

(7) 적극적 저항과 소극적 저항

① 적극적 저항이란 짖기, 물기, 으르렁거리기, 끌어당기기 등으로 직접적으로 훈련자와 대립하는 것이며 소극적 저항은 땅에 엎드려 꼼짝 않기, 멀뚱멀뚱 쳐다만 보기, 주인에게 무조건 달라붙기, 못들은 척 하기, 배를 하늘로 향한 채 "나는 못해"라는 식으로 저항하는 것을 말한다.

② 적극적인 저항은 대담한 성격을 갖은 개들이 주로하고 소극적인 저항은 여리고 사교적인 성격의 개들이 쓰는 방법이다.

(8) 저항의 대처 방법

① 개의 저항에 대해서 정면으로 훈련자의 의도를 고집하기 보다는 개의 주의를 환기시키는 방법을 쓰는 것이 좋다. 왜냐하면, 결국은 주인의 뜻대로 개를 유도하면서도 개에게는 따뜻하고 자신을 사랑하는 주인으로서의 관계를 유지할 수 있기 때문이다. 예를 들면, 갑자기 웃는 다거나, 웃긴 행동을 하는 등 개가 저항을 하던 원인을 잊어버리도록 한 후, 다시 원래의 명령을 개에게 내린다. 이때 중요한 것은 개가 저항을 하던 자리에서 다른 자리로 이동을 하는 것이 바람직하다. 원래의 장소를 저항이라는 행동과 연관시킬 가능성이 있기 때문이다.

② 소극적 저항의 경우는 개의 주의를 환기시킨 후 원래의 명령을 내리는 방법이 적당하며, 적극적 저항의 경우에는 물리적 교정이 필요한 경우가 많다. 다만, 물리적 교정은 다른 방법들을 시도했는데도 효과가 없을 경우에 시도하는 것이 바람직하다.

2.3 치료도우미동물의 스트레스와 복지

동물복지에 대하여 많은 사람들이 견해를 달리할 수 있을 것이다.

동물의 복지는 동물의 권리라는 철학적인 견해와는 구별 되어야 하며 동물복지는 적절한 사육시설과 관리, 영양, 질병예방과 치료, 책임 있는 관리, 인도적인 취급 등을 말하고 있다.

일반적으로 동물의 기본적인 욕구는 알맞은 먹이, 물, 공간, 다른 동물과의 적절한 접촉 등 긍정적인 측면과 공포와 스트레스, 통증, 부상, 기생충 등 부정적인 측면으로 나누어 구분할 수 있으며 최소한도 이런 기본적인 동물의 욕구는 충족되는 것이 동물의 복지가 아닌가 생각한다.

이 장에서는 동물매개치료에 활용하는 치료도우미 동물들의 스트레스와 복지라는 차원에서 말하고자 한다.

필자의 경험에 의하면 일반적으로 동물매개치료 프로그램에 활용하는 치료도우미동물의 경우 다른 동물보다 스트레스를 많이 받고 있다고 생각된다.

어떤 목적을 위하여 도우미동물로서 활용하고 있지만 보통 50분씩 3팀 정도와 프로그램을 진행하고 나면 동물매개심리상담사나 함께하는 동물도 모두 지치게 된다.

그럴 때마다 과연 어떻게 하는 것이 동물의 복지와 스트레스의 최소화를 위하여 필요한 것인가를 생각하게 된다.

우리는 동물을 다양하게 활용하고 있다. 우리의 목적은 동물과 인간 협력을 동물의 입장에서 재검토하고 치료도우미 동물 복지에 대한 윤리적인 책임을 검토해야 하는 것이다.

이는 동물에게 어떤 이점들이 있는지, 또는 치료도우미 동물의 양육, 훈련, 활동이 그들의 복지를 크게 손상시키고 있는 것은 아닌지 생각해 봐야 할 것이다.

1. 치료도우미동물의 복지

(1) 대부분의 동물들은 식량, 물, 기본적인 보호 등의 물리적인 필수조건 뿐만 아니라 가능하면 언제든지 제공되어야할 사회적 그리고 행동적 욕구들을 가지고 있다

(Dawkins, 1988).

(2) 모든 치료도우미동물은 언제나 내담자의 어떤 학대나 위험으로부터 안전할 필요가 있다. 동물은 만약 지쳤다거나 스트레스를 받았다고 느꼈을 때 찾아갈 안전한 피난처가 작업 환경 내에 있어야 한다.

(3) 하루 종일 AAA/T에 이용되는 동물은 실제 내담자와의 접촉을 피해 휴식을 가질 필요가 있다. 치료도우미동물은 아프거나, 다치거나 병이 있어서는 안 된다. 모든 동물들은 반드시 예방접종을 해야 한다.

(4) 만약 동물이 아프거나, 스트레스를 받았거나 또는 지쳤을 때에는 프로그램에서 활동하지 않도록 하고 쉬도록 하면서 필요한 경우 의료 처리를 받아야 한다.

| 표 2-2 치료도우미 동물을 위한 윤리적 환경 |

1	치료도우미로 이용되는 모든 동물들은 학대, 불편, 질병으로부터 신체적 정신적으로 보호되어야 한다.
2	동물에 대한 적절한 건강관리가 항상 제공되어야 한다.
3	치료도우미동물은 활동하는 장소에서 멀리 떨어진 곳에서 조용한 휴식을 취할 수 있는 장소가 있어야 한다.
4	내담자와의 상호작용으로 치료도우미동물의 역할을 다 할 수 있도록 동물의 능력을 유지하도록 해야 한다.
5	치료도우미 동물의 학대 또는 심한 스트레스 상황은 특별한 경우를 제외하고는 용납되어서는 안 된다.

| 표 2-3 치료도우미동물에 대한 윤리적인 원칙 |

번호	상 황	내 용
1	인간 요구의 확인	내담자가 치료도우미동물에게 요구하는 것
		내담자가 동물과 함께하는 시간
		동물과 보내는 접촉하는 시간의 본질
2	동물의 가장 기본적인 요구 확인	적절한 관리, 애정, 조용한 휴식시간
3	인간과 동물의 요구비교	가장 저항하기 어려운 인간의 요구 (예를 들어, 심각한 정신적 또는 신체적 상해)는 동물의 기본적인 요구들보다 우선시 되어져야 한다.

| 표 2-4 치료도우미동물에 대한 윤리적인 상황대처법 |

번호	상 황	대처법
1	심한 스트레스	만약 내담자가 동물에게 과도하게 스트레스를 준다면 심리상담사는 그 세션이나 상호작용을 일시 중지시켜야 한다.
2	휴식시간	치료도우미동물을 이용하는 동물매개심리상담사들은 동물에게 하루에 여러 번씩 "휴식시간"을 제공해야 한다.
3	노령화와 스트레스	나이든 동물들과 엄청난 스트레스에 직면한 동물들은 그들의 서비스 규모를 줄이거나 완전히 제거해야 한다.
4	치료도우미동물에 대한 학대	그것이 의도적이든 부주의에 의한 것이든 내담자가 치료 동물을 학대의 대상으로 삼는 환경에서 비록 그것이 그 동물과 내담자와의 관계 단절을 의미한다고 하더라도 동물의 기본적인 요구들은 존중되어야 한다.
		동물매개심리상담사가 보기에 내담자가 동물을 학대할 가능성이 있다고 의심되는 경우라면 동물의 복지와 권리를 보호하도록 예방책을 취해야 한다.
		스트레스나 학대의 어떤 증거이든 명확해졌을 때 동물매개심리상담사는 동물의 내담자와의 관계를 종료시켜야 한다.

2. 치료도우미 동물의 복지 평가

(1) 동물매개치료는 사람 대상자의 심리상담 또는 재활치료의 목적을 위하여 살아있는 치료도우미 동물이 중재의 도구로 사용된다는 특징을 가지고 있다. 이러한 특징에 기인하여 다른 대체의학적 방법보다 동물매개치료는 대상자의 능동적이며 적극적인 참여가 유발되고, 효과 또한 가장 빠르며 좋은 것으로 잘 알려져 있다.

(2) 최근 동물복지에 대한 관심이 다른 어느 때 보다 크게 대두되고 있는 시점에서, 치료도우미 동물의 활용은 철저히 동물복지 지침에 준하여 동물매개치료 프로그램에 투입되어야 한다.

(3) 동물매개치료가 다양한 대상자에게 치유의 효과가 있음이 과학적으로 증명되어 보고되고 있으나, 한편에서는 치유의 매개 역할을 하는 치료도우미 동물의 복지에 대하여 우려하는 목소리도 높아지고 있다. 국내에서도 2007년 5월 방영된 SBS TV 동물농장에서 동물매개치료 코너를 신설하여 방영을 하던 중, 시청자들로부터 동물학대 논란에 휩싸인 적이 있다. 방송에서는 주의력결핍 과잉행동장애(ADHD)를 앓고 있는 지웅이(7)를 치료하기 위해 레트리버 종의 생후 2개월 강아지 몽실이를 데려다가 함께 생활하는 과정을 담았다. 지웅이의 공격적인 행동, 처음 강아지를 데려

왔을 때 가족들이 구박하는 듯 보이는 장면, 강아지 발톱을 깎아주려다 피가 나는 장면 등이 문제가 되었다. "사람을 치료하기 위해 동물을 도구로 삼은 것이 아니냐"는 항의가 많이 있어 제작진을 당황케 하였다고 한다. 70일의 촬영기간 동안 동물매개치료를 약물치료와 병행한 결과 지웅이는 처음으로 다른 생명체와 정서적으로 소통하고 교감하는 경험을 거쳐 일반 유치원에 다닐 수 있게 되는 등 장애아동들에게 희망이 되는 사례가 됐다고 제작진은 말하고 있다. SBS TV 동물농장의 동물매개치료 사례에서 보듯이 대상자의 치유를 위해 활동하는 매개 동물인 치료도우미 동물에 대한 학대와 복지에 대한 우려가 일부 애견인들에게 있을 수 있다. 동물매개치료 분야의 활성화를 위해서는 치유 효과에 대한 관심뿐만 아니라 치료도우미 동물의 복지에 대한 고려도 함께 이루어져야 됨을 명심해야 할 것이다.

(4) 동물매개치료 프로그램 과정 동안, 치료도우미 동물들의 복지가 고려되어야 한다. 치료도우미 동물들과 대상자들의 프로그램 도입은 동물매개심리상담사에 의해 철저히 계획되어져야 하고, 도입이 적절한지 감독되어져야 한다. 때때로 일부 대상자들은 동물들과의 접촉을 싫어하거나 치료도우미 동물들과 프로그램을 하기에 부적절한 신체나 정신적 장애를 가진 경우도 있기 때문이다. 치료도우미 동물들은 프로그램의 일부를 형성하는 중요한 부분이지, 대상자들에 보상으로 제공되는 애완동물이 아니라는 점을 명심하여야 한다.

(5) 치료도우미 동물들은 프로그램 활동 과정 동안에 스트레스와 임상증상에 대한 밀착 모니터링이 수행되어야 한다. 또한 활동 과정동안에 모니터링 되는 치료도우미 동물들의 이상에 대한 해결 방법이 마련되어 있어야 한다. 활동 과정 동안 일어나는 어떤 문제도 즉시 감독 스텝에게 보고되어져야 한다.

(6) 치료도우미 동물과 장애인 보조 동물로서 동물의 사용에 대한 윤리적 고려에 대한 관심이 증대되고 있다(Serpell et al., 2006). 사람과 동물의 이해가 충돌되는 경우 도덕적 문제들이 발생한다. 사람들의 동물이용이 동물에게 고통과 두려움, 손상을 입히거나 동물들이 그들 자신의 필요와 목표를 희생하게 되는 경우 이러한 충돌이 생긴다. 지난 10년 이상 동안 동물매개치료와 동물매개활동에서 Delta society와 같은 단체들은 활동에 포함되는 동물들의 스트레스와 손상을 최소화하기 위하여 노력해왔다(Hines & Fredrickson, 1998).

(7) 현재 동물매개치료는 폭발적으로 성장하여 다양한 대상자들에 프로그램이 적용되고 있다. 이러한 빠른 성장의 부작용으로는 프로그램 활동에 포함된 치료도우미 동물에 대한 제도적이고 전반적이 위해성 평가 제도가 마련되지 않은 상황에서 동물

매개치료 프로그램이 수행되는 경우들이 발생할 수 있다. 동물매개치료 프로그램을 설계하고 운영하는 과정 및 평가를 할 때, 활동에 포함된 치료도우미 동물들이 원하지 않는 것, 따라하기 힘든 일들이 강요되는 것은 없는지에 대하여 충분히 고려되어져야 한다.

▌치료도우미 동물들의 돌봄과 중개를 위한 윤리 지침

(1) 치료도우미 동물 사용을 위한 기본 윤리 원칙

① 동물매개치료 활동에 이용되는 모든 동물들은 신체적과 정식적 둘 다에서 학대, 불편, 스트레스로부터 자유로워져야 한다.

② 항상 적절한 건강유지를 유지를 위한 수의학적 예방과 치료 서비스가 치료도우미 동물에 제공되어야 한다.

③ 모든 동물들은 활동이 끝나면 조용한 장소에서 휴식을 취할 수 있어야만 한다. 모든 활동에 포함된 도우미 동물들을 위한 질병 예방 및 건강증진 프로그램에 실시되어야 한다.

④ 대상자들과의 상호반응은 치료 매체로서 유용하게 활동할 수 있도록 치료도우미 동물들의 능력을 유지하도록 잘 짜여야 한다.

⑤ 치료도우미 동물을 위한 학대와 스트레스 상황은 허용되면 안 된다.

(2) 치료도우미 동물들을 고려하는 윤리적 결정을 내리는 과정

① 사람의 필요내용들을 정하기

대상자가 치료도우미 동물로부터 무엇을 필요로 하나?
얼마나 자주 대상자가 치료도우미 동물과 시간을 보내는 것을 필요로 하나?
치료도우미 동물과의 접촉상태와 시간보내기에 대한 대상자의 필요를 명확히 한다.

② 치료도우미 동물의 필요내용들을 정하기

- 적절한 돌봄
- 애정
- 조용한 휴식 시간

③ 사람 대상자와 치료도우미 동물의 필요를 비교하기

사람 대상자와 치료도우미 동물의 필요가 서로 부딪힐 때, 치료도우미 동물의 필요를 존중하는 것을 원칙으로 한다. 예외적으로 절대적으로 긴급한 사람 대상자의 필요 내용만이 치료도우미 동물의 기본적 필요 요소들 보다 우선권을 가질

수 있다. 예를 들어 심각한 정신적 또는 신체적 손상을 극복하는 프로그램 등이 있다.

(3) 치료도우미 동물을 고려하는 윤리적 경정을 내리는 과정의 implications

① 만약 동물매개치료에 의한 중재활동이 치료도우미 동물에 스트레스를 주는 상황이면, 프로그램 과정 또는 중재활동이 중단되어야 한다.

② 치료도우미 동물을 이용하는 동물매개심리상담사는 하루에 여러 번 치료도우미 동물을 위한 휴식을 제공하여야만 한다.

③ 나이든 동물 또는 많은 양의 스트레스에 노출된 동물들은 그들의 활동을 줄이거나 활동 강도를 낮추어야만 한다. 이에 해당되는 동물들은 은퇴를 고려하여 적절한 시기를 판단하여야 한다.

④ 의식적이든 무의식적이든 대상자가 치료도우미 동물을 학대하는 경우라면 비록 이러한 경우가 대상자와 치료도우미 동물의 관계를 종료시키는 경우라 하더라도 치료도우미 동물의 기본적 필요가 고려되어져야만 한다.

대상자가 치료도우미 동물을 학대할지 모른다는 의심이 드는 경우에는 동물매개심리상담사는 치료도우미 동물의 복지와 권리를 보호해주기 위한 주의를 기울여야한다.

치료도우미 동물에 대한 스트레스와 학대가 명백하다면 동물매개심리상담사는 대상자와 동물 관계를 반드시 종료시켜야 한다.

⑤ 치료도우미 동물을 심각하게 학대하는 대상자는 치료도우미 동물의 보조와 도움 능력을 떨어뜨릴지 모른다. 이러한 경우의 대상자는 앞서 언급한 4항의 원칙을 어기는 것이다.

▌동물매개치료 과정에서 동물복지 향상을 위한 권장 사항

장애를 가진 사람들을 돕기 위해 훈련과 사회화된 동물들의 사용은 동물과 사람의 상호 이익이 되는 파트너십의 극대화라 할 수 있다. 그러나 종종 이러한 활동이 사람 대상자에 이익을 주는 것이 분명한 반면, 치료도우미 동물들에 이익이 제공되는지가 불분명한 경우가 발생한다(Serpell et al., 2006).

사실 동물매개치료 프로그램 수행 과정 동안에 치료도우미 동물이 스트레스와 긴장을 받을 수 있는 요소가 종종 포함될 수 있다. 동물매개치료 과정에서 동물복지를 향상하기 위한 권장 사항으로 아래 내용들을 고려할 수 있다.

(1) 치료도우미 동물을 선택하고 육성하는 과정은 변화된 환경에 적응하고 극복하는데 스트레스를 받지 않도록 배려가 필요하며, 잘 계획된 교육을 제공하여야 한다.

(2) 치료도우미 동물을 양육하고 훈련하는 과정 동안 발생할 수 있는 주인으로 부터 핸들러에게 보내지게 됨에 따라 느끼게 되는 사회적 유대감의 붕괴를 미리 예측하고 이러한 스트레스를 경감시킬 수 있는 사전 배려가 있어야 한다.

(3) 야생동물 재활프로그램과 같은 예외적 상황 이외에는 길들여지지 않은 종류들은 동물매개치료 프로그램 활동에 사용하지 않는다.

(4) 치료도우미 동물은 임무를 수행하도록 적절히 준비되어질 수 있도록 발육단계에서부터 환경과 교육에 주의를 기울여야만 한다.

(5) 치료도우미 동물의 훈련을 위해 단시간적 훈련 방법이 아닌 동물복지 관점에서의 방법이 개발되어 적용되어야 한다.

(6) 동물매개치료 프로그램에 동물 친화적 장비와 동물시설이 계획되어지고 구축되어야 한다.

(7) 치료도우미 동물의 최종 사용자에 대한 동물복지 관점에서 동물의 돌보기와 대하기에 대한 연속적인 교육 프로그램이 확산되어야 한다.

[양식 2-1]

동물복지 평가서

년 월 일

1. AAT 회기 전 동물복지 평가

	Yes	No	평가
회기 30분전에 내담하고자는 시설에 도착하였는가?			
도착하여 충분한 휴식을 취하고 있는가?			
휴식을 취할 시 물급여와 사료급여는 충족되었는가?			
휴식을 취하며 대소변을 볼 수 있게 해주었는가?			
휴식을 취하는 공간이 너무 좁지는 않은가?			
스트레스를 줄 수 있는 자극은 없었는가?			

2. AAT 회기 중 동물복지 평가

	Yes	No	평가
회기를 시작하며 내담자와 첫 대면 시 자극요인은 없었는가?			
내담자가 회기 중에 동물을 꼬집지는 않았는가?			
내담자가 동물의 털을 세게 잡아당기지는 않았는가?			
내담자가 동물의 신체를 때리지는 않았는가?			
내담자가 동물에게 함부로 대하지는 않았는가?			
내담자가 소리를 지르며 동물의 학대하진 않았는가?			
회기 중에 물 급여와 대소변 문제를 해결해 주었는가?			
동물이 스트레스를 받아 힘든 경우 휴식 시간을 주었는가?			
동물이 스트레스를 심하게 받을 때 프로그램을 중단했는가?			
주위 환경이 동물에게 스트레스를 주는지 파악되었는가?			
기본 복종훈련 반복 시 스트레스 정도를 평가할 수 있는가?			

3. AAT 회기 후 동물복지 평가

	Yes	No	평가
회기 후에 충분한 휴식을 취할 수 있게 도와주었는가?			
물 급여와 사료급여, 간식 급여를 해 주었는가?			
스트레스로 인한 증상을 파악하고 평가하였는가?			
신체 이상시 즉시 동물병원으로 진료를 받으러 갔는가?			

4. 동물복지 적합성 평가

평가목록	적합	부적합	평가
AAT 회기 전			
AAT 회기 중			
AAT 회기 후			

※ 1,2,3,4의 동물복지평가에 의하여 치료도우미동물(　　)의 AAT 회기에 동물복지가 이루어지고 있음을 인정합니다.

20　　년　　월　　일

담당　　　　　　(인)

제 3 장

치료도우미동물의 위생

3.1 치료도우미동물의 위생

1. 치료도우미동물의 위생

반려동물을 활용한 프로그램의 적용으로 얻을 수 있는 다양한 심리학적, 신체적, 사회적 이점들 및 의료적 이점들이 잘 알려져 있다.

동물매개심리상담사는 반려동물을 비롯한 자격을 갖춘 치료도우미 동물을 활용한 대체의학적 방법인 동물매개치료를 계획하고 전문적으로 프로그램을 운영하는 전문가이다.

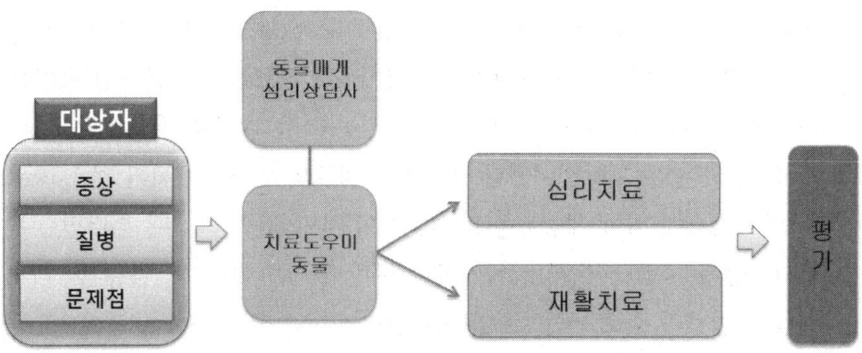

그림 3-1 동물매개치료의 구성과 목표

그림 3-1과 같이 동물매개치료는 동물매개심리상담사가 대상자의 문제 개선을 위하여 치료도우미 동물을 활용하여 심리상담과 재활치료를 할 수 있는 전문가이다.

심리 및 재활치료 효과를 얻기 위해 중재되는 도구로서 치료도우미 동물이 활용되기 때문에, 치료도우미 동물의 위생적 관리는 매우 중요하다 할 수 있다.

2. 인수공통감염병

동물매개치료 확산의 최대 걸림돌은 동물로부터 올 수 있는 감염병인 인수공통감염병 (zoonosis) 문제이다.

동물매개치료의 적용에 가장 큰 걸림돌은 많은 의료 전문가들이 병원, 장기요양시설 등의 의료시설에 치료동물의 반입을 반대한다는 것이다. 특히 면역 저하 우려가 있는 환자의 경우에 더 큰 반대에 부딪히게 된다. 이러한 반대는 치료동물로부터 올 수 있는 상해 (물리거나 할퀴게 되는 것) 또는 알레르기 보다 인수공통전염병 (zoonosis)에 대한 염려로부터 기인한다. Hines (1996)는 동물매개치료 과정 동안에 발생한 인수공통전염병에 대한 과학적 연구 보고가 많지 않다고 지적한다. 문서화된 지침서를 마련하고 엄격히 지키는 것으로 인수공통감염병 위험을 감소시킬 수 있다 (Center for DiseaseControl and Prevention, 2001; Duncan, 2000; Greene, 1998; Marcus & Marcus, 1998; Weber & Rutala, 1999). 인수공통감염병에 대한 염려는 비과학적이고 비합리적이다 (Hines, 1996; Khan and Farrag, 2000; Owen, 2001; Serpell, 1986). Serpell (1986)은 동물에 의해서보다는 사람에 의해서 감기나 다른 질병이 환자에 옮겨진다고 하였다.

동물매개치료 과정 동안의 치료동물에 의한 문제들의 발생에 대한 연구들이 수행되었고 이들 연구 결과 동물에 의한 문제는 거의 없는 것으로 보고되고 있다 (Jorgenson, 1997; Lerner-Durjava, 1994). Stryler-Gordon 등 (1985)은 284곳의 애완동물을 키우는 요양소를 대상으로 12개월의 조사에 의한 동물 유래 문제점에 대한 연구를 수행하였으며 그 결과 100,000명 당 1건이 애완동물 유래 문제 발생이었고 506건이 애완동물과 관련 없는 문제 발생이었다. 동물매개치료의 반대는 2세기 전 Edward Jenner가 수두 바이러스에 대한 예방접종을 개발하여 사람에 접종할 때 부딪혔던 반대를 떠올리게 한다. 당시 사람들이 제너가 개발한 예방법을 반대한 큰 이유 중 하나가 예방접종이 사람을 절반의 소로 만들 수 있다는 염려였다고 한다 (Serpell, 1986). 동물매개치료에 대한 최근의 반대는 치료도우미 동물이 환자에게 감염병을 유발할 수 있다고 걱정하는 데 있다.

▌개의 감염성 질병

(1) 바이러스 감염증

① 광견병(Rabies) : 인수공통감염병

모든 온혈 포유동물에 감염되는 치명적인 법정전염병으로서 사람이나 다른 동물을 물었을 때 타액을 통해 전파되어 사람에게는 공수병을 일으킨다.

② 개 파보 바이러스 감염증(canine parvovirus infection) : 개과 동물 감염증

본 질병은 개와 늑대, 여우와 코요테 등의 개과 동물과 족제비, 밍크, 페렛 등의 족제비과 동물에 전염력과 폐사율이 매우 높은 질병으로 어린 연령의 개일수록, 백신 미접종의 개체일수록 증상이 심하게 나타나며, 심한 구토와 설사가 따르므로 강아지에게는 치명적인 질병이다.

③ 개 홍역(canine distemper) : 개과 동물 감염증

본 질병은 개와 늑대, 여우와 코요테 등의 개과 동물과 족제비, 밍크, 페렛 등의 족제비과 동물에 전염성이 강하고 폐사율이 높은 전신감염증으로서 눈곱, 소화기증상, 호흡기증상, 신경증상 등의 임상증상을 보이며 병이 경과하는데 소수의 사례에서는 발바닥이나 코가 딱딱해지고 균열이 생기는 경우도 있다.

④ 개 전염성 간염(canine infectious hepatitis) : 개과 동물 감염증

본 질병은 개와 늑대, 여우와 코요테 등의 개과 동물과 족제비, 밍크, 페렛 등의 족제비과 동물에 감염되며 개의 홍역(canine distemper)과 유사한 증상을 나타내는 질병으로서 강아지 때 급사되는 경우를 제외하고는 사망률이 10% 정도로 가볍게 내과 하는 경우가 대부분이며 국내에서 판매되는 백신에 의하여 비교적 잘 방어가 되는 질병이다.

⑤ 개 코로나 바이러스 장염(Canine coronavirus infection) : 개과 동물감염증

본 질병은 개와 늑대, 여우와 코요테 등의 개과 동물과 족제비, 밍크, 페렛 등의 족제비과 동물에서 전염성이 강하고 구토와 설사를 주 증상으로 한다.

⑥ 개 감기(canine parainfluenza virus infection) : 개과 동물 감염증

본 질병은 개와 늑대, 여우와 코요테 등의 개과 동물과 족제비, 밍크, 페렛 등의 족제비과 동물에 감염되는 개의 감기로서 켄넬코프와 증상이 유사하지만 병원체가 다르다.

⑦ 개 허피스바이러스(canine herpesvirus infection) : 개과 동물 감염증

본 질병은 개와 늑대, 여우와 코요테 등의 개과 동물과 족제비, 밍크, 페렛 등의 족제비과 동물에 감염된다. 개에서 한 번 감염되면 어린 연령에 치명적인 허피

스바이러스 감염증으로 유사산의 원인이 된다.

(2) 세균성 감염증

① 렙토스피라증(leptospirosis) : 인수공통감염병

1898년 이래 유럽 등지에서 많이 발생한 질병으로 갑작스런 고열, 오한, 황달 그리고 유산을 일으키는 등의 증상을 보이며, 사람에게도 전파되어 비슷한 증상을 보이는 인수공통감염병으로서 렙토스파이라 세균에 감염된 들쥐에 의하여 전파되는 질병이다.

② 켄넬코프(kennel cough) : 개과 동물 감염증

본 질병은 개와 늑대, 여우와 코요테 등의 개과 동물과 족제비, 밍크, 페렛 등의 족제비과 동물에 감염된다.

③ 개 부루셀라병(canine brucellosis) : 인수공통감염병

유산을 제외한 특별한 임상증상을 나타내지 않고, 진단상 어려움이 많고, 항상 보균동물로 존재함으로써 집단적으로 사육하고 있는 번식장에서는 매우 중요한 전염병이다.

④ 개 라임 병(canine Lyme Disease, canine Borreliosis) : 인수공통감염병

진드기에 의하여 전파되는 질병으로 사람에 감염이 일어나는 인수공통감염병이다.

(3) 기생충 감염증

대부분의 기생충 감염은 개와 사람에 모두 감염될 수 있는 인수공통감염병이다. 따라서 개의 기생충에 대한 구충과 예방과 공중보건학적으로 매우 중요하다고 할 수 있다.

① 심장사상충(Heartworm) : 개와 고양이 감염병

심장사상충(Heartworm, Dirofilaria immitis)은 현재 가장 광범위하게 퍼져 있는 기생충으로 중간 숙주인 모기를 통해 전염된다.

② 원충감염(protozoa infection)

- 지알디아증(Giardia infection) : 인수공통감염병

주원인은 Giardia canis이며 2 개의 핵과 편모를 가진 이자형의 원충으로 개의 상부소장에 기생하면 돌발적으로 악취가 나는 수양성 설사와 식욕감퇴를 주 증상으로 하는 급성형과 만성적으로 흡수장애를 일으키는 만성형으로 구분된다.

- 트리코모나스증 : 인수공통감염병

  비위생적인 견사에서 사육되는 자견에 Trichomonas spp 편모를 가지며 운동성이 있는 원충이 감염되어 발생하는 질병으로서 수양성 설사를 유발하는 원인이 된다.

- 크립토스포리디아증(Cryptosporidium infection) : 인수공통감염병

  콕시디아 속 원충인 크립토스포리디움(Cryptosporidium)의 중요한 보균가축은 소이지만 개와 고양이의 분변에서도 검출되며 이 원충은 많은 동물을 감염시키고 감염된 동물의 대변으로 나온 낭포체는 전염성 가지고 있다.

- 톡소플라즈마증(Toxoplasma infection) : 인수공통감염병

  톡소플라즈마증은 편성 세포내 원충인 톡소플라스마 곤디(Toxoplasma gondii)의 감염에 의해 발생하며 사람에 감염되면 인체의 면역능력에 따라 무증상에서 뇌염, 폐렴 등의 증상을 나타낼 수 있으면 급성형으로 나타나거나 만성화 할 수 있다.

- 아메바증(Entamoeba infection) : 인수공통감염병

  이질아메바(Entamoeba histolytica)가 개, 고양이, 쥐, 돼지 등에 감염되어 소화기관내에서 궤양을 일으키며 점액성 설사를 유발하기도 한다.

- 바베시아증(Babesia infection) : 인수공통감염병

  진드기 매개성 주혈원충증(住血原蟲症)으로서 Babesia canis, Babesia gibsoni 등의 원충이 문제가 되며 주 증상으로는 발열, 빈혈증상, 혈색소뇨, 황달이 특정인 증상을 보이며 종대된 간이나 비장 등이 촉진된다.

③ 외부 기생충

- 개 선충(scabies) : 인수공통감염병

  주원인은 개 선충(Sarcoptes scabies)의 감염으로 옴이라고도 불리는 증상을 유발한다.

- 개 모낭충(demodex) : 인수공통감염병

  주원인은 개 모낭충(Demodex canis)의 감염으로 모낭충에 감염된 개는 모낭안에 기생충 감염에 의한 염증으로 털이 빠지고 가려워 긁은 피부에 2차 세균감염으로 염증이 유발된다.

- 귀 이(Ear mite) : 인수공통감염병

  주원인은 ear mite의 감염으로 증상이 유발된다.

- 이(lice) 및 벼룩(flea) : 인수공통감염병

주원인은 이와 벼룩으로 이와 벼룩의 감염은 위생적 관리로 예방할 수 있다.

(4) 내부 기생충 감염증

① 선충류(線蟲類) : 인수공통감염병

선 형태의 모양을 한 견회충(Toxocara canis), 견소회충(Toxocara leonina), 개편충(Trichuris vulpis) 등이 있으며 구충류(鉤蟲類)는 갈고리가 있는 형태를 갖춘 견십이지장충(Ancylostoma caninum), 비경구충(Uncinaria stenocephais)이 있다.

② 조충류(條蟲類) : 인수공통감염병

납작한 선모양의 형태를 한 기생충으로서 긴촌충(Diphyllobothrium latum), 촌충(Echinococcus spp.), 일반조충(Taenia spp.), 두상조충(Taenia pisifomis), 고양이 조충(Taeniataenia formis), 다두조충(Multiceps spp.) 등이 있다.

③ 흡충류(吸蟲類) : 인수공통감염병

창형흡충(D. lanceolatum), 묘흡충(O. tenuicollis), 간흡충(Fasciola hepatica), 폐디스토마(P. westermanii) 등이 있다.

(5) 곰팡이 감염증

피부 곰팡이 감염증은 진균에 의하여 유발되며 인수공통감염병으로 사람 피부에도 감염이 유발된다. 다양한 곰팡이에 의하여 피부 병변이 유발되며 세균과 외부기생충 감염증과 감별 진단이 필요하다. 우드 램프에 의하여 피부에 자외선을 쬐어 형광을 발하는 것을 확인하여 피부 곰팡이 감염증을 진단할 수 있다. 피부를 긁어 도말하여 현미경으로 관찰하여 곰팡이 포자를 관찰하는 것으로 진단하기도 한다. 곰팡이는 치료가 어렵고 흔히 재발하기 때문에 주의를 요한다.

▮ 고양이 전염성 질병

(1) 고양이 바이러스 전염병

① 광견병(Rabies) : 인수공통감염병

광견병 바이러스 감염에 의하여 유발되며 광견병에 걸린 야생동물 또는 다른 동물에 의해 물릴 때 생긴 상처로 체내에 들어온 바이러스가 신경세포를 타고 뇌로 들어가 뇌세포를 손상시켜 신경마비와 광폭증상을 보이다 치명적으로 사망한다.

② 고양이 범백혈구감소증(Feline panleukopenia, FPV) : 고양이과 동물의 감염증

고양이과 동물들에만 감염이 이루어진다. 고양이 홍역(distemper) 또는 고양이 전염성 장염이라고 불리기도 하는 바이러스 질환으로 고양이 파보바이러스 감염

에 의한다.

③ 고양이 백혈병바이러스 감염증(Feline leukemia virus, FeLV) : 고양이과 동물의 감염증

고양이과 동물들에만 감염이 이루어진다. 레트로바이러스에 속하는 고양이 백혈병바이러스 감염에 의해 유발된다. 백혈구에 암이 유발되는 것으로 이 병에 걸린 고양이의 타액에는 대량의 바이러스가 존재하므로 같은 식기로 먹던가, 몸을 서로 핥는 것으로 감염된다.

④ 고양이 바이러스성 호흡기 질환

2개의 바이러스(비기관염바이러스, 칼리시바이러스)에 의해 발생하는 경우가 많다.

- 고양이 비기관염(Feline rhinotracheitis): 고양이과 동물의 감염증
  고양이과 동물들에만 감염이 이루어진다. 고양이 허피스 바이러스(Feline herpesvirus)감염에 의한다.
- 고양이 칼리시바이러스(Feline calicivirus): 고양이과 동물의 감염증
  고양이과 동물들에만 감염이 이루어진다. 고양이 칼리시 바이러스(Feline calicivirus)감염에 의한다.

⑤ 고양이 전염성 복막염(Feline infectious peritonitis, FIP) : 고양이과 동물의 감염증

고양이과 동물들에만 감염이 이루어진다. 고양이 코로나바이러스가 원인으로 생기는 병으로 전신의 장기를 침입한다.

⑥ 고양이 면역결핍증 바이러스(Feline immunodeficiency virus, FIV) : 고양이과 동물의 감염증

고양이과 동물들에만 감염이 이루어진다. 고양이 면역결핍바이러스가 원인으로 생기는 병으로 면역 저하로 만성 구내염, 치은염, 기도염, 임파절 부종, 설사와 빈혈 증상을 보인다.

(2) 클라미디아 : 인수공통감염병

Chlamydia Pschittasi 감염에 의한다. 사람에서 결막염이 유발된다.

(3) 기생충

대부분의 고양이 기생충은 인수공통감염병이다.

① 톡소플라즈마 : 인수공통감염병

원충에 의한 전염병으로 사람과 고양이에 공통된 인수공통감염병이다. 원충은

고양이 몸 어딘가를 침입, 발열, 폐렴, 설사, 간장애(황달) 등의 여러 가지 증세를 일으킨다.

② 회충 : 인수공통감염병

고양이 회충은 고양이가 회충 충란에 오염된 음식물이 등의 섭취를 통하여 전염된다.

③ 조충 : 인수공통감염병

고양이조충은 길이가 15~40cm로 체절을 가지고 있으며 고양이의 소장에 기생한다.

④ 콕시디움 감염증 : 인수공통감염병

몸이 약한 고양이가 감염되면 증상이 특히 심하며 장에 많은 병변을 일으킨다.

⑤ 벼룩 감염증 : 인수공통감염병

벼룩은 고양이 및 다른 동물에 감염되어 피를 빨아 먹는다.

⑥ 진균(곰팡이) 감염증 : 인수공통감염병

주로 털 관리가 제대로 되지 않아 곰팡이에 감염되어서 발생하는 피부병이다.

▌병원체의 예방

(1) 기생충의 예방 및 치료

다양한 전파방법으로 감염되는 기생충의 감염예방은 단순한 구충제 투여만으로는 예방에 어려움이 있다. 다음과 같은 요령으로 관리하면 구충은 물론 건강한 동물의 상태를 유지 할 수 있다.

① 조속한 분변 청소 및 위생적 처리

② 동물 자체 및 주변 정기적인 소독

③ 청결하고 영양이 풍부한 먹이급여

④ 이, 벼룩, 모기 등의 해충 구제

⑤ 쥐의 구제

⑥ 선충류 및 조충류, 흡충류 구충이 가능한 종합구충제 투여

기생충 감염은 어린동물에게 특히 피해가 크기 때문에 어린 동물은 동물병원을 방문하여 건강진단과 분변검사를 받아 보아야 한다. 생후 4~6주경에 구충한 후 생후 4개월이 되면 3주 간격으로 구충제를 투여한다.

심장사상충 예방을 위해서는 모기가 발생하는 계절에 심장사상충 예방제를 월 1회 경구 투여한다.

(2) 예방접종

① 개의 예방접종의 종류와 접종 프로그램

모체이행항체가 소실되기 이전인 생후 6주령부터 예방접종을 실시하여 방어항체 수준을 끌어올리기 위해서 표 3-2와 같은 백신을 프로그램에 따라 반복 접종을 한다.

| 표 3-2 개 예방접종의 종류와 접종 프로그램 |

백신 종류	예방 목적 질병	접종 프로그램
종합백신 (DHPPL)	개 홍역, 개 간염, 개 감기, 개 파보장염, 렙토스피라	생후 6주부터 2~4주 간격으로 5회 접종 이후 매 년 1회 보강접종
코로나 장염	Canine corona virus	생후 6주부터 2~4주 간격으로 2~3회 접종 이후 매 년 1회 보강접종
켄넬코프	Boardetella brochiceptica Parainfluenza virus	생후 8주부터 2~4주 간격으로 2~3회 접종 이후 매 년 1회 보강접종
광견병	Rabies virus	생후 3~4개월령 1회 접종 이후 6개월 마다 보강접종

② 고양이 예방접종의 종류와 접종 프로그램

- 고양이 예방접종 종류

고양이 종합백신 국내에서 3종백신이 주로 사용되며, 4종백신 또한 일부 이용되고 있다.

① **3종 종합백신**

고양이 범백혈구감소증(Feline panleukopenia virus, FPV)과 바이러스성 호흡기질환으로 고양이 바이러스성 비기관염(Feline viral rhinotracheitis, FVR), 고양이 칼리시 바이러스 (Feline Calici virus, FCV)의 3개 병원체에 대한 예방

② **4종 종합백신**

3종 종합백신 병원체 + 고양이 백혈병 바이러스(Feline leukemia virus)의 4개 병원체에 대한 예방

③ 단독백신

- 고양이 전염성 복막염 (Feline infectious peritonitis, FIP)
- 고양이 광견병 : Rabies virus 예방
- 클라미디아 : Chlamydia pschittasi 병원체 예방
- 고양이 면역결핍 바이러스 (Feline immunodeficiency virus, FIV) : lentivius 일종

③ 고양이 예방접종 스케쥴

- 고양이 백신은 생후 8주령부터 접종하는데, 종합백신은 흔히 3종 백신으로「백혈구감소증(FPV)+바이러스성 호흡기질환(FVR, FCV)」의 3개 병원체에 대한 백신이 혼합되어 있는 제재를 많이 사용하며, 생후 8주부터 접종을 시작하여 3-4주 간격으로 3회를 실시한다.
- 이후 매 1년에 한번이상 추가접종을 해주며 종합백신 추가접종 시에는 고양이 백혈병 바이러스 검사를 필수적으로 해주어야 한다.
- 12주령에 고양이 백혈병 바이러스 백신 1차 접종, 16주령에 2차, 이후 1년에 1회 추가 접종한다.
- 고양이 전염성복막염과 고양이 광견병 예방주사는 생후 16주령에 1차 접종한 후 매년 추가 접종을 한다.
- 고양이의 기생충 감염은 때로 사람에게도 옮겨 질 수 있기 때문에 기생충 검사 후 건강상태에 따라 구충제를 먹여야 한다.

| 표 3-3 고양이 예방접종의 종류와 접종 프로그램 |

연 령	백 신 종 류
6~8주령	1차 : 3종종합백신「백혈구감소증(FPV) + 바이러스성 호흡기질환(FVR, FCV)」
12주령	2차 : 3종종합백신「백혈구감소증(FPV)+바이러스성 호흡기질환(FVR, FCV)」 1차 : 백혈병 (FeLV)
16주령	1차 : 전염성복막염 (FIP), 광견병 (rabies) 2차 : 백혈병 (FeLV) 3차 : 3종종합백신「백혈구감소증(FPV)+바이러스성 호흡기질환(FVR, FCV)」
매년	3종종합백신「백혈구감소증(FPV)+바이러스성 호흡기질환(FVR, FCV)」, 백혈병, 광견병

※ FPV : 고양이 백혈구감소증, FVR : 고양이 바이러스성 비기관염
FCV : 고양이 칼리시바이러스, FeLV : 고양이 백혈병, FIP : 고양이 전염성복막염

▌치료도우미 동물의 위생 관리

동물매개치료는 엄격한 치료도우미 동물의 선발과 훈련 과정을 거칠 뿐 아니라 위생 관리에 대한 지침을 따라 철저한 관리를 받아야 한다.

동물매개치료 프로그램 과정 동안에 인수공통감염병에 대한 배제를 확신할 수 있도록 고려되어야만 한다. 예를 들어 광견병, 앵무병, 살모넬라, 톡소플라즈마, 캠필로박터, 지알디아 감염증과 같은 동물로부터 사람에 감염될 수 있는 감염병에 대한 대책이 마련되어야 한다. 프로그램 참여 수의사에 의해 이러한 인수공통감염병은 예방될 수 있고 문제가 없음을 검사하여 확인할 수 있다. 치료도우미 동물들은 적절히 예방접종이 실시되어야하고 그에 따른 증명서를 첨부하여야 한다. 만약 활동 동물이 시설에 거주한다면 치료도우미 동물의 먹는 것과 음수, 사육시설, 미용과 운동이 적절히 이루어지는지 감독이 이루어져야 한다. 치료도우미 동물들과 관련된 소음과 배설물 문제도 해결 방안이 마련되어 있어야 한다.

인수공통감염병에 대한 염려는 수의사에 의한 치료도우미 동물의 정기적인 예방접종, 월 1회 내부기생충 구충, 정기적으로 외부기생충 예방 및 검사, 알레르기 감소 물질 함유 샴푸로 정기적 목욕 등의 지침서 내용을 따르면서 최소화될 수 있다.

치료도우미 동물은 수의사에 의하여 정기적 검진과 예방접종 및 위생 관리를 위한 수의학적 진료를 받고 양식 3-1과 같은 수의학적 평가서가 관리되어져야 한다.

동물매개치료 과정동안 활동사들은 환자와의 접촉을 위하여 비누를 가지고 손을 철저히 씻어야 한다. 치료도우미 동물 또한 예방접종 프로그램에 따라 최근 백신이 접종되어야 하고 질병이나 기생충이 없도록 철저한 관리가 필요하며, 동물매개치료 활동 전 24시간 안에 목욕을 시키도록 한다.

[양식 3-1]

수의학적 평가서

년 월 일

1. 정기적인 예방접종 유무

백신종류	접종유무			매년 추가접종			수의사 평가
	차수	Yes	No	년도	Yes	No	
DHPPL	1차						
	2차						
	3차						
	4차						
	5차						
Corona	1차						
	2차						
Kennel Cough	1차						
	2차						
Influenza	1차						
	2차						
Rabies	1차						

2. 내외부기생충 예방 및 검사

	구충약	매달 예방유무(○)						검사유무	수의사 평가
내부기생충		1	2	3	4	5	6		
		7	8	9	10	11	12		
외부기생충		1	2	3	4	5	6		
		7	8	9	10	11	12		

3. 동물병원 진료내역(신체검사포함)

전반적인 검사	병원진료내역	수의사 평가

4. 인수공통전염병 예방 및 검사

동물	병원균	전염	의심유무		검사	평가
			Yes	No		
개	Capnocytophaga canimorsus	상처				
개/고양이	Pastueurella haemolytica	상처				
개/고양이	Pasteurella multocida	상처				
고양이/개	Bartonella henselae	상처				
개/새	Richettsia rickettsiae	상처				
개/쥐/소	Leptospira sp.	물림				
개/고양이/돼지	Dermatophytes (Trichophyton, Microsporum)	피부				
개/고양이	Sarcoptes scabei	피부				
개/고양이	Mixed aerobes/ anaerobes	피부				
개/고양이/돼지	Bordetella bronchiseptica	흡입				
개/고양이/비둘기	Cryptococcus noeformans	흡입				
많은 동물	Pneumocystis carinii	흡입				
개/고양이	Campylobacter sp.	경구				
가축동물	Listeria sp.	경구				
소/기타	Cryptosporidium parvum	경구				
개/양	Giardia lamblia	경구				
고양이	Toxoplasma gondii	경구				
개	Toxocara canis	경구				
개/고양이	Salmonella enterica	경구				
개	Echinococcus granulosus	경구				
물고기	Mycobacterium ulcrans	피부				
새	Chlamydia psittacosis	경구				

5. 수의학적 적합성 평가

평가 목록	적합	부적합	수의사 평가
예방접종 유무			
내외부기생충 예방			
진료내역(신체검사포함)			
인수공통전염병 예방			

※ 1,2,3,4,5의 수의학적 평가에 의하여 치료도우미 동물 (   )는 동물매개치료 프로그램을 수행함에 있어서 적합함을 인증합니다.

20   년   월   일

담당   (인)

제 4 장

동물매개치료의 실제

4.1 동물매개치료의 실제

1. 동물매개치료 프로그램 만들기 (Setting up a AAT Program)*

동물매개치료 (AAT)를 시작할 때 다음 단계를 밟을 것이 권장하고 있다. 가장 먼저 해야 할 일은 가능하다면 동물행동에 숙련된 활동 진행담당자 (coordinator)를 선발해야 하는 것이다.

진행담당자는 아래 사항을 준비하고 진행한다.

- 공인된 AAT 기관을 조사하고 선발한다.
- 공인된 AAT 기관의 권고안을 기초로 수행 예정인 AAT 정책과 과정을 개발한다.
- AAT를 적용할 환자집단을 확인하기 위하여 평가를 수행한다.
- 개발하는 AAT 정책과 과정에 AAT를 적용할 기관의 감염예방, 치료도우미동물 (therapy animal), 동물행동 등에 대한 권장안의 내용을 포함하도록 한다.
- 동물매개심리상담사와 치료도우미동물을 선발하고 공인된 AAT 기관에 선발된 인원들의 평가를 위한 지원서를 제출하도록 한다.
- 동물매개심리상담사와 치료도우미동물의 지원서와 건강 체크 양식을 검토한다. (예를 들어 이전에 사람을 물은 적이 있는 치료도우미동물은 진행담당자에 의해 AAT 활동에서 제외될 수 있다.)

- 공인된 AAT 기관의 평가방법을 기초로 하여 치료동물의 성격과 기질을 평가한다.
- 동물매개심리상담사와 치료도우미동물을 위한 훈련을 계획하고 수행한다. (훈련은 최소 1년에 1회 실시한다.)
- 치료도우미동물의 활용과 환자의 안전을 위한 지침 및 감염예방 등에 관하여 적용 기관의 스텝들을 교육한다.
- AAT 프로그램의 효과와 수행에 대한 평가를 매년 실시한다.

* Stanley-Hermanns and Miller, 2002. Am J Nurs 102: 69-76

2. 동물매개치료의 적합성(Eligibly Criteria)

동물매개치료를 시행해야 할 때에는 다음과 같은 주의사항을 검토하여 환자나 내담자를 선정해야 치료효과도 좋고 치료과정에서 나타날 수 있는 다양한 문제들을 예방할 수 있다. 이에 다음과 같은 적합성 판단기준의 요구조건과 금기사항을 주의해야 한다.

▌적합성 판단 기준 (Eligibly Criteria)*

(1) 요구조건 (special requirements)

① 의식이 혼미하거나 무의식 환자의 경우는 보호자의 동의가 필요하다.

② 상처나 화상 환자는 치료동물의 방문 때 상처나 화상 부위가 치료도우미 동물과 직접 접촉이 되지 않도록 보호되어야 한다.

③ 기관절개술 (tracheostomy)을 받은 환자는 cap, ventilator, 산소공급장치 등이 직접 치료도우미동물과 접촉되지 않도록 치료동물과 보호되어야 한다.

④ 집중치료 (intensive care)를 받는 중환자의 경우 환자와 장비들에 주의하여야 될 사항에 대하여 담당 간호사의 충분한 안내를 받아야 한다.

⑤ 아동 환자의 경우 보호자로부터 방문에 대한 구두 동의와 치료에 대한 동의서를 받아야 한다.

(2) 금기(contraindications)

① 동물에 알러지 반응이 있는 환자

② 개방 창상 또는 화상 환자

③ 개방 기도절개술 (tracheostomy) 환자

④ 면역저하 (immunosuppression)환자

⑤ 흥분 또는 공격성 환자

⑥ 격리 병동 환자

⑦ 동물에 대한 공포감을 가지고 있는 환자

* Stanley-Hermanns and Miller, 2002. Am J Nurs 102: 69-76

3. 동물매개치료에서 동물의 방문

병원이나 기관에 입원 또는 치료중인 환자가 자신의 애완동물을 보기를 원하는 경우가 있다. 또한, 동물매개치료를 위해 방문해야 하는 경우에 어떻게 해야 할까? 각 병원이나 기관의 사정에 따라 개인 애완동물이나 동물매개치료를 위한 동물의 방문에 제약이 있는 경우가 있다. 또한, 방문이 허락되는 곳이라도 몇 가지 주의하고 지켜야 할 사항이 있으며 그 내용은 다음과 같다.

▌개인 애완동물의 방문 (Personal Pet Visitation)*

① 방문 전 24시간 안에 애완동물은 목욕을 하여야 한다.

② 애완동물은 예방접종 프로그램에 따라 빠지지 않고 최근 예방 접종까지 실시되어야 한다.

③ 병원 내로 이동할 때 이동장이나 짧은 목줄로 애완동물은 통제되어야 한다.

④ 병원 내로 이동하거나 외부로 애완동물이 이동하려면 훈련된 스텝 직원들이 동반하여야 한다.

⑤ 애완동물은 환자 주인하고만 접촉하여야 한다.

⑥ 방문은 시간에 제한을 두어야 한다. (보통 1주에 30분)

⑦ 병원이나 기관의 정책은 청각장애인 도우미견, 시각장애인 안내견, 발작검출견과 같은 도우미견을 보호에 대한 내용이 포함된 장애인법에 저촉되지 말아야 한다.

4.2 동물매개치료 프로그램

동물매개치료에도 다양한 방법과 기법이 있다. 하지만, 처음 프로그램을 시행하거나 혹은 동물매개치료를 공부하는 과정에서 치료 프로그램을 구성한 후 세부적이고 구체적인 지시가 없이 프로그램을 시행하는데 어려움이 있다. 이에 동물매개치료를 시행하는데 도움이 되고자 다음과 같은 실제 적용 가능한 프로그램들은 다음과 같다. 단, 내담자 별 특성에 알맞은 프로그램의 구성 및 실행방법을 알고 적용하여야 한다.

1. 오늘은 무엇을 할까? : 개, 고양이, 새, 토끼, 말

(1) 대상 : 아동, 청소년, 성인, 개인, 집단

(2) 적용시기 : 초기/중기/종결

(3) 준비물 : 치료도우미견, 리드줄 2개, 애견간식, 활동 제목이 적힌 카드,

(4) 시간 : 10분

(5) 활동

① 여러 개의 게임을 카드 위에 작성하고 활동이 적혀 있는 카드 등을 동물의 조끼나 준비물 가방에 넣어둔다.

② 내담자가 조끼나 가방에서 하나를 빼게 하며, 그 선택된 것을 오늘의 게임으로 실행하면 된다.

(6) 적용범위

몸/공간 인식, 중간선 교차, 눈 과 손 의 조화, 소 근육 운동 기술 발달 , 파악능력, 약한 신체 부위에 대한 부주의 감소, 조절가동역, 물건 놓기, 현실인식력 증가, 자존감 증가, 도움 제공 과 수용, 협력/협동, 선택하기, 속임수 행동, 공유/관심 끌기, 원인과 결과 파악, 언어과목-철자법/발음중심의 어학 교수법, 언어과목-읽기이해 기술, 제2언어 학습, 어휘력 증가, 정확한 시작/중간/끝 음운을 산출 할 수 있다.

2. 손 닦기 : 개, 고양이, 토끼, 새, 말

(1) 대상 : 아동, 청소년, 성인, 개인, 집단

(2) 적용시기 : 종결

(3) 준비물 : 치료도우미동물, 비누, 세면시설, 수건

(4) 시간 : 10분

(5) 활동 : 동물을 만지기 전에도 역시 만지고 난 후에도 내담자가 그들의 손을 닦을 것을 명심하게 한다. 병이나 세균으로부터 막기 위한 손의 청결이 얼마나 중요한지를 토론한다.

(6) 적용범위

균형, 좌우측의 조화, 약한 신체 부위에 대한 부주의 감소, 촉각자극 파악, 현실인식력 향상. 도움 제공과 수용, 공유/관심 끌기, 원인과 결과 파악 가능, 차후 방향 제시, 계산력 향상, 오감 파악 가능, 학업 책임감 향상, 건강과 안전 파악 가능, 개인위생 관리 가능, 홀로 외딴곳에서 정확한 음운을 산출한다.

3. 토론 / 동물관련 이슈 : 개, 고양이, 토끼, 새, 말

(1) 대상 : 아동, 청소년, 성인, 개인, 집단

(2) 적용시기 : 종결

(3) 준비물 : 동물 관련 동화책, 소설, 잡지, 영화, 만화책

(4) 시간 : 10분

(5) 활동 : 동물에 관련한 논쟁 이 될 만한 주제를 선택하여 내담자들에게 실질적이고 서로를 존중하는 대화의 장을 열게 만드는 기회를 제공한다.

|주의| 이에 대한 내용을 지역 변호사에게 편지를 써도 좋은데 이때 포함될 수 있는 주제로는 순혈종의 동물 vs 잡종 동물, 가정 내에서 양육, 개 우유, 동물의 권리, 양육 금지, 현재 동물 학대 법 등이 있을 수 있다.

(6) 적용범위

올바른 감정 조절, 올바른 감정 표현, 적극적인 비판, 눈 접촉, 올바른 선택하기, 칭찬 제공과 수용, 사회적 상호작용/건설적 관계 형성, 집중/ 주의 지속 시간 증가, 진로교육 가능, 원인과 결과 파악 가능, 학업 책임감 향상, 학업 윤리 파악 가능, 건강과 안전 파악 가능, 음 높이/표현/소리 크기/속도 관찰하기, 일관성 있고 완벽한 문장을 사용 한다.

4. 감사하기 : 개, 고양이, 토끼, 새, 말

(1) 대상 : 아동, 청소년, 성인, 개인, 집단

(2) 적용시기 : 종결

(3) 준비물 : 치료도우미동물

(4) 시간 : 10분

(5) 활동 : 동물친구들과 치료사 및 그리고 방문을 가능하게 만들어준 전문가 에게 내담자가 한마음을 갖고 표현할 수 있게끔 한다.

치료도우미 동물은 동물매개심리상담사와 일하면서 많은 주제에 대한 토론을 돕는다. 동물매개치료 활동들은 동물이 이런 토론에 참여할 수 있게끔 할 수 있는 좋은 방법들이다.

(6) 적용범위

올바른 감정 표현, 자존감 향상, 신뢰성 향상, 협력/협동력 향상, 눈 접촉, 올바른 감사 표시, 사회적 상호작용/건설적 관계 형성, 쓰기 기술 향상, 제2언어 학습 가능, 학업 책임감 향상, 연필로 능숙한 글쓰기 기술 향상, 문장에 있는 단어 정확히 발음하기, 문장 확대하기(상세히 말하기), 음 높이/표현/소리 크기/속도 관찰하기, 정확한 시작/중간/끝 음운 산출, 일관성 있고 완벽한 문장을 사용한다.

5. 사소한 일 : 개, 고양이, 토끼, 새,

(1) 대상 : 아동, 청소년, 성인, 개인, 집단

(2) 적용시기 : 초기/중기

(3) 준비물 : 치료도우미견, 리드줄 2개, 애견간식

(4) 시간 : 10분

(5) 활동

① 내담자와 치료도우미 동물과 인사를 나누도록 한다.

② 내담자에게 전 방문을 통해 학습 했던 내용과, 치료도우미 동물에 대한 사실 등을 회상할 수 있게끔 물어본다.

③ 내담자들이 얼마나 많은 사실을 기억하고 있는지를 살펴본다.

(6) 적용범위

주의 지속 시간 증가, 기억력/상기력 증가, 눈 접촉, 선택하기, 속임수 행동, 칭찬 제공과 수용, 집중/ 주의 지속 시간 증가, 수학과목 에서의 계산력 증가, 제2언어 학습, 문장에 있는 단어 정확히 발음하기, 음 높이/표현/소리 크기/속도 관찰하기, 정확한 시작/중간/끝 음운 산출, 일관성 있고 완벽한 문장을 사용한다.

6. 오늘은 무엇을 할까? : 개, 고양이, 새, 토끼,

(1) 대상 : 아동, 청소년, 성인, 개인, 집단

(2) 적용시기 : 중기/종결

(3) 준비물 : 준비물가방, 치료도우미견, 활동카드

(4) 시간 : 10분

(5) 활동

① 하루 할 게임을 정하게 되는 거대한 활동 중 하나이다.

② 책에 제시된 수십 개의 게임을 카드 위에 작성한다.

③ 활동이 적혀 있는 카드 등을 동물의 조끼나 준비물 가방에 넣어둔다.

④ 내담자가 조끼나 가방에서 카드하나를 빼게 한다.

⑤ 그 선택된 것을 오늘의 게임으로 실행할 준비를 한다.

(6) 적용범위

몸/공간 인식, 중간선 교차, 눈 과 손 의 조화, 소 근육 운동 기술 발달, 파악능력, 약한 신체 부위에 대한 부주의 감소, 조절가동역, 물건 놓기, 현실인식력, 자존감 증가, 도움 제공 과 수용, 협력/협동, 올바른 선택하기, 속임수 행동, 공유/관심 끌기, 원인과 결과파악, 올바른 철자법/발음중심의 어학 교수법, 읽기이해 기술 증가, 제2언어 학습, 어휘력 증가, 정확한 시작/중간/끝 음운을 산출한다.

7. 준비물가방 : 개, 고양이, 토끼, 새

(1) 대상 : 아동, 청소년, 성인, 개인, 집단

(2) 적용시기 : 초기/중기

(3) 준비물 : 치료도우미견, 리드줄 2개, 애견간식, 준비물가방

(4) 시간 : 20분

(5) 활동

① 동물매개심리상담사는 준비물에 대해 설명하기에 앞서 준비물 가방에서 물건을 하나, 하나씩 꺼낸다.

② 내담자에게 어떻게 치료도우미 동물과 동물매개심리상담사가 이 준비물들을 사용하겠는지 상상하고 추측할 수 있는 기회를 제공해 준다.

(6) 적용범위

균형, 좌우측의 조화, 중간선 교차, 눈 과 손 의 조화, 파악능력 증가, 약한 신체 부위에 대한 부주의 감소, 올바른 태도, 조절가동역, 물건 놓기, 힘/세기 조절, 촉각자극 파악, 주의 지속 시간 증가, 기억력/상기력 증가, 현실인식력 증가, 칭찬 제공과 수용, 집중/ 주의 지속 시간 증가 , 원인과 결과 파악, 기억/상기력 증가, 제2언어 학습, 학업 책임감 증가, 건강과 안전 인식, 개인위생 관리, 문장에 있는 단어 정확히 발음하기, 문장 확대하기(상세히 말하기), 음 높이/표현/소리 크기/속도 관찰하기, 정확

한 시작/중간/끝 음운 산출, 일관성 있고 완벽한 문장을 사용 할 수 있다.

8. 긴장상태 : 개, 고양이, 토끼, 새, 말

(1) 대상 : 아동, 청소년, 성인, 개인, 집단

(2) 적용시기 : 중기, 종결

(3) 준비물 : 치료도우미동물

(4) 시간 : 20분

(5) 활동

내담자에게 치료도우미 동물을 진정시키는 전략에 대해서 가르쳐줘야 한다. 예를 들어 하품하기, 입술 핥기, 돌아서기, 헐떡거리기, 깃털을 부풀게 하기, 그들의 귀를 뒤로 고정시키기 등이 있다. 내담자는 원한다면 이런 전략 중에서 맞는 것을 시도해 볼 수 있다. 그러고 나서는 인간의 스스로 진정시키는 전략에 대해 토론해 보면 좋다. 인간과 동물에게 긴장상태를 주는 요인에 대해서 토론해 보고, 그것에 반응 및 대처하는 효과적인 방법에 대해 생각해 본다.

(6) 적용범위

우울/의기소침 감소, 올바른 감정 조절, 올바른 감정 표현, 비통함 감소, 안전부절해 하는 정서 감소, 자존감 향상, 적극적인 비판, 눈 접촉, 속임수 행동, 사회적 상호작용/건설적 관계 형성, 동물적응, 동물행동, 유전/유전학, 학업 책임감 향상, 학업 윤리 파악 가능, 가족과 사회성 향상, 건강과 안전 파악 가능하다.

9. 물건 선택하기 : 개, 고양이, 토끼, 새

(1) 대상 : 아동, 청소년, 성인, 개인, 집단

(2) 적용시기 : 초기/중기

(3) 준비물 : 치료도우미견, 리드줄 2개, 애견간식, 준비물가방

(4) 시간 : 20분

(5) 활동

① 동물매개심리상담사는 그/그녀가 들고 다니던 물품 상자에 있던 내용물을 펼쳐 놓는다.

② 어떤 물건이 필요하면, 그/그녀는 내담자에게 그것을 선택하라고 말한다.

③ 내담자의 적용범위에 따라 적응이라는 것은 선택된 물건 또한 포함한다.

④ 이는 '눈으로 응시하기', '맞다. 아니다.'의 반응이나, 접근하거나, 지목하거나, 사인을 주거나, 또는 의사소통 보드를 사용함으로써 결국 동물매개심리상담사에 의해 물건이 다루어지는 것이다.

(6) 적용범위

균형, 몸/공간 인식, 중간선 교차, 눈 과 손 의 조화, 소 근육 운동 기술, 파악능력, 약한 신체 부위에 대한 부주의 감소, 올바른 태도, 조절가동역, 물건 놓기, 주의 지속 시간 증가, 기억력/상기력 증가, 현실인식력 증가, 올바른 선택하기, 칭찬 제공과 수용, 눈 접촉, 공유/관심 끌기, 올바른 감사 표시, 집중/ 주의 지속 시간 증가, 차후 방향 제시, 올바른 철자법/발음중심의 어학 교수법, 색 파악을 한다.

10. 중지하고 다시 갖게 하기 : 개

(1) 대상 : 아동, 청소년, 성인, 개인, 집단

(2) 적용시기 : 초기/중기

(3) 준비물 : 치료도우미견, 리드줄 2개, 애견간식, 타임워치

(4) 시간 : 20분

(5) 활동

① 내담자가 보상물을 치료도우미견이 접근할 수 있는 곳에 놓는다.

② 예를 든다면 그들의 손이나, 발, 무릎, 침대 아니면 소파 등과 같은 곳이다.

③ 개는 "중지"라는 명령을 받는다.

④ 보상물을 받기 위해선 내담자가 "가져"라는 말이 나오기 전까지 그 상태로 기다려야 한다.

⑤ 가지고 기다리는 치료도우미견에게 내담자는 "가져"라는 명령을 내린다.

⑥ 여러 곳에서 반복 시행해본다.

(6) 적용범위

균형, 몸/공간 인식, 인내력/지구력/내구력 증가, 눈 과 손 의 조화, 소 근육 운동 기술 발달, 태도, 조절가동역, 물건 놓기, 힘/세기 조절, 촉각자극, 시각적 추적, 주의 지속 시간증가, 올바른 감정 표현, 외로움 감소, 현실인식력증가, 자존감, 신뢰성 증가, 적극적인 비판, 협력/협동 증가, 올바른 선택하기, 칭찬 제공과 수용, 공유/관심 끌기, 올바른 감사 표시, 사회적 상호작용/건설적 관계 형성, 집중/주의 지속 시간 증가, 원인과 결과 파악 차후 방향 제시, 수학과목에서 계산 능력 증가, 도식화 자료 해석, 제2언어 학습, 신체 부위 파악, 정확한 시작/중간/끝 음운을 산출할 수 있다.

11. 바라보기 : 개

(1) 대상 : 아동, 청소년, 성인, 개인, 집단

(2) 적용시기 : 초기/중기/종결

(3) 준비물 : 치료도우미견, 리드줄 2개, 애견간식, 타임워치

(4) 시간 : 20분

(5) 활동

① 내담자에게 치료도우미 동물과 눈을 바라보게 한다.

② 이는 코끝을 향해 보상물을 10초 동안 잡은 상태를 유지하면서 치료도우미 동물에게 자신을 보도록 요청한다.

③ 내담자가 1부터 10까지 숫자를 세게 한다.

④ 10초가 끝나면, 내담자는 치료도우미 동물에게 보상물로써 칭찬을 해주면 된다.

⑤ 수회 반복하여 시행한다.

(6) 적용범위

몸/공간 인식, 눈 과 손 의 조화, 소 근육 운동 기술발달, 태도, 약한 신체 부위에 대한 부주의 감소, 물건 놓기, 시각적 추적 가능, 주의 지속 시간 증가, 현실인식력 증가, 신뢰성 증가, 적극적인 비판, 눈 접촉 증가, 도움 제공과 수용, 칭찬 제공과 수용, 사회적 상호작용/건설적 관계를 형성, 집중/주의 지속 시간증가, 원인과 결과 파악, 차후 방향 제시, 제2언어 학습, 오감 파악, 정확한 시작/중간/끝 음운을 산출할 수 있다.

12. 친구알기 : 개, 고양이, 토끼, 새,

(1) 대상 : 아동, 청소년, 성인, 개인, 집단

(2) 적용시기 : 초기

(3) 준비물 : 치료도우미견, 리드줄 2개, 애견간식, 준비물가방, 치료도우미견에 대한 지식 메모

(4) 시간 : 30분

(5) 활동

① 내담자들에게 수많은 다른 종의 동물을 소개시켜 준다.

② 그리고 내담자들에게 어떻게 치료도우미 동물이 양육되는가에 대해 알아본다.

③ 신체적으로 어떠한지 알아본다.

④ 행동적으로 어떠한지 알아본다.

⑤ 그들의 사회적응방법에 대해 알아본다.

|참고| 콜리는 집단 양과 함께 양육되어져 왔으며, 그들은 땅 아래에서 낮게 달리며, 많은 에너지가 있고 매우 영리하며 자동 추진식이다. 따라서 콜리는 요즘 다른 개들이나 아니면 자신의 가족들과 함께 무리지어 살 아 갈 수 있도록 시도 되어 지고 있다. 그렇지 않다면, 그들은 그들의 넘쳐나는 에너지로 문제를 발생시킬 수 있기 때문이다.

(6) 적용범위

집중/주의 지속 시간 증가, 진로교육 가능, 원인과 결과 파악, 읽기이해 기술 증가, 신체 부위 파악, 동물 분류 파악, 체계적인 과정이해 증가, 학업 책임감 증가, 학업 윤리 파악 한다.

13. 스킨십을 통해 : 개, 고양이, 토끼,

(1) 대상 : 아동, 청소년, 성인, 개인, 집단

(2) 적용시기 : 초기

(3) 준비물 : 치료도우미견, 리드줄 2개, 간식

(4) 시간 : 40분

(5) 활동

① 리듬적으로 부드러운 스킨십은 치료도우미 동물이 내담자에게 매우 편안함을 준다.

② 동물과 내담자는 그들의 적용범위 등을 도달하기 위해 매우 여러 가지 방법으로 자세를 취할 수 있다.

③ 몇몇의 자세로 예로 들어 내담자 옆에 앉기, 서있기, 평평하지 않은 곳에서 서있기

④ 치료도우미 동물을 위, 아래, 앞, 왼쪽, 아래쪽, 옆 등에 놓기 등이 포함된다.

(6) 적용범위

균형, 몸/공간인식, 중간선 교차, 인내력/지구력/내구력 향상, 눈과 손의 조화, 태도의 변화, 약한 신체 부위에 대한 부주의 감소, 조절가동역 증가, 힘/세기, 촉각자극 수용, 걱정/근심, 주의 지속 시간, 우울/의기소침, 감정 표현, 비통함, 외로움, 현실인식력, 안전부절해 하는 정서 감소, 자존감, 신뢰성 증가, 상호작용, 눈 접촉, 칭찬 제공과 수용, 감사 표시, 사회적 상호작용/건설적 관계 형성, 집중/주의 지속 시간, 원

인과 결과, 수학 과목에서 계산능력 증가, 과학과목에서 오감파악 능력 증가, 말하기에 있어서는 호흡조절능력이 향상된다.

14. 보상물 사냥 : 개

(1) 대상 : 아동, 청소년, 성인, 개인, 집단

(2) 적용시기 : 초기

(3) 준비물 : 치료도우미견, 리드줄 2개, 애견간식, 준비물가방

(4) 시간 : 40분

(5) 활동

① 이 게임은 밖에서 이루어진다.

② 각각의 내담자는 약간의 냄새나는 보상물의 조각을 준비한다.

③ 그리고 이것을 잔디밭에 마구잡이로 던지게 한다.

④ 개가 그 보상물의 조각을 찾는 것을 지켜보면 된다.

⑤ 칭찬과 함께 스킨십을 해주도록 한다.

(6) 적용범위

균형, 약한 신체 부위에 대한 부주의 감소, 올바른 태도, 조절가동역, 물건 놓기, 힘/세기 조절, 시각적 추적, 걱정/근심 감소, 주의 지속 시간 증가, 우울/의기소침 감소, 올바른 감정 표현, 외로움 감소 , 현실인식력 증가, 도움 제공과 수용, 속임수 행동, 칭찬 제공과 수용, 사회적 상호작용/건설적 관계 형성, 집중/주의 지속 시간 증가, 원인과 결과 파악, 기억/상기력 증가, 계산력 증가, 도식화 자료 이해, 제2언어 학습, 문장에 있는 단어 정확히 발음하기, 문장 확대하기(상세히 말하기), 음 높이/표현/소리 크기/속도 관찰하기, 정확한 시작/중간/끝 음운 산출, 일관성 있고 완벽한 문장을 사용한다.

15. 치료 제공 : 개, 고양이, 토끼, 새,

(1) 대상 : 아동, 청소년, 성인, 개인, 집단

(2) 적용시기 : 초기/중기

(3) 준비물 : 준비물가방, 치료도우미견, 구급상자

(4) 시간 : 40분

(5) 활동 : 동물매개심리상담사는 내담자들을 위해 치료도우미 동물에게 제공할 치료

방법 등을 가져올 수 있다. 내담자들은 안전한 방법으로 그 지시사항을 따른다.

① 서늘하고 조용한곳에 도우미 동물을 안내한다.

② 구급상자를 준비한다.

③ 체온계사용법을 알려준다.

④ 상처소독법을 알려준다.

⑤ 순서대로 동물의 위급상황에 대처하도록 한다.

⑥ 근육 마사지방법을 알려준다.

⑦ 영양제 투여방법을 알려준다.

(6) 적용범위

균형, 중간선 교차, 눈 과 손 의 조화, 소 근육 운동 기술, 태도, 약한 신체 부위에 대한 부주의, 조절가동역, 물건 놓기, 힘/세기, 시각적 추적, 걱정/근심, 주의 지속 시간, 외로움, 현실인식력, 자존감, 신뢰성, 협력/협동, 눈 접촉, 도움 제공 과 수용, 선택하기, 속임수 행동, 사회적 상호작용/건설적 관계, 집중/ 주의 지속 시간, 원인과 결과, 차후 방향 제시, 제2언어 학습, 과학-오감, 사회-건강과 안전, 식사하기, 문장에 있는 단어 정확히 발음하기, 음 높이/표현/소리 크기/속도 관찰하기, 정확한 시작/중간/끝 음운 산출, 일관성 있고 완벽한 문장을 사용한다.

16. 비눗방울 불기 : 개

(1) 대상 : 아동, 청소년, 성인, 개인, 집단

(2) 적용시기 : 초기/중기

(3) 준비물 : 비눗방울, 애견간식

(4) 시간 : 30분

(5) 활동

① 치킨이나 소고기 맛의 비눗방울은 동물 용품 판매점에서 살 수 있을 것이다.

② 이 활동에서는 내담자가 비눗방울을 불고 그 동안에 동물은 그 비눗방울을 잡으려고 그 주위를 돌게 된다.

③ 만약 개가 이 활동에 관심 있어 한다면 나는 치료사가 이 게임을 집에서 먼저 학습할 수 있게 선행되도록 한다.

(6) 적용범위

균형, 좌우측의 조화, 몸/공간인식, 인내력/지구력/내구력 증가, 눈과 손의 조화, 소 근육 운동 기술 발달, 파악능력, 약한 신체 부위에 대한 부주의 감소, 태도 변화, 조절가동역 증가, 물건 놓기, 힘/세기 증가, 시각적 추적, 걱정/근심, 주의 지속 시간 증가, 우울/의기소침, 외로움, 안절부절 해 하는 정서 감소, 현실인식력 증가, 적극적인 비판, 협력/협동, 칭찬 제공과 수용, 공유/관심 끌기, 감사 표시, 사회적 상호작용/건설적 관계 형성, 집중/주의 지속 시간 증가, 원인과 결과 파악, 오감, 색 파악, 말하기에 있어서 호흡조절 가능, 정확한 시작/중간/끝 음운 산출, 혀 근육이 강화 된다.

17. 네가 이것을 불었다! : 개, 고양이

(1) 대상 : 아동, 청소년, 성인, 개인, 집단

(2) 적용시기 : 초기

(3) 준비물 : 치료도우미견, 리드줄 2개, 애견간식,

(4) 시간 : 30분

(5) 활동

① 이 게임은 특히 공에 큰 호감을 갖고 있는 작은 개와 함께 하면 큰 효력을 발휘할 수 있다.

② 내담자에게 탁구공을 테이블을 가로 질러 불게 한다.

③ 공이 떨어지면 개가 그것을 가지러 가고 모으게 된다.

④ 만약 개가 공을 삼키거나 깨무는 경향이 있다면 이 활동을 하지 마세요.

|참고| 테이블 표면을 대신해서 물의 표면에서 부는 것도 괜찮다.
고양이가 쫓아가게 만들기 위해서는 공 대신에 솜털이 있는 깃털 종류 등을 불어도 좋다.

(6) 적용범위

균형, 몸/공간 인식, 인내력/지구력/내구력 증가, 올바른 태도, 시각적 추적, 주의 지속 시간 증가, 외로움 감소, 현실인식력 증가, 적극적인 비판, 도움 제공 과 수용, 칭찬 제공과 수용, 공유/관심 끌기, 감사 표시, 사회적 상호작용/건설적 관계 형성, 집중/주의 지속 시간 증가, 원인과 결과 파악, 차후 방향 제시, 계산력 증가, 제2언어 학습, 문장에 있는 단어 정확히 발음하기, 호흡조절, 외딴곳에서 정확한 음운 산출, 혀 근육을 강화 한다.

18. 아름다운 휴게소 : 개, 고양이, 토끼,

(1) 대상 : 아동, 청소년, 성인, 집단

(2) **적용시기** : 중기/종결

(3) **준비물** : 치료도우미견, 리드줄 2개, 애견간식, 물, 발톱깍기, 리본, 기타 그루밍용품

(4) **시간** : 40분

(5) **활동**

① 내담자는 약간의 친구 몇 명을 선택한다.

② 아름다운 휴게소를 차리고 치료도우미 동물을 손질해 준다.

③ 한명은 치료도우미견의 털을 손질해 줄 준비를 한다.

④ 한명은 치료도우미견의 발톱을 손질해 줄 준비를 한다.

⑤ 한명은 치료도우미견에게 줄 물과 간식을 준비한다.

⑥ 차례대로 손질을 해준다.

(6) **적용범위**

균형, 좌우측의 조화, 몸/공간 인식, 중간선 교차, 인내력/지구력/내구력 증가, 눈 과 손 의 조화, 소 근육 운동 기술 발달, 파악능력 증가, 약한 신체 부위에 대한 부주의 감소, 올바른 태도, 조절가동역, 물건 놓기, 주의 지속 시간 증가, 우울/의기소침 감소, 외로움 감소, 현실인식력 증가, 안전부절 해 하는 정서 감소, 자존감 증가, 상호작용, 적극적인 비판, 협력/협동, 도움 제공 과 수용, 선택하기, 칭찬 제공과 수용, 공유/관심 끌기, 사회적 상호작용/건설적 관계 형성, 집중/ 주의 지속 시간 증가, 진로교육 가능, 원인과 결과 파악, 차후 방향 제시, 제2언어 학습, 오감 파악, 학업 책임감 증가, 개인위생 관리, 문장에 있는 단어 정확히 발음하기, 어휘력 증가, 음 높이/표현/소리 크기/속도 관찰하기 정확한 시작/중간/끝 음운 산출, 일관성 있고 완벽한 문장을 사용한다.

19. 방문하러 가기 : 개, 고양이, 토끼, 말

(1) **대상** : 아동, 청소년, 성인, 개인, 집단

(2) **적용시기** : 중기/종결

(3) **준비물** : 치료도우미견, 리드줄 2개, 애견간식

(4) **시간** : 40분

(5) **활동**

① 더블 리드줄을 준비한다.(모두의 안전과 돌발 상황에 대처하기위해)

② 내담자는 치료도우미 동물, 치료사와 함께 시설물을 통과하여 걸어간다.

③ 가는 중에 치료도우미 동물을 소개하고 다른 사람 또한 같이 공유할 수 있게 해

준다.

④ 만약 내담자가 휠체어를 사용한다면 이는 휠체어 걷기 활동 일 것 이다.

⑤ 시설내 사람들과 인사할 수 있도록 한다.

(6) 적용범위

산책 활동, 균형, 좌우측의 조화, 인내력/지구력/내구력 증가, 파악능력, 올바른 태도, 걱정/근심 감소, 주의 지속 시간 증가, 우울/의기소침 감소, 올바른 감정 조절, 외로움감소, 기억력/상기력 발달, 현실인식력, 안전부절해 하는 정서 감소, 자존감, 신뢰성 증가, 협력/협동, 눈 접촉, 올바른 선택하기, 속임수 행동, 칭찬 제공과 수용, 공유/관심 끌기, 감사 표시, 사회적 상호작용/건설적 관계 형성, 집중/ 주의 지속 시간 증가, 원인과 결과 파악, 차후 방향 제시, 제2언어 학습, 개인위생 관리, 묻고 대답하기, 문장에 있는 단어 정확히 발음하기, 음 높이/표현/소리 크기/속도 관찰하기, 일관성 있고 완벽한 문장을 사용할 수 있다.

20. 자유로운 카메라 : 개, 고양이, 토끼, 새, 말

(1) 대상 : 아동, 청소년, 성인, 개인, 집단

(2) 적용시기 : 초기/중기/종결

(3) 준비물 : 치료도우미견, 리드줄 2개, 애견간식, 폴라로이드 카메라, 내담자가 동물과 함께 찍은 사진

(4) 시간 : 40분

(5) 활동

① 내담자가 동물과 함께 찍은 사진을 준비한다.

② 내담자가 동물과 함께 사진을 찍는다.

③ 이 사진은 디지털 카메라나 또는 폴라로이드 카메라로 찍는다.

④ 그들에게 서로 서로의 사진을 보고 토론할 수 있도록 도와준다.

⑤ 준비한 소형 액자에 넣어본다.

| 참고 | 그들은 또한 걸어 놓기 위해 액자 틀을 꾸밀 수 있어요. 그들과 함께 찍은 사진을 대신해 오직, 동물만 찍혀 있는 사진을 선택해도 좋다. 이 사진은 침실 벽 위에 걸려 있게 될 것이다. 이것은 또한 한주 한주에 걸쳐 팀의 멤버를 기억하는데 어려움을 겪고 있는 내담자라면 거대한 학습 활동이다.

(6) 적용범위

균형, 좌우측의 조화, 몸/공간 인식, 눈 과 손 의 조화, 소 근육 운동 기술 발달,

파악능력 증가, 올바른 태도, 물건 놓기, 시각적 추적, 우울/의기소침 감소, 올바른 감정 표현, 외로움 감소, 기억력 증가, 현실인식력, 자존감 감소, 협력/협동, 눈 접촉, 도움 제공 과 수용, 선택하기, 칭찬 제공과 수용, 공유/관심 끌기, 감사 표현, 사회적 상호작용/건설적 관계 형성, 집중/ 주의 지속 시간, 커리어코칭, 어휘력 증가, 정확한 시작/중간/끝 음운 산출, 일관성 있고 완벽한 문장을 사용 한다.

21. 방문하러 가기 : 개, 고양이, 토끼,

(1) 대상 : 아동, 청소년, 성인, 개인, 집단

(2) 적용시기 : 중기/종결

(3) 준비물 : 치료도우미견, 리드줄 2개, 애견간식,

(4) 시간 : 40분

(5) 활동

① 동물을 가지고 있음으로 해서 발생되는 일을 논의해 봐야 한다.

② 예로 든다면 먹이주기, 물주기, 그들과 함께 시간을 보내기, 청소하기이다.

③ 치료를 위해 수의사에게 가는 것 등이다.

| 주의 | 집안일을 치료도우미 동물과 함께 할 수 있도록 짜고 행동해야 한다. 내담자들은 집안일과 학교 일 그리고 허드렛일(그 밖의 잡일) 등에 대한 역할분담에 대해 토론해 보고 만약 어떤 사람이 그들의 역할을 제대로 하지 않았을 경우에 그룹에 미치는 어떤 영향을 미치는지를 토론해봐야 한다.

(6) 적용범위

산책 활동, 균형, 좌우측의 조화, 인내력/지구력/내구력 증가, 파악능력, 올바른 태도, 걱정/근심, 주의 지속 시간 증가, 우울/의기소침 감소, 올바른 감정 조절, 외로움 감소, 기억력/상기력 증가, 현실인식력 증가 , 안전부절해 하는 정서 감소, 자존감 증가, 신뢰성 증가, 협력/협동, 눈 접촉, 선택하기, 속임수 행동, 칭찬 제공과 수용, 공유, 진로교육 가능, 원인과 결과 파악, 차후 방향 제시, 제2언어 학습, 학업 책임감, 학업 윤리 파악, 사회-가족, 사회-건강과 안전 파악, 식사하기 가능, 문장에 있는 단어 정확히 발음하기, 문장 확대하기(상세히 말하기), 어휘력 증가, 음 높이/표현/소리 크기/속도 관찰하기, 일관성 있고 완벽한 문장 사용한다.

22. 집단 구성원 : 개, 고양이, 토끼, 새

(1) 대상 : 아동, 청소년, 성인, 개인, 집단

(2) 적용시기 : 초기/중기

(3) 준비물 : 치료도우미견, 리드줄 2개, 애견간식

(4) 시간 : 40분

(5) 활동

① 이는 능숙한 동물매개심리상담사들의 사이에서 매우 의미 있는 비유적인 수단이라고 볼 수 있다.

② 동물에 관한 아이들 서적 중 이야기나 꾸며내거나 실제적인 이야기 등을 선택한다.

③ 내담자의 적용범위에 적용할 수 있는 상황이나 느낌을 토론해 본다.

④ 내담자들이 이야기를 통해 같은 느낌을 받았을 때 이를 자신과 동일시하게 될 수 있는 시간을 갖도록 한다.

⑤ 그리고 이러한 기분들을 내담자와 동물들 에게 둘 다 도움이 될 수 있는 방법 등을 토론해 본다.

⑥ 예를 들어, 만약 내담자가 권리의 포기라는 문제에 직면했다면, 동물이 치료사와 살기 위해 엄마를 떠나야 하는 이야기 등에 대해 토론해 볼 수 있다.

⑦ 동물의 엄마가 그때의 어떤 감정 이였을지 그리고 자신 또한 어떤 감정과 상태에 있는지를 표현할 수 있는 기회를 제공해 준다.

⑧ 동물매개심리상담사는 내담자와 함께 양육 포기의 감정에 대해 이야기할 수 있게 된다.

| 참고 | 내담자는 또한 동물의 몸 짓 언어를 관찰하고 이것들을 인간의 감정과 반응 등에 적용해 본다. 하나의 예로, 내담자가 말한다. "**강아지가 자신의 머리를 발 위에 올려놨어요. 그녀는 아무래도 아픈가 봐요 아니면 여기 있는 게 지루한 거겠죠. 그녀는 집으로 가서, 자기 집에 있고 싶나 봐요.**" 그러면 동물매개심리상담사는 내담자와 함께 그녀가 집에 가고 싶어 하는 이유에 대해서 토론할 수 있다.

(6) 적용범위

걱정/근심 감소, 우울/의기소침 감소, 올바른 감정 조절, 올바른 감정 표현, 비통함 감소, 외로움 감소, 안전부절 해 하는 정서 감소, 자존감 증가, 신뢰성 증가, 상호작용, 적극적인 비판, 협력/협동, 눈 접촉, 도움 제공 과 수용, 속임수 행동, 칭찬 제공과 수용, 공유/관심 끌기, 감사 표시, 사회적 상호작용/건설적 관계 형성, 원인과

결과 파악, 읽기이해 기술 발달, 제2언어 학습, 학업 책임감 증가, 학업 윤리 증가, 가족과 사회력 증가, 건강과 안전 파악, 묻고 대답하기를 한다.

23. 포토앨범 : 개, 고양이, 토끼, 새, 말

(1) 대상 : 아동, 청소년, 성인, 개인, 집단

(2) 적용시기 : 중기/종결

(3) 준비물 : 치료도우미견, 리드줄 2개, 애견간식,

(4) 시간 : 40분

(5) 활동

① 심리상담사는 동물의 포토앨범 책을 가져온다.

② 어디에서 그/그녀가 살았는지, 그/그녀의 가족들은 어떤 모습인지, 그/그녀가 무엇을 하길 좋아하는지 그/그녀의 애견 사진 등을 말이다.

③ 치료동물은 내담자에게 다가가 가까운 곳에 앉는다.

④ 내담자는 사진 앨범을 보고 이에 대해 심리상담사 또는 다른 전문가와 함께 이야기를 나눌 수 있다.

(6) 적용범위

좌우측의 조화, 중간선 교차, 눈 과 손 의 조화, 소 근육 운동 기술 발달, 파악능력, 태도, 시각적 추적, 주의 지속 시간 증가, 올바른 감정 표현, 외로움 감소, 현실인식력 증가, 안전부절 해 하는 정서 감소, 신뢰성 증가, 칭찬 제공과 수용, 공유/관심끌기, 사회적 상호작용/건설적 관계 형성, 집중/ 주의 지속 시간 증가, 진로교육 가능, 읽기이해 기술 증가, 언어과목-읽기 유창성, 문법/품사 파악, 계산 능력 증가, 기하학 파악, 제2언어 학습, 동물 분류 가능, 학업 책임감, 가족과 사회성 증가, 건강과 안전 파악, 묻고 대답하기, 문장에 있는 단어 정확히 발음하기, 문장 확대하기(상세히 말하기), 어휘력 증가, 음 높이/표현/소리 크기/속도 관찰하기, 정확한 시작/중간/끝 음운 산출, 일관성 있고 완벽한 문장을 사용 한다.

24. 앉고 공유하기 : 개, 고양이, 토끼, 새

(1) 대상 : 아동, 청소년, 성인, 개인, 집단

(2) 적용시기 : 초기

(3) 준비물 : 치료도우미견, 리드줄 2개, 애견간식,

(4) 시간 : 40분

(5) 활동

① 내담자와 치료도우미견, 동물매개심리상담사는 상담실이나 일반 방에서 앉게 된다.

② 그곳에서 내담자는 다른 사람들에게 팀을 소개 시켜 주고 그들에게 치료도우미 동물과 함께 대화하고 만질 수 있도록 기회를 준다.

(6) 적용범위

균형, 몸/공간인식, 인내력/지구력/내구력증가, 올바른 태도, 촉각자극, 시각적 추적, 걱정/근심 감소, 주의 지속 시간 증가, 우울/의기소침 감소, 올바른 감정 조절, 올바른 감정 표현, 외로움 감소, 현실인식력 증가, 안전부절해 하는 정서 감소, 자존감 증가, 상호작용, 눈 접촉, 속임수 행동, 칭찬 제공과 수용, 공유/관심 끌기, 감사 표시, 사회적 상호작용/건설적 관계 형성, 집중/ 주의 지속 시간 증가, 원인과 결과 파악, 묻고 대답하기, 문장에 있는 단어 정확히 발음하기, 음 높이/표현/소리 크기/속도 관찰하기, 일관성 있고 완벽한 문장을 사용할 수 있다.

25. 추억 회상하기 : 개, 고양이, 토끼, 새

(1) 대상 : 아동, 청소년, 성인, 개인, 집단

(2) 적용시기 : 초기/중기

(3) 준비물 : 치료도우미견, 리드줄 2개, 애견간식,

(4) 시간 : 40분

(5) 활동

① 회상하기는 동물들이 했던 일들에 대한 것이다.

② 내담자와 함께 함으로써 치료도우미 동물은 귀여움을 받게 되고 이야기 주제가 된다.

| 참고 | "회상할 만한"것에 대한 여러 개의 질문이 적혀있는 카드를 만들어본다.

ex) "어린 시절 애견 동물을 묘사해본다면?"
"당신은 실외 동물이나 실내 동물이 있었습니까?"
내담자들은 차례를 정해 카드를 선택해 질문에 답해 보면 된다.

(6) 적용범위

올바른 태도, 걱정/근심 감소, 주의 지속 시간 증가, 우울/의기소침 감소, 올바른 감정 표현, 비통함, 외로움 감소, 기억력/상기력 증가, 안전부절해 하는 정서 감소,

자존감 증가, 신뢰성 증가, 눈 접촉, 공유/관심 끌기, 감사 표시, 사회적 상호작용/건설적 관계 형성, 집중/ 주의 지속 시간 증가, 원인과 결과 파악, 기억/상기력 증가, 읽기이해 기술 증가, 제2언어 학습, 학업 책임감 증가, 가족과 사회성 증가, 묻고 대답하기, 문장에 있는 단어 정확히 발음하기, 문장 확대하기(상세히 말하기), 음 높이/표현/소리 크기/속도 관찰하기, 일관성 있고 완벽한 문장을 사용한다.

26. 안전한 상태 : 개, 고양이, 토끼, 새

(1) 대상 : 아동, 청소년, 성인, 개인, 집단

(2) 적용시기 : 초기/중기

(3) 준비물 : 치료도우미견, 리드줄 2개, 애견간식,

(4) 시간 : 30분

(5) 활동

① 동물매개심리상담사가 치료도우미 동물을 안전한 상태로 유지 할 수 있는 방법에 대해 토론해 보거나 보여준다.

② 예를 들어 개 목걸이나 끈, 안전벨트, 문을 닫게 만드는 것에 대해 이야기해본다.

③ 울타리가 있는 마당 등에 대해서 토론해본다.

④ 개인적인 안전을 위해서 어떤 단계들이 실행되어져야 하는지에 대해 토론해본다.

ex) 낯선 사람과 얘기하지 종결, 그들의 전화번호나 주소를 알기 등

(6) 적용범위

걱정/근심 감소, 신뢰성 증가, 도움 제공 과 수용, 원인과 결과 파악, 제2언어 학습, 학업 책임감 파악, 학업 윤리 파악, 가족과 사회성 증가, 건강과 안전 파악한다.

27. 동물과 함께하는 점토놀이 : 개, 고양이, 토끼, 새

(1) 대상 : 아동, 청소년, 성인, 개인, 집단

(2) 적용시기 : 초기/중기

(3) 준비물 : 치료도우미견, 리드줄 2개, 애견간식, 점토

(4) 시간 : 40분

(5) 활동

① 내담자는 그들의 창조물을 위한 영감으로, 치료도우미 동물과 함께 그들 자신만

의 작품을 창조한다.

② 치료도우미견 모형을 만들어 보기 위한 준비를 도와준다.

③ 작품이 완성될 때까지 동물매개심리상담사는 지켜보면서 격려한다.

(6) 적용범위

균형, 좌우측의 조화, 몸/공간 인식, 중간선 교차, 인내력/지구력/내구력 증가, 눈 과 손 의 조화, 소 근육 운동 기술 발달, 파악능력, 올바른 태도, 물건 놓기, 힘/세기 조절, 촉각자극, 안전부절해 하는 정서 감소, 걱정/근심 감소, 주의 지속 시간증가, 자존감 증가, 올바른 선택하기, 칭찬 제공과 수용, 감사 표시, 집중/주의 지속 시간 증가, 진로교육 가능, 오감 파악, 색을 파악, 가위질하기, 그림그리기를 한다.

28. 동물과 함께하는 손도장 찍기 : 개, 고양이, 토끼

(1) 대상 : 아동, 청소년, 성인, 개인, 집단

(2) 적용시기 : 초기/중기

(3) 준비물 : 치료도우미견, 리드줄 2개, 애견간식, 수채물감, 붓, 기타

(4) 시간 : 40분

(5) 활동

① 내담자는 치료도우미견과 마주앉는다.

② 도화지를 펼치고 준비한 물감을 보여준다.

③ 좋아하는 색상을 고르게 한 후 그릇에 물감을 풀어본다.

④ 치료동물의 발에 물감을 바른다.

⑤ 도화지위에 발을 딛도록 하여본다.

⑥ 내담자의 손에도 물감을 칠한 후 손도장을 찍어 보게 한다.

⑦ 도화지위의 손 모양을 비교하면서 토론하도록 한다.

(6) 적용범위

균형, 좌우측의 조화, 몸/공간 인식, 중간선 교차, 인내력/지구력/내구력 증가, 눈 과 손 의 조화, 소 근육 운동 기술 발달, 파악능력, 올바른 태도, 물건 놓기, 힘/세기 조절, 촉각자극, 안전부절해 하는 정서 감소, 걱정/근심 감소, 주의 지속 시간증가, 자존감 증가, 올바른 선택하기, 칭찬 제공과 수용, 감사 표시, 집중/ 주의 지속 시간 증가, 진로교육 가능, 오감 파악, 색을 파악, 가위질하기, 그림그리기를 한다.

29. 꼴라주 : 개, 고양이, 토끼, 새

(1) 대상 : 아동, 청소년, 성인, 개인, 집단

(2) 적용시기 : 초기/중기

(3) 준비물 : 치료도우미견, 리드줄 2개, 애견간식, 애견잡지

(4) 시간 : 40분

(5) 활동

① 애견 용품이나 카탈로그 또는 동물 잡지를 이용한다.

② 내담자는 그날의 토론과 관계되는 사진을 잘라낸다.

③ 그리고 나서 **콜라주 예술**을 창조해 내게 된다.

④ 풀질을 해서 종이위에 붙이기도 한다.

(6) 적용범위

균형, 좌우측의 조화, 눈 과 손 의 조화, 소 근육 운동 기술 발달, 올바른 태도, 주의 지속 시간 증가, 도움 제공 과 수용, 올바른 선택하기, 칭찬 제공과 수용, 집중/주의 지속 시간 증가, 기억/상기력 증가, 오감 파악, 신체 부위 파악, 색 파악, 동물 분류 가능, 학업 책임감 증가, 가족과 사회성 증가, 건강과 안전 파악, 가위질하기 ,정확한 시작/중간/끝 음운을 산출한다.

30. 복사 본 만들기 : 개, 고양이, 토끼, 새, 말

(1) 대상 : 아동, 청소년, 성인, 개인, 집단

(2) 적용시기 : 초기/중기

(3) 준비물 : 치료도우미견, 리드줄 2개, 애견간식,

(4) 시간 : 40분

(5) 활동

① 각각의 내담자에게 예술가라고 명명해주고 라인이 있는 그림을 준다.

② 많은 소프트웨어 프로그램은 본 그림을 라인으로만 나타날 수 있게 하는 능력을 갖고 있다.

③ 치료도우미 동물과 같은 종에 대한 라인 그림을 찾아 준비한다.

④ 내담자에게 투사용지를 제공한다.

⑤ 내담자가 **사진의 윤곽**을 따라 그릴 수 있도록 한다.

(6) 적용범위

균형, 좌우측의 조화, 눈 과 손 의 조화, 소 근육 운동 기술 발달, 올바른 태도, 주의 지속 시간 증가, 적극적인 비판, 도움 제공 과 수용, 칭찬 제공과 수용, 올바른 감사 표시, 차후 방향 제시, 색 파악, 그림그리기, 연필로 능숙한 글쓰기를 한다.

31. 동물벽화 : 개, 고양이, 토끼, 새

(1) 대상 : 아동, 청소년, 성인, 개인, 집단

(2) 적용시기 : 초기/중기

(3) 준비물 : 치료도우미견, 리드줄 2개, 애견간식, 도화지, 크레파스, 사인펜

(4) 시간 : 40분

(5) 활동

① 아이들에게 동물 그림을 그리도록 도화지와 크레파스를 준비 시킨다.

② 도화지위에 평소 좋아하는 동물을 그리도록 한다.

③ 완성된 그림을 가지고 내담자의 생각을 이야기해보는 시간을 보낸다.

(6) 적용범위

균형, 좌우측의 조화, 중간선 교차, 인내력/지구력/내구력 증가, 눈과 손의 조화, 소 근육 운동 기술 발달 , 올바른 태도, 조절가동역, 힘/세기 조절, 주의 지속 시간 증가, 안절부절 해 하는 정서 감소, 자존감 증가, 적극적인 비판, 협력/협동, 도움 제공 과 수용, 칭찬 제공과 수용, 집중/ 주의 지속 시간 증가, 진로교육 가능, 차후 방향 제시, 기하학 파악, 도식화 자료 이해, 측량, 색 파악, 그림그리기, 연필로 능숙한 글쓰기를 한다.

32. 발 그림 : 개, 고양이, 토끼, 새

(1) 대상 : 아동, 청소년, 성인, 개인, 집단

(2) 적용시기 : 초기/중기

(3) 준비물 : 치료도우미견, 리드줄 2개, 애견간식, 물감

(4) 시간 : 40분

(5) 활동

① 지워질 수 있는 물감을 사용한다.

② 치료도우미동물의 **발, 발굽, 발자국** 등을 찍어서 만들어 본다.

③ 몇몇의 내담자는 자유재량으로 발굽을 찍는 것을 즐거워한다.

④ 또는 그들 자신의 손과 발을 찍어서 만드는 것을 선호할 것이다.

| 참고 | 트래킹(tracking)에 대해 조사하거나, 지문에 대해 학습해 본다.

(6) 적용범위

균형, 좌우측의 조화, 몸/공간 인식, 눈 과 손 의 조화, 약한 신체 부위에 대한 부주의 감소, 올바른 태도, 촉각자극 파악, 적극적인 비판, 도움 제공 과 수용, 올바른 선택하기, 칭찬 제공과 수용, 공유/관심 끌기, 집중/ 주의 지속 시간 증가, 진로교육 가능, 차후 방향 제시, 오감 파악, 동물적응, 신체 부위 파악, 색 파악, 유전/유전학, 체계적인 과정 파악, 가위질하기, 그림그리기를 한다.

33. 좋은 친구들 : 개, 고양이, 토끼, 새

(1) 대상 : 아동, 청소년, 성인, 개인, 집단

(2) 적용시기 : 초기/중기

(3) 준비물 : 치료도우미견, 리드줄 2개, 애견간식, A4용지, 싸인펜

(4) 시간 : 40분

(5) 활동

① 내담자가 왜 자신들이 동물을 좋아하는지에 대한 이유를 적어볼 수 있도록 A4용지와 연필을 준비해준다.

② 내담자가 왜 자신들이 동물을 좋아하는지에 대한 이유가 적혀있는 목록을 갖고 있게 한다.

③ 그러고 나서 서로 이것을 공유하며 어떻게 그들이 좋은 친구가 되기 위해 같은 기술들은 이용하고 있는가를 생각해 보도록 한다.

ex) "그는 언제나 나와함께 시간을 보내는데 흥미로워 한다, 그는 절대 바쁘지 않고, 좋은 청취자이죠."

(6) 적용범위

우울/의기소침 감소, 올바른 감정 조절, 올바른 감정 표현, 외로움감소, 자존감 증가, 신뢰성 증가, 적극적인 비판, 협력/협동, 속임수 행동, 감사 표시, 사회적 상호작용/건설적 관계 형성, 집중/ 주의 지속 시간증가, 원인과 결과 파악, 쓰기, 가족

과의 사회성 증가, 문장에 있는 단어 정확히 발음하기, 문장 확대하기(상세히 말하기), 어휘력이 증가한다.

34. 뜻하는 대로 하기 : 개, 고양이, 토끼, 새, 말

(1) 대상 : 아동, 청소년, 성인, 개인, 집단

(2) 적용시기 : 초기/중기

(3) 준비물 : 치료도우미견, 리드줄 2개, 애견간식, 동물모양이 그려져 있는 종이, 가위

(4) 시간 : 40분

(5) 활동

① 각각의 내담자에게 다양한 동물모양이 그려져 있는 종이를 준다.

② 모양대로 잘라내게 한다.

③ 동물의 형태대로 조립하도록 하게 한다.

④ 이것은 퍼즐과 같이 실행한다.

(6) 적용범위

균형, 좌우측의 조화, 눈 과 손 의 조화, 소 근육 운동 기술 발달, 올바른 태도, 자존감 증가, 도움 제공 과 수용, 올바른 선택하기, 칭찬 제공과 수용, 집중/주의 지속시간 증가, 차후 방향 제시, 기하학 파악, 색 파악, 가위질하기를 한다.

35. 유행 티셔츠: 개, 고양이, 토끼, 새

(1) 대상 : 아동, 청소년, 성인, 개인, 집단

(2) 적용시기 : 초기/중기

(3) 준비물 : 치료도우미견, 리드줄 2개, 애견간식, 옷감용 물감, 흰색 면티

(4) 시간 : 40분

(5) 활동

① 흰색 면티를 준비한다.

② 좋아하는 동물을 생각할 수 있도록 하고 옷감용 물감을 선택 하도록 한다.

③ 옷감 페인트만의 다른 색깔을 사용하고, 동물 주제로 티셔츠를 장식 한다.

④ 내담자는 치료도우미 동물의 발자국을 티셔츠 위에 새겨도 좋고, 또는 **스텐실이나 스펀지**를 사용해도 좋다.

| 참고 | 일반적인 동물 티셔츠를 사서 페인트를 칠해도 좋다.

(6) 적용범위

좌우측의 조화, 인내력/지구력/내구력 증가, 눈과 손의 조화, 소 근육 운동 기술 발달, 파악능력 증가, 올바른 태도, 자존감 증가, 적극적인 비판, 협력/협동, 도움 제공 과 수용, 올바른 선택하기, 칭찬 제공과 수용, 감사 표시, 사회적 상호작용/건설적 관계 형성, 집중/ 주의 지속 시간 증가, 진로교육 가능, 차후 방향 제시, 제2언어 학습, 색 파악, 옷 입기를 한다.

36. 산책 하러 가기 : 개, 고양이, 토끼, 말

(1) 대상 : 아동, 청소년, 성인, 개인, 집단

(2) 적용시기 : 초기/중기/종결

(3) 준비물 : 치료도우미견, 리드줄 2개, 애견간식

(4) 시간 : 40분

(5) 활동

① 이 동물매개치료활동은 치료도우미 동물이 목줄과 준비물을 착용할 것을 요청한다.

② 내담자는 개 뒤로 가서 1~2m로 리드줄을 잡는다.

③ 치료도우미견에 더블리드 줄을 착용시킨다.

④ 동물매개심리상담사는 동물의 실제적인 통제자로서 치료도우미견의 머리 쪽에서 있으며, 개의 어깨띠 쪽에 붙어있는 짧은 가죽 끈을 사용한다.

⑤ 내담자의 적용범위에 따라 위쪽, 아래쪽, 안, 밖, 방을 가로지르며, 공원을 돌며, 평평한 표면을 걷거나, 다양한 표면 등을 원하는 속력으로 걸을 수 있다.

⑥ 그룹의 아이들 또한 순서와 상관없이 함께 이 활동을 할 수 있다.

⑦ 보행용 벨트등과 같은 준비물에 있는 고리에는 반드시 한개 이상의 가죽 끈을 사용한다.

⑧ 휠체어를 이용하는 내담자 또한 강아지와 함께 걷기를 할 수 있다.

⑨ 멤버들은 휠체어를 밀어주고, 내담자는 긴 가죽 끈을 손으로 붙잡으면 되는 것이다.

⑩ 동물매개심리상담사는 어깨 띠 쪽에 붙어있는 짧은 가죽 끈을 이용함으로서 치료도우미 동물을 전적으로 통제할 수 있다.

⑪ 이런 방식들은 작은 동물들을 유모차에 넣거나 또는 휠체어에 앉아 있는 내담자의 무릎에 놓아두는 것에 잘 적용된다.

(6) 적용범위

산책 활동, 좌우측의 조화, 몸/공간인식, 인내력/지구력/내구력 증가, 파악능력 증가, 약한 신체 부위에 대한 부주의 감소, 걱정/근심 감소, 주의 지속 시간 증가, 우울/의기소침 감소, 비통함 감소, 외로움 감소, 현실인식력 증가, 안전부절 해 하는 정서 감소, 신뢰성 증가, 협력/협동 증가, 도움 제공과 수용, 올바른 선택하기, 올바른 감사 표시, 사회적 상호작용/건설적 관계 형성, 집중/ 주의 지속 시간 증가, 차후 방향 제시, 기억/상기력 증가, 기하학 파악, 체육력 증가, 오감 파악, 학업 책임감 증가, 건강과 안전 파악, 어휘력이 증가 한다.

37. 컵 게임 : 개

(1) 대상 : 아동, 청소년, 성인, 개인, 집단

(2) 적용시기 : 초기/중기

(3) 준비물 : 치료도우미견, 리드줄 2개, 애견간식, 컵,

(4) 시간 : 40분

(5) 활동

① 이 게임은 사람들 사이에서 대화하면서 개에게 대화하는 방식이다.

② 처음으로, 동물매개심리상담사가 3명 또는 4명의 게임을 할 사람을 선택한다.

③ 그들 모두는 잡고 있어야 할 작은 컵들을 갖고 있는다.

④ 동물매개심리상담사는 개 주변을 돌아다니기 때문에 개들은 내담자를 볼 수 없다.

⑤ 동물매개심리상담사는 컵 중 하나에 보상물을 넣어 둔다.

⑥ 그 후, 한사람 한 사람을 지나 개를 이끌고 다니면서 그 개가 보상물을 위해 컵을 향해 코로 킁킁거릴 수 있도록 허락한다.

⑦ 그 후 그 개가 찾게 되고 그것을 먹는다.

⑧ 동물매개심리상담사는 개를 데리고 돌아다니고 다른 동물매개심리상담사는 보상물을 개가 찾을 수 있는 다른 컵에 놓아둔다.

(6) 적용범위

균형, 몸/공간 인식, 인내력/지구력/내구력 증가, 눈과 손의 조화, 파악능력 증가, 약한 신체 부위에 대한 부주의 감소, 태도, 물건 놓기, 힘/세기 조절 , 시각적 추적, 주의 지속 시간 증가, 우울/의기소침 감소, 올바른 감정 조절, 감정 표현, 외로움 감소, 현실인식력 증가, 협력/협동, 속임수 행동, 칭찬 제공과 수용, 공유/관심 끌

기, 사회적 상호작용/건설적 관계 형성, 집중/ 주의 지속 시간 증가, 원인과 결과 파악, 기억/상기력 증가, 제2언어 학습, 오감 파악, 식사하기, 문장에 있는 단어 정확히 발음하기, 문장 확대하기(상세히 말하기), 어휘력 증가, 음 높이/표현/소리 크기/속도 관찰하기, 일관성 있고 완벽한 문장을 사용할 수 있다.

38. 산책을 위한 준비 : 개, 고양이, 토끼, 말

(1) 대상 : 아동, 청소년, 성인, 개인, 집단

(2) 적용시기 : 초기/중기

(3) 준비물 : 치료도우미견, 리드줄 2개, 애견간식

(4) 시간 : 40분

(5) 활동

① 동물매개심리상담사는 외부로 나갈 것을 위해 실내에서 더블리드 후 연습을 한다.

② 내담자는 동물에게 준비물들을 놓아두고, 산책을 위해 나갈 준비를 한다.

③ 리드줄, 간식, 물 등을 내담자가 준비할 수 있도록 한다.

④ 이 활동은 버튼과 버클 등을 단단히 묶고, 어깨띠를 묶으며 이는 매우 효과적이다.

| 주의 | 내담자가 동물과 연습한 후에는 스스로 채비할 수 있게끔 한다.

(6) 적용범위

균형, 좌우측의 조화, 몸/공간 인식, 중간선 교차, 눈과 손의 조화, 소 근육 운동 기술 발달, 파악능력 증가, 약한 신체 부위에 대한 부주의 감소, 올바른 태도, 조절가동역, 물건 놓기, 현실인식력 증가, 주의 지속 시간 증가, 자존감 증가, 상호작용, 적극적인 비판, 협력/협동, 도움 제공 과 수용, 칭찬 제공과수용, 올바른 감사 표시, 집중/ 주의 지속 시간 증가, 차후 방향 제시, 제2언어 학습, 신체 부위 파악, 학업 책임감 증가, 건강과 안전 파악, 옷 입기, 어휘력 증가, 정확한 시작/중간/끝 음운을 산출 한다.

39. 혀-ersize : 개

(1) 대상 : 아동, 청소년, 성인, 개인, 집단

(2) 적용시기 : 초기/중기

(3) 준비물 : 치료도우미견, 리드줄 2개, 애견간식

(4) 시간 : 30분

(5) 활동

① 내담자의 혀를 특별한 장소나 위치에 놓아두는 것을 묘사하기 위해 쓰이는 활동이다.

② 동물의 혀가 자연스럽게 입의 뒤쪽으로 떨어질 것이고 이는 /g/ 또는 /k/ 위치를 나타낸다.

③ 혀의 움직임을 증명하기 위한 또 하나의 방법으로는 땅콩버터나 치즈를 동물의 코에 소량 놓는 것이다.

④ 치료 동물은 버터나 치즈를 얻기 위해 무슨 재미있는 움직임을 보여줄 것이다.

⑤ 치료도우미 동물이 어떤 행동을 하는지를 지켜보고, 그의 혀와 함께 내담자가 똑같은 것을 시도해 보도록 시켜본다.

⑥ 구강 움직임이 얼마나 거대한 운동인지 알게 된다.

(6) 적용범위

현실인식력 증가, 적극적인 비판, 칭찬 제공과 수용, 공유/관심 끌기, 차후 방향 제시, 오감 파악, 식사하기 가능, 혀 근육이 강화된다.

40. 조리 시간 : 개, 고양이, 토끼, 새, 말

(1) 대상 : 아동, 청소년, 성인, 개인, 집단

(2) 적용시기 : 초기/중기

(3) 준비물 : 치료도우미견, 리드줄 2개, 애견간식

(4) 시간 : 40분

(5) 활동

① 이 활동은 특히 식탐이 많은 치료도우미 동물에게 매우 잘 작용한다.

② 내담자에게 동물을 위해 집에서 손수 만든 보상물을 만들 것을 지시한다.

③ 그리고 치료도우미 동물에게 약간을 준다.

④ 또는 다음 방문을 위해 남겨두거나 동물매개심리상담사에게 남은 보상물을 보내준다.

(6) 적용범위

균형, 좌우측의 조화, 몸/공간 인식, 중간선 교차, 인내력/지구력/내구력 증가, 눈 과 손 의 조화, 소 근육 운동 기술 발달, 파악능력 증가, 올바른 태도, 물건 놓기, 힘/세기 조절, 촉각자극, 주의 지속 시간 증가, 현실인식력, 안전부절 해 하는 정서 감소, 자존감 증가, 적극적인 비판, 협력/협동, 도움 제공 과 수용, 칭찬 제공과 수용, 감사

표시, 사회적 상호작용/건설적 관계 형성, 집중/주의 지속 시간 증가, 진로교육 가능, 차후 방향 제시, 읽기이해 기술 향상, 계산 증력 향상, 기하학 파악, 측량, 수학 문장제, 파악, 제2언어 학습, 오감 파악, 가족과 사회성 증가, 건강과 안전 파악, 식사하기 가능, 문장에 있는 단어 정확히 발음하기, 음 높이/표현/소리 크기/속도 관찰하기, 정확한 시작/중간/끝 음운을 산출한다.

41. 작가들 : 개, 고양이, 토끼, 새, 말

(1) 대상 : 아동, 청소년, 성인, 개인, 집단
(2) 적용시기 : 초기/중기
(3) 준비물 : 치료도우미견, 리드줄 2개, 애견간식
(4) 시간 : 40분
(5) 활동
① 내담자가 동물에 관한 이야기나, 시, 연극, 노래를 쓰도록 하게 한다.
② 그리고 그들은 이것에 대해 설명해야 하며 또한 그들이 쓴 이야기대로 치료도우미 동물들과 함께 연극해 보고 이를 사진이나 비디오로 담아 둘 수 있다.
(6) 적용범위
눈과 손의 조화, 걱정/근심 감소, 주의 지속 시간 감소, 올바른 감정 표현, 안전부절해 하는 정서 감소, 자존감 증가, 올바른 선택하기, 칭찬 제공과 수용, 집중/주의 지속 시간 증가, 진로교육 가능, 원인과 결과 파악, 쓰기 능력 증가, 제2언어 학습, 사회- 학업 책임감, 연필로 능숙한 글쓰기 기술 향상, 문장에 있는 단어 정확히 발음하기, 문장 확대하기(상세히 말하기), 음 높이/표현/소리 크기/속도 관찰하기, 일관성 있고 완벽한 문장을 사용한다.

42. 비교와 대조 : 개, 고양이, 토끼, 새

(1) 대상 : 아동, 청소년, 성인, 개인, 집단
(2) 적용시기 : 초기/중기
(3) 준비물 : 치료도우미견, 리드줄 2개, 애견간식,
(4) 시간 : 40분
(5) 활동
① 치료 동물을 사람과 비교해 본다.

② 비교를 위해 Venn 도표를 이용한다.

| 주의 | 큰 동물과 작은 동물, 파충류 및 포유류, 치료 개와 책 속에 있는 고양이, 엄마 개와 새끼개 등과 같이 동물의 다른 종류의 타입을 비교해 본다.

(6) 적용범위

소 근육 운동 기술 발달, 기억력/상기력 증가, 칭찬 제공과 수용, 집중/ 주의 지속 시간 증가, 읽기이해 기술 향상, 쓰기 기술 향상, 도식화 자료 이해, 제2언어 학습, 동물적응, 동물 분류 파악 가능, 연필로 능숙한 글쓰기 기술 향상, 문장 확대하기(상세히 말하기), 일관성 있고 완벽한 문장을 사용한다.

43. 단어 서적 : 개, 고양이, 토끼, 새

(1) 대상 : 아동, 청소년, 성인, 개인, 집단

(2) 적용시기 : 초기/중기

(3) 준비물 : 치료도우미견, 리드줄 2개, 애견간식,

(4) 시간 : 40분

(5) 활동

① 학습된 언어의 부분에 따라 동물매개심리상담사는 치료도우미 동물을 다른 장소와 다른 활동들을 할 수 있게 자리를 배열해 준다.

② 책을 만들 때는 그림 없이 만들고, 중심 문장과 단어를 중점으로 만든다.

③ 예로 들어, 동사에 대해 학습 시키려면 달리고 걷고 자고 앉아 있는 등의 행동을 하는 모습의 고양이를 이용한다.

④ 완전한 문장에 대해 학습시키려 한다면, 주부와 술부를 사진 밑에 문장으로 쓰면 된다.

⑤ 명사, 형용사, 부사, 전치사, 주부, 술부, 제 2의 언어 등을 위해 잘 적용된다.

(6) 적용범위

시각적 추적, 현실인식력 증가, 집중/주의 지속 시간 증가, 진로교육 가능, 철자법/발음중심의 어학 교수법, 읽기이해 기술 향상, 문법/품사 파악 가능, 쓰기 기술 향상, 계산 기술 향상, 기하학 파악, 수학 문장 제 파악 가능, 제2언어 학습, 동물적응, 신체 부위 파악, 색 파악, 동물 분류 파악 가능, 건강과 안전 파악 가능, 가위 질 하기, 연필로 능숙한 글쓰기, 개인위생 관리 가능, 묻고 대답하기, 문장에 있는 단어 정확히 발음하기, 문장 확대하기(상세히 말하기), 어휘력 증가, 정확한 시작/중간/끝 음운 산출, 일관성 있고 완벽한 문장을 사용한다.

44. 단어 찾기 : 개, 고양이, 토끼

(1) 대상 : 아동, 청소년, 성인, 개인, 집단

(2) 적용시기 : 초기/중기

(3) 준비물 : 치료도우미견, 리드줄 2개, 애견간식,

(4) 시간 : 40분

(5) 활동

① 내담자들에게 중점 어휘를 사용함으로서 보상물을 특별한 장소에 놓아두게 한다.

② 그리고 내담자들은 중점 어휘를 치료도우미 동물에게 말해주면 된다.

③ 이는 치료도우미 동물이 보상물의 위치를 찾게 하기 위함이다.

④ 예를 들어 만약 전치사를 쓰는 것이 목적이라면, 내담자는 보상물을 컵이나 그릇 등의 안, 밖, 아래, 옆, 사이에 등과 같은 곳에 숨기면 된다.

⑤ 그리고는 내담자는 동물들에게 보상물의 위치를 말해주기 위해 이런 전치사를 사용한다.

⑥ 이는 명사, 언어음, 형용사 또는 제 2언어의 단어 학습을 위해 적절하게 사용될 수 있다.

(6) 적용범위

산책 활동, 몸/공간 인식, 눈 과 손 의 조화, 물건 놓기, 시각적 추적 가능, 기억력/상기력 증가, 현실인식력 증가, 올바른 선택하기, 집중/ 주의 지속 시간 증가, 원인과 결과 파악 가능, 차후 방향 제시, 기억/상기, 언어과목-철자법/발음중심의 어학 교수법, 언어과목-문법/품사, 수학과목-기하학, 제2언어 학습, 색 파악, 문장에 있는 단어 정확히 발음하기, 문장 확대하기(상세히 말하기), 어휘력 증가, 음 높이/표현/소리 크기/속도 관찰하기, 정확한 시작/중간/끝 음운 산출, 홀로 외딴곳에서 정확한 음운 산출, 일관성 있고 완벽한 문장을 사용한다.

45. 분야 및 경력들 : 개, 고양이, 새, 말

(1) 대상 : 아동, 청소년, 성인, 개인, 집단

(2) 적용시기 : 초기/중기

(3) 준비물 : 치료도우미견, 리드줄 2개, 애견간식,

(4) 시간 : 30분

(5) 활동

① 동물매개심리상담사와 치료도우미 동물에 대해 이야기를 나눈다.

② 트레이너, 수의사, 애견 간호사, 동물 구조사, 애견 미용사 등의 동물에 관련된 다른 분야의 전문가를 초대해서 그들의 직업과 역할에 대해 이야기 해본다.

③ 초대가 힘들 경우 사진자료 및 비디오자료를 이용한다.

(6) 적용범위

올바른 선택하기, 감사 표시, 집중/주의 지속 시간증가, 진로교육 가능, 제2언어 학습, 학업 책임감, 건강과 안전 파악, 묻고 대답하기를 한다.

46. 적응 및 순응 : 개, 고양이, 토끼, 새

(1) 대상 : 아동, 청소년, 성인, 개인, 집단

(2) 적용시기 : 초기/중기

(3) 준비물 : 치료도우미견, 리드줄 2개, 애견간식,

(4) 시간 : 40분

(5) 활동

① 동물들의 신체적 행동의 순응 방식을 생각해본다.

② 어떻게 이런 방식들이 치료도우미 동물이 생존하는데 있어서 필요하고 도움이 되는지를 설명한다.

③ 이를 차트로 만들어 기록해 본다.

ex) 그들 치아의 모양, 후각의 감각, 그들의 시야 및 시력, 무리로서의 경향, 질환, 그들의 몸이나 머리를 위한 모양이나, 그들의 색깔 등이 있다.

* Bloodhound의 긴 귀 : 신체적 : 땅에 코를 훌쩍거리면서 냄새를 맡을 때, 귀가 그들의 코앞에 떨어져, 그 향을 유지시킨다.

* 새들이 알을 낳는 것 : 행동적 : 새들은 그들의 아이들을 운반하는 무게의 영향을 안 받기 때문에 쉽게 날수 있다.

(6) 적용범위

주의 지속 시간 증가, 기억력/상기력 증가, 극적인 비판, 원인과 결과파악 증가, 제2언어 학습, 오감 파악, 동물적응, 동물행동, 신체 부위 파악, 유전/유전학, 연필로 능숙한 글쓰기 어휘력이 증가한다.

47. 가족 유사점 : 개, 고양이, 토끼, 새

(1) 대상 : 아동, 청소년, 성인, 개인, 집단

(2) 적용시기 : 초기/중기

(3) 준비물 : 치료도우미견, 리드줄 2개, 애견간식,

(4) 시간 : 40분

(5) 활동

① 동물매개심리상담사가 동물의 가족에 대한 사진을 가지고 있다면 더욱 효과적으로 작용한다.

② 그렇지 않다면, 다른 동물 가족의 구조도를 보는 것도 좋다.

③ 세대 간에 걸쳐 어떤 특징들이 유전되어 왔는지를 의논해 보면 좋다.

④ 스콜 랜드 조랑말들이 어떻게 어린 새끼들을 갖게 되는지, 그리고 Siamese 고양이는 어떻게 언제나 Siamese 새끼 고양이만 낳게 되는지 등을 의논해 볼 수 있다.

⑤ 두 가지의 동물을 보여주고 내담자들이 그들의 아이가 어떻게 생겼을지, 부모님과 아이의 사진을 통한 매치를 할 수 있도록 활동을 제공해 준다.

(6) 적용범위

도식화 자료 이해, 동물적응, 동물행동, 신체 부위 파악, 유전/유전학, 동물 분류 파악, 체계적인 과정 이해, 학업 윤리 파악, 가족과의 사회력이 증가한다.

48. 20개의 질문 : 개, 고양이, 토끼, 새

(1) 대상 : 아동, 청소년, 성인, 개인, 집단

(2) 적용시기 : 초기/중기

(3) 준비물 : 치료도우미견, 리드줄 2개, 애견간식

(4) 시간 : 40분

(5) 활동 : 이 활동에서는, 내담자는 동물에 관한 질문에 대해 묻거나 대답할 수 있다.

| 주의 | 누구, 무엇, 어디, 언제, 왜, 어떻게 라는 단어를 포함하여 질문을 만든다. 내담자들 또한 질문에 앞서 그들의 질문에 대해 답해 볼 수도 있다.

(6) 적용범위

주의 지속 시간증가, 기억력/상기력 증가, 눈 접촉, 선택하기, 속임수 행동, 칭찬 제공과 수용, 집중/ 주의 지속 시간 증가, 문법/품사 파악, 수학과목 에서의 계산능력 증가, 제2언어 학습, 가족과 사회력 증가, 연필로 능숙한 글쓰기, 묻고 대답하기, 문

장에 있는 단어 정확히 발음하기, 음 높이/표현/소리 크기/속도 관찰하기, 일관성 있고 완벽한 문장을 사용한다.

49. 머리, 어깨, 무릎, 발 : 개, 고양이, 토끼

(1) 대상 : 아동, 청소년, 성인, 개인, 집단

(2) 적용시기 : 초기/중기

(3) 준비물 : 치료도우미견, 리드줄 2개, 애견간식,

(4) 시간 : 40분

(5) 활동

① 각 신체 부위에 대한 이름을 말하는데서 시작된다.

② 내담자가 스스로 각 신체부위를 찾게 하고, 이 부위에 대해 같은 부위를 동물에게도 찾을 수 있게 시킨다.

| 주의 | 내담자가 자신의 신체부위에 스티커를 붙이게 한다. 그러면 내담자는 청진기를 사용해서 각 몸 부분의 소리를 들을 수 있다. 동물 사진위에 신체 부위에 대해 라벨링을 하여 붙여본다.

(6) 적용범위

시각적 추적, 상호작용, 기억/상기력 증가, 제2언어 학습, 동물적응, 신체 부위 파악, 유전/유전학, 가족과의 사회성 증가, 옷 입기, 어휘력 증가, 정확한 시작/중간/끝 음운을 산출한다.

50. 식사예절 : 개, 고양이, 토끼, 새

(1) 대상 : 아동, 청소년, 성인, 개인, 집단

(2) 적용시기 : 초기/중기

(3) 준비물 : 치료도우미견, 리드줄 2개, 애견간식,

(4) 활동

① 육식동물, 초식동물, 잡식동물의 개념을 명확히 해야 한다.

② 치료도우미동물에게 고기와 야채 채소를 제공한다.

③ 그리고 치료도우미동물과 다른 동물들이 육식인지 초식인지 잡식인지를 표로서 라벨작업을 해 본다.

(5) 적용범위

물건 놓기, 올바른 선택하기, 도식화 자료 이해, 제2언어 학습, 동물 분류, 체계적인 과정 이해, 건강과 안전 파악, 식사하기 가능, 묻고 대답하기, 어휘력 증가, 홀로 외딴 곳에서 정확한 음운 산출, 일관성 있고 완벽한 문장을 사용한다.

51. 사랑스러운 생각 : 개, 고양이, 토끼, 새, 말

(1) 대상 : 아동, 청소년, 성인, 개인, 집단

(2) 적용시기 : 초기/중기

(3) 준비물 : 치료도우미견, 리드줄 2개, 애견간식

(4) 시간 : 40분

(5) 활동

① 이 활동은 내담자가 동물의 행동에 대해 배우는 것을 포함한다.

② 내담자는 동물의 행동에 대해 관찰한다.

③ 치료도우미동물이 어떠한 감정을 느낄지에 대해서 생각해 보고 이야기 할 수 있도록 한다.

| 주의 | 내담자에게 인간의 행동에 대한 동물들의 반응을 관찰하고 이야기 할 수 있도록 해준다. 예로 들면, "강아지는 내가 소리를 크게 지를 때 마다 그의 머리를 돌리는데 이것을 통해 본다면 그는 내가 큰 소리를 낼 때 긴장하는 것에 틀림없다."이다. 또한 내담자는 가설에 근거하는 상황의 결과로서 보여줄 치료도우미 동물의 행동을 예측할 수 있게 된다. 이는 어떻게 다른 사람들이 내담자의 행동에 반응 할 것인지 등에 잘 부합하는지 보여주게 된다.

(6) 적용범위

주의 지속 시간 증가, 우울/의기소침 감소, 올바른 감정 조절, 올바른 감정 표현, 비통함 감소, 외로움 감소, 현실인식력 증가, 자존감 증가, 신뢰성 증가, 상호작용, 적극적인 비판, 협력/협동, 눈 접촉, 속임수 행동, 사회적 상호작용/건설적 관계 형성, 집중/주의 지속 시간 증가, 진로교육 가능, 원인과 결과 파악, 기억/상기력 증가, 유전/유전학, 체계적인 과정 파악, 학업 윤리 파악, 가족과의 사회성이 증가한다.

52. 조사 : 개, 고양이, 토끼, 새, 말

(1) 대상 : 아동, 청소년, 성인, 개인, 집단

(2) 적용시기 : 초기/중기

(3) 준비물 : 치료도우미견, 리드줄 2개, 애견간식,

(4) 시간 : 40분

(5) 활동

① 내담자가 치료도우미 동물에 대해 연구하고 조사를 통해서 알아낼 수 있는 질문들을 생각해 보도록 시킨다.

② 내담자들은 온라인과 책 아니면 개인적인 경험이나 인터뷰 등을 통해서 답을 찾아내면 된다.

ex) 그들의 아이들을 어떻게 보살피는지; 어떤 종류의 음식을 먹는지; 무리에서 그들의 역할은 무엇인지; 서로 어떻게 의사소통하는지; 집에서 사육되는 동물의 역사는 어떻게 되는지; 어떤 종류의 감각이 작용하는지; 언제 그리고 왜 털갈이를 하는지; 이떤 소리를 내고 그 소리가 의미하는 것이 무엇인지 등등.

③ 발표를 하고 보고서를 작성하고 그들이 무엇을 학습했는지에 대해 내용이 담긴 팸플릿이나 파워포인트의 슬라이드 쇼 또한 다른 사람들을 가르치기 위한 좋은 방법 중 하나이다.

(6) 적용범위

집중/ 주의 지속 시간 증가, 진로교육 가능, 차후 방향 제시, 읽기이해 기술 향상, 쓰기 기술 향상, 도식화 자료 이해, 오감 파악, 동물적응, 동물행동, 유전/유전학, 동물 분류 파악, 학업 윤리 파악, 건강과 안전 파악, 묻고 대답하기, 문장 확대하기(상세히 말하기), 어휘력 증가, 음 높이/표현/소리 크기/속도 관찰하기, 정확한 시작/중간/끝 음운 산출, 일관성 있고 완벽한 문장을 사용한다.

53. 과학 프로젝트 : 개, 고양이, 토끼, 새

(1) 대상 : 아동, 청소년, 성인, 개인, 집단

(2) 적용시기 : 초기/중기

(3) 준비물 : 치료도우미견, 리드줄 2개, 애견간식

(4) 시간 : 40분

(5) 활동

① 내담자들에게 과학적 조사를 통해 답할 수 있는 질문을 생각해 보도록 시킨다.

② 그 가설을 증명하기 위해 과학적 실험을 실행시켜 본다. 예로 들어 내담자의 질문이 "어떤 장난감을 개가 선호할까?"였다면 내담자는 치료도우미 동물에게 상

장 안에 넣어둔 8개 정도의 각기 다른 장난감을 제공하고 5번 정도의 접근 기회를 줄 것 이다. 그래프나 표 또는 보고서 또는 파워포인트를 이용해 정보를 기록한다.

ex) 어떤 칼라가 잘 맞고? 어떤 종류의 물그릇이 선호되며? 그들은 색깔을 보거나 살피는가? 보상 물에 대해 얼마나 멀리서 강아지가 냄새를 맡을 수 있을까? 어떤 종류의 보상 물이 선호되어 지는가? 등이 있다.

③ 다른 동물 또한 이 자료를 추가시켜 더 많은 정확한 정도를 얻을 수 있도록 한다.

(6) 적용범위

집중/ 주의 지속 시간 증가, 진로교육 가능, 원인과 결과 파악 가능, 차후 방향 제시, 쓰기 기술 향상, 도식화 자료 이해, 오감 파악, 동물적응, 동물행동, 유전/유전학, 동물 분류 파악, 체계적인 과정 이해, 건강과 안전 파악, 묻고 대답하기, 문장에 있는 단어 정확히 발음하기, 문장 확대하기(상세히 말하기), 음 높이/표현/소리 크기/속도 관찰하기, 정확한 시작/중간/끝 음운 산출, 일관성 있고 완벽한 문장을 사용 한다.

54. 피부 접촉으로 친구찾기

(1) 대상 : 아동, 청소년, 성인, 개인, 집단

(2) 적용시기 : 초기/중기

(3) 준비물 : 눈가리개

(4) 시간 : 40분

(5) 활동

① 눈을 가리고 아주 넓게 퍼진다.

② 그리고 천천히 돌아다니면서 치료도우미견의 이름을 부르면서 찾는다.

③ 치료도우미견을 찾은 내담자는 활동으로 이어간다.

④ 눈가리개를 내담자에 올려놓고 천천히 감각과 접촉을 통해 치료도우미 동물을 알아차릴 수 있게끔 한다.

(6) 적용범위

집중/ 주의 지속 시간 증가, 동물적응, 동물행동, 건강과 안전 파악, 묻고 대답하기, 문장에 있는 단어 정확히 발음하기, 문장 확대하기(상세히 말하기), 음 높이/표현/소리 크기/속도 관찰하기, 정확한 시작/중간/끝 음운 산출, 일관성 있고 완벽한 문장을 사용 한다. 몸/공간 인식, 촉각자극 파악 ,상호작용, 도움 제공 과 수용, 오감 파악, 신체 부위 파악이 가능하다.

55. 자세히 살펴보기 : 개, 고양이, 토끼, 새

(1) 대상 : 아동, 청소년, 성인, 개인, 집단

(2) 적용시기 : 초기/중기

(3) 준비물 : 돋보기, T차트, 볼펜

(4) 시간 : 40분

(5) 활동 : 내담자가 치료도우미 동물을 관찰하고 조사할 수 있게 하는데 이 때, 확대 안경이나 청진기를 사용해도 좋다.

(6) 적용범위

균형, 몸/공간 인식, 중간선 교차, 눈 과 손 의 조화, 파악능력 향상, 주의 지속 시간, 현실인식력 증가, 상호작용, 공유/관심 끌기, 집중/ 주의 지속 시간 증가, 오감 파악, 동물적응, 신체 부위, 색 파악, 동물 분류 가능, 묻고 대답하기가 가능하다.

56. 문화들 : 개, 고양이, 토끼, 새

(1) 대상 : 아동, 청소년, 성인, 개인, 집단

(2) 적용시기 : 초기/중기

(3) 준비물 : 치료도우미견, 리드줄 2개, 애견간식

(4) 시간 : 40분

(5) 활동 : 동물이 각 나라와 문화마다 그들의 역할이 어떻게 다른지 조사해 보고, 그것이 자기 자신의 나라에서는 또 어떤 점이 같고 다른지를 비교해 볼 수 있다.

(6) 적용범위

읽기이해 기술 향상, 쓰기 기술 향상, 제2언어 학습, 동물적응, 학업 책임감 향상, 학업 윤리 파악, 가족과의 사회성 증가, 건강과 안전 파악 가능하다.

57. 토론/ 동물관련 이슈 : 개, 고양이, 토끼, 새

(1) 대상 : 아동, 청소년, 성인, 개인, 집단

(2) 적용시기 : 초기/중기

(3) 준비물 : 치료도우미견, 리드줄 2개, 애견간식,

(4) 시간 : 40분

(5) 활동 : 동물에 관련한 논쟁이 될 만한 주제를 선택하여 내담자들에게 실질적이고 서로를 존중하는 대화의 장을 열게 만드는 기회를 제공한다.

| 주의 | 이에 대한 내용을 지역 변호사에게 편지를 써도 좋은데 이때 포함될 수 있는 주제로는 순혈종의 동물 vs 잡종 동물, 가정 내에서 양육, 개 우유, 동물의 권리, 양육 금지, 현재 동물학대법 등이 있을 수 있다.

(6) 적용범위

올바른 감정 조절, 올바른 감정 표현, 적극적인 비판, 눈 접촉, 올바른 선택하기, 칭찬 제공과 수용, 사회적 상호작용/건설적 관계 형성, 집중/ 주의 지속 시간 증가, 진로교육 가능, 원인과 결과 파악, 학업 책임감 증가, 학업 윤리 파악, 건강과 안전 파악 ,음 높이/표현/소리 크기/속도 관찰하기, 일관성 있고 완벽한 문장을 사용한다.

58. 동물측정하기 : 개, 고양이, 토끼, 새

(1) 대상 : 아동, 청소년, 성인, 개인, 집단

(2) 적용시기 : 초기/중기

(3) 준비물 : 치료도우미견, 리드줄 2개, 애견간식

(4) 시간 : 40분

(5) 활동 : 동물들의 여러 가지 다른 측면에 대해 측정해 봅시다. 얼마나 무게가 나가나요? 얼마나 길고, 크고, 넓은가요? 겨드랑이에 온도는 어떤가요? 꼬리의 길이는 어떤가요? 귀랑 털은요? 발과 발톱은요? 일분 동안 얼마나 많이 숨을 쉬나요?

(6) 적용범위

균형, 좌우측의 조화, 눈 과 손 의 조화, 소 근육 운동 기술 발달, 파악능력 향상, 조절가동역, 물건 놓기, 주의 지속 시간 증가, 상호작용, 협력/협동, 도움 제공 과 수용, 집중/ 주의 지속 시간 증가, 계산력 증가, 도식화 자료 이해, 측량 이해, 제2언어 학습, 오감 파악, 동물적응, 신체 부위 파악 가능, 유전/유전학, 체계적인 과정을 이해한다.

59. 셈하기 : 개, 고양이, 토끼, 새

(1) 대상 : 아동, 개인, 집단

(2) 적용시기 : 초기/중기

(3) 준비물 : 치료도우미견, 리드줄 2개, 애견간식,

(4) 시간 : 40분

(5) 활동 : 내담자에게 동물의 점과, 수염, 발톱, 패드 등과 같은 것을 세어 볼 수 있도

록 시켜본다.

(6) 적용범위

주의 지속 시간 증가, 기억력/상기력 증가, 도움 제공 과 수용, 계산력 증가, 신체 부위 파악 가능, 정확한 시작/중간/끝 음운을 산출한다.

60. 단어 문제들 : 개, 고양이, 토끼, 새

(1) 대상 : 아동, 청소년, 성인, 개인, 집단

(2) 적용시기 : 초기/중기

(3) 준비물 : 치료도우미견, 리드줄 2개, 애견간식

(4) 시간 : 40분

(5) 활동

① 내담자들에게 치료도우미 동물이 주된 주인공으로서 이야기를 갖는 수업 문제를 만들어 보도록 시킨다.

② 종이 뒷면에는 그에 대한 답을 적으면 된다.

③ 그리고 내담자들은 다 같이 모여 서로 서로가 낸 문제를 풀어보면 된다.

④ 예를 들어 "Fido가 24개의 강아지 비스킷의 상자를 가지고 있다. 그리고 그는 그 중 5개를 먹었다. 얼마나 남아있을까?"등을 들 수 있다.

(6) 적용범위

원인과 결과 파악 가능, 차후 방향 제시, 철자법/발음중심의 어학 교수법 가능, 읽기 이해 기술 발달, 쓰기 기술 향상, 계산력 증가, 측량이해, 수학 문장 제 이해, 체육력 증가, 묻고 대답하기, 일관성 있고 완벽한 문장을 사용한다.

61. 속력 내기 : 개

(1) 대상 : 아동, 청소년, 성인, 개인, 집단

(2) 적용시기 : 초기/중기

(3) 준비물 : 치료도우미견, 리드줄 2개, 애견간식,

(4) 시간 : 40분

(5) 활동

① 플래시카드를 마루 방 위쪽 아래쪽으로 흩뿌린다.

② 2명 또는 그 이상의 내담자와 치료도우미 동물이 같이 카드주변에 앉으면 된다.

③ 그리고는 치료 동물의 일은 카드를 선택하는 것이다.

④ 첫 번째 내담자는 자신에게 그 카드를 가져다 줄 치료도우미 동물을 부른다.

⑤ 내담자 1은 치료도우미 동물을 쓰다듬어 준 뒤, 카드를 뒤집는다.

⑥ 내담자가 그 카드의 질문에 대답할 수 있다면 그는 그 카드를 가질 수 있다.

⑦ 그 다음에 내담자 2가 치료도우미 동물을 부르고 경기는 계속 된다.

⑧ 이때의 주제는 색깔, 모양, 과학질문, 소리 학, 음성학, 단어, 어휘 등 매우 다양하다.

(6) 적용범위

공유/관심 끌기, 사회적 상호작용/건설적 관계 형성, 집중/ 주의 지속 시간 증가, 기억/상기력 증가, 철자법/발음중심의 어학 교수법 가능, 읽기이해 기술 향상, 읽기 유창성 증가, 문법/품사 이해, 계산력 향상, 기하학 이해, 수학적 사실 암기 가능, 수학적 개연성 파악, 수학 문장 제 이해, 제2언어 학습, 색 파악, 동물 분류 가능, 건강과 안전 이해, 묻고 대답하기 가능, 문장에 있는 단어 정확히 발음하기, 문장 확대하기(상세히 말하기), 어휘력 증가, 정확한 시작/중간/끝 음운 산출, 외딴곳에서 정확한 음운 산출, 혀 근육이 강화된다.

62. 특별한 전달 : 개, 고양이, 말

(1) 대상 : 아동, 청소년, 성인, 개인, 집단

(2) 적용시기 : 초기/중기

(3) 준비물 : 치료도우미견, 리드줄 2개, 애견간식

(4) 시간 : 40분

(5) 활동

① 준비된 카드를 동물의 조끼나 준비물 가방의 앞 쪽 주머니에 넣는다.

② 아이들에게 마구잡이로 카드를 뽑게 한 뒤, 그에 대한 문제에 대한 답을 대답할 수 있는지를 확인한다.

③ 이 활동을 더욱 더 재미있게 만들기 위해선 각 카드마다 다른 점수를 주는 것이다.

④ 만약 내담자가 그 질문에 대한 답을 맞히면 카드에 명시된 점수를 얻게 되는 것이다.

⑤ 이 활동을 위한 주제 또한 색깔, 모양, 과학질문, 소리 학, 음성학, 단어, 어휘 등 매우 다양하다.

(6) 적용범위

눈과 손의 조화, 기억력/상기력 증가, 올바른 감사 표시, 철자법/발음중심의 어학 교수법 가능, 읽기이해 기술 향상, 읽기 유창성 향상, 문법/품사 파악 가능, 계산력 향상, 기하학 파악, 측량 이해, 수학적 사실 암기 가능, 수학적 개연성 이해, 수학 문장제 이해, 제2언어 학습, 색 파악, 동물 분류 가능, 건강과 안전 이해, 묻고 대답하기, 문장에 있는 단어 정확히 발음하기, 문장 확대하기(상세히 말하기), 어휘력 증가, 정확한 시작/중간/끝 음운 산출, 외딴곳에서 정확한 음운 산출, 혀 근육이 강화된다.

63. 작은 보상물들 : 개, 고양이

(1) 대상 : 아동, 청소년, 성인, 개인, 집단

(2) 적용시기 : 초기/중기

(3) 준비물 : 치료도우미견, 리드줄 2개, 애견간식, 준비물가방

(4) 시간 : 40분

(5) 활동

① 치료도우미 동물에게 보상물을 주기 전에 준비를 한다.

② 가위를 이용해 작은 조각으로 나누는데 이는 돼지고기 말린 소시지 종류의 보상물 등과 같은 것에 매우 잘 이용된다.

③ 보상물에 선을 그어 선 모양대로 자르도록 한다.

④ 그릇을 나누어주고 그릇에 담을 수 있도록 한다.

(6) 적용범위

좌우측의 조화, 몸/공간 인식, 눈 과 손 의 조화, 소 근육 운동 기술 발달 , 파악능력 증가, 올바른 태도, 물건 놓기, 현실인식력 증가, 칭찬 제공과 수용, 올바른 감사 표시, 집중/ 주의 지속 시간 증가, 수학과목에 대한 계산 능력 증가, 수학적 사실 암기력 증가, 수학 문장제 파악, 가위질하기, 식사하기 가능, 정확한 시작/중간/끝 음운 산출, 외딴곳에서 정확한 음운을 산출한다.

64. 동물의 천재성 및 능력 : 개

(1) 대상 : 아동, 청소년, 성인, 개인, 집단

(2) 적용시기 : 초기/중기

(3) 준비물 : 치료도우미견, 리드줄 2개, 애견간식

(4) 시간 : 40분

(5) **활동** : 너무 어려서 아직 개가 후각적으로 잘 발달 되어 있음을 알지 못하는 어린이에게 매우 적합함을 볼 수 있다. 동물매개심리상담사가 개를 방에 돌아다니게 하거나, 방 안에 남겨 놓는다. 전문가는 다른 색깔을 가진 위쪽- 아래쪽의 방향으로 해서 컵을 방위에 놓다. 아이에게 보상물을 "빨간 컵" 아래에 놓으라고 지시한다. 그러고 나서는, 동물매개심리상담사는 강아지를 데리고 온다. 이 때 아이는 "강아지야, 빨간 컵 아래에 보상 물이 있단다." 라고 말하게 되는데요. 곧장 개는 그 컵 쪽으로 가게 되고, 이 걸 본 아이는 "넌, 정말 천재구나!"라고 느끼게 된다. 이 활동은 색깔과, 모양, 숫자, 글자, 소리 학, 수학 문제 등을 연습하기 위해 실행될 수 있다.

| 봉사 프로젝트 |

우리 사회의 많은 필요성과 함께, 내담자가 봉사 프로젝트에 참여한다는 것이 이제는 당연하게 보이다. 몇몇은 경험의 삶과 함께 우리에게 온다. 왜 그러면 그들을 다른 사람과의 삶 속에서 다른 상태로 두지 않는 걸까요? 만약 그들이 어렸을 때 다른 사람에 봉사하는 것에 대한 좋은 경험을 가졌다면, 아이들은 봉사의 중요성을 통해 깊은 감사의 마음을 얻게 될 것이다. 여기에 언급된 몇몇의 아이디어가 더불어 동물들은 많은 창조적인 아이디어를 고무시킬 수 있다.

(6) 적용범위

균형, 중간선 교차, 눈 과 손 의 조화, 파악능력, 태도, 조절가동역, 물건 놓기, 시각적 추적 기억력/상기력 향상, 적극적인 비판, 도움 제공 과 수용, 칭찬 제공과 수용, 공유/관심 끌기 집중/ 주의 지속 시간 증가, 차후 방향 제시, 철자법/발음중심의 어학 교수법 가능, 문법/품사 이해 가능, 계산력 향상, 기하학 이해, 수학적 사실 암기 가능, 수학적 개연성 파악 가능, 제2언어 학습, 오감 파악 , 동물적응, 색 파악, 동물 분류 가능, 묻고 대답하기, 문장에 있는 단어 정확히 발음하기, 문장 확대하기(상세히 말하기), 어휘력 증가, 정확한 시작/중간/끝 음운 산출, 외딴곳에서 정확한 음운을 산출한다.

65. 장식 공예 : 개, 고양이, 토끼, 새

(1) 대상 : 아동, 청소년, 성인, 개인, 집단

(2) 적용시기 : 초기/중기

(3) 준비물 : 치료도우미견, 리드줄 2개, 애견간식

(4) 시간 : 40분

(5) **활동** : 동물의 모양과 관련된 킬트 아트를 해서 기증하거나 팔면 된다. 이런 활동을 통해, 모아진 돈은 동물 보호소나 구조센터에 보내면 된다.

(6) 적용범위

몸/공간 인식, 인내력/지구력/내구력 향상, 눈 과 손 의 조화, 파악능력 향상, 물건 놓기 걱정/근심 감소, 주의 지속 시간 증가, 우울/의기소침 감소, 비통함 감소, 외로움 감소, 기억력/상기력 향상, 현실인식력 향상, 안전부절 해 하는 정서 감소, 자존감 향상, 적극적인 비판, 협력/협동, 눈 접촉, 도움 제공 과 수용, 올바른 선택하기, 속임수 행동, 칭찬 제공과 수용, 올바른 감사 표시, 사회적 상호작용/건설적 관계 형성, 집중/ 주의 지속 시간 증가, 진로교육 가능, 원인과 결과 파악 가능, 차후 방향 제시, 제2언어 학습, 학업 책임감 향상, 학업 윤리가 파악 가능하다.

66. 할머니, 할아버지 : 개, 고양이, 토끼, 새

(1) **대상** : 아동, 청소년, 성인, 개인, 집단

(2) **적용시기** : 초기/중기

(3) **준비물** : 치료도우미견, 리드줄 2개, 애견간식,

(4) **시간** : 40분

(5) **활동** : 연배인 어른은 아이들을 자신의 방에 초대할 수 있다. 아이들이 치료도우미 동물이나 할머니, 할아버지 분들께 동물 관련 책을 읽어주도록 만들고, 게임을 하거나 과자를 먹음으로써, 같이 프로젝트를 생각해 보는 시간을 갖게 된다면 이 역시 좋다. 아이들 역시도 할머니, 할아버지를 초대해서 시간을 함께 보내도 좋다.

(6) 적용범위

몸/공간 인식, 인내력/지구력/내구력 향상, 눈과 손의 조화, 파악능력 향상, 물건 놓기, 걱정/근심 감소, 주의 지속 시간 증가, 우울/의기소침 감소, 비통함 감소, 외로움 감소, 기억력/상기력 향상, 현실인식력 향상, 안전부절해 하는 정서 감소, 자존감 증가, 학업 윤리 파악 가능, 적극적인 비판, 협력/협동, 눈 접촉, 도움 제공 과 수용, 올바른 선택하기, 속임수 행동, 칭찬 제공과 수용, 올바른 감사 표시, 사회적 상호작용/건설적 관계 형성, 집중/ 주의 지속 시간 증가, 진로교육 가능, 원인과 결과 파악 가능, 차후 방향 제시, 제2언어 학습, 학업 책임감이 향상된다.

67. 씨 뿌리기 : 개, 고양이, 토끼

(1) **대상** : 아동, 청소년, 성인, 개인, 집단

(2) **적용시기** : 초기/중기

(3) **준비물** : 치료도우미견, 리드줄 2개, 애견간식

(4) **시간** : 40분

(5) **활동** : 고양이가 좋아하는 식물과 개밀을 이용해 정원에 식물을 심는다. 고양이가 그 위에서 구르고, 냄새를 맡으며, 자신들이 좋아하는 식물들을 맛보게 되는데요. 이때 토끼 역시도 와삭와삭 개밀을 먹는 것을 즐긴다. 개박하(고양이가 좋아하는 식물)를 말려 집에서 만든 고양이 장난감 안에 넣어둔다. 이를 치료담당 구성원들과 함께 공유해 본다.

(6) **적용범위**

몸/공간 인식, 인내력/지구력/내구력 향상, 눈 과 손 의 조화, 파악능력 향상, 물건 놓기, 걱정/근심 감소, 주의 지속 시간 증가, 우울/의기소침 감소, 비통함 감소, 외로움 감소, 기억력/상기력 향상, 현실인식력 향상, 안전부절해 하는 정서 감소, 자존감 향상, ㅇ감사 표시 적극적인 비판, 협력/협동, 눈 접촉, 도움 제공과 수용, 선택하기, 속임수 행동, 칭찬 제공과 수용, 사회적 상호작용/건설적 관계, 학업 윤리 파악 가능, 집중/ 주의 지속 시간 증가, 진로교육 가능, 원인과 결과 파악 가능, 차후 방향 제시, 제2언어 학습, 학업 책임감이 향상한다.

68. 사슴의 뿔과 다리

(1) **대상** : 아동, 청소년, 성인, 개인, 집단

(2) **적용시기** : 초기/중기

(3) **준비물** : 치료도우미견, 리드줄 2개, 애견간식, 도화지, 마커, 파스텔, 크레용

(4) **시간** : 40분

(5) **활동** : 우화를 읽고 간단히 토론해 본다. 내담자에게 종이를 반으로 접고 한쪽에는 자신의 인생에서 소중한 것이 무엇인가를 그리고, 다른 한쪽에는 자신이 비판하는 것이 무엇인가를 그리게 하거나 당연하게 여기는 것이 무엇인지를 그려보게 한다.

| 사슴의 뿔과 다리 |

어느 날 사슴 한 마리가 물에 비친 자신의 모습을 보고 뿔의 크기에 몹시 감탄했지만, 얇은 다리를 보면서 자신에 대해 화가 났다. 계속 자신의 모습을 응시하고 있는 동안,

우물가에 사자가 나타났다. 사슴은 날아가듯 도망쳤고 사자와 안전한 거리를 쉽게 확보할 수 있었는데, 결국 숲에 들어가듯 도망쳤고 사자와 안전한 거리를 쉽게 확보할 수 있었는데, 결국 숲에 들어가서 뿔이 나뭇가지에 걸려 꼼짝 못하게 되었다. 사자는 재빠르게 따라잡아 사슴을 잡았다. 너무 늦게야 사슴은 자신을 이렇게 자책하였다 "비통하다! 내가 내 자신을 속였구나 나를 살릴 수 있었던 이 다리를 나는 경멸했고, 나의 파멸을 갖고 온 이 뿔을 내가 영예로 여겼구나."

우화의 교훈이 미술작품 및 그려진 사물들과 어떻게 연관되는지에 토론의 초점을 맞춘다. 어쩌면 더 고맙게 생각해야 되는데도 불구하고 비판하는 사물들을 고찰해 본다.

ex) 지저분하지만 가장다운 남편, 종종 점심약속에 늦지만 착한 딸, 파란 핏줄로 가득하지만 튼튼한 다리 등

(6) 적용범위 : 가치, 물건 사람, 중요한 사물들의 탐구

69. 남자와 사자

(1) 대상 : 아동, 청소년, 성인, 개인, 집단

(2) 적용시기 : 초기/중기

(3) 준비물 : 도화지, 마커 파스텔, 크레용

(4) 시간 : 40분

(5) 활동 : 우화를 읽고 간단히 토론해 본다. 내담자에게 종이를 반으로 접고 한 면에는 어떤 관점을 표현하는 사람을 그리고, 다른 면에는 또 다른 관점을 표현하는 사람을 그려보라고 한다.

| 남자와 사자 |

한 남자와 사자는 숲속을 함께 여행하고 있었다. 그들은 곧 힘과 용맹함에 있어 상대방보다 자신이 얼마나 뛰어난지 자랑하기 시작했다. 논쟁을 벌이던 중 그들은 ' 한 남성에 의해 질식사한 사자'를 나타내는 석상 앞을 지나가게 되었다. 여행가는 이점을 지적하며 "우리가 얼마나 강한지 여기를 봐라. 우리는 동물의 왕도 압도한다."라고 말했다. 사자가 대답했다. "이 석상은 인간에 의해 만들어졌다. 만약 우리 사자들이 조각상을 만들 줄 알았다면 사자의 앞발에 눌린 남자를 보게 됐을 것이다."

(6) 토론 : 묘사된 상황과 그림으로 그려진 다른 관점에 토론의 초점을 맞춘다. 개방적인 생각과 감정이입, 그리고 한 가지 상황을 다각도에서 조망해 보는 일의 중요성을 고찰해 본다.

(7) 적용범위 : 의사소통과 경청기술증진

70. 두 염소의 우화

(1) **대상** : 아동, 청소년, 성인, 개인, 집단

(2) **적용시기** : 초기/중기

(3) **준비물** : 종이, 파스텔, 크레용, 마커

(4) **시간** : 40분

(5) **활동** : 내담자들에게 우화를 크게 읽고, 토론하고, 다른 사람과 '머리 방아를 찧는' 자신을 그려 보도록 한다.

| 두 염소의 우화 |

옛날에 거만한 염소 두 마리가 높은 산맥의 반대 절벽에서 서로를 응시하고 있었다. 절벽 사이에는 깊고 바위가 많은 골짜기가 있었는데, 그 밑에는 세찬 강물이 흐르고 있었다. 강을 건널 수 있는 유일한 다리는 쓰러진 나무 한 그루였으며 그 다리는 너무 좁아 한 번에 염소 한 마리밖에 건널 수가 없었다. 거만한 염소 두 마리는 모두 자신이 먼저 강을 건널 자격이 있다고 생각했으며 곧바로 좁은 나무를 건너기 시작했다. 두 염소는 다리 중간에서 머리를 맞대게 됐다. 어느 한쪽도 길을 비켜 주려하지 않았고 결국 염소 두 마리는 모두 거칠게 흐르는 강으로 떨어지게 되었다.

(6) **토론** : 그림에서 머리방아를 찧는 사람들에게 초점을 맞춘다(결론 없는 다툼, 논쟁, 교착상태에 봉착)

(7) **적용범위** : 타협, 협력, 융통성, 상대방의 입장을 헤아리는 능력의 탐구

71. 가족구성원을 동물로 표현하기

(1) **대상** : 아동, 청소년, 성인, 개인, 집단

(2) **적용시기** : 초기/중기

(3) **준비물** : 도화지, 잡지, 풀, 가위, 마커, 크레용, 파스텔

(4) **시간** : 40분

(5) **활동** : 가족들을 동물로 그릴 것이라고 이야기해준다. 가족 구성원을 나타내는 동물의 사진을 오려 내게 한다. 다음으로, 집단 구성원이 동물 주변에 환경을 만들어 주도록 한다.

ex) 만약 남편이 소리를 많이 지른다면 그를 나타내기 위해 사자를 그릴 수 있다. 감정에 대하여 이야기 하고 싶어 하지 않는 내담자에게 유용한 활동이다. 그들은 심적인 부담 없이 동물들에 대해 이야기 할 수 있다. 형제, 자매 또는 부모에

대해 비판적이기보다는 개코 원숭이에 대해 비판함으로써 가족에 대한 내담자의 감정을 안전하게 꺼내도록 도울 수 있다.

(6) **토론** : 가족 구성원이 선택된 동물과 어떻게 유사한지 내담자들이 공유하도록 격려한다. 동물들이 서로 어떻게 상호작용하며 종이의 어느 곳에 위치하고 무엇을 하고 있는지 토론해보도록 한다.

(7) **적용범위** : 가족관계와 역동성 탐구

72. 애완동물 그리기

(1) **대상** : 아동, 청소년, 성인, 개인, 집단

(2) **적용시기** : 초기/중기

(3) **준비물** : 도화지, 마커, 크레용, 파스텔

(4) **시간** : 40분

(5) **활동**

① 내담자에게 자신이 가지고 있거나 가졌던 애완동물을 그리라고 한다.

② 애완동물의 생김새나 그에 대한 세부사항을 그리게 한다.

ex) 공 던지기 놀이를 좋아했다면 공을 그릴 수 있다. 이와 더불어 선, 모양, 색깔을 이용해 애완동물과 함께 이때 자신들이 겪었던 경험에 대해 그려보게 한다.

(6) **토론** : 내담자가 애완동물과 가졌던 관계와 얼마나 그것이 내담자의 삶에 영향을 미쳤는지 혹은 미치고 있는지에 토론의 초점을 맞춘다. 이 활동을 할 때 내담자가 느꼈던 느낌을 다른 사물이나 사람에 집중함으로써 느낄 수 있는 방법을 알아본다.

(7) **적용범위** : 회상하기 및 긍정적인 기억상기

73. 토템상

(1) **대상** : 아동, 청소년, 성인, 개인, 집단

(2) **적용시기** : 초기/중기

(3) **준비물** : 동물매개심리상담사는 토템상과 토템의 의미를 가지고 있는 동물들에 대해 먼저 조사한다. 내담자에게 도움이 된다고 생각한다면 그와 관련된 자료를 나누어 준다. 인터넷에는 토템상과 관련된 많은 자료들이 있다. 연필, 아크릴물감, 붓, 종이타월 9×12인치 크기의 종이, 카드 혹은 다양한 색상의 색판지.

(4) **시간** : 40분

(5) **활동** : 씨족, 부모, 가족 그리고 그 구성원들을 상징하기 위해 만든 나무형상 등의 토템 상에 대해 묘사한다. 내담자는 박물관이나 여행, 책에서 보아왔던 토템상의 모습에 대해서 서로의 경험을 공유한다. 내담자가 관찰했던 동물 형상의 토템상을 묘사해본다. 각각의 내담자는 자신의 성격을 대표할 수 있는 동물 토템 형상을 만든 다음 모두의 작품을 모아 본다. 서로 만든 작품을 모두 합친 다음 서로 협의하여 집단 토템상에 이름을 붙여본다.

(6) **토론** : 각각의 내담자가 만든 작품이 모여 창조된 토템상의 전체적인 모습, 내담자 자신을 표현하기 위해 어떤 동물을 선택했는지, 그리고 토템상을 만드는 데 기여한 각 내담자의 공헌에 초점을 맞추어 토론한다. 각 내담자의 토템 동물이 놓인 위치를 세밀히 파악하여 집단의 역동성을 파악한다.

(7) **적용범위** : 집단 결속력과 통합능력

74. 추억의 미니정원

(1) **대상** : 아동, 청소년, 성인, 개인, 집단

(2) **적용시기** : 중기

(3) **준비물** : 무덤을 위한 식물, 추억의 미니정원에 심을 식물 (혹은 화분), 헬륨풍선, 마커펜

(4) **시간** : 40분

(5) **활동** : 사랑했던 사람이나 동물이 묻혀있는 곳에 심을 식물들을 준비한다. 물론 그 곳에 심을 계획량의 두 배로 식물을 구입해야한다. 사랑했던 사람이나 동물이 묻혀있는 곳에 심을 식물과 추억의 미니정원에도 심을 식물을 준비한다. 미니정원은 언제라도 옮기길 원할 경우에는 화분에 꾸며도 되고, 땅에 직접 심어도 된다. 식물들이 자라 꽃이 피고 질 때마다 추억의 미니 정원을 통해 사랑하는 사람이나 동물이 묻혀있는 곳에서도 똑같이 꽃이 피고 지는 모습을 마음에 그릴 수 있다.

(6) **토론** : 무덤을 위한 식물과 추억의 화분 혹은 정원은 어떤 연결고리를 가지는가에 관하여 상상해보고 이야기한다. 각자 한 개씩 헬륨풍선위에 그리운 동물에게 하늘로 보낼 메시지를 적는다. 메시지를 풍선에 매달고 내담자들은 모두 동시에 풍선을 하늘로 날린다.

(7) **적용범위** : 애완동물의 죽음으로 슬픔을 지닌 내담자에게 평화로운 마음되게 하기

75. 나비

(1) 대상 : 아동, 청소년, 성인, 개인, 집단

(2) 적용시기 : 초기/중기

(3) 준비물 : 나무 빨래집게(용수철이 없는 구형집게), 흰색 커피필터, 물, 수성물감, 붓, 신문지, 유성마커, 실(나비를 매달기 위해)

(4) 시간 : 40분

(5) 활동

① 신문지를 밑에 깔고 재료들을 그 위에 올려 놓는다.

② 아동에게 커피필터를 주고 그것을 수성 물감으로 아동이 원하는 디자인에 따라 색칠하게 한다.

③ 아동이 색칠함에 따라 색깔이 서서히 필터 전체로 퍼져나간다.

④ 아동이 색칠을 끝마치면 커피필터의 중앙에 빨래집게를 꽂고 양쪽에 날개 모양이 되도록 필터를 주름잡는다.

⑤ 원하는 대로 나비의 얼굴을 그린다.

⑥ 아동이 어디엔가 매달고 싶어 할 때는 실을 나비에 묶어준다.

⑦ 나비의 날개 부분을 말린다.

⑧ 날개가 마르면 빳빳하게 변해 보관하기 한층 쉬워진다.

(6) 토론 : 나비는 이런 아동들에게 변신을 뜻하는 훌륭한 암시이다. 나비의 변태과정이 바로 아동에게 변화를 가져오게 할 수 있는 은유적 표현인 것이다. 불안한 아동은 애벌레가 고치 안에서 얼마나 안전한지에 대해 궁금해 한다. 아동은 나비들이 고치를 떠나 바깥세상으로 날아갈 때 S느낌을 생각들에 대해 자신의 느낌을 쉽게 나비에 투영할 수 있다. 바로 이것이 아동과 나비를 만드는 동안 이야기해야 할 중요한 대화의 핵심이다.

(7) 적용범위 : 자신감이나 자아존중감이 부족한 아동, 불안한 아동 또는 선택적 자폐인 아동

76. 종이접기로 동물원 꾸미기

(1) 대상 : 아동, 청소년, 성인, 개인, 집단

(2) 적용시기 : 초기/중기

(3) 준비물 : 종이접기용 종이, 풀. 종이, 고무찰흙, 아이스크림막대

(4) 시간 : 40분

(5) 활동

① 동물원의 동물들을 몇 마리나 종이로 만들 수 있는지 물어본다.

② 종이를 접어서 동물들을 서있게 하거나 동물들을 풀로 붙여 고정시킨다.

③ 가능한 한 다양하게 만들어서 동물원을 꾸민다.

④ 종이와 고무찰흙, 작은 돌 또는 아이스크림 막대로 동물들의 우리를 직접 만든다.

(6) 적용범위 : 소근육강화, 집단 및 가족역동, 대인관계의 탐색 및 확장이 필요한 내담자

77. 물고기 가족화

(1) 대상 : 아동, 청소년, 성인, 개인, 집단

(2) 적용시기 : 초기/종결

(3) 준비물 : A4용지, 연필

(4) 시간 : 40분

(5) 활동

① 물고기 가족화는 어항을 그린 도식을 주어 그 안을 자신이 꾸미고 싶은 세계로 꾸며보게 한다.

② 단 자기 집에 있는 수족관이나 실물을 보고 그리면 안 되며 자신이 꾸미고 싶은 세계를 꾸미게 한다. 또한 동물매개심리상담사가 의도하여 "나"를 포함한 물고기의 세계를 표현하라고 해도 무방하며 자신의 가정에 대한 비유나 마음속 내면에 대한 것을 그리게 코멘트해도 무방하다.

③ 그림을 그린 사람에게 반드시 왜 그렇게 그렸는가의 설명을 들어서 분석에 도움이 되고 정확한 갈등과 억압의 상태를 알 수 있도록 하는 것이다.

(6) 적용범위 : 가족관계의 역동성, 현재 심리적 갈등을 일으키는 주제탐색이 필요한 내담자

78. 동물의 예절교육

(1) 대상 : 아동, 청소년, 성인, 개인, 집단

(2) 적용시기 : 초기/중기/종결

(3) 준비물 : 치료도우미동물, 간식

(4) 시간 : 40분

(5) 활동

① 앉자, 엎드려, 기다려를 가르쳐본다.

② 내담자가 잘 할 수 있도록 반복하여 연습한다.

③ 빵 : 내담자가 치료도우미견에게 '빵' 하고 총을 쏘는 흉내를 낸다. 치료도우미견은 옆으로 누우면서 죽은척한다(사전에 교육을 통하여 치료도우미견을 훈련시켜 둔다).

④ 경례 : '경례' 라는 명령에 치료도우미견이 인사나 절을 하도록 훈련을 시킨 다음 내담자가 해볼 수 있도록 준비한다.

⑤ 기다려 : '기다려' 라는 명령에 치료도우미견이 인사나 절을 하도록 훈련을 시킨 다음 내담자가 해볼 수 있도록 준비한다. 시범을 보여주면서 내담자가 잘할 수 있도록 도와준다.

(6) 적용범위 : 사회성증진 및 인내심배우기

79. 작가

(1) 대상 : 아동, 청소년, 성인, 개인, 집단

(2) 적용시기 : 초기/중기/종결

(3) 준비물 : 필기도구

(4) 시간 : 40분

(5) 활동 : 내담자에게 동물에 관한 이야기 시, 놀이, 혹은 노래를 하거나 짓거나 불러보도록 한다. 이후 위의 작업들에 관하여 삽화를 그려보도록 한다. 그들의 이야기를 치료도우미 동물과 함께 실연(연극)해 본다(표현한 것에 대하여 어떤 활동이든 선택해서 할 수 있다).

(6) 토론 : 그렸던 그림 혹은 위의 과정을 찍은 비디오를 보며 느낀 것과 변화된 점을 이야기 나눈다.

(7) 적용범위 : 정서의 함양 및 장애, 대인관계의 균형, 자존감, 자아감의 확장이 필요한 내담자이다.

80. 카메라 놀이(연기)

(1) 대상 : 아동, 청소년, 성인, 개인, 집단

(2) **적용시기** : 초기/중기/종결

(3) **준비물** : 카메라

(4) **시간** : 40분

(5) **활동** : 내담자는 치료도우미 동물과 함께 연기에 어울리는 복장을 하고, 이야기를 연출하여 실연해 보며 놀이한다. 치료도우미 동물은 연기복장으로 갈아입지는 않는다. 단지 연기하는 사람만 연기복장을 갖춘다. 이후 "그려보세요!" "사진을 찍어보세요" 혹은 "놀이에 관해 적어보세요" 라고 말해준다. 그림은 공책으로 엮어보게 한다. 혹은 과정동안의 비디오를 동물과 동물매개심리상담사와 내담자가 함께 시청한다. 연장해서 연기를 했던 배우가 되었던 내담자는 그들 자신에 관하여 대본을 만들어본다. 혹은 청중들 앞에서 그들의 놀이를 공연한다.

(6) **적용범위 : 정서, 인지의 함양 및 장애, 대인관계의 균형, 자존감, 자아감의 확장이 필요한 내담자**

81. 이야기 시간

(1) **대상** : 아동, 청소년, 성인, 개인, 집단

(2) **적용시기** : 초기/중기/종결

(3) **준비물** : 동물에 관한 내용이 담긴 책, 동물모양의 스템프

(4) **시간** : 40분

(5) **활동** : 동물매개심리상담사(동물을 대신한다고 말해주어도 됨)가 동물에 관한 내용이 담긴 책을 동화구연을 구사하는 것과 흡사 한 목소리로 재미있게 읽어 줄 동안 내담자는 치료도우미 동물이 크기가 작다면 내담자가 품에 안거나, 내담자보다 큰 동물이라면 치료도우미 동물에게 푹신하게 기대거나 묻혀있는 등 내담자가 편안히 여기는 자세로 있도록 한다. 내담자가 동물에게 책을 읽어주게 하여도 된다. 책의 내용은 상관없으나 동물과 연관된 것으로 선정하여야 한다. 연장해서 동물그림이 있는 그림 혹은 카드에 동물이야기가 적어있는 것 등도 사용할 수 있으며, 치료도우미 동물에게 내담자가 읽어주거나, 동물매개심리상담사가 동물을 가장하여 읽었던 카드 혹은 책의 부분에는 동물모양의 스템프를 찍어주고, 이후 모든 책이나 카드를 다 읽었을 경우에는 집으로 가져가 보관하도록 한다.

(6) **적용범위: 정서, 인지의 함양 및 장애, 대인관계의 균형, 자존감, 자아감의 확장이 필요한 내담자이다.**

82. 어휘놀이

(1) 대상 : 아동, 청소년, 성인, 개인, 집단

(2) 적용시기 : 초기/중기

(3) 준비물 : 폴라로이드 카메라, 연필

(4) 시간 : 40분

(5) 활동

① 동물매개심리상담사는 내담자가 사진을 찍을 동안 치료도우미 동물을 다른 곳에 두어 다른 활동을 하게 한다.

② 찍은 사진을 엮고 목적을 가르치는 단어를 글씨로 써서 책을 만든다.

③ 예를 들어, 동사에 관한 것을 하고 있다면, 고양이가 뛰거나, 자거나, 앉거나, 가르릉 거리는 장면 등을 사진으로 담는다.

④ 문장에 관한 것을 하고 있다면, 사진 아래에 문장을 쓰고 분야를 설정해준다.

⑤ 이는 동사 형용사 부사 서술어, 외국어 등을 표기할 수 있다.

⑥ 마무리 : 단어와 문장을 쓰고 분야를 설정하는 것에 대해 이야기해본다.

(6) 적용범위

눈 과 손 의 조화, 파악능력 향상, 주의 지속 시간, 현실인식력 증가, 상호작용, 공유/관심 끌기, 집중/ 주의 지속 시간 증가, 오감 파악, 동물적응, 신체 부위이다.

83. 집단 구성원: 개, 고양이, 토끼, 새, 말

(1) 대상 : 아동, 청소년, 성인, 개인, 집단

(2) 적용시기 : 종결

(3) 준비물 : 치료도우미 동물

(4) 시간 : 40분

(5) 활동 : 이는 능숙한 동물매개심리상담사들 사이에서 매우 의미 있는 비유적인 수단이라고 볼 수 있다. 동물에 관한 아이들 서적 중 이야기나 꾸며내거나 실제적인 이야기 등을 선택함으로써 내담자의 적용범위에 적용할 수 있는 상황이나 느낌을 토론해 보면 좋다. 내담자들이 이야기를 통해 같은 느낌을 받았을 때 이를 자신과 동일시하게 될 수 있는 시간을 갖도록 하는 것 또한 좋다. 그리고 이러한 기분들을 내담자와 동물들에게 둘 다 도움이 될 수 있는 방법 등을 토론해 보는 것 또한 좋다.

| 주의 | 내담자는 또한 동물의 몸짓 언어를 관찰하고 이것들을 이간의 감정과 반응 등

에 적용해 본다. 하나의 예로는, 내담자가 말한다. "강아지가 자신의 머리를 발위에 올려놨어요. 그녀는 아무래도 아픈가 봐요. 아니면 여기 있는 게 지루한 것이겠죠. 그녀는 집으로 가서, 자기 집에 있고 싶나 봐요." 그러면 동물매개심리상담사는 내담자와 함께 그녀가 집에 가고 싶어 하는 이유에 대해서 토론할 수 있다.

(6) 적용범위

걱정/근심 감소, 우울/의기소침 감소, 올바른 감정 조절, 올바른 감정 표현, 비통함 감소, 외로움 감소, 안전부절해 하는 정서 감소, 자존감 향상, 신뢰성 향상, 상호작용, 적극적인 비판, 협력/협동, 눈 접촉, 도움 제공 과 수용, 속임수 행동, 칭찬 제공과 수용, 공유/관심 끌기, 올바른 감사 표시, 사회적 상호작용/건설적 관계 형성, 원인과 결과 파악 가능, 읽기이해 기술 향상, 제2언어 학습, 학업 책임감 향상, 학업 윤리 파악 가능, 가족과 사회성 증가, 건강과 안전 이해 가능, 묻고 대답하기를 한다.

제 5 장

동물매개심리상담 양식

AAT 임상실습 지도 계약서

이 동의서는 년 월 일, ***기관과 ****대학교의 **인턴쉽에 이루어진 것이다. 이 동의서는 년 월 일부터 년 월 일까지 **시간동안 효력을 발생한다. 임상실습지도시간은 ***기관과 ****대학교의 인턴쉽 과정의 필요에 따라 학생과 실습현장이 결정한다.

동물매개심리상담 프로그램은 다음 사항에 동의한다.

1. ***기관과 **대학교 ***의 임상실습지도 간의 의사소통을 촉진하는 대학교수를 선임한다.
2. 임상실습자의 프로필, 교육일정, 실습/인턴쉽 과정계획서를 제공한다.
3. 임상실습자들에게 현장의 행정정책, 규정, 규범, 일정 및 관례에 충실해야 함을 고지한다.
4. 담당교수는 현장슈퍼바이저와 임상실습자 양편에 자문을 할 수 있다.

임상실습기관은 다음에 동의한다.

1. 동물매개심리상담사 자격증이 있고, 임상실습지도에 관심이 있는 실습 슈퍼바이저를 배정한다.
2. 임상실습자에게 슈퍼비전을 통해 다양한 동물매개상담 활동에 참여하고 수행을 평가받을 수 있는 기회를 제공한다.
3. 임상실습자에게 충분한 작업 공간, 전화, 사무집기 및 직원을 제공하여 전문적인 활

동을 수행하게 한다.

4. 기관슈퍼바이저는 임상실습자에게 임상회기에 관련된 오디오/비디오테이프와 관찰을 통해 임상실습을 점검한다.
5. 임상실습자의 업무평가서를 제공한다.

〈임상실습현장〉

슈퍼바이저 :	이 름 : (인)
기 관 명 :	주민등록번호 :
H P :	사업자 번호 :

〈프로그램교육 기관〉

슈퍼바이저 :	이 름 : (인)
기 관 명 :	주민등록번호 :
H P :	사업자 번호 :

위의 슈퍼바이저들은 임상실습인의 진도, 문제, 수행평가에 관해 의사소통할 담당자이며, 아래에 표시된 훈련활동들에 관한 임상실습인의 유능성 수준을 평가할 만큼 충분히 제공할 것입니다.

임상실습활동

- 개인상담 : 개인적/사회적/교육적/직업적
- 집단상담 : 주상담사/부상담사
- 접수사례회의
- 검사 : 시행, 분석/해석
- 자문
- 진로상담
- 슈퍼비전 : 개인, 집단, 동료
- 사례 : 스텝미팅
- 심리교육 : 부모교육, 사례회의, 아웃리치프로그램, 현장교육
- 다문화적 경험

현장슈퍼바이저 : ____________________ **인**

일 시 : ____________________

AAT 인턴십 동의서(임상실습인 용)

기관명 : ______________________________

동물매개심리상담 프로그램명 : ______________________

(아래 서식을 2부작성하여 1부는 임상지도실습 슈퍼바이저(담당교수)에게 제출하고 1부는 본인의 개인파일에 보관한다.)

- 본인은 (전문기관)의 윤리기준을 읽고 이해하였으며, 이 기관에 따라 상담을 하겠습니다. 윤리조항을 위반하거나 비윤리적 행동을 하면 실습과정을 중단하고 수료증 및 자격증을 받지 못하게 될 것입니다. 그러한 행동은 나의 기록의 일부로 영구히 남고 공개되어도 이의를 제기치 않겠습니다.

- 본인은 실습현장의 행정정책, 규정, 규범, 관례에 충실할 것을 동의합니다.

- 본인은 실습기관의 슈퍼바이저와 ****대학교의 인턴십 지정교수에게 나의 현장경험에 관해 계속 알리어 지도를 받도록 하겠습니다.

- 본인은 구체적으로 명시된 최소수준의 상담기술, 지식, 유능성을 입증하고 과정 담당 지도자가 요구하는 사항들을 마치지 않으면 ****대학교의 인턴십 학점을 받지 않겠습니다.

임상실습인 명 : ______________ 인

일 시: ______________

AAT 내담자 동의서

나 ***는 (기관) (프로그램) 임상실습인에게 동물매개치료를 받기를 동의합니다. 녹음, 녹화 또는 일방경으로 임상실습자들이 관찰하는 상담면접에 참여함에 동의하겠습니다. 원광대학교 동서보완의학대학원의 인턴쉽 수강자에게 동물매개치료를 받을 것이라는 것을 알고 있습니다. 나는 그 임상실습인이 ***대학교의 인턴쉽지도교수와 ( ) 현장슈퍼바이저에게 슈퍼비전 받을 것을 알고 있습니다.

내담자 명 :	
생년월일 :	전화번호 :
주　　소 :	
일　　시 :	

임상실습자 명 :	
생년월일 :	전화번호 :
주　　소 :	
시효시작일 :	시효만료일 :
일　　시 :	

내담자 정보공개 동의서

본인은 내 자녀(　　　　　　)가 (날짜　　) 동안 (기관) (프로그램)의 인턴동물매개심리상담사 ***에게 상담을 받는 것에 동의합니다.
본인은 내 자녀가 녹음, 녹화 또는 임상실습학생들이 관찰하는 상담면접에 참여할 수도 있음을 알고 있습니다.
본인은 동물매개심리상담사 과정 훈련생에게 상담받는 것 또한 알고 있습니다. 그 사람이 (기관)(프로그램)의 교수와 기관의 현장슈퍼바이저에게 슈퍼비전 받을 것을 알고 있습니다.

※ 본인은 내 자녀가 (날짜)동안 인턴 상담원에게 상담을 받고 그 회기가 녹화 또는 녹음되는 것에 동의합니다. (내담자사인:　　　　동물매개심리상담사사인:　　　　)

※ 본인은 (날짜)동안 인턴 동물매개심리상담사에게 상담 받는 것에 동의합니다. 하지만 그 회기가 녹화되거나 녹음되는 것은 원치 않습니다.
(내담자사인:　　　　　　동물매개심리상담사사인:　　　　　　)

※ 본인은 상담정보가 (　　　　　)와 공유 되는 것에 동의합니다.

부모 혹은 보호자 서명 :
주소 :

내담자 서명 :	
인턴 동물매개심리상담사 서명 :	
일시 :	
시효시작일 :	시효마감일 :

AAT현장슈퍼바이저의 평가서

〈동물매개치료임상실습자의 수행용〉

(현장슈퍼바이저의 동물매개심리상담사 임상실습에 관한 전반적인 수행을 평가하기 위해 사용되는 문서, 또한 현장 슈퍼바이저가 월 1회 시행 할 것이며, 개인 또는 집단 상담을 포함)

동물매개치료 임상실습자명 :
임상실습 현장명 :
현장슈퍼바이저 :
평　가　일 :
평 가 기 간 :

지시문 : 슈퍼바이저는 각 범주마다 임상실습자의 수행을 가장 잘 평가하는 숫자에 체크하시오

		그렇지 않음		그러함		매우 그러함	
1	전문가의 유능성 개발에 헌신하고 있음을 보여준다.	1	2	3	4	5	6
2	동물매개심리상담사가 되는데 시간과 에너지를 투자한다.	1	2	3	4	5	6
3	자기개발과 상담기술 증진을 위해 건설적인 비판을 수용하고 활용한다.	1	2	3	4	5	6
4	사례보고와 기록을 정확하고 성실하게 완성한다.	1	2	3	4	5	6
5	자신의 유능성 및 기술을 인식하며 동료 및 슈퍼바이저와 공유한다.	1	2	3	4	5	6
6	자신의 단점 인식 및 극복하기위한 적극적 노력을 한다.	1	2	3	4	5	6
7	동료 및 슈퍼바이저와 개방적이고 융통성 있는 의사소통을 통해 교류를 쌓아간다.	1	2	3	4	5	6
8	내담자와의 첫 면접 전에 내담자에 관련된 기록을 확인 및 조사한다.	1	2	3	4	5	6
9	시간을 엄수한다.	1	2	3	4	5	6

		그렇지 않음		그러함		매우 그러함	
10	면접내용 및 절차를 지킨다.	1	2	3	4	5	6
11	내담자와의 라포 형성을 위한 부드럽고 편안한 자세를 지킨다.	1	2	3	4	5	6
12	내담자에 대한 관심과 수용을 전달한다.	1	2	3	4	5	6
13	내담자의 관심사와 느낌을 표현하도록 촉진해간다.	1	2	3	4	5	6
14	적절한시기에 상담의 본질과 목적을 설명하고, 내담자문제의 내용에 초점을 맞추고 있다.	1	2	3	4	5	6
15	내담자의 긍정적 정서를 인식하고 이에 맞춘다.	1	2	3	4	5	6
16	내담자의 부정적 정서를 인식하고 이에 맞춘다.	1	2	3	4	5	6
17	내담자의 조종 및 저항을 인식하고 대응한다.	1	2	3	4	5	6
18	면접에서 침묵을 효과적으로 사용한다.	1	2	3	4	5	6
19	면접에서 자발적이다.	1	2	3	4	5	6
20	동물매개치료회기에서 동물매개심리상담사 자신의 느낌을 인식한다.	1	2	3	4	5	6
21	적절한 시기에 내담자에게 자신의 느낌을 전달한다.	1	2	3	4	5	6
22	내담자의 숨은 메시지를 인식하고 재치 있는 해석을 해준다.	1	2	3	4	5	6
23	내담자의 현실적 목표설정을 촉진한다.	1	2	3	4	5	6
24	내담자의 적절한 행동 및 단계별 계획을 촉진한다.	1	2	3	4	5	6
25	적절한 시기를 판단하여 다양한 기법을 사용한다.	1	2	3	4	5	6
26	동물매개치료 회기동안 목표, 과정, 행동의 단계, 전략 등을 정기적으로 평가한다.	1	2	3	4	5	6
27	정확하게 검사를 설명, 시행, 해석한다.	1	2	3	4	5	6
28	면접을 매끄럽게 마친다.	1	2	3	4	5	6
29	특수행동 및 그것의 의미, 결과에 초점을 둔다.	1	2	3	4	5	6
30	잘못된 정보의 불일치와 의미를 인지하고 다룬다.	1	2	3	4	5	6
31	즉각적 해결 목표 및 단기목표, 장기목표수립 시 사례관련 자료를 활용한다.	1	2	3	4	5	6
32	다양한 전략 및 적용을 고려할 시 사례관련 자료를 활용한다.	1	2	3	4	5	6
33	인간발달에 관련된 이론적 개념을 활용하고 그 원리에 관련하여 회기를 진행한다.	1	2	3	4	5	6
34	자신의 동물매개치료 기법의 효과를 평가할 시 통찰력이 있다.	1	2	3	4	5	6
35	상담인으로서 동물매개치료 윤리지침에 따른다.	1	2	3	4	5	6
36	동물매개심리상담사로서 학문적 자세를 유지하며, 내담자를 이용한 경제적 이득에 치우치지 않는다.	1	2	3	4	5	6

AAT평정 기록지

동물매개심리상담사 : 일 시 :
관 찰 자 : 테이프번호 :
관 찰 자 : 오디오 or 비디오 :
슈퍼바이저 : 회기번호 :
슈퍼바이저자격증번호 :

다음 구체적인 기준에 알맞은 기술이 나타날 때 빈도 표기를 하고, 다음의 평정척도를 이용하여 기술숙련도 점수를 체크한다.(적극적 숙련수준 2점/*는 모든 과정에서 나타나야하며 반드시 테이프에 나타나야함/관찰, 동물매개심리상담사 반응, 강점 및 약점을 반드시 기록할 것)

| 숙련수준 |

- 3-교수숙련수준 : 내담자에게 그 기술을 가르친다.
- 2-적극적숙련 : 기술을 사용하여 내담자에게 특수한 영향을 미친다.
- 1-기본적 숙련 : 상담기술을 사용하고 또는 안다.

A : 52-58점 B : 46-51점 C : 41-45점

구체적 기준	동물매개심리상담사(임상실습자)반응	빈도	숙련도
A)도입/라포형성			3 2 1
1. 인사 *	예) 00야! 다시 만나서 반갑다		
2. 역할 정의/기대			
3. 행정적 과제			
4. 시작하기 *	예) 오늘은 무엇을 하고 싶니?		
B)탐색단계/문제정의			
1. 공감/라포형성			
2. 존중			
3. 비언어적 일치 *			
4. 가벼운 격려 *			

구체적 기준	동물매개심리상담사(임상실습자)반응	빈도	숙련도
5. 재진술 *	예) 그래서 남자가 돼서 아마도 아빠를 대신하여 집안일을 많이 해야 하니까 공부나 축구를 할 수가 없겠구나!		3 2 1
6. 따라가기/이끌기 *	예) 여긴 좀 심심한 곳이지!		
7. 언어 따라가기 *	예) 그러면 말하지 말고 읽자		
8. 감정반영 *	예) 아빠가 돌아가셨을 때 너무 무섭고 슬펐겠구나!		
9. 의미반영 *	예) 너희 집에서 가장 나이 많은 남자가 해야 할 일인가 보구나.		
10. 명료화			
11. 개방형질문	예) 마지막으로 힘이 세고 지배적이라고 느꼈던 게 언제였니?		
12. 요약 *			
13. 행동묘사 *			
14. 적절한 폐쇄형질문 *	예) 읽는 거 좋아하니?		
15. 지각 확인 *			
16. 침묵 *			
17. 초점 맞추기 *			
18. 피드백 *	예) 굉장히 용감했구나.		
C) 문제해결 기술/정의기술			
1. 목표정의 *	예) 우리목표는 네가 더 재미있고 더 열심히 공부하는거야		
2. 관심사탐색/이해 *	예) 행복하고 활기 있으려면 뭐가 필요하지?		
3. 대안개발/평가 *			
4. 대안 수행	예) 그러면 *(별표)을 하나씩 그릴 때 마다 재미있고 더 열심히 공부하는 방법을 하나씩 생각해 내는 거야		
5. 특수한 기법	예) 잠깐 놀이(기타동물매개치료기법 포함) 하자		
6. 과정 상담			

구체적 기준	동물매개심리상담사(임상실습자) 반응	빈도	숙련도
D) 실행단계/모순직면하기			3 2 1
1. 즉시성			
2. 자기개방	예) 내가 마지막으로 절망감을 느꼈던 건 우리 아버지가 돌아가셨을 때야		
3. 직면			
4. 지시	예) 너의 상처가 사라지도록 어떤 방법을 써보았는지 말해줄래?		
5. 논리적 결과			
6. 해석			
E) 마무리/일반화			
1. 내용/감정요약 *	예) 네 상처는 정말 컸지만 오늘 네 생각이랑 느낌을 말해서 그걸 훨씬 더 작게 만들 수 있었지, 그 책을 빌려가서 00에게 읽어 주겠니?		
2. 계획검토 *	예) 네가 계속해서 할 것과 놀 거 한 가지가 뭘까?		
3. 회기약속정하기	예) 다음 약속은 언제로 할까?		
4. 회기종결			
5. 회기평가 *	예) 오늘 한 것 중에서 앞으로 일주일 동안 네가 할 수 있는 게 뭐가 있을까?		
6. 추수 *			
F) 전문성			
1. 발달수준 일치시키기			
2. 윤리			
3. 전문성 (시간지키기, 복장등)			

G) 강점
-회기 중의 내담자에 대한 효과적 개입과 내담자가 잘 따라간 점을 적을 것.
H) 개선할 사항
-다음 회기에 내담자가 인식한 자신의 사항을 표현하려고 시도해 보았는지 탐색할 것.

AAT인턴직 계약서

이것은 ______________(학생)의 배치에 관한 ____________________(대학)과 ____________________(기관)간의 협약이다.

대학은 다음에 동의한다.

1. 대학은 기관에 실습과목과 인턴직에 대한 성문화된 목적과 지침을 제공할 것.
2. 대학의 감독자는 프로그램 관리자에 의해서 선정된 실습/인턴직, 학생의 실습/인턴직에 대한 목적과 성취를 재검토하고, 그/그녀의 역할수행을 평가할 최소한의 기간을 확보할 것.
3. 대학의 감독자는 학생의 역할이나 수행에 대하여 어떠한 질문에 관해서든 상담에 응할 수 있다는 것.
4. 학생은 실습현장에 배치되기 전에 실습/인턴직 기관(학교)이 요구하면 신체검사와 결핵반응검사(negative TB test)의 결과를 제시할 것.
5. 대학은 필요하다면 현장 연수 관리자, 실습/인턴직 감독자, 기관(학교) 감독자와 학생간의 상호 논의 후 학생을 해임할 것.
6. 각 학생은 내담자의 안녕과 안전에 관계가 있는 것들을 포함하여 실습/인턴직의 모든 규칙과 법규를 확인하도록 학생의 의무에 대해 기관(학교)으로부터 통지를 받을 것. 학생에 대한 최종적인 책임은 실습/인턴직에 의해서 보류된다는 것을 이해할 것.
7. 대학은 그러한 학생들이 __________(대학),관리자, 대행자, 혹은 고용인들의 감독 하에서 활동하고 있는 동안 발생하는 신체 상해나 재산손해로부터 나온 청구를 위한 일반적인 부가적 피보험자로서 학생들의 적용범위를 포함시키려고 노력할 것. 어떠한 환경하에서도 협회, 관리자, 대행자, 혹은 고용인들은 대학의 대행자로서 간주되지 않을 것.

학회는 다음을 동의한다.

1. _____________대학에 재학 중인 학생 _____________을 승낙할 것.
2. 학생의 수행평가와 슈퍼비전을 해 줄 적당한 직원을 선정할 것.
3. 실습/인턴직 학생에게 프로그램의 운영과 받아들일 수 있는 행동과 직원에 대해 예기된 실천에 관해서 알릴 것.

4. 프로그램 및 활동의 다양한 참가자들과의 작업과 적합한 모임의 출석을 어떻게든 포함시킨 실천적이고 적절한 학습경험에 대한 기회를 실습/인턴직 학생에게 알릴 것.
5. 학회는 필요하다면 실습/인턴직 감독자, 기관감독자, 그리고 학생 간의 상호 논의 후에 학생을 실습/인턴직 기관인 학교로부터 해임할 것.
6. 학생은 실습/인턴직으로 서비스를 수행할 때 ____________대학의 대행자로 간주되지 않을 것.
7. 학회는 대학생들이 학회의 관리, 지도, 감독 하에서 활동하고 있는 동안 발생하는 행동이나 태만으로부터 나온 모든 청구에 대해 대학, 관리자, 대행자, 고용인 그리고 학생들에게 배상할 것. 학회는 실습/인턴수련 기관인 학교에서 서비스를 수행할 때 _______대학의 학생들을 위해 직장의 책임보험 적용범위에 포함시키려 노력할 것.
8. 대학은 실습/인턴직에 대해 대학생들을 받아들이는 학회로서 회보와 출판물에서 (실습/인턴수련 기관)을 동일시 할 수도 있다는 것.

추가 : 동물매개치료 동의

동물매개치료 프로그램과 기관/학교는 다음의 추가 지침에 동의했다. 즉

1. 학생은 _______부터 _______까지 주마다 최소한 _______시간 동안 인턴수련기관인 학교에 출석할 것이다.
2. 임상적 책임과 인턴쉽 형식에는 첨부된 인턴직 요약견본 형식과 스케줄에 관해서 약술된다. 대략 60%의 시간이 인턴의 임상에 직접 할애되어야 한다.
3. 임상감독: 자격증을 가진 공인된 감독자, 기관(학교) 감독자는 적어도 매주 한 시간 동안 인턴과 만나게 될 것이다.
   a. (대학에 의해서)공인된 감독자는 최소한 주 1회, 한 시간 동안의 감독을 위해 학생을 만나게 될 것이다.
   b. 학생들은 필요할 때 언제나 적절한 등록과 함께 동물매개심리상담사에게 감독을 받아야 한다.
   c. 임상감독은 규칙적이고 일관된 토대 위에서 이루어지리라 기대된다. 감독자는 부재시에 임상감독의 적용범위를 보증할 책임이 있다.
   d. 감독자는 필요에 따라 기타 연수체험은 물론 적당한 오리엔테이션, 사례건수, 내담자 면접장소, 공급품, 표현 치료개입을 위한 기본적인 동물매개자료 및 장비, 기록에 대한 확인, 집단 감독이나 팀 미팅을 받아들인다는 것을 보장하고 학생의 옹호자

로서 이바지하리라 기대된다.

4. 현장의 감독자는 대학에서 지적한 바와 같이 있는 그대로의, 그리고 서면으로 학생의 수행평가를 할 것이다.
5. 만약 기관(학교)에서 학생의 수행에 관해 문제가 발생한다면 다음 절차가 지켜져야 한다. 즉,
   a. 학생과 기관(학교) 감독자는 그 문제를 논의해야 한다.
   b. 기관(학교) 감독자에서 캠퍼스(교내)감독자에 이르기까지 (혹은 그와 반대로) 초기 접촉을 해야 한다.
   c. 캠퍼스(교내) 감독자는 대학의 현장 수련 지도자나 프로그램 지도자와 접촉해야 한다.
6. 학생의 인턴계약이 취소되어야 하는 사건에 대해서는 문서화된 사유서가 대학에 제출되고, 학생과 임상감독자가 서명해야 한다.
7. 훈련 프로그램과 연관된 모든 조직과 개인들이 한국 카운슬링협회와 한국심리협회의 윤리적 원칙에 따라 학생들과의 관계를 지도하는 것은 대학이 기대하는 바이다.
8. 이 협약의 사본은 학생의 영구적인 자료가 될 것이다.

만약 당사자들이 협약에 대해 문서로 서명하지 않으면, ______________에 시작하여 ______________에 끝날 것이다.

______________________	______________________
대학인턴	날짜
______________________	______________________
기관(학교) 감독자	날짜
______________________	______________________
대학관리자	날짜

AAT인턴직 요약지

성 명		일 시	
주 소			
전 화			
장 소			
주 소			
전 화			
감독자성명 및 지위			
감독자 면허/자격증			
시작날짜		종료날짜	

※ 학습목표

※ 인턴십의 책임: 임상 스케줄/역할분석

전체 시간/주 ______________ 전체 내담자 접촉시간/주 ______________

AAT주간 업무일지

주 : ______________동물매개치료 ________________(학교)

동물매개심리상담사/피감독자 : ______________/_____________

※ 개별약속

학 생	위 치	일/시	의 견

※ 집단모임

집단/공동지도자	위 치	일/시	의 견

※ 임상감독

감독자	위 치	일/시	의 견

※ 서류정리

유 형	일/시	의 견

※ 의사소통과 계획

담당전문가 (즉 교사, 관리자)	위 치	일/시	의 견

※ 팀 평가 모임

팀	위 치	일/시	동물매개치료에 관련된 의견

※ 직원 연수

연수 유형	일/시	의 견

AAT의뢰서

학생성명			성 별		
연 령		학년		교사성명	
의뢰날짜		개인		집 단	
단기(4~8)주			장기(3~8개월)		

※ 문제제기

※ 의뢰사유

※ 개인력

※ 가족력 개요, 문화와 사회경제적 배경, 가정환경, 가족활동

※ 학사력과 학습수행능력

※ 구조화된 또는 비구조화 된 방과 후 시간

※ 학생의 여가, 개인의 관심사, 또래관계

※ 현재의 지원 서비스 및 약물치료

※ 단기목표

※ 장기목표

AAT집단 프로토콜 양식

※ 스케줄

시 간 : ____________________

장 소 : ____________________

집단규모자 : ____________________

공동지도자 : ____________________

※ 집단설명

※ 목표

※ 의뢰기준

AAT집단 프로토콜 양식 실례

※ 스케줄

시 간 : ______________________

장 소 : ______________________

집단규모자 : ______________________

공동지도자 : 동물매개치료학생 __________ 동물매개치료학생 __________

※ 집단설명

8주간의 집단과정은 정서와 자아상, 또래들과의 관계, 그리고 학교압박에 대해 평가하고 치료계획을 세웠다. 과정은 워밍업과 함께 각 회기를 시작하고, 주제에 집중시키기 위해 제한된 동물체험을 시도함으로써, 구성원들은 서로의 정서를 반영하고 처리하도록 안내될 것이다.

※ 목표

의사소통을 개선하고, 자존감을 증진시키고, 자기표현을 통해 자기인식을 증진 증진시킨다.

※ 의뢰기준

1. 여학생
2. 연령 12~14세
3. 8주 동안 참가 할 수 있어야 한다.
4. 표현매체로서 동물을 기꺼이 활용하고자 하는 마음과 동물에 대한 관심

AAT미니 사례연구 발표서

학생성명			성 별		
연 령		학년		교사성명	
의뢰날짜		개인		집 단	
단기(4~8)주			장기(3~8개월)		

※ 가족력의 간략한 개요

※ 학교에서의 역할수행에 대한 간략한 개요

※ 동물매개치료에 의뢰된 사유

※ 추천된 치료목표

※ 회기, 즉 제공된 과제, 재료, 과정, 시간, 집단 혹은 개별 작업을 기술하시오.

※ 심상, 즉 발달적, 역동적 평가를 기술하시오.

※ 과업에 대한 아동의 태도를 기술하시오.

※ 당신과 아동의 관계를 기술하시오.

※ 계속된 작업에 대한 아이디어

※ 질문

AAT 과정 기록

내 담 자 : ______________

날 짜 : ______________

회 기 : ______________ (회기)

1. 주제 / 지시사항 / 절차

(주어진 지시, 과업, 혹은 설명된 기술을 포함하시오.)

2. 과업 / 재료의 접근

( )조직화된	( )충동적인	( )지시를 따르는
( )무질서한	( )사려깊은	( )지시를 따르지 않는
( )마음이 산란한	( )압축된	( )문제를 해결할 수 있는
( )집중된	( )자연적인	( )빈약한 좌절감

(언어의 연상, 기술)

3. 태도 / 행동

( )동기부여 된	( )침착하지 못한	( )고분고분한
( )마음 내키지 않는	( )반대의	( )제안하는
( )철회한	( )집중된	( )힘든
( )파괴적인	( )확신하는	( )협력적인
( )강제적인	( )억제된	( )침범적인
( )수동적인	( )통제된	( )열광적인
( )단언적인	( )불안한	

(언어화)

4. 심상 / 스타일 / 표현

심상	스타일	표현
( )공허한	( )상세한	( )포용력 있는
( )통합된	( )혼돈된	( )압축된
( )추상적인	( )유동적인	( )충동적인
( )구상적인	( )분해된	( )통제된
( )창조적인	( )응집력 있는	( )자발적인
( )진부한	( )주저하는	( )완고한
( )분리된, 소중히 보호된	( )(역)동적	( )탐구적인
( )영역이 부족하다	( )강제된	( )완전론의

5. 정서

( )불안, 혼란	( )불안한	( )혼란한
( )눈물 어린	( )분노	( )압축된
( )무관심		

(심리과정을 대처하면서 신체 언어, 언어화를 기술하시오.)

6. 동물매개심리상담사의 반응

( )불안	( )관심	( )혼란
( )좌절	( )동정	( )혐오
( )만족	( )분노	( )협박
( )슬픔	( )압도	

(반응에 대해 설명하고 역전이를 기술하시오.)

7. 집단의 또래들과의 상호작용

( )잘 어울리는	( )지배하는	( )경쟁적인	( )우호적인
( )도움이 되는	( )격리된	( )수동적인	( )상반되는
( )의존적인	( )쾌활한	( )반대의	( )손가락으로 다루는

(언어적, 비언어적 상호작용을 기술하시오.)

8. 집단 지도자와의 관계

( )의존적인	( )관심을 표현하는	( )숨기는	( )예의바른
( )저항하는	( )부적절한	( )신중한	( )냉담한
( )우호적인	( )관계가 먼	( )신뢰하는	( )도전적인
( )고분고분한	( )의심스러운	( )반응하는	( )억누르는

(관계, 공공연하고 은밀한 문제들을 기술하시오.)

9. 집단에서 다른 집단으로의 전환

( )매끄러운	( )무질서한	( )울화	( )복귀
( )불안정한	( )빨리 안정하는	( )기대하는	( )순조롭지 못한
( )스케줄에 따르는			

(전환양식을 기술하시오.)

10. 목표

( )자존감을 개선한다.

( )과업의 기능(집중, 문제해결 등)을 개선한다.

( )대인관계의 의사소통기술을 개선한다.

( )긴장 해소를 통해서 자제력을 개선한다.

( )모험하기, 창조적 표현, 그리고 자발성을 증진시킨다.

( )자기인식과 경험의 통합을 증진시킨다.

(장점과 약점, 방어, 발달 수준을 다루시오.)

11. 계획

(다음 회기를 위한 아이디어)

AAT 동의서

활용과 전시를 위한 동의

나,__________________(은)는 동물매개치료의 치료적 이용에 관한 감독이나 교육목적을 위해 전문적인 환경에서 내가 창작한 작품들을 활용하고 혹은 전시하도록 ______________________에게 허가한다.

나는 작품의 발표나 전시에서 나의 이름이 드러나지 않으리라는 것을 알고 있다.

이 전시에 대한 동의는 신뢰 속에서 조처가 취해진 정도 이외에는 어떠한 경우에라도 나에 의해서 철회될 수 있다.

내담자________________________________ 날짜_________________

입회인________________________________ 날짜_________________

AAT오디오 및 비디오 촬영 동의서

날짜 :________________

면담 녹음

나는 나의 면담과정을 테이프에 기록하도록 ________________에게 허가한다.

☐ 오디오테이프

☐ 비디오테이프

나는 기록된 모든 정보가 가장 엄격한 신뢰 속에서 보관될 것과, 그 기록들이 오로지 임상치료, 교육 그리고 감독의 목적용임을 알게 되었다. 비밀보장을 보증하기 위하여 이들 테이프는 지워질 때까지 면담자의 안전한 보관 속에 유지될 것이다.
테이프는 위에서 언급된 목적에 엄격히 제한되어 있으며, 기록된 모든 정보는 치료 종료 직후 곧바로 삭제될 것이다.

서 명________________

입회인________________

관 계________________

AAT종료 보고서

내　　　담　　　자 : ____________________
동물매개심리상담사 : ____________________
날　　　　　　　짜 : ____________________

정보확인

나이/성별/민족성

진단

가족력

이전 치료

약물

의뢰사유

관심사

치료과정

치료기간

치료환경(개인/집단)

시간에 대한 행동의 어려움 설명

동물매개치료의 활용과 반응

다음에 있어서의 중요한 변화

행동

가족

약물

환경

학교 수행

문제인식

또래관계

임상의 형식화

종결과 목표

장점

계속된 어려움의 범위

성취된 목표

사후 치료에 대한 제언

동물매개심리상담사의 서명

AAT임상기술 평가

날 짜 : ____________________ 기 관 : ____________________

감독자 : ____________________ 피감독자 : ____________________

1. 임상 및 전문적인 기능

○ 사정과 평가 기능

종합평가_______________

__내담자의 문제이해 수준

__현재의 병력 이해와 배경 정보

__내담자의 대인관계 패턴과 동일시 능력

__감독이나 진단을 위한 모임에서 명백하고 간결한 표현

__적당한 치료나 의뢰를 추천하는 능력

의견:

○상담 기술

종합평가_____________

__건강과 병리에 관한 초기 평가와 차별화된 진단 능력
__언어와 비언어적 청취 및 관찰기술의 수준
__5축(five-axis) DSM Ⅳ 진단을 제공하는 능력과 진단기술의 수준
__사회경제적, 정치적, 문화적, 인종적, 성을 기초로 한 이슈를 맥락화(contextualize)하는 능력
__내담자 사례에 발달요인의 영향을 맥락화 하는 능력
__사례와 이론적 이해를 적절하게 치료에 적용하고 해석하는 능력
__동물매개심리상담사와 내담자의 세계관에 관한 사회경제적, 정치적, 문화적, 인종적 성을 기초로 한 이해 수준
__문화적으로 다양한 집단과 작업함에 있어서 다문화적 시각을 효과적으로 유지하는 능력
__임상기록 기술 수준 : 진행과정 노트, 초기면접 기록지, 종료 요약
__표현기술 수준 : 사례회의 자료를 명료하고 간략하게 표현하는 능력

의견:

○내담자와의 치료적 관계

종합평가_____________

__내담자와의 치료적 신뢰관계의 질
__내담자와 공감하고 내담자의 감정을 반영하는 능력
__치료과정에 내담자의 참여를 효과적으로 안내하는 능력
__내담자의 문화와 적합한 언어적, 비언어적 의사소통의 활용능력
__내담자의 치료를 위한 명확한 목표설정
__명확하고 지지적인 환경설정능력

__내담자의 저항, 공포 그리고 양가감정에 효과적으로 대처하는 능력
__제공된 정보와 행동이 일치하지 않고 모순이 있을 때 내담자와 분명하게 하는 능력
__전이와 역전이의 관계 이슈를 효과적으로 동일시하고 인정하는 능력
__효과적으로 종료하는 능력

의견:

○ 집단 기술(적용할 수 있다면)

종합평가________________

__집단 이론과 배경지식
__집단역동을 발전시키는 것에 대한 지식
__집단과정을 이해하기 위한 개념적 틀 개발
__집단과정에서의 적절한 개입
__집단 지도력을 평가하고 유지하는 능력
__비치료적인(과업, 작업) 집단을 치료적이고 효과적으로 관리하는 능력
__공동 지도력의 기술 수준

의견:

○ 동물매개심리상담사는 발달을 동일시한다.

종합평가______________

__동물매개심리상담에 영향을 미치고 있는 법률 및 조례에 대한 지식을 증명한다.
__정부 및 관련 위탁기관과 절차에 대한 지식을 증명한다.
__동물매개심리상담에 관한 윤리와 실천 기준에 대한 지식을 증명한다.
__윤리적인 태도로 행동한다.

의견:

○ 전문적인 기술

종합평가______________

__정치적, 사회적, 경제적, 문화적 환경의 이해
__동료와 전문가 간의 효과적인 의사소통
__상호 공동의 팀 멤버로서 협력하는 능력
__상담서비스를 제공하는 능력
__지역사회 자원을 효과적으로 공유하고, 활용하고, 개발하는 능력
__관리 및 직원 모임에서의 역할수행
__책임과 신뢰성의 수준
__솔선하고 철저한 과업수행
__자원의 풍부함과 융통성
__피드백을 적극적으로 활용하는 능력
__피드백을 적극적으로 제공하는 능력

의견:

○ 자기인식 기능

종합평가______________

__정서적 적응과 성숙 수준

__자기인식과 지각 수준

__인종, 성, 민족성, 나이, 계급, 성적태도, 종교와의 관계

의견:

2. 임상감독의 활용

__자기평가에 능동적으로 참여한다.

__관계에서 자기 자신의 역동성을 인식한다.

__임상감독에서 적절하게 자기 노출을 한다.

__가르침을 받아야 할 것에 솔직하다.

__임상감독을 준비한다.

__감독자에 의해 제공된 피드백을 받아들이고 활용하는 능력

__집단감독의 동료들로부터 배우고 공유하는 능력(적용할 수 있다면)

의견:

○ 장점과 더 나은 발전

아래의 빈 공간에 임상적이고 기타 전문적인 영역에서 더 나은 발전을 가져오게 한 자신의 장점과 취할 점에 관해서 피 감독자에게 피드백을 제공하시오.

장점 :

취할 점 :

나는 나의 감독자와 이 평가를 읽고 논의 했다.

피감독자의 서명

감독자의 서명

AAT 기술의 평가

날 짜 : ____________________ 기 관 : ____________________

감독자 : ____________________ 피감독자 : ____________________

이 서식에는 동물매개치료의 평가를 재검토한다. 5점 척도를 이용해서 아래의 각 범주에서 피감독자의 수행 및 개선 수준을 평가하시오. 평가 기간은 부가적인 의견에 대한 각 회기 말에 있다.

평가등급 : 1. 불만족한다. 2. 관심에 만족한다. 3. 좋다
4. 아주 좋다. 5. 뚜렷하다 혹은 적용할 수 없다.

__동물매개치료 과정을 이해하는 능력
__동물을 통해서 내담자를 평가할 수 있는 능력
__내담자의 과정과 작품을 관찰하는 데 능숙하다.
__동물매개치료 워밍업을 계획하고 실행하며 종결을 완수하는 능력
__치료에서 동물 활용에 대한 원리를 이해하고 분명히 말한다.
__내담자의 창조성을 기르는 자료의 활용과 활동자료의 이해
__내담자의 인식을 높이고 치료변화를 촉진하기 위하여 언어화와 함께 동물을 활용한다.
__동물 매체로 기술적인 도움을 제공할 수 있다.
__내담자의 작품을 전문적으로 활용하고 보호한다. (즉 작품의 적절한 보관, 동의서 이용)

__융통성 있는 지도 능력
__동물매개치료의 다른 이론적 접근을 적용하는 능력
__집단과 개인을 위한 동물매개치료의 목표를 밝히고 내담자에게 적용하는 능력
__집단역동의 지식, 특히 집단형성 단계, 그리고 집단을 위한 동물매개치료 회기 구성
__팀원으로서 기능하고 있는 동안 동물매개심리상담사로서 정체성을 유지하는 능력
__기관에서 요구한대로 경과기록과 동물매개치료 문서화 능력

동물매개치료 기술에 관한 부가적인 의견:

나는 나의 감독자와 이 평가를 읽고 논의 했다.

______________________	______________________
피감독자의 서명	감독자의 서명

AAT프로그램 연말 평가와 재검토

날 짜	
수퍼바이저	
수퍼바이지	
관 리 자	

1. 올해 인턴 수련과정에서 체험한 강점에 대하여 기술하시오.

2. 올해 인턴 수련과정에서 체험한 약점에 대하여 기술하시오.

3. 임상감독을 했거나 받은 경험에 대하여 기술하시오.

4. 다음 해의 임상감독을 위해 제시하고 싶은 의견을 기술하시오.

5. 한 해 동안 다른 전문가들과 공동으로 연구한 경험에 대하여 논평하시오.

6. 다음 해의 프로그램을 위하여 개선되어야 할 점은 무엇인지 기술하시오.

AAT 사례 종결 기록지

<table>
<tr><td>동물매개심리상담사</td><td></td><td>총 회기</td><td></td><td>종결일</td><td colspan="2">년 월 일</td></tr>
<tr><td rowspan="2">학 생</td><td>이 름</td><td></td><td>주민번호</td><td colspan="3">-</td></tr>
<tr><td>성 별</td><td>여 / 남</td><td>연령</td><td></td><td>학년</td><td></td></tr>
<tr><td>종결유형</td><td colspan="6">① 합의종결 ② 중도탈락 ③ 다른정신건강 기관으로 의뢰
④ 기타 (사유 :)</td></tr>
<tr><td>의뢰경로</td><td colspan="6"></td></tr>
<tr><td>치료목적</td><td colspan="6"></td></tr>
<tr><td>동물매개치료
목표 및 전략</td><td colspan="6"></td></tr>
<tr><td>동물매개치료에
대한 평가</td><td colspan="6"></td></tr>
<tr><td>추수 관리 계획</td><td colspan="6"></td></tr>
<tr><td>기타특이사항</td><td colspan="6"></td></tr>
</table>

신청일	년 월 일

접수번호	

AAT 상담신청서

성 명		연락처	자 택	
소 속	학년 반 번		핸드폰	
성 별	남( ) / 여( )			
생 년 월 일	년 월 일 만(세)		E -mail	
주 소		종 교		
		취 미		
		장래희망		

가족관계	성 명	관계	연령	학력	직업	친밀도 나쁨 좋음	비고 (동거여부)
						1 2 3 4 5	
						1 2 3 4 5	
						1 2 3 4 5	
						1 2 3 4 5	
						1 2 3 4 5	

가 족 형 태	부모님이 함께 생활 ( ) 이혼 ( ) 사별 ( ) 별거 ( ) 재혼( )
상담 및 심리검사 받은 경험	있다 ( ) 없다 ( )

상담받고 싶은 문제에 표시하세요.	불안/초조		분노/화		특이한생각/행동	
	자살		자해행위		우울/무기력	
	성폭력		불면증		음주/흡연	
	학습흥미		부모와의 관계		두통/통증	
	학승능력부족		형제와의 관계		체중증가/감소	
	성적부진/하락		자신감부족		선생님과의관계	
	주의산만		학교적응		따돌림	
	집중력부족		(집단)폭력		인터넷중독	
	시험불안		학습태도		진로결정/갈등	
	학업스트레스		비행		이성교제	
	친구관계		가출		진로정보부족	

상담받고 싶은 내용을 간단히 기록해 주세요.

AAT 이용 만족도 질문지

본 질문지는 여러분이 이용한 동물매개치료 서비스에 대한 만족도를 알아보기 위한 것입니다. 동물매개치료 서비스를 평가하고, 보다 양질의 프로그램을 제공하기 위해 실시하는 것입니다. 솔직하게 응답해 주시면 감사하겠습니다.

- 성별 (남□ , 여□)
- 학년 (학년)

- 동물매개치료에서 어떤 서비스를 이용했나요?
  ① 심리검사 ② 개인동물매개치료 ③ 소규모집단동물매개치료
  ④ 학급단위 집단교육프로그램 ⑤ 기타 ( )

- 동물매개치료에서 어떤 매체를 이용했나요?
  ① 미술 ② 음악 ③ 무용, 연극 ④ 심리극 ⑤ 기타 ( )

	전혀 동의 하지 않는다	동의하지 않는다	약간 동의 하지 않는다	보통 이다	약간 동의 한다
	①	②	③	④	⑤
1. 이용한 상담 서비스에 대해 얼마나 만족하나요?					
2. 이용한 동물매개치료가 얼마나 도움이 되었다고 생각하나요?					
3. 친구에게 동물매개치료 이용을 권하겠습니까?					
4. 기회가 된다면 다음에도 동물매개치료실을 이용할 의향이 있나요?					

- 동물매개 치료에 대한 의견이나 제안사항이 있으면 적어주세요.

AAT 상담일지

20 년 월 일 요일

	순서	이름	학년/반	상담시간	심리상담사	상담유형	검사종류	상담영역
상담상황	1							
	2							
	3							
	4							
	5							
	6							
	7							
	8							
	9							
	10							

[상담유형]

1	검사실시	2	검사해석	3	접수면접	4	개인상담
5	소규모집단상담	6	학급단위집단교육프로그램 (이름표기불요)			7	

[검사종류] (각 학교에 구비되어 있는 검사목록을 적어 넣으세요)

1	MMPI	2	MBTI	3		4	
5		6		7		8	

[상담영역]

1	진로	2	학업	3	대인관계	4	성격
5	비행 및 문제행동	6	정신건강	7	기타	8	

AAT접수면접 보고서

20 년 월 일 요일

- 접 수 일 : 년 월 일
- 접수면접자 :
- 학 생 :

1. 학생의 주 호소문제 및 배경 (스트레스 원인, 개인사 및 가족사)

2. 현재의 적응 정도
   1) 사회 심리적 자원

   2) 학교생활

   3) 기 타

3. 학생의 행동관찰

4. 사회 경제적 수준 파악

   주거상황 : 자택( ) 친척집 ( ) 자취 ( ) 쉼터 ( )

   생활정도(가족전체 월수입) : 50만원 이하( ) 50~150만원( )
   150만원~300만원( ) 300만원~500만원( )
   500만원 이상( )

5. 위험 군 체크리스트

(아래 내용 중 해당 되는 것이 있는지 확인하고, 하나라도 해당된다면 즉시 개입과 면밀한 주의를 요합니다.)

	심각한 중독문제(게임중독, 음주문제 등)가 있다.
	무엇을 때려 부수거나 남을 해치고 싶은 충동을 느낀다.
	자살 시도를 해본 적이 있거나, 현재 자살계획을 구체적으로 세우고 있다.
	가족구성원 간의 갈등과 폭력이 심각하다.
	무기력하고 매사에 의욕이 없다.
	최근 죽고 싶은 충동을 느낀다.
	성과 관련된 심각한 고민이 있다.
	다른 사람들은 하지 않는 기이한 생각을 하거나 환청 등 기괴한 경험을 한다.
	고민 때문에 잠을 이루지 못하는 날이 많다.
	개인위생(씻고 단장하기)이나 학교출석 등 반복된 일상생활 수행에 심각한 문제가 있다.

6. 상담 가능한 시간 체크

(학교 사정에 맞게 시간표를 만들어서 학생이 가능한 시간을 모두 체크할 수 있게 제시해 주세요.)

시간 / 요일	1교시	2교시	3교시	4교시	점심 시간	5교시	6교시	7교시	방과후

AAT발달력기록

학생 성명 : ____________________

생육사

1. 결혼시

결혼년도			
교제유형		교제기간	년 개월
결혼동기			

2. 임신당시

약 복 용	무・유, ( )개월시, 내용:
질 환	무・유, ( )개월시, 내용:
입 덧	무・유, 정도:
충 격	무・유, ( )개월시, 내용:
심 리 상 태	
계획된임신	예 아니오
임신에대한 반 응	부: 좋았다・안좋았다, 이유:
	모: 좋았다・안좋았다, 이유:
	기타:

3. 임신경험

유 산	무・유, 임신순위( ) 자연・인공, 이유:
사 산	무・유, 임신순위( ) 이유:

4. 아이 출생 시

산 모 연 령		임 신 기 간	
분 만 상 태		체 중	년 개월
산소호흡기사용	무·유, 기간 :	인큐베이터사용	무·유, 기간 :
황 달	무·유, 치료기간 및 방법:		
기 타			

5. 수유 및 식사

수유방법	모유( )개월 우유( )개월 모유+우유( )개월, 젖병 땐 시기 ( )개월
식습관 (3세 이전)	편식(무 · 유), 내용: 식사태도 :
식습관 (3세 이후)	편식(무 · 유), 내용: 식사태도 :

6. 대소변 훈련

대변(24)	시작시기 : ( )개월 가린시기:( )개월 현재: 정상 · 변비 · 유분
	방 법 : 아이반응 :
소변(30)	시작시기 : ( )개월 가린시기:( )개월 현재: 정상 · 변비 · 유뇨
	방 법 : 아이반응 :

제 6 장

동물매개치료 지침서

Appendix A

AAA/T 진행담당자 (coordinator or designate)

1. 사람과 치료동물의 반응에 관여하는 모든 구성 (환자, 병원스텝, 치료도우미동물 핸들러, 자원자, 치료동물, 병원시설 등)에 관한 문자화된 정책을 만들어야 한다.
2. 병원의 관리지침을 벗어나지 않도록 치료동물 방문 활동을 수행한다.
3. 환자의 적합성을 검토한다. 치료도우미동물 방문이 특정 환자에게 알레르기, 공포 등의 부작용을 가질 수도 있다.
4. 치료도우미동물 방문 전에 환자의 동의서를 받고, 병원 스텝들과 역할과 책임에 대하여 상의하고, 활동에 대한 평가와 위험관리에 대한 점검을 수행한다.
5. 치료도우미동물을 만진 환자를 비롯한 참여자는 손을 위생적으로 철저히 씻도록 한다.
6. 치료도우미동물 방문이 기록되고 기록이 유지되도록 한다.
7. AAA/T의 효과에 대한 보고서를 작성하고 제출한다.
8. AAA/T 구성원들 중 참여를 원하지 않는 환자, 병원스텝 등의 권리를 존중하여야 한다.
9. 참여 환자에 대한 비밀보장 (confidentiality)이 항상 이루어져야 한다.
10. 정기적으로 AAA/T 정책과 과정에 대하여 검토한다.

Appendix B

치료도우미동물에 관한 지침

1. AAA/T에 참여하는 치료동물은 등록되어있어야 한다.
2. 치료도우미동물은 건강, 태도, 성격, 훈련에 대한 검사를 통과하여야 한다.
3. 치료도우미동물은 건강하여야 하고 최근까지 예방접종이 빠지지 않고 접종되어 있어야 한다. 자격증을 가진 수의사에 의한 치과 검사와 피부병에 대한 검사를 포함한 건강검사를 반드시 매년 실시하여야 한다. 치료동물은 전염성 질병, 기생충, 이 등이 없어야 한다. 주요 전염병은 톡소플라즈마, 에키노코코스, 지알디아, 살모넬라, 파스튜렐라, 고양이 면역결핍바이러스, Bordetella bronciseptica, 클라미디아, 백선 (ring worm) 등을 포함한다.
4. 치료도우미동물의 건강에 대한 검진 기록이 작성되어 보관되어야 한다.
5. 치료도우미동물은 병원 내 이동이나 병원 밖으로 이동 시 이동장을 이용하거나 짧은 목줄로 통제가 가능하도록 한다. 치료동물은 식별할 수 있는 배지나 목줄을 하도록 한다.
6. 방문 전 치료도우미동물은 알레르기 원인 물질을 줄여주는 성분이 함유된 샴푸를 사용하여 목욕을 시키도록 한다.
7. 가정 애완동물의 경우에 방문 전에 진행담당자에 의한 적절한 주의사항을 들어야 한다. 방문에 참여시키려는 가정 애완동물의 건강, 위생, 행동 등에 대한 지침이 만들어져야 한다.
8. 치료도우미동물이 환자와 만날 때는 반드시 1인 이상의 진행담당자, 핸들러, 병원스텝 등의 AAA/T 프로그램 진행 구성원이 함께 있어야 한다.

Appendix C

아래 기준이 AAA/T에 참여하는 환자에게 권장된다.

적합한 참여 대상 환자

1. 장기 입원 환자
2. 울혈성 심장 질환, 심근경색 증 환자, 노인성 질환
3. 장기이식 환자를 포함하는 면역저하 환자의 경우에는 의사의 동의가 있을 때
4. 병원 스텝 또는 AAA/T 진행 담당자가 환자의 적합성을 결정한다.
5. 환자의 상처는 AAA/T 프로그램 동안 반투과성의 붕대를 이용하여 상처부위를 덮도록 한다.

참여가 부적합한 환자

1. 비장적출 (splenectomy) 환자. 개의 침에 상재하는 dysgenic fermenter type 2 (DF2)에 감수성이 높아져 패혈증이 유발될 수 있다.
2. 개 알레르기가 있는 환자
3. 결핵이 있는 환자
4. 원인불명의 발열 환자
5. 항생제내성균 (Methicillin-resistant Staphylococcus aureus) 감염 환자

Appendix D

치료도우미동물 핸들러/자원자

1. 치료도우미동물은 등록되어있어야 하고 방문 전에 동물의 건강이 평가되어야 한다.
2. 치료도우미동물 방문으로부터 문제될 수 있는 전염병으로부터 환자를 보호할 수 있는 적절한 방법과 주의사항이 포함된 지침서를 따라야 한다.
3. 병원 방문 동안 AAA/T 프로그램에 참여하는 치료도우미동물 소유자 또는 자원자들은 치료동물의 행동과 보호에 책임이 있다.
4. AAA/T 프로그램 활동 과정에 질병에 노출되거나 다른 사고가 발생하는 경우는 병원 스텝에 보고하여야 한다. 상해 (할키거나, 물거나, 알레르기 등)가 발생하면 치료도우미동물 활동사는 병원 스텝에 요청하여 도움을 받아야 한다. 사고 보고를 작성하여 제출하도록 한다. 참여 구성원 (환자, 핸들러, 병원스텝 등) 모두가 혜택을 받을 수 있는 보험이 가입되어야 한다.

Appendix E

병원 지침

1. 치료도우미동물은 병원의 감염관리부서에서 출입을 제한하는 구역 (식당, 조리실, 멸균제품준비실 등)에 출입해서는 안 된다.
2. AAA/T 프로그램 활동 과정 동안 치료도우미동물의 접촉 전후 손을 씻고 위생 관리를 하여야 한다.
3. AAA/T 프로그램 활동 과정 동안 치료도우미동물이 배변이나 배뇨를 하는 경우 즉시 치우고 소독제를 이용한 위생관리를 하여야 한다. 위생관리를 위한 장비들이 미리 준비되어야 한다.
4. 환자가 입원 전에 키우던 애완동물의 방문이나 치료도우미동물의 방문은 환자병실이나 접견실을 이용하여 이루어질 수 있다. 그러나 접견실과 같은 장소는 병원 전염관리부서의 동의가 있어야 하고 전염병 관리에 안전하여야 한다.
5. 상처를 가진 환자들은 치료도우미동물과의 직접 접촉을 막기 위하여 시트 등을 이용하여 환자를 보호하도록 한다.
6. 치료도우미동물의 방문 시간은 치료동물의 상태, 핸들러 및 환자의 요구에 따라 다르다.
7. 프로그램 진행담당자는 모든 AAA/T 프로그램 활동 과정 동안 방문을 모니터링 하도록 한다.

Appendix F

전염관리부서 스텝

1. AAA/T 프로그램으로 유발될 수 있는 전염관리에 관련되는 정책과 과정 지침서를 개발하여야 한다.
2. AAA/T 참여 구성원들에게 전염병 예방 및 관리 훈련을 제공하여야 한다.
3. 전염관리위원회는 AAA/T 프로그램에 새로이 추가되는 요소에 대한 검토와 허가를 수행한다.
4. 환자와 치료도우미동물 사이에 발생할 수 있는 결과의 형태를 예상하고 잠재 전염병의 예방을 위해 적합한 조언을 제공한다.
5. 방문하는 치료도우미동물이 가지고 있지 말아야 할 질병에 대하여 지침을 마련하고 참여구성원들에 알려주도록 한다. 이들 질병에는 세균성 (앵무병, 기니픽에서 유래될 수 있는 클라미디아 눈병, 살모넬라, 캠필로박터, 시겔라, 브루셀라, 파스튜렐라, 보데텔라, 라임병, 렙토스피라, 돈단독, 연쇄상 또는 포도상구균), 기생충 (에키노코커스, 지알디아, 크립토스포리디아, 톡소플라즈마, 회충, 개선충), 곰팡이 (dermatophtosis), 바이러스 (광견병) 등이 포함된다.
6. 위생장갑, 소독제, 손 세척을 위한 물품 등의 필요한 물품을 예측하고 준비를 지시한다.
7. AAA/T 프로그램 동안 발생할 수 있는 상해와 사고를 예측하고 정보를 수집한다.
8. AAA/T 활동을 위해 방문하는 구역의 최근 전염병 발생에 대하여 검토하고 AAA/T 프로그램 진행담당자에게 조언하도록 한다.
9. AAA/T 참여 구성원들에게 조사되어야 할 검사와 샘플링에 대하여 조언한다.
10. AAA/T 활동 동안 전염병과 사고에 관련되는 업무일지 (logbook)를 작성한다.

Appendix G

동물매개활동/치료 방문 동의서
(Animal-assisted activity/therapy visitation contract)

많은 연구 결과들에 따르면 동물이 사람의 신체와 정서의 건강을 향상시키는 것으로 보고되고 있다. 병원에 입원한 환자들에게 동물의 방문은 일상적인 병원의 생활에서 벗어나 즐거움과 위안을 준다. 동물의 방문은 환자들이 보다 더 병원을 가정적으로 느끼게 하고 간호 업무에 호의적인 마음을 갖게 한다 (Proulx, 1998).

환자 이름 : ______________________________

병　　실 : ______________________________

애완 동물 : ______________________________

치료도우미동물 : __________________________

방문 날자 : ______________________________

방문 기간 : ______________________________

본인은 동물매개활동/치료 프로그램 참여에 동의합니다. 본인은 동물매개활동/치료 과정 중에 전염의 위험에 대한 설명을 들었습니다.

본인은 치료도우미동물이 건강하고 성격이 온순하고 위생적이며 면역이 이루어진 것을 알고 있지만 치료도우미동물의 활동 여부는 동물매개활동/치료 진행담당자 또는 병원 스텝의 최종 판단에 따르겠습니다.

본 동의서는 위에 언급한 기준에 부합되지 않는 경우에는 효력이 없습니다.

서　명: ______________________	서명: ______________________
병원 스텝/간호사: ______________	환자/가족: __________________

제 2 부

이상심리의 이해와 상담의 실제

제 1 장

아동·청소년 발달

1.1 아동기 발달심리

1. 신체발달

▌신체적 성장

아동기의 중대 변화는 뇌와 신경계의 성숙이다. 뇌와 신경계의 성숙으로 유아는 새로운 운동기술과 인지능력을 발달시키게 된다. 아동기는 근육이 성장하는 신체에 적응하느라 근육이 당겨지는 통증을 느끼게 되는데, 이것을 '성장통(growing pains)' 이라 한다. 성장통의 원인은 정확하진 않지만, 뼈가 빠른 속도로 자라는 데 비해 근육은 더디게 자라기 때문이라는 주장이 있다.

(1) 신장과 체중의 증가

아동기에도 신장과 체중이 꾸준히 증가한다. 아동기의 신장과 체중에 영향을 미치는 요인 중 가장 영향력 있는 것은 유전적 배경, 영양, 건강관리 등이다(Meredith, 1978). 아동기에는 영아기 보다 성장속도가 둔화되지만 건강유지와 골격성장을 촉진하기 위해 균형잡힌 식사를 해야 한다.

(2) 신체비율의 변화

아동기에는 하체가 길어지면서 가늘어진다. 전체적으로 통통하던 영아의 모습에서 길고 홀쭉한 모습으로 변한다.

(3) 골격의 성장

유아의 신체적 성숙도를 측정하는데 가장 좋은 방법은 신체골격의 발달수준을 나타내는 골연령(skeletal age)을 이용하는 것이다.

▮ 뇌의 성장

(1) 아동기의 중요한 신체발달 중 하나는 뇌와 신경계의 계속적 성장이다. 두미발달 원칙에 의해 뇌와 머리 크기는 신체의 다른 부분보다 더 빨리 성장한다.

(2) 아동기 동안의 뇌 크기 증가는 수초화(髓悄化)와 시냅스 밀도의 증가로 인한 것이다.

① 첫째, 수초화는 신경세포가 지방성 물질로 둘러싸이는 것을 말하며, 수초화가 증가할수록 정보전달 속도가 빨라지고 효율성이 높아진다.

② 둘째, 시냅스는 신경세포의 자극 전달부로서 시냅스 밀도는 출생 후 2세 까지는 급격히 증가하다가, 그 후 서서히 감소하여 7세경에는 성인 수준으로 도달한다.

▮ 운동기능의 발달

(1) 대근육 운동

① 걷기와 달리기 : 영아는 첫돌을 전후해서 걷기 시작하고, 2~3세 사이에는 달리기 시작한다(Cratty, 1986). 3세에는 잘 달리지만 달리면서 방향을 바꾸지는 못한다. 5세경에는 계속 달리면서 방향을 바꿀 수 있으며, 갑자기 멈추어도 앞으로 넘어지지 않는다. 유아의 하루는 움직임의 연속이다. 시종일관 가만히 앉아 있지 못하며 심지어 수면 중에도 몸부림을 많이 친다. 3세 유아는 직선 위를 일자로 걸을 수 있다. 4세에는 직선보다 걷기 어려운 곡선 위를 걸을 수 있다.

② 뛰기 : 2세 이전에는 한쪽 발로 뛸 수 있고, 2세에는 두 발로 잠깐 뛸 수 있다. 3세에 멀리뛰기 할 때, 팔을 뒤로 흔들기 때문에 착지할 때 뒤로 넘어지나 5세경에는 팔을 앞으로 흔들어 앞으로 떨어진다.

③ 계단 오르내리기 : 영아가 걸을 수 있으면 바로 계단을 오를 수 있다. 계단 내려오는 것은 올라가는 것보다 균형 잡기가 더 어려우므로, 4세 전에는 발을 번갈아 가면서 계단을 내려오지 못한다.

④ 공 던지기 : 영아기에 공 던질 때 두 손을 사용하고, 아동기에 와서는 한 손으로 던질 수 있다. 공 던지기 기술은 아동기와 청년기에도 계속 발달하지만 기본 기술은 아동기에 습득된다.

⑤ 공받기 : 공받기 기술도 아동기에 습득, 3단계에 걸쳐 발달한다.

- 1단계(2세경): 공 받으려 할 때 팔을 앞으로 내밀기만 하므로 받지 못하고 몸에 맞고 튕겨 나간다.
- 2단계(3세경): 공 받을 준비 하면서 팔꿈치를 구부린다. 그리고 가슴으로 공을 받는다.
- 3단계(5~6세경): 몸 전체를 사용해서 공 받을 준비를 하고 손과 손가락을 사용해서 공을 받는다.

⑥ 유아가 할 수 있는 대근육 운동기술은 체중의 중심(center of gravity)이 아래로 옮겨 가면서 증가한다. 자전거타기, 수영, 줄넘기, 야구, 농구, 테니스, 술래잡기 등이 대근육 운동 기능에 속한다. 아동은 이런 기본 기술 습득으로, 여러 가지 놀이나 스포츠 게임에 참여할 수 있게 된다. 스포츠게임에 참여하는 것은 운동효과, 우정관계를 형성, 게임의 규칙 준수, 팀의 구성원들과 협동하는 법을 배우게 된다.

(2) 소근육 운동

① 아동기는 눈과 손의 협응과 소근육 통제도 급속히 발달하므로 손의 사용이 더 정교해진다. 소근육 운동기술은 여아가 앞서는 반면, 대근육 운동기술은 남아가 우세하다. 아동기의 끄적이기는 나름대로 패턴이 있으며 수직 또는 지그재그로 끄적거린다.

② 3세 유아는 엄지와 검지로 매우 작은 물체를 잡을 수 있지만 아직 서투르며 원, 정사각형, 직사각형, 삼각형, 십자모양, X자 모양을 그릴 수 있다.

③ 4세 유아는 소근육 운동기술이 상당히 발달한다(블록탑 높이 쌓기/ 구두끈 매기/ 선 따라 가위로 오리기). 또 사람을 그릴 때 눈은 큰 점으로, 다리는 막대 모양으로 그린다.

④ 5세 유아는 단순한 놀이에 관심이 없으나 (종이를 반, 1/4 로 접기/ 글자나 숫자 베끼기/ 크레용색칠 하기) 그림은 제법 잘 그린다.

⑤ 소근육의 대표적 운동기술이 그림그리기이다. 연령 변화는 뇌와 소근육이 성숙됨을 뜻함(Kellogg, 1970).

⑥ 중추신경계의 수초화가 증가하면서 아동기의 소근육 운동기능도 증가한다. 수초화의 증가는 신경 전류의 전달속도를 증가시키므로, 정보가 근육에 더 빨리 전달되고, 더 잘 통제하게 만든다. 손과 손가락을 사용하는 소근육 운동기능의 증가로 다양한 악기연주나 수공예와 같은 활동을 할 수 있으며, 소근육 운동기술이

증가함에 따라 아동의 독립심도 증가한다.

▌건강관리와 질병

아동기에는 면역력 증가로 건강한 편이나 생활반경이 넓어지므로 전염성 질병에 걸리기 쉽다. 신체활동량 많아지고 호기심도 왕성해지므로 사고가 자주 발생한다. 보통 남아가 여아보다 사고 비율 높다.

(1) 영양

아동기는 계속해서 성장하는 시기이므로 성인보다 단백질을 더 많이 섭취해야 한다. 아동기에는 평균 체중이 2배가 되고, 운동기능 발달로 여러 활동에 참여함으로써 에너지 소모량이 증가한다.

(2) 비만

① 정상체중보다 체지방이 20% 이상의 과다 축적되는 것을 비만이라 한다. 아동기 비만은 유전적 요인, 운동부족, 과식 등 여러 원인에서 비롯된다.

② 양쪽 부모가 비만인 경우에는 자녀의 70%가 비만이 되고, 한족 부모가 비만인 경우에는 50%가, 양쪽 부모 모두 비만이 아닌 경우에는 자녀의 10%만이 비만이 된다. 영아동기의 비만은 이후의 비만과도 직결되며, 비만 유아는 4~5세경이면 이미 자신에게 적절한 식사량 이상으로 먹는 습관에 길들여지는 경우가 많다.

(3) 질병

① 아동기에 매우 심각한 만성질환은 알러지이다. 천식도 아동기에 볼 수 있는 보편적인 질병이지만 아동기 말이나 청소년기 초기에 저절로 없어지거나 그 정도가 감소한다.

② 아동기에 사망원인은 사고가 가장 많고 그 다음이 암이다. 암 중에서도 가장 많이 발생하는 암은 백혈병(Leukemia)이다. 백혈병은 골수에서 백혈구가 지나치게 많이 생산되는 반면, 적혈구와 혈소판은 감소하는 질환이다. 성인암과 달리 소아암은 발견 당시에 이미 상당히 진행되어 80%가 전이된 경우가 많다. 소아암의 원인은 명확하게 알려진 바가 없다.

(4) 치아건강

아동기 동안 젖니가 계속해서 빠지는데, 1년에 약 네 개씩 젖니가 영구치로 대체된다. 첫 번째 어금니는 6세경에 나고, 두 번째 어금니는 13세경, 세 번째 어금니 즉, 사랑니는 20세경에 나온다.

2. 아동기의 인지발달

유아는 눈앞에 존재하지 않는 대상이나 사건에 대해 정신적 표상에 의한 사고를 할 수 있으며, 상징을 사용할 능력을 갖는다. 이 시기에 습득하는 언어 발달은 매우 중요한 역할을 한다. 즉, 언어가 상징적 표현의 중요한 수단이 되어 의사소통이 보다 효율적으로 이루어질 수 있다. 자기중심적 사고를 한다.

▮ 아동기 사고의 특성

(1) 전개념적 사고기

① 상징적 사고 : Piaget(1962)는 전조작기의 가장 중요한 인지적 성취는 상징적 사고(symbolic thought)의 출현이다.
상징(symbol)은 어떤 것을 나타내는 징표이다. 상징적 사고능력은 유아가 '지금 여기'의 한계에서 벗어나 정신적으로 과거와 미래를 넘나들게 한다. 상징적 사고의 가장 매혹적인 결과는 가상놀이다.
ex) 소꿉놀이, 병원놀이, 학교놀이 등

② 자기중심적 사고 : 자기중심적 사고(egocentric thought)는 타인의 관점을 고려하지 못하기 때문이다. 이것은 유아가 이기적이거나 일부러 배려하지 않는 것이 아니라 사람의 관점을 이해하지 못함을 의미한다.

③ 물활론적 사고 : 전조작기의 유아가 생물과 무생물을 구분하는 방식은 성인과 다르다. 이 시기에는 물활론적 사고, 즉 생명이 없는 대상에게 생명과 감정을 부여하는 사고를 한다.
ex) 가위로 종이를 자르면 종이가 아플 것/책꽂이에서 떨어진 책은 다른 책과 함께 있기를 싫어서 떨어졌다고 믿음 등

④ 인공론적 사고 : 물활론적 사고와 관련된 현상이 인공론적 사고이다. 물활론(animism)과 인공론(artificialism)은 자기중심성의 특별한 형태이다. 유아는 자기중심적 사고의 특성으로 인해, 사물이나 자연현상이 자신을 위해 존재한다고 생각한다.

⑤ 전환적 추론 : 인과개념은 어떤 현상의 원인과 결과 간의 관계 추론 능력이다. 성인의 추론은 귀납적이거나 연역적 추론을 한다. 전환적 추론의 특징은 한 특정 사건으로부터 다른 특정 사건을 추론하는 것이다.
ex) 한 유아가 미워하는 동생이 아프다는 두 가지 사실을, 자기가 동생을 미워해서 동생이 아프게 되었다는 인과관계로 연결시킨다. 어떤 두 가지 현상이 시

간적으로 근접해서 발생하면 두 현상 간에 아무런 관계가 없는 데도 유아는 인과관계가 있는 것으로 생각한다.

(2) 직관적 사고기

직관적 사고란 어떤 사물을 볼 때, 그 사물의 두드러진 속성을 바탕으로 사고하는 것을 말한다. 즉 직관에 의해 사물을 파악하는 것을 의미한다.

① 보존개념 : 보존개념(conservation)은 어떤 대상의 외양이 바뀌어도 그 속성이 바뀌지 않음을 이해하는 능력이다. 이 개념의 획득 연령은 과제 종류에 따라 다르다. 수 보존개념은 5~6세, 길이 보존개념은 6~7세, 무게, 액체, 질량, 면적의 보존개념은 7~8세, 부피 보존개념은 11~12세에 획득된다.

전조작기의 유아가 보존개념을 획득하지 못하는 이유

㉠ 중심화(centration)현상 때문
중심화란 두 개 이상의 차원을 동시에 고려하지 못한 채 한 가지 차원에만 주의를 집중하는 것을 말한다.

㉡ 지각적 특성으로 판단하는 직관적 사고 때문

㉢ 정지된 상태(states)에 주의 집중하여 바뀌는 상태(transformations)를 고려하지 못하기 때문

㉣ 전조작기 비논리적 사고인 비가역성(irreversibility) 때문
가역성(reversibility)은 어떤 변화가 있을 때 이것을 원래 상태로 되돌리는 것을 말하는데, 비가역성은 이런 능력이 없는 것을 말한다.

② 유목포함 : 유목화라고 하며, 유목포함(class inclusion)이라고도 한다. 상위유목과 하위유목 간의 관계, 즉 전체와 부분의 관계를 이해하는 능력이다. 아동기에는 물체를 공통의 속성에 따라 분류하고 한 대상이 하나의 유목에 속하는 것으로 분류할 수 있다. 물체를 한 가지 속성에 따라 분류하는 단순 유목화, 물체를 두 개 이상의 속성에 따라 분류하는 다중 유목화, 개념이나 상위유목과 하위유목 간의 관계를 이해하는 유목포함의 개념을 습득하게 된다.

③ 서열화 : 구체적 조작기에 이르러서는 서열화의 개념을 완전히 획득하게 된다. 아동기에는 특정한 속성에 따라 유목으로 나누면서, 동시에 거의 시행착오 없이 상호관계에 따라 막대를 순서대로 배열하는 것이 가능하다. 아동은 한 가지 속성

에 따라 대상을 비교하면서 순서대로 배열하는 단순 서열화뿐만 아니라, 두 가지 이상의 속성에 따라 대상을 비교해서 순서대로 배열하는 다중 서열화도 가능하다.

(3) 아동기 사고의 최근 연구

Piaget의 이론에서는 아동기의 사고가 지나치게 부정적으로만 기술되어 있다. 좀 더 단순한 과제나 일상생활에서 유아에게 친숙한 과제를 제시하면, 유아는 타인의 관점을 고려할 수 있으며, 보존개념이나 유목포함 등의 과제를 상당 부분 수행하는 것으로 나타났다. 또 과제 수행은 훈련을 통해 유아의 인지적 능력이 향상된다고 본다.

Piaget 이론의 비판

㉠ 자기중심성 : 유아는 익숙하지 않은 상황에서만 자기중심적 사고를 한다.

㉡ 물활론 : 최근 연구에, 유아는 Piaget 생각처럼 물활론적 사고를 하지 않는다. 한 연구(Keil, 1979)에서 3세 유아는 생명이 있는 대상에게만 감정과 정서를 부여함으로써, 생명이 없는 대상과 구분 할 능력이 있음을 보여주었다. 그리고 해와 구름은 연령에 관계없이 물활론적 사고를 하는 경향이 높았다.

㉢ 유목포함 : 유목포함에 관한 실험에서 질문양식을 바꾸거나, 각 유목수를 5개 미만으로 하거나, 유아에게 좀 더 친숙한 꽃이나 동물을 과제로 사용하면 유아도 유목포함 조작이 가능한 것으로 나타났다.

(4) 아동기의 기억발달

아동기에는 기억능력이 크게 발달하는데, 여기에는 네 가지요인이 작용한다 (Shaffer, 1999). 첫째, 정보 저장할 저장 공간의 크기, 둘째, 정보를 체계적으로 저장 인출할 수 있는 기억전략(memory strategy)의 발달, 셋째, 기억과 기억과정에 대한 지식인 상위기억(metamemory)의 발달, 넷째, 연령증가에 따른 지식기반(knowledge base)의 확대이다.

① 기억용량의 증가 : 기억용량 증가는 정보 저장 공간의 증가를 의미한다. 연령별 기억폭의 증가는, "연령이 증가하면서 정보처리 속도가 빨라지고 더 효율적이 되므로, 조작공간을 덜 필요로 해서 저장 공간이 증가 한다"는 Case(1985)의 조작 효율성 가설로 설명할 수 있다.

② 기억전략의 발달 : 기억전략은 정보를 장기기억 속에 저장하고 그 정보가 필요할 때 인출이 용이하게 하는 의도적인 활동으로, 기억술이라고도 한다. 기억전략에는 기억해야 할 정보에 주의를 기울이는 주의집중(attention), 기억하려는 것을 반복 연습하는 시연(rehearsal), 관련 있는 것 끼리 집단화시키고 유목화하는 조직화(organization), 기억해야 할 정보에 다른 것을 연결시켜 정보가 갖는 의미의 깊이와 폭을 더욱 확장시키는 정교화(elaboration), 그리고 도움될 수 있는 단서를 사용하는 인출(retrieval) 전략 등이 있다.

③ 주의 집중(attention) : 우리가 어떤 정보를 기억하기 위해서는 먼저 그 정보에 주의를 기울여야 하는데, 아동기에는 주의폭(attention span)이 매우 짧다. 주의집중 능력은 중추신경계의 성숙으로 아동기에 크게 증가하여, 주의집중을 관장하는 망상체는 사춘기가 되면 완전히 수초화 된다.

④ 시연 : 매우 간단하면서도 효과적인 기억전략이 시연이다. 시연은 기억해야 할 정보를 여러 번 반복해서 암송하는 것을 말한다. 시연에 의해 더 많은 정보가 저장되기보다 같은 정보를 더 오래 기억하게 한다.

⑤ 조직화 : 조직화란 기억하려는 정보를 서로 관련 있는 것끼리 묶어 범주로 분류하여 기억의 효율성을 높이는 전략이다. 시연처럼 조직화의 초보 형태는 아동기에도 나타난다. 아동기에 의미론적 조직화는 못한다. 집중적인 훈련으로 유아에게 조직화를 가르칠 수 있으나 항상 성공적이지는 않다.

⑥ 정교화 : 정교화 시용을 위해서 기억할 항목을 이미지 형태로 전환해야 하고, 양자 간의 관계를 설정해야 하므로 정교화는 다른 전략에 비해 늦게 발달한다. 11세 이전에는 정교화 전략을 사용하지 못한다.

⑦ 인출전략 : 시연, 조직화, 정교화가 정보를 효율적으로 저장하기 위해 사용되는 기억전략이라면, 인출전략은 저장된 정보 중에서 필요한 정보를 인출하기 위한 기억 전략이다.

(5) 인지양식

인지양식이란 개인이 환경에 대해 인식하고 반응하는 양식으로써 아동기에 나타나기 시작하는 것이다(ex : 어떤 아동은 주어진 문제에 곧바로 답을 하지만 또 다른 아동은 한참 생각한 후에 답을 한다).

① 수렴적 사고와 확산적 사고

- 수렴적 사고(convergent thinking)는 문제를 해결하기 위해 사용하는 사고방식의 한 종류로, 여러 가지 가능한 해결책이나 답들 가운데서 가장 적합한 해

결책이나 답을 모색하는 사고를 말한다.

- 확산적 사고(divergent thinking)는 문제를 해결하기 위해 다양한 해결책이나 답을 모색하는 사고를 말한다(ex.사고의 유창성, 융통성, 독창성, 정교성, 집착성). 확산적 사고를 주로 하는 아동들은 확산적 사고를 요하지 않는 매우 구조화된 과제에서도 긴장하지 않고 즐기는 듯이 문제를 해결하고자 한다.

② 장 의존성과 장 독립성

- 장 의존성(field dependence)과 장 독립성(field independence) 개념은 개인이 사물을 인식할 때 그 사물을 둘러싼 배경의 영향을 많이 받거나 받지 않는 인지양식을 의미한다.
- 장 의존적인 사람은 장 영향을 많이 받고, 사물을 전체로써 지각한다.
- 장 독립적인 사람은 장 영향을 거의 받지 않고 사물을 여러 개의 부분으로 지각한다.
- 대부분의 사람들은 장 의존성과 장 독립성이 혼합되어 있으며, 이는 사회관계에도 영향을 미치는데, 장 의존적인 아동은 어려운 상황에 처하면 단서를 얻기 위하여 주위 사람들에게 의존하거나 다른 사람의 견해에 맞추어 자신의 견해를 수정한다. 반면, 장 독립적인 아동은 스스로 문제를 해결하고자 하고 매우 자율적이다.

③ 사려성과 충동성

- 주어진 문제에 즉각적 반응을 보이면서 실수가 많은 아동이 있는가 하면, 찬찬히 생각하여 문제를 풀어 실수를 적게 하는 아동이 있다. 전자는 충동적이고 후자는 사려적이다.
- 아동의 사려성과 충동성은 5~6세경에 나타나기 시작하며, 이 후에도 별로 변하지 않는다는 견해와 사려성과 충동성은 안정적인 성격특성이 아니라는 견해가 있다.

3. 아동기의 언어발달

아동기 사고의 특성은 상징을 사용할 수 있는 능력이며, 가장 중요한 상징적 표현 수단은 언어이다. 아동이 상징적 기능을 획득하게 됨에 따라 단어획득 속도는 급격하게 빨라진다.

▌단어와 문장의 발달

(1) 단어 수의 증가

① 유아가 사용하는 단어 수는 빠른 속도로 증가하는데, 이는 유아의 인지적 성숙으로 인해 사물을 범주화하는 능력 발달과 관련된다(Goldfield & Reznick, 1990).

② 단어습득 속도나 학습능력은 개인차가 크다.

(2) 단어의 의미 이해하기

① 유아가 처음 듣는 단어의 의미를 어떻게 습득하는가는 아직 완전히 밝혀지지 않았지만, 상당히 어린 시기부터 사회적·맥락적 단서를 활용하는 것으로 보인다.

② 유아가 새로운 단어의 의미를 습득하는 방법 중 하나는, 짧은 순간에 어떤 단어를 한 번만 듣고도 그 단어의 의미를 습득하는 '신속표상대응(fast mapping)' 이라는 과정을 통해서 습득하는 방법이다(Carey, 1977; Heiback & Markman, 1987).

③ 신속표상대응은 추상적 정보보다는 구체적 사물에 대해서 보다 정확하고 빠르게 일어난다. 또한 연령이 증가함에 따라 이 과정의 속도도 빨라진다.

④ 아동의 어휘능력은 초등학교를 졸업할 때쯤에는 약 40,000 단어 정도를 습득하게 된다. 어휘력의 증가와 함께 아동기에 비해 단어를 더 정확하게 사용하게 되고, 단어에 대한 사고도 달라진다.

(3) 문장의 발달

① 유아 연령증가에 따라 언어사용이나 이해가 더 증가한다. 한 단어의 문장을 거쳐, 전문식(telegraphic)형태를 보이는 두 단어의 문장을 사용한 후, 2~3세경이 되면 세 단어 이상으로 문장을 만들 수 있다.

② 유아가 문법적 형태소를 획득하면 전문식 표현이 감소하고 말의 길이가 점차 길어진다.

③ 읽기와 쓰기 능력의 발달: Chall(1979)은 읽기능력의 발달을 5단계로 나누어 설명하고 있다.

- 준비단계(출생~초등학교 1학년)에서는 읽기에 요구되는 선행조건을 학습해야 한다.
- 1단계(초등학교 1~2학년)에서는 글 읽는 법을 배우고 단어를 소리로 바꾸는 능력을 획득하게 된다.

- 2단계(초등학교 2~3학년)에서는 글 읽기에 보다 익숙해진다.
- 3단계(초등학교 4학년~중학교 3학년)에서는 글을 통해 정보를 획득하는 능력이 급속히 발달한다.
- 4단계(고등학교)에서 대부분의 학생들은 읽기 능력을 완전히 발달시키며, 여러 관점에서 제시된 정보도 잘 이해할 수 있다.

(4) 의사소통 기술의 발달

아동기에는 단어 획득, 문법숙달로 의사소통이 보다 효율적으로 이루어지나 아직 사고의 자기중심성 때문에 언어도 자기중심적인 특성을 갖는다. 유아의 의사소통 능력에는 여전히 한계가 있으나 효율적인 의사소통을 위해서는 물리적·사회적 맥락에 적절한 언어를 사용하는 방법을 습득하고, 다른 사람의 말을 잘 듣고 모호한 부분은 분명히 알 때까지 물어볼 수 있는 청자(listener)의 능력도 습득해야 한다.

① 학령기 아동은 상대방이나 자신의 메시지가 분명하지 않을 때 어느 부분이 모호한지를 인식하고, 그 부분을 분명하게 만드는 참조적 의사소통기술을 발달시키게 된다.

② 학령기 아동들에게서 참조적 의사소통기술이 빠르게 발달하는 것은, 이지적 발달로 자기중심성이 완화되고 역할수용 기술을 획득하기 때문이며, 청자에 맞게 말을 조절해야 한다는 사회언어학적 능력이 발달하기 때문이다.

4. 아동기의 사회·정서발달

아동기는 대인관계의 폭이 넓어지고 다양해진다. 활동반경이 넓어지면서 인간상호관계에 따른 정서적 긴장이 나타나며, 언어능력의 발달로 자기주장 관철을 위해 언어적 표현을 많이 한다. 놀이는 유아의 사회성발달에 매우 중요한 역할을 한다. 놀이를 통해 유아는 사회적 관계를 형성하고, 사회적 기술과 역할을 습득하게 된다. 유아가 최초로 맺는 인간관계는 부모와의 관계이다. 부모가 제공하는 환경은 유아의 신체적, 지적, 사회정서적 발달에서 중심적 역할을 하게 된다.

▮정서의 발달

(1) 정서이해 능력의 발달

아동기가 되면 정서표현에 대해 많은 것을 이해하게 된다. 정서를 표현하는 단어를 사용하고, 이해하는 능력이 급속도로 증가하며 행복과 같은 긍정적 정서를 더 쉽게 이해한다. 유아는 아직 사물의 실제 모습과 겉으로 보이는 모습의 차이를 이해 못하기 때문에, 느끼는 정서와 표현하는 정서를 구별하지 못한다.

(2) 정서규제 능력의 발달

정서규제 능력은 정서표현을 통제하는 능력인데 아동기에 크게 증가한다.

① Saarni(1984)의 정서규제 능력 발달에 필요한 세 요소 :

- 정서를 통제할 수 있는 능력
- 언제 부정적 정서를 감추어야 할지에 대한 지식
- 정서를 통제하고자 하는 동기 이다.

② 정서규제의 중요한 측면은 좌절에 대한 참을성(tolerance for frustration)이다. 이 능력은 2세경에 나타나기 시작해서 아동기에 극적으로 증가한다.

- 좌절에 대한 참을성은 만족지연(delay of gratification)에서도 나타난다.
- 만족지연은 지금 바로 보상을 받는 것보다 만족을 지연시켜 나중에 더 큰 보상을 받는 것을 말한다.

(3) 놀이

유아의 하루는 놀이의 연속이며, 모든 활동이 놀이가 된다. 놀이는 유아의 생활이며 여러 지식 획득의 수단으로 성장 발달에 영향을 미치는 중요한 활동이다. 유아는 자신의 생각과 감정을 쉽게 언어화 할 수 없으며 놀이로 더 적절하게 표현할 수 있다. 놀이는 또래 관계를 확장시키고 신체발달을 돕는다.

놀이이론

- 정신분석이론 : 놀이는 일상의 긴장상태를 여러 아동들과의 관계를 통해 조절하거나 사회적으로 인정된 방법으로 발산할 기회를 제공한다. 또한 아동은 놀이를 통해 자연스럽게 자신의 심리적 문제를 표현하며 부정적인 감정을 투사함으로써 정화작용이 되게 한다.
- 사회학습이론 : 놀이를 아동이 새로운 행동이나 사회적 역할을 안전하게 시험해 볼 수 있는 기회로 본다. 놀이로 사회적 관계를 형성, 사회성이 발달된다. 아동기에는 보다 사회화된 놀이로 발전한다.
- 인지발달이론 : 놀이는 새롭고 복잡한 사건이나 사물을 배우는 방법이다. 놀이는 아동 인지발달에 절대적 영향을 미친다. 놀이를 통해 새로운 개념이나 기술을 습득 하고, 생각과 행동을 통합해 나아가며, 문제해결능력을 키울 수 있다. 감각운동기에는 기능놀이를 주로하고, 전조작기에는 구성놀이나 가상놀이를 주로 하고, 구체적 조작기에는 규칙이 있는 게임을 주로 한다고 한다.

놀이의 유형

① 인지적 수준에 따른 놀이의 유형

- 기능놀이 : 단순 반복적으로 근육을 움직이는 놀이(딸랑이 흔들기, 자동차 앞뒤로 굴리기)
- 구성놀이 : 무엇인가 만들어내는 놀이(블록 쌓기, 그림 자르기 등)
- 가상놀이 : 아동의 표상능력을 보여주는 인지발달에 유용한 놀이(병원놀이, 소꿉놀이)
- 규칙있는 게임 : 미리 만들어진 규칙에 따른 놀이(윷놀이, 줄넘기놀이, 숨바꼭질)

② 사회적 수준에 따른 놀이의 유형

- 몰입되지 않은 놀이(unoccupied play) : 영아는 놀고 있지 않은 것처럼 보이지만 수변 일에 흥미를 가지고 있으며, 주로 자신의 신체를 가지고 논다.
- 방관자적 놀이(on-looker behavior) : 대부분의 시간을 다른 유아가 노는 것을 관찰하면서 보낸다.
- 혼자놀이(solitary play) : 곁에 있는 유아와 상호작용하기 보다는 혼자 장난감을 가지고 논다.
- 평행놀이(parallel play) : 같은 공간에서 다른 유아와 상호간에 특별한 교류가 없고 이들과 가까워지려는 노력도 보이지 않는다.
- 연합놀이(associative play) : 둘 이상의 아동이 함께 공통적인 활동을 하고, 장난감을 빌리고 빌려주며 놀기도 하지만, 각자의 방식대로 행동하며, 놀이에서 리더나 목표, 역할분담은 없다.
- 협동놀이(cooperative play) : 아동은 한 가지 활동을 함께 하고, 서로 도우며, 조직된 집단으로 편을 이루어 놀이 한다. 규칙에 따라 놀이가 이루어지며 리더나 공동 목표, 일정한 역할분담이 존재한다.
- Parten은 유아가 점차 성장하고 사회성이 발달함에 따라 혼자놀이와 평행놀이의 비중은 감소하고 연합놀이나 협동놀이의 비중은 증가한다고 하였다.

▮ 성역할 발달

사회가 각 성에 적합한 것으로 규정한 행동이나 태도를 자신의 것으로 내면화시키는 것을 성유형화라고 하며, 이를 통해 우리는 자신의 성에 적합한 성역할 개념을 습득하게 된다.

(1) 성역할발달의 이론

한 개인이 그가 속해 있는 사회가 규정하는 성에 적합한 행동, 태도 및 가치관을 습득하는 과정을 성역할 사회화라 한다. 이 과정을 통해 남성성 또는 여성성이 발달하며, 여자는 여성적인 것이, 남자는 남성적인 것이 정신적으로 건강하다는 것을 의미한다.

이와 같은 성에 적합한 사회적 역할을 학습하는 과정은 그 기초가 가정에서 이루어지며, 동성의 부모와 동일시하려는 심리적 과정에서 진행된다.

① 정신분석이론 : Freud(1933): 남자와 여자의 근원적 차이는 심리성적 발달의 3단계인 남근기에서 서로 다른 경험에 기인한다. 이 단계에서 남아는 오이디푸스 콤플렉스, 여아는 엘렉트라 콤플렉스를 각각 경험하는데, 이것의 해결 수단으로 성역할 동일시가 이루어진다. 즉, 이성 부모에 대한 근친상간적 성적 욕망은 현실이 될 수 없음을 깨닫고, 동성 부모의 보복을 두려워하게 된다.

② 사회학습이론 : Mischel(1970): 성역할은 직접학습과 관찰학습에 의해 발달한다. 부모, 교사 또는 친구가 아동의 성에 적합한 행동을 강화하고, 성에 적합하지 못한 행동을 벌함으로써 직접학습이 이루어진다.
이 직접학습에서 남아는 단호하고, 경쟁적, 자동차나 총과 같은 장난감을 가지고 놀도록 장려되고, 여아는 얌전하고, 협동적이며, 인형이나 소꿉놀이를 하도록 장려된다.

③ 인지발달이론 : Kohlberg(1966): 성역할의 동일시의 가장 중요한 요인은 아동 자신이 '남자다 또는 여자다'라는 성별 자아개념을 인식하는 것으로, 이것이 동일시에 선행한다. 이 이론은 같은 성의 부모와의 동일시가 성유형화의 결과로 본다.

④ 성도식이론 : Bem(1981, 1985)의 성도식(gender-schema)이론: 사회학습이론과 인지발달이론의 요소를 결합한 것으로 성역할의 개념의 습득과정을 설명하는 정보처리이론이다. 성유형화가 아동의 인지발달 수준이나 사회문화적 요인의 영향을 받지만 동시에 성도식화(gender-schematization)과정을 통해 형성 된다고 한다.

⑤ 성역할초월이론 : Hefner, Rebecca, Oleshansky 등(1975): 성역할 사회화에 대한 전통적인 견해는 인간의 잠재력을 위축시키고, 성별의 양극 개념과 여성의 열등성을 조장하는 것이라 주장한다.

(2) 성역할 발달과 영향요인

① 생물학적 요인 : 유전학적인 측면에서 남자가 여자보다 약한 성이다. 수정된 순간부터 여아는 남아보다 더 많이 살아남고, 신체적 결함이나 정신적 결함도 남아보다 적다. 남자 성염색체는 XY이므로 XX인 성염색체를 가진 여자보다 유전적 결함을 가지기 쉽다. 그리고 성호르몬 또한 성 차이의 원인이 된다.

② 문화적 기대 : 전통적인 성역할이 대부분의 문화권에서는 보편적인 현상이지만 남성성, 여성성의 발달은 문화에 따라 상당히 융통성이 있다는 것을 볼 수 있다. 따라서 남녀 간에 신체적 구조에 기인한 사회적, 인지적 차이가 있다면 이들은 문화적 요인에 의해서 상당히 수정될 수 있다는 것을 알 수 있다.

③ 부모의 역할 : 부모는 성역할 습득을 위한 훈육자로서 또는 모델의 의미를 지니며, 자녀는 이러한 부모를 통하여 성역할을 발달시킨다. 부모는 자녀에게 적극적으로 성에 적합한 행동을 권유할 뿐만 아니라 성에 적합하지 않은 행동을 했을 때에는 벌을 준다.

④ 아버지의 역할과 아버지의 부재 : Johnson(1977)은 자녀의 성역할발달에 있어서 아버지의 역할은 매우 특이하고 중요하다고 하면서, 그 이유를 다음과 같이 설명했는데, 어머니는 아들딸을 특별히 다르게 대하지 않는데 반해, 아버지는 아들딸을 구별하여 서로 다른 상호작용을 발달시키고, 이것이 자녀의 성역할 발달에 큰 영향을 미친다.

⑤ 형제의 역할 : 형제의 수, 출생순위, 그리고 형제들과의 관계는 아동의 성역할발달에 중요한 역할을 한다. 같은 성의 형제가 있으면 성역할 발달이 빨리 이루어진다고 주장한다.

⑥ 또래와 교사의 역할 : 또래의 영향은 상당량의 성역할 학습은 성이 분리된 놀이 상황에서 일어난다. 이는 같은 성의 또래와의 놀이가 성에 적합한 행동을 배우고 실행해보는 좋은 방법이 될 수 있기 때문이다. 또한 유아들은 성에 적합한 행동은 서로 보상하고, 성에 부적합한 행동은 벌한다. 이러한 보상과 벌은 유아의 행동에 많은 영향을 주기 때문에 더욱 중요한 의미를 지닌다.

⑦ 텔레비전의 영향 : 텔레비전은 전통적인 성역할을 자주 묘사함으로써 많은 시간을 텔레비전 시청으로 보내는 아동에게는 전통적 성역할을 고수하게 하는 결과를 낳는다. 따라서 텔레비전을 많이 보는 아동이 적게 보는 아동보다 훨씬 더 성역할 고정관념을 고수하였다는 결과는 그리 놀라운 것이 아니다.

▌사회화와 가족의 영향

사회화란 개인이 자기가 속해 있는 사회집단에 적합하다고 생각되는 행동양식을 습득하는 과정을 말한다. 가족은 개인의 사회화에 가장 영향력 있는 집단이며, 부모는 아동이 세상에 태어나서 최초로 관계 하는 대상이며, 형제는 아동이 출생 후 처음으로 경험하는 또래집단이자 가장 오랫동안 개인의 사회화에 영향을 미치는 중요한 인물이다.

(1) 부모의 양육행동

① 애정과 통제

- 애정차원은 부모가 자녀에게 얼마나 애정적, 지원적이며, 민감한 반응과 관심을 가지고 있는가이다.
- 통제 차원은 아동에게 성숙한 행동을 요구하고, 아동의 행동을 통제하는 것을 말한다. 애정과 통제 차원이 둘 다 높은 경우는 '권위적(authoritative)'부모, 통제차원은 높지만 애정차원은 낮은 경우는 '권위주의적(authoritarian)'부모, 애정차원은 높은데 통제차원이 낮은 경우는 '허용적(indulgent)'부모, 애정과 통제차원이 다 낮은 경우는 '무관심한(neglectful)'부모로 명명되었다.

| 표 1-1 부모의 유형과 아동의 사회적 행동 |

부모유형	특 성	아동의 사회적 행동
권위적 부모	애정적·반응적이고 자녀와 항상 대화를 갖는다. 자녀의 독립심을 격려하고 훈육 시 논리적 설명을 한다.	책임감, 자신감, 사회성이 높다.
권위주의적 부모	엄격한 통제와 설정해 놓은 규칙을 따르도록 강요한다. 훈육 시 체벌을 사용하고 논리적 설명을 하지 않는다.	비효율적 대인관계, 사회성 부족, 의존적, 복종적, 반항적 성격
허용적 부모	애정적·반응적이나 자녀에 대한 통제가 거의 없다. 일관성 없는 훈육을 한다.	자신감 있고 적응을 잘하나, 규율을 무시하고 제멋대로 행동한다.
무관심한 부모	애정이 없고, 냉담하고, 엄격하지도 않으며, 무관심하다.	독립심이 없고 자통제력이 부족하다. 문제행동을 많이 보인다.

② 자애로움과 엄격함

자애로움은 자녀를 신뢰하고, 따뜻하고 관대하게 대하는 것을 말하고, 엄격함은 확고한 원칙을 가지고, 정해진 바를 일관성 있게 밀고 나가는 것을 말한다.

| 표 1-2 부모의 유형과 자녀의 특성 |

부모 유형	부모의 특성	자녀의 특성
자애롭기만 한 부모	· 자녀의 모든 요구를 다 들어준다. · 말은 엄격하나, 행동으로 보이지 못한다. · 때로는 극단적인 벌을 주거나 분노가 폭발하여 스스로 죄책감을 느낀다. · 벌주는 것 자체를 잘못이라고 생각한다.	· 책임을 회피한다. · 쉽게 좌절하고, 그 좌절을 극복하지 못한다. · 버릇없고 의존적이고, 유아적 특성을 보인다. · 인정이 많고 따뜻하다.
엄격하기만 한 부모	· 칭찬을 하지 않는다. · 부모권위에 의문제기를 허락하지 않는다. · 자녀가 잘못한 점은 곧바로 지적한다. · 잘못한 일에 반드시 체벌이 따라야 한다고 생각한다.	· 걱정이 많고 항상 긴장하고, 불안해한다. · 우울하고, 때로 자살을 생각하기도 한다. · 책임감이 강하고 예절이 바르다. · 지나치게 복종적·순종적이다. · 부정적 자아이미지, 죄책감, 자기비하가 많다.
엄격하면서 자애로운 부모	· 자녀의 문제를 정상적인 삶의 한 부분으로 생각한다. · 자녀에게 적절한 좌절경험으로 자기훈련의 기회를 제공한다. · 자녀를 장·단점을 지닌 한 인간으로 간주한다. · 자녀의 잘못을 벌할 때도 자녀의 잠재력은 인정한다. · 자녀의 장점을 발견하여 키워준다.	· 자신감이 있고 성취동기가 높다. · 사리분별력이 있다. · 원만한 인간관계를 유지한다.
엄격하지도 자애롭지도 못한 부모	· 무관심하고 무기력한 부모이다. · 칭찬도 벌도 없이 비난만 한다. · 자식을 믿지 못한다(자녀가 고의적으로 나쁜 행동 한 것으로 생각한다).	· 반사회적성격 : 무질서하고, 적대감이 많다. · 혼란스럽고 좌절감을 많이 느낀다. · 세상과 타인에 대해 불신감이 짙다.

(2) 형제자매

아동기에는 어머니와 보내는 시간보다도 많은 사건을 형제와 보내게 된다.

형제관계는 부모-자녀관계에 비해 상호적이며 보다 평등한 관계이다. 형제간의 상호작용은 또래집단 간의 상호작용과 상당히 유사하여, 빈번한 상호작용이 있고, 솔직한 정서표현, 상호 간의 관심과 애착의 증거를 볼 수 있다. 형제 관계에서 상호작용을 통해 서로 모방하려는 경향이 강하며, 특히 동생이 형을 모방하는 정도가 더욱 심하다.

형제관계가 경쟁적인 상대로 발전 하는가 혹은 긍정적인 관계를 유지할 수 있는

가는 어머니의 양육방식이나 아동의 성격에 의해 많은 영향을 받는다. 어머니가 첫 아이에게 덜 민감하고 무관심하고, 명령적인 경우에는 형제간에 대결상황을 마련해 주게 된다.

(3) 출생순위

일반적으로 맏이는 부모로부터 가장 많은 기대와 관심 속에 성장하고, 지적 자극이나 경제적 투자도 가장 많다. 그 결과 맏이는 이후에 태어나는 아이에 비해 성취지향적이며, 인지발달이나 창의성이 뛰어나고, 친구들 간에 인기가 높다.

둘째는 출생 후 손위형제의 존재로 인해 무력감과 좌절감을 느끼게 된다. 자신보다 우월한 형의 존재는 경쟁심을 유발시켜, 그 결과보다 사교적이며 손위형제와는 다른 특성을 보임으로써 자신의 위치를 확보하려 한다.

막내는 불리한 위치에서 출생하지만 폭군이 될 수도 있다. 애교를 부리거나, 약하고, 귀엽고, 겁 많게 보임으로써 자신의 위치를 이용하여 모든 가족구성원에게 자기를 시중들도록 요구할 수 있다.

외동이의 성격특성은 종종 부정적인 측면에서 부각되고 있다. 하지만 지적능력이나 성취동기, 사교성 등에서 맏이와 유사한 성격특성을 갖는다. 독자인 경우 성인과 같은 행동특성을 보인다.

(4) 조부모

조부모는 부모보다 자녀양육에 관한 경험이 많으므로, 손 자녀에게 정서적 안정감을 제공해 줄 수 있고, 손 자녀에 대한 직접적인 의무감이나 책임감이 없기 때문에 순수하게 애정적인 관계에서 유대감을 형성하거나, 손자를 돌봄으로 인해 상실감을 극복할 수 있다. 조부모와 함께 사는 아이들은 폭넓은 인간관계로 애착형성이 다양해지고 사회성도 발달한다.

▌가족구조의 변화

(1) 이혼가정의 자녀

① 이혼 후 동거하는 부모의 성과 자녀의 성이, 이혼에 반응하는 주요 요인이 된다. 부모 이혼 후 어머니와 함께 사는 남아의 경우, 남성모델 부재로 고통을 당한다. 결과적으로 학교에서는 적응을 잘 못하고 비행을 저지른다. 여아의 경우, 어머니의 존재와 지원 때문에 이혼에 적응을 잘하는 편이나 항상 그런 것은 아니다. 어머니와 갈등 있는 경우 학교생활을 잘 못하고 더 오랫동안 분노를 경험한다. 이는 주로 아버지를 향한 분노이다.

② 흥미로운 사실은 아들, 딸 모두 어머니가 이혼을 청구했더라도 어머니보다 아버지를 더 많이 원망한다.

③ 부모의 이혼에 대한 반응도 주요 요인이다. 이혼은 부모 자신의 자아존중감과 자아가치감에 손상을 입힌다. 부모 스스로가 자신의 문제에 빠져 있는 상태이기 때문에, 이혼 직후에는 부모역할을 제대로 못한다.

(2) 편부모 가정의 자녀

① 편모가족의 가장 큰 어려움은 경제적 곤란이다. 때로는 자녀들이 경제적 책임을 지고 일을 해야 하는 경우도 있으나 자녀들이 가족의 의사결정에 적극 참여하고, 독립심이 증가된다.

② 여성이 직업을 갖는 것에 대해 긍정적인 태도를 갖고, 가정에서 보다 융통성 있는 성역할을 한다.

③ 아들이 딸보다 적응을 못하고 반사회적 행동을 하기 쉽다.

(3) 재혼가정의 자녀

① 계부모가족은 아이 어른 모두가 경험한 죽음, 이혼의 결과로 인한 상실로 인해 받는 스트레스가 있는데 그 스트레스는 믿고 사랑하는 것을 두려워하게 만든다. 이전의 친부모와의 유대가, 혹은 헤어진 부모나 죽은 부모에 대한 충성심이 계부모와의 유대를 형성하는 데 방해가 될 수 있다.

② 특히 사춘기 자녀의 경우, 계부모가족이 힘든 이유는 자녀가 사춘기에 해결해야 할 과제와 계부모가족에 대한 적응이 겹치기 때문이다. 이와 같은 문제 해결방법은 다음과 같다.

- 계부모가 될 사람이 어떤 사람인지 알 기회를 사전에 충분히 갖는다.
- 현실적인 기대를 갖는다. 계부모가족 구성원은 원래 친 가족과 다름을 인정한다.
- 자녀 감정을 이해한다.
- 생부, 생모와의 비교는 불가피하므로, 계부모는 자기역할에 도전받을 각오해야 한다.
- 계부모 가족구성원은 다른 모든 가족과 마찬가지로 가족기능이 잘 되려면 그 구성원 각자가 노력할 때 성공적임을 명심해야 한다.

(4) 맞벌이 가정의 자녀

① 맞벌이 부부의 장점은 경제적인 것이다. 남편과 아내가 동등한 관계를 유지함으

로써 여성의 자아존중감과 통합감이 증진된다. 아버지와 자녀 간에 긴밀한 관계를 유지할 수 있고, 남편과 아내가 일과 가족역할 모두에서 직분을 다하고 성숙해질 가능성이 높다.

② 맞벌이 부부의 단점은 시간과 에너지 부족, 일과 가족역할 간의 갈등, 자녀양육문제 등이다. 자녀양육문제는 부부가 모두 전문직인 경우에도 자녀를 돌보는 쪽은 아내이다.

(5) 부모의 인식

① 일반적으로 어머니의 취업이 아동발달에 부정적인 영향을 미친다는 증거는 없다. 자녀와 함께 하는 시간의 양보다, 어떻게 질적인 시간을 보내느냐 하는 것이 더 중요하다. 취업모의 자녀가 딸인 경우, 어머니를 역할모델로 삼을 수 있고 더 독립적이고 높은 교육적, 직업적 목표를 세우고, 남자와 여자의 역할에 대해 고정관념을 적게 가진다.

② 아동기 중반부터 이들은 단지 같이 놀거나 서로를 위해 무엇을 해 주는 것 이상의 지속적이고 헌신적인 관계를 유지하게 된다.

③ 대체로 집단으로 친구를 사귀는 남아들에 비해 여아들은 일대일의 단짝친구와 보다 강한 유대감을 형성하고 이들의 우정에는 정서적 친밀감과 신뢰감이 중요한 역할을 한다.

④ 남아는 운동경기를 하거나 관람하는 활동을 함으로써 친밀감을 형성하지만, 여아보다 자신의 감정을 이야기하고 나누는 것은 덜하다.

또래집단의 기능

(1) 사회화의 기능 : 또래관계에서는 또래집단의 규칙을 준수해야하고 협동, 타협이 필요하다. 이런 경험을 통해 자기중심적 사고나 행동은 줄고, 점차 사회구성원으로 성공적인 사회적 상호작용에 필요한 기술, 규범을 배우게 된다(Rubin, Bukowski, & Parker, 1998). 또래집단은 상호 간에 강화와 모방을 통해서 서로에게 영향 미치며, 이는 성인의 영향력보다 크다.

(2) 태도나 가치관의 형성 : 또래집단은 다른 가치에 우선하는 집단만의 고유한 가치를 공유한다. 또래집단으로부터 인정받기 위해 아동은 이들 집단의 기준이나 가치에 동조하려는 경향을 보인다. 학령기의 아동은 특히 또래집단의 행동에 동조하고자 하는 욕구가 강하며, 또래집단의 행동기준은 아동에게 사회적 압력으로 작용한다.

(3) 정서적 안정감 제공 : 또래집단으로부터 수용되고 인정받음으로써 소속감을 느끼고 부모가 제공할 수 없는 정서적 안정감을 갖게 되며 긍정적인 자아개념을 형성한다. 아동은 이러한 정서적 안정감을 바탕으로 우정이라는 관계가 발달한다.

(4) 인지발달과 정보제공 : Piaget(1983)는 또래와의 상호작용과정에서 생기는 갈등을 경험함으로써 아동의 인지발달 수준이 향상된다고 하였다. 아동은 논리적 토론을 통해 갈등상황을 해결해 나가는 과정에서 자신의 관점과 부합되지 않는 다른 관점이 존재한다는 사실을 알게 되며, 이를 조정해 나가는 과정에서 인지발달이 이루어진다.

▮도덕성 발달

(1) 인지발달이론: Piaget의 이론

① Piaget는 아동 도덕성발달 단계를 *타율적 도덕성과 *자율적 도덕성의 두 단계로 구분한다.

- 타율적 도덕성 단계의 아동(4~7세) : 규칙은 신이나 부모와 같은 권위적 존재에 의해서 만들어진 것으로 믿으며, 그 규칙은 신성하고 변경할 수 없는 것으로 이를 위반하면 벌을 받아야 한다고 생각한다.
- 7세부터 10세 까지는 일종의 과도기적 단계로서 타율적 도덕성과 자율적 도덕성이 함께 나타나는 시기이다.
- 10세경 대부분의 아동은 두 번째 단계인 자율적 도덕성 단계에 도달한다. 이 단계 아동은 규칙은 사람이 만든 것이고, 그 규칙을 변경할 수도 있다고 점차 생각하며, 도덕적 판단에서 상황적 요인을 고려하는 융통성을 보인다.

② Piaget에 의하면 타율적 도덕성 단계에서 자율적 도덕성 단계로 발달하기 위해서는 인지적 성숙과 사회적 경험이 중요한 역할을 한다고 한다.

(2) 사회학습이론

사회화의 목적은 아동들이 올바른 행동을 하게 하는데 있다. 또 외적 감독이나 보상 또는 처벌로부터 자유로울 때도 사회규칙을 지키려는 능력과 의욕을 아동에게 심어주는 것이다. 사회학습적 견해는 일차적으로 행동에 관심을 둔다.

(3) 정신분석이론

정신분석이론에서는 인생의 초기단계에 아동이 부모의 기준이나 사회의 규범에 적응하게 되면서 도덕성발달이 이루어지는데, 이에 따라 아동은 사회규범을 내면화해서 반사회적 행동을 억제하고, 이를 위반했을 때 불안과 죄책감을 느낀다고 보았다. 따라서 죄책감이 형성되면 아동은 이로부터 벗어나기 위해 더욱더 사회의 규범에 순응하게 되면서 도덕성 발달이 이루어진다고 본다.

① 도덕성 발달은 주로 세 가지 다른 측면에서 언급되고 있다.

- 어떤 행동의 옳고 그름에 대한 평가인 도덕적 판단
- 사고나 행동에 대한 정서적 반응(죄책감 등)인 도덕적 감정
- 어떤 행동이 옳은지 알고 있다고 해서 실제로 어떻게 행동하느냐 하는 도덕적 행동이 그것이다.

각 이론가들은 다음과 같은 관점에 관심을 가지고 언급하였다

- 학습이론가들은 도덕적 행동에 영향을 미치는 요인들에 관심을 가지고, 학습이론의 원칙이나 개념을 적용하여 아동이 자기통제를 할 수 있는 능력이나 유혹에 저항할 수 있는 힘 등에 관해 연구한다.
- 정신분석 이론가들은 죄책감, 불안, 후회 등에 더 많은 관심을 가지는데, 도덕적 감정의 연구에서는 개인의 양심이나 초자아의 역할이 강조된다.
- 인지발달 이론가들은 도덕성발달의 또 다른 구성요소인 도덕적 판단을 연구하는데, 피험자에게 가상적인 도덕적 갈등상황을 제시하고서 피험자가 어떤 반응을 나타내는가에 따라 그 사람의 도덕성 판단의 성숙수준을 측정한다.

(4) Kohlberg의 이론

| 표 1-3 Kohlberg의 도덕성 발달단계 |

	수 준	단 계
1	**전인습적수준**(preconventional level) 인습적이란 말은 사회규범, 기대, 관습, 권위에 순응하는 것을 뜻한다. 전인습적 수준에서는 사회규범, 기대를 잘 이해하지 못한다. 이 수준의 아동은 매우 자기중심적이어서 타인의 입장을 이해하지 못하고, 자신의 욕구충족에만 관심이 있다. 9세 이전의 아동이나 일부 청소년, 성인 범죄자들이 이 수준에 있다.	**1단계 : 벌과 복종 지향의 도덕** 이 단계의 아동은 결과만 가지고 행동을 판단한다. 즉, 보상받는 행동은 좋은 것, 벌받는 행동은 나쁜 것이다. 이 단계의 아동은 벌을 피하기 위해 복종한다.
		2단계 : 목적과 상호교환 지향의 도덕 자신의 흥미와 욕구만족을 위해 규범을 준수한다. 이 단계 아동은 타인의 입장을 고려하기 시작하나, 자신이 원하는 것을 얻기 위해서이다.
2	**인습적 수준**(conventional level) 이 수준에 있는 아동이나 청년은 다른 사람의 입장을 더 잘 이해하게 되고, 이제 도덕적 추론은 사회적 권위에 기초하며 보다 내면화 된다. 그리고 사회관습에 걸맞은 행동을 도덕적 행동이라 간주한다. 대부분의 청년과 다수의 성인이 이 수준에 있다.	**3단계 : 착한 아이 지향의 도덕** 다른 사람들의 기대 때문에, 그리고 다른 사람으로부터 인정받기 위해 착한 아이로 행동한다. 이 단계에서는 동기나 의도가 중요하며, 신뢰, 충성, 존경, 감사의 의미가 중요하다.
		4단계 : 법과 질서 지향의 도덕 추상적 사고를 할 수 있는 능력으로 인해 청년은 이제 자신을 사회의 일원으로 생각하게 되고, 그래서 사회기준에 다라 평가하게 된다. 사회질서를 위해 법을 준수하는 행동이 도덕적 행동이라고 생각한다.
3	**후인습적수준**(postconventional level) 이 수준에 있는 사람은 사회규범을 이해하고 기본적으로는 그것을 인정하지만 법이나 관습보다는 개인의 가치기준에 우선을 둔다. 일반적으로 20세 이상의 성인들 중 소수만이 이 수준에 도달한다.	**5단계 : 사회계약 지향의 도덕** 법과 사회계약이 "최대다수의 최대행복"이라는 전제하에 만들어졌다는 것을 이해하고, 모든 사람의 복지와 권리를 보호하기 위해 법을 준수한다.
		6단계 : 보편원리 지향의 도덕 법이나 사회계약은 일반적으로 보편적 윤리기준에 입각한 것이기 때문에 정당하다고 믿는다. 따라서 만일 이러한 원칙에 위배 될 때에는 관습이나 법보다는 보편원리에 따라 행동한다. 보편원리란 인간의 존엄성, 인간의 평등성, 정의 같은 것을 말한다.

(5) 도덕성발달과 영향요인

① 부모의 영향 : 애정 지향적이고 수용적인 양육태도는 자녀의 도덕성발달에 긍정적인 영향을 미치고, 지나치게 엄격하고 통제적인 양육태도는 부정적인 영향을 미친다.

부모의 양육행동 연구(Brody & Shaffer, 1982)에 따르면, 논리적 설명이 애정철회나 권력행사보다 자녀의 도덕성발달과 더 관련이 있는 것으로 나타났다. 논리적 추론을 사용하는 훈육법은 자녀에게 무조건 부모가 시키는 대로 하라고 하는 대신에 왜 그렇게 해야 하는가를 설명해주고, 또한 자녀의 옳지 못한 행동이 다른 사람에게 어떤 영향을 미치는가를 설명해줌으로써 내면화된 도덕성을 발달시킨다고 본다.

② 또래의 영향 : 아동이나 청소년은 또래와 함께 있을 때, 반사회적 행동에 대해 불안이나 죄책감을 덜 느끼게 되므로, 아주 낮은 단계까지 퇴행하는 경향이 있다.

또래집단에서의 인기도

① 초등학교 시절의 또래집단에서의 인기도는 상당히 지속적인 영향을 미치며, 지능지수나 성적, 교사의 평가, 자아개념 등의 변인보다 아동의 이후의 정신건강을 예측하는데 더 중요한 변인으로 작용한다. 즉, 또래집단으로부터 가치를 인정받은 아동은 성인이 되어서도 다른 사람으로부터 인기있는 사람이 된다.

② East(1991)는 또래집단에서의 인기도에 따라 5가지 유형으로 분류한다.

- 인기아동 : 신체적 매력이 있고, 머리가 좋고, 사교적이고, 행동적, 지도력이 있다. 그들은 자아존중감이 높고, 여러 종류의 다양한 친구들과 어울린다.
- 보통아동 : 아동의 반 정도가 이 유형이며 집단에 무난히 어울리는 보통 아동들이다.
- 고립아동 : 친구들의 관심 밖에 있기 때문에, 친한 친구로 지명되지도 않거니와 싫어하는 친구로도 지명되지 않는다. 이들은 수줍음을 잘 타고 위축된 성격을 지닌다.
- 거부아동 : 친구들이 가장 싫어하는 유형이다. 이런 아동은 신체적· 언어적 공격을 많이 하고, 교실에서 수업분위기를 망치고, 학업성적도 좋지 못하다. 이들 중에는 약물남용, 청소년 비행과 같은 외적 문제가 있는 경우도 많다.
- 혼합형 : 친한 친구로 꼽히기도 하고 싫은 친구로도 꼽히기도 하는 이들은 공격적이고 파괴적인 면이 있는가 하면, 자기주장이 강하고 지도력이 있다.

③ 대중매체의 영향 : 텔레비전이나 영화에 나오는 역할모델을 관찰함으로써 태도, 가치, 정서적 반응, 새로운 행동들을 학습한다.

1.2 청소년기 발달심리

1. 청소년기 발달이론

▮ 정신분석학적 접근(psychoanalytic approach)

(1) Anna Freud의 청년기 방어이론 :

청년들이 증가하는 성적 긴장에 적응하는 두 가지 대표적인 양식(Anna Freud, 1948)

① 주지화(intellectualization) : 성적갈등을 이와 정반대인 지적 활동에서 찾으려는 자아 방어 양식이다.

ex) 청년기 주지화의 양상 : 난해한 관념적 서적에 몰두/ 추상적인 용어사용을 즐김 / 미술 음악 등 예술적 관심이 증가하는 것 등이다.

② 금욕주의(asceticism) : 신체와 관련한 모든 것에 거부, 혐오, 분노를 나타내는 특성으로, 이는 사춘기의 급격한 성욕에 대한 두려움과 이를 통제하려는 자아의 방어기제(defense mechanism)에서 비롯된 것이다. 청년들의 금욕주의는 성욕을 넘어서 먹고, 잠자고, 옷 입는 것 등 일상의 모든 신체적인 것에 대한 거부와 혐오로 확대되기도 한다 (Muuss, 1988).

(2) Blos의 청년기 적응이론

Blos(1962, 1979) : 생물학적 변화에 대해 적극적이며 성숙된 자아의 적응체계를 이루는 시기로 간주 한다.

① 청년들은 자아 적응과정을 통해 부모에 대한 외디푸스 콤플렉스적 집착과 의존에서 벗어나 독립하는 중요한 청년기 발달을 이룬다.

② Blos는 청년기 발달기제를 이차 개체화과정(second individuation process)이라 부른다.

(3) Erikson의 정체성 발달이론

Erikson(1963) : Freud의 심리성적 발달이론에 사회적 요인의 중요성을 도입, 심리사회적 발달이론으로 확장시켰다. 전 생애 발달을 8단계로 나누어 설명했으며 청년기 발달의 핵심은 자아정체성의 개념이다.

① Erikson의 정체성 위기는 오늘날 청년기 발달을 설명하는 탁월한 개념이다.

② Marcia(1966, 1980)는 Erikson의 청년기정체성 발달수준을 4개의 정체성 지위(status)로 구분하여 많은 청년기 연구자들의 공감을 받고 있다.

▌인지발달적 접근

Paget의 이론에서는 청년기의 인지발달의 변화를 통해 청소년 특유의 사고양식과 행동을 이해한다. Piaget의 형식적 조작사고 발달이론, Kohlberg와 Gilligan의 청년기 도덕성 발달이론, 그리고 Elkind의 청년기 자아중심성 이론은 청년기 인지발달적 접근을 대표하는 이론들이다.

(1) Piaget의 형식적 조작사고이론

① Piage는 청소년기를 형식적 조작기(formal operational period)로 규정한다. 청소년기 형식적 조작사고의 세 가지 특성은 다음과 같다.

- 명제적 사고 : 가설을 설정하고 이를 전제로 추론한다.
- 결합적 분석 : 문제해결과정에서 관련 변인들을 추출, 분석하며, 상호 관련짓고 통합한다.
- 추상적 추론 : 구체적 대상의 존재여부와 관련 없이 형식논리에 의해 사고를 전개한다.

다시 말해서, 형식적 조작기는 청년들이 눈앞에 주어진 구체적인 사태를 뛰어넘어 보이지 않는 모든 가능한 것들에 대해서도 고려하고, 원리를 찾고, 이론을 형성하는 과정에서 기쁨을 얻는 단계이다.

② Piaget는 청년기 형식적 조작사고의 발달단계의 두 하위단계 :

3-A단계(11~12세~14~15세) → 청년초기에 해당, 체계적이고 명확하게 관련 요인들을 결합하고 제시하는 능력이 부족하다.

3-B단계(14~15세 이후) → 형식적 조작에 숙달하게 되면 모든 논리적 가능성을 체계적 방식으로 고려할 수 있게 된다.

③ Piaget는 이러한 형식적 조작사고의 특징은 조작의 결합체계(combinatorial system of operation)과 INRC 조작체계(INRC group of operations)의 두 가지 대표 개념으로 설명한다. 이 두 개념은 구체적 조작기의 유목(classes)과 관계(relations)조작에 상응하는 중요성을 갖는다.

(2) 청년기 도덕성발달이론

Piaget의 인지발달이론은 아동과 청년의 도덕적 사고의 발달을 설명하는 이론적 틀이 된다. Kohlberg의 이론은 도덕성발달을 대표하는 이론이며, Gillian의 배려지향적인 도덕성발달이론도 중요한 이론이다.

① Kohlberg의 정의 판단 발달이론

- Kohlberg의 도덕성 발달은 모든 문화권에 보편적, 합리적 사고능력과 정의(justice) 판단 능력으로 본다.
- Kohlberg 이론에서의 청년기 : 인습수준(conventional level)의 도덕적 사고를 갖는 시기이다.
  - 대부분의 청년들은 자신이 속한 사회의 규칙, 기대, 관습을 준수하고 이에 동조하는 것을 정의로 생각한다. → 청년후기(20세 이상)가 되면 일부 청년들은 인습 이후의 단계로 이행한다.
  - 인습이후의 수 : 사회적 규칙과 관습 준수보다 규범의 기초가 되는 일반적인 도덕원리를 추론하고 받아들인다. 만일 특정 사회의 규칙이 이러한 보편적인 도덕원리와 갈등을 일으키면, 이 시기에는 인습보다 도덕적 원리에 의해 판단하고 행동하려 한다(김민남 역. 1988).
- 도덕적 사고의 퇴행(regression; Kohlberg와 Kramer, 1969) :
  고교 후반과 대학 2~3학년 사이의 교육수준이 높고 지적인 청년들의 약 20%가 인습이후 수준으로 진전하지 않고, 도덕적 상대주의(자신의 쾌락을 추구하는 단계2)로 퇴보한다. Kohberg는 이 시기를 4½단계의 사회이탈적 조망으로 규정하고, 이런 현상의 원인을 청년후기 사고의 특징에서 찾고 있다.

② Gilligan의 배려지향이론

- 남성들의 도덕적 사고 : 정의, 공정성, 공평성, 합리성의 문제에 대한 도덕적 사고와 판단이 발달한다(Kohlberg의 도덕발달이론은 주로 남성을 대상으로 한다. 도덕성의 합리적 측면만을 다룬 제한된 이론이라 비난).

- 여성들의 도덕성 : 인간관계 속에서 타인을 배려하고, 타인의 요구에 민감하게 반응하며, 타인과의 관계를 고려하는 도덕적 사고를 중시한다. 이러한 도덕성은 추상적인 도덕적 원리보다는 인간에 대한 책임 강조하고, 타인에게 해를 끼치거나 폭력 행사를 피하고, 자신을 희생하더라도 인간관계를 유지하려는 강한 대인간 배려지향성(caring)을 갖는다.

> - Gilligan(1977, 1982): 도덕 판단은 근본적으로 상이한 두 측면을 공유한다고 주장한다.
> - Gillgan는 성적 갈등과 낙태 등의 문제와 관련된 상황에서 청소년의 도덕적 판단을 분석하고, Kohlberg 이론과 별도의 도덕성 발달수준을 설정하였다(Gillgan & Belenky, 1980: Gillgan et al., 1971).

③ Elkind의 청년기 자아중심성이론

- 감각운동기(출생~2세) : 감각운동적 자아중심성(자신과 외적세계를 구별하는 능력결핍)
- 전조작적 자아중심성(2세~ 6세) : 상징(symbol)과 창조물(referent)을 구별하지 못하는 데에서 기인한다. 이 시기의 아동이 장난감 의자를 기차로 밀고 가상놀이에 몰두하는 것은 전조작적 자아중심성의 사례이다.
- 구체적 조작적 자아중심성(7~11세) : 상상과 실제를 구별하지 못한다. 아동이 이야기를 꾸며내고는 그것이 자신인 양 믿는 것은 이러한 자아중심성에 기인하는 것이다.
- 형식적 조작사고(11세경) : 가설설정 능력이 획득되면 매우 독특한 청년기 자아중심성이 나타난다.

> - Elkind(1967, 1968) : 인지발달단계는 각 단계 특유의 자아중심성을 갖는 것으로 본다.
> - Elkind(1967)는 상상적 청중(imaginary audience)과 개인적 우화(personal fable)의 두 가지 개념으로 청년기 자아중심성의 특징을 설명하고 있다.

▌맥락중심적 접근(contextual approach)

심리적 발달을 환경적 특성과 상호작용으로 설명한다. Bronfenbrenner(1977)중심의 생태학적 모형도 맥락중심적 접근이다. Lerner(Lerner & Lerner, 1986)의 맥락주의 모형은 맥락적 특성과 유기체 특성의 상호작용을 강조하는 중요한 이론이다.

(1) Mead의 문화인류학적 모형

① 청년심리의 문화인류학적 접근은 Boas(1950)의 문화적상대론(cultural relativism)에 근거한다.

② Boas는 인간의 발달적 특성을 형성하는 것은 생물학적 기제가 아니라 사회적 요인이라는 문화적 결정론을 주장한다. → 질풍노도와 같은 청년기의 혼돈과 위기는 고도로 경쟁적인 서구사회가 만들어낸 문화적 부산물로 본다.

③ Boas의 제자인 Mead(1901~1978): 청년기가 긴장과 갈등과 성적 혼돈의 시기가 될지 또는 조화롭고 행복한 시기가 될지의 여부는 전적으로 문화적 맥락에 의존한다고 본다.

- Samoa 청년 연구를 통해 문화적 상대론을 경험적으로 입증하였다.
  → 그는 서구의 청년들과 달리 Samoa 젊은이들은 평화롭고 즐거우며 행복한 청년기를 보낸다는 사실을 관찰하였다.
- 동일한 New Guinea 종족이면서도 척박한 산속에 살면서 서로 협력하여 먹을 것을 거두어들여야 하는 Arapesh족의 청년들은 협조적이고 따뜻하여 평화롭고 유순한 데 반하여, 정글의 물살이 센 강에서 혼자 고기를 잡아 생계를 유지해야 하는 Mundugumor족의 젊은이들은 잔인하고 공격적이며 자기주장적이고 경쟁적인 성격을 갖게 된다는 관찰 결과(Mead, 1935, 1950)는 문화적 상대론을 입증하는 것이다.
- Freeman(1983)의 Mead 연구비판 : Samoa의 젊은이들도 서구 청년들과 마찬가지로 경쟁, 폭력, 죄의식, 억압된 성적 욕구 등을 지닌다고 주장하였다. 청년기 심리적 특성은 생물학적 요인과 문화적 요인의 상호작용에 의해 결정된다는 통합적 입장을 제시하였다.

(2) Bronfenbrenner의 생태학적 모형

① Bronfenbrenner(1977)의 생태학적 모형은 청년기 발달에 영향 미치는 맥락적 요인들을 거시적, 종합적으로 이해할 수 있는 틀을 제공한다.

② Bronfenbrenner가 제시한 네 개의 사회문화적 주도체계와 이들 체계 내에서의

상호작용을 이해하는 것은 청년기 발달을 연구하는 중요한 배경이 되고 있다.

(3) Kandel의 부모-교우관계 모형

① 청년기의 부모관계와 교우관계 간의 갈등은 많은 발달심리학자들의 관심사이다.

② Kandel(1986) : 청년기 교우 집단형성 원리와 부모와 교우가 미치는 상대적 영향을 생태학적 모형의 틀 위에서 설명→ 전통적 청년기 발달문제를 새롭게 이해하려 하였다.

③ Kandel(1978ab. 1986)은 청년기 교우 집단을 형성, 지속 및 해체를 선택과정과 사회화 과정에 의해 설명한다.

- 청년기 부모와 교우 집단의 상대적 영향을 통합적으로 고려하기 위해서,
  - ⓐ 부모-청년관계의 특성,
  - ⓑ 교우 집단의 본질,
  - ⓒ 부모-교우 관계에 영향 미치는 상황적 요인에 대한 종합적인 검토가 필요하다고 주장한다.

▌Lerner의 맥락주의 모형

(1) 순환적 기능(circular function) : 개인이 지닌 기질적 특성이 그가 몸담고 있는 환경적 맥락의 성격에 영향을 미치고, 이는 다시 개인의 경험을 형성함으로써 발달에 영향을 미치는 과정을 의미한다.

(2) 거래적 상호작용 : 특정 환경의 경우도 환경적 요구에 청년의 기질적 특성이 조화롭게 반응한다면 환경과의 긍정적인 순환적 기능이 이루어지며, 이는 청소년의 건전한 발달을 가져온다.

(3) 개인의 고유한 내적 특성과 환경적 맥락간의 순환적 기능을 거래적 상호작용이라 한다.

ex) 까다롭고 공격적인 청년은 부모나 주위 사람들을 지치거나 화나게 하며, 이는 그 청년에 대해 부정적 태도나 반응을 낳게 하여 결과적으로 부정적인 인간관계를 형성하게 된다.

(4) 확률적 생성(probabilistic epigenesis) : 환경적 맥락의 특성 및 개인과 환경 간 상호작용의 가변성과 특이성을 강조하는 개념이다. 동일한 환경적 맥락이라도 이를

받아들이는 개인에 따라 그 상호작용은 달라진다.

ex) 같은 불우한 환경에서도 그 불우함으로 인해 오히려 뛰어난 발달적 성취를 보이는 청년과 불우한 환경으로 인해 비행 청소년으로 추락하는 극단적인 양상을 보일 수 있다. 특정 청년의 특정 환경적 맥락에서 갖게 될 상호 영향력에 대해 예측하는 것은 불가능하다(윤진, 1988). 청년기 발달의 가소성이 인정되는 것은 바로 확률적 생성에 대한 기대 때문이다.

• Lerner(1991)의 맥락주의적 관점 : 청년은 특정 환경의 특성에 의해 발달되는 수동적 존재가 아니라, 자신의 고유한 특성으로 환경에 영향을 미치며, 여러 환경적 특성을 능동적으로 수용하고 처리하는 적극적 발달의 생성자라 본다. 청년기는 많은 발달적 가소성(plasticity)을 갖는 시기를 말한다.

▮생애발달적 접근(life-span developmental approach)

(1) 연령구분적 영향 : 대부분의 청년들이 유사 연령에서 공통적으로 경험하는 생물학적 환경적 요인들(성호르몬의 분비, 직업탐색, 학교교육)로부터의 영향을 의미한다.

(2) 역사구분적 영향 : 개개 청년이 속하는 특정 시대사회의 역사적 특성으로부터 오는 영향력(정치사회적 변화, 경제적 요인, 전쟁, 핵가족화)을 뜻한다. 연령구분 및 역사구분적 영향은 모든 청년이 유사하게 경험하며, 개개인에게 미치는 영향을 비교적 예언할 수 있다는 점에서 규범적 영향(normative influences)이라 부른다.

(3) 비규범적 영향 : 특정 청년에게만 영향을 미치는 개인 특유의 생물학적·환경적 결정인이다(개인 특유의 가족구성·상별경험·대학입시 실패·출산장애·실연).

• 특정 시기의 발달적 특성을 수정에서 죽음에 이르기까지의 전 생애발달과 관련지어 고려하는 입장이다(Baltes & Reese, 1984). 발달을 전 생애적, 맥락적, 다차원적 입장에서 고려하는 것이 생애발달적 접근의 특징이다.
• 청년기 발달을 제대로 이해하기 위해서는 세 가지 범주의 영향력을 종합적으로 고려한다.
• Baltes(1987, 1989): 청년기 발달에 미치는 영향을 ① 연령 구분적, ② 역사 구분적, ③ 비규범적 영향들로 나누어 설명하고 있다.

2. 청년기의 신체 및 성적발달과 인지발달

▮청년기 신체 및 성적 발달

청년기를 제2의 신체발육 급증기(growth spurt)라 부르듯 신체 및 성적 발달은 청년기를 이해하기 위한 중요한 요인이다.

(1) 사춘기 신체성장

① 사춘기에는 급격한 신체 성장을 이루며 성장 급증기 동안 성인키의 98%가 자란다고 보고된다(Tanner, 1978).

② 사춘기 신체발육 시작연령은 개인차가 있지만, 여아는 대체로 10세경(7~14세의 범위), 남아는 12세경(9~16세의 범위)에 시작된다.

③ 아동기에, 9세까지는 남아의 신체발육이 여아보다 앞서지만, 사춘기가 시작되는 10세경에 여아의 신체발육이 남아보다 다소 앞서기 시작한다. 11세와 12세에는 여아가 모든 신체발육에서 남아보다 빠르나 13세부터 남아의 급격한 신체발육이 시작되면서, 성별 간 격차는 반대로 점점 커진다.

④ 사춘기 신체발육이 점점 더 빨라지는 경향은 생활수준에 따라 건강 · 영양 · 심리적 보살핌 등에서 환경적 요인이 작용하기 때문이다(Schmeck, 1976).

⑤ 사춘기는 성호르몬 분비와 더불어 성적 발육(pubescence)이 시작된다. 사춘기 성적발달속도는 개인차가 크지만, 발달순서는 비교적 고정적이다. 초경 연령은 유전적 요인과 개인적인 환경요인(영양·운동·스트레스)의 영향으로 개인차가 크다.

(2) 사춘기 신체상

① 신체상(body image) : 자기 신체에 대한 감각·느낌·태도 등을 내적으로 표상하는 것을 의미한다. 사춘기 동안 자신의 신체적 변화에 큰 관심을 보이며 '신체상'을 형성한다.

② 신체상 관심은 청년초기에 가장 높은데, 이 시기 자기신체상의 긍정적 평가는 학업성취도 및 심리적 행복감과 정적 상관을 이룬다.

③ 청년기 '신체상' 형성 요인 : 자기 신체에 대한 부모의 평가가 큰 영향을 미친다. 청년기에 시작된 자기 신체상에 대한 관심과 불만은 성인기에도 정도는 낮으나 지속된다.

(3) 사춘기 신체적 성숙의 영향

① 사춘기 신체적 변화는 여러 심리적 변화와 수반되면서 성적 성숙을 이루게 된다.

자신의 신체적 성적 발육이 또래집단과 다르거나 바람직하지 않다고 느낄 때 심리적 적응상의 문제들이 발생한다(Peterson, 1988). 따라서 성숙 속도가 지나치게 빠르거나 늦은 청소년은 심리적 부적응을 경험할 수 있다.

② 청년기 신체·성적 성숙속도가 심리적 적응에 미치는 영향은 남녀에 차이가 있다. 남아의 경우 조기성숙은 긍정적 신체상을 증대하며 사회적 적응에 바람직한 영향을 미치는 것으로 알려져 있다.(Shaffer, 1993). 성인이 된 후에도 책임감이 있고, 협동적이며, 집단 내에서 지도자자 되는 비율이 높다. 늦게 성숙하는 남아는 불안하고, 안정감이 없으며, 사회적으로 부족감과 열등감이 높은 것으로 밝혀졌다. 또한 이들은 학습 열의도 낮으며, 주변의 격려 · 공감 · 이해 받고자 하는 욕구가 높은 것으로 나타났다(Duke et al., 1982: Livsoon & Peskin, 1980).

③ 조기 성숙하는 청년기 여성은 문제행동 경향이 보다 높으며, 이성 관계에 빨리 몰입하기 쉽다.

④ 사춘기 조기발육이 남성에게는 긍정적인 영향을 미치는 반면에 여성에게는 부정적인 영향을 미친다는 주장에 대해 최근에 반론이 제기되고 있다. 30대에는 조기성숙한 여성이 보다 자기 주도적이며 사회적 스트레스에 잘 대처하고 적응한다는 사실도 있다(Livsoon & Peskin, 1980). 따라서 조기성숙의 긍정적 및 부정적 영향에 대해서는 현재로는 결론을 내리는 것이 성급해 보인다.

■ 청년기 인지발달

(1) 형식적 조작사고의 발달

① 형식적 조작사고의 논리적 모형

㉠ Piaget는 형식적 조작사고의 특징을 16개의 이원결합조작(16 binary operations)과 INRC군(group)의 두 논리적 모형으로 설명하고 있다.

㉡ 이원결합조작은 어떤 실험이나 현상 속에서 각 변인들의 관찰 가능한 결과와 불가능한 결과 간의 논리적 결합에 의해 결론을 도출하는 조작적 기능을 의미한다. 즉 주어진 과제해결을 위해 변인들 간의 논리적 관계를 계획, 가설 설정할 수 있는 사고기능을 의미한다.

㉢ 완전긍정(complete affirmation 또는 tautology) : 어떤 변인과 결합하더라도 그 결과가 반드시 관찰 가능한 결합을 말한다.

㉣ 상보적 함의(reciprocal implication) : 결합되는 다른 변인의 성격에 따라 그 결과가 달라지는 경합을 말한다.

㉤ 완전긍정과 상보적 함의를 포함하여 Piaget는 각 변인들이 결합될 수 있는 가능한 논리적 결합양상을 16개의 이원결합조작으로 개념화하였다.

㉥ INRC군: 결합조작을 조정 또는 변용하는 규칙을 의미한다. INRC군은 동일성(Identity), 부정(Negation), 상보성(Reciprocity), 상관성(Correlativity)의 머리글자를 딴 것이다.

INRC군은 가역성(reversibility)에 바탕을 둔 가상적인 논리적 조작이다.

- 구체적 조작기 보존개념 실험에서의 상보성은 예컨대 높이와 너비라는 구체적 특성의 상호관계의 조작을 의미한다.
- 형식적 조작기 상보성은 앞에서 설명한 이원결합조작들의 상호관계를 설명함으로써 결론을 도출하고자 하는 형식적 논리의 조작을 의미한다.

② 형식적 조작사고의 일반적 특징

- 청년들은 여러 현상에 가설 설정할 수 있으므로 가능성(posibility)도 생각할 수 있다. 청년기 가능성에 대한 가설설정 능력은 과학적 사고뿐 아니라 사회·정치·종교·철학 등 전 영역에 걸친 이상주의(idealism)로 확장된다(Piaget, 1981). 청년기 이상주의는 자신의 관념에 대한 집착과 추구 및 자신의 관념과 일치하지 않는 모든 것들에 대해서는 비판으로 나타난다.
- 가능한 모든 변인을 탐색할 수 있는 청년기 형식적 조작사고는, 여러 명제간의 논리적 추론을 다루는 명제적 사고(propositional thinking)를 가능하게 한다. 청년기 가설-연역적 사고 발달은 추상적이며 융통성있게 사고할 수 있다.

(2) 청년기 사회인지발달

① 청년기 자아중심성(adolescent egocentrism)

- 청년기 자아중심성(Elkind, 1978) : 청년들은 자신은 특별한 존재라는 착각에 빠져들며, 강한 자의식을 보이는 청년기 특유의 사회인지적 특성을 말한다.
- 자아중심성은 청년기 발달과정에서 나타나는 자연스러운 발달적 속성으로 청년기 자아중심성은 11~12세경에 시작, 15~16세경에 정점을 이루다가 다양한 대인관계의 경험을 통해 자신과 타인에 대한 객관적인 이해가 이루어지면 서서히 사라진다(Lapsley, 1991).
- Elkind(1978)는 청년기 자아중심성이 나타나는 특성은 다음과 같다.

- 개인적 우화(personal fable) : 청년들은 자신이 특별하고 독특한 존재이므로 자신의 감정이나 경험세계는 다른 사람과 근본적으로 다르다고 믿는 청년기 자아중심성의 형태 청년기 자신의 독특성에 대한 비합리적이고 허구적인 관념을 지칭한다.
- 상상적 청중(imaginary audience) : 과장된 자의식으로 자신이 타인의 집중적인 관심과 주의의 대상이 되고 있다고 믿는 청년기 자아 중심성의 형태이다. 청년들은 상상적 청중을 즐겁게 하기 위해 많은 힘을 들이며, 타인이 눈치 채지 못하는 작은 실수로 번민한다. 상상적 청중에 대한 자기 위신이 손상된다 생각되면 작은 비난에도 심한 분노 보인다. 특히 비행청소년집단의 자아중심성이 일반집단에 비해 높아 이 특성이 비행과도 관련이 있다.

② 청년기 정치 및 사회적 사고의 발달

- 청소년의 정치적 사고는 14세를 전후로 변화를 보인다. 14세 이전 청년초기 사고는 구체적인 사람이나 사태에 의존하고, 한두 가지 측면에 국한된 사고를 하나, 14세경의 정치적 사고는 추상적 원리에 근거하여 여러 측면을 고려한다. 정치적사고 발달과정에서 15세경 사고의 전환은 국적 · 성별 · 사회경제적 계층과 무관하게 공통적이다.
- 청소년들의 정치적 사고는 연령증가에 따라 이상주의로 변하는 경향을 보인다. 청년중기부터 정치사회적 이상향을 그리며, 지각하는 현실이 이상과 불일치하면 좌절과 분노를 느낀다. 연령 증가에 따라 개선과 재활의 중요성을 깨닫게 된다.
- Adelson과 O'neil의 청년기 정치적 사고의 발달과정이 전체적으로 Piaget가 제시한 형식적 조작사고의 발달과정과 일치하는 것은 흥미롭다.

형식적 조작사고의 발달이 가져다주는 청년기 특유의 이상주의는 청년들의 정치사회적 현실에 대한 이상주의와 이로 이한 과격한 비판과 현실참여로 나타난다.

3. 청년기 자아발달과 정체성발달

구체적 조작사고에서 청년기 형식적 조작사고로의 이행은 자아와 도덕성발달에도 큰 영향 미친다. 개인욕구 중심이던 아동기 도덕적 사고의 한계에서 벗어나 타인의 관점을 이해하고 사회적 규범을 준수하는 인습적인 도덕적 사고를 갖는다.

▮청년기 자아발달 양상

(1) 청년기 자아인지의 특징

① 청년기에는 형식적 조작사고의 발달로, 자아인지 또한 다양화 된다.
예를 들어, Harter(1990c)의 청년기 자아인지척도는 학업능력, 직업적 유능성, 운동능력, 외모, 사회적 수용도, 교우관계, 낭만적 호소력, 행동 등 8개의 영역을 포함하는데, 이는 아동기 자아인지영역보다 다양화된 것이다.

② 청년기에는 각 영역의 자아인지 또한 세분화 된다.
예를 들어, 사회적 수용도의 인지는 아동기에 비해 훨씬 넓은 범위의 인간관계 속에서 다양한 역할들을 고려하여 자신을 평가하고, 따라서 부모와의 관계에 대한 자아인지는 부정적이나 친구 관계의 자아인지는 긍정적일 수 있다. 이러한 청년기 자아개념의 동요는 청년들의 자아개념이 타인에게 주는 인상이나 타인으로부터 받는 평가에 지나치게 의존하므로, 일관성 있는 자아개념을 갖지 못한 데 있다(Rosenberg, 1986b).

③ 청년기는 다양하게 분화되어 상호모순적인 하위 자아에 내적일관성(internal consistency)으로 하나의 통합된 자아가 되는 과정으로 일시적 혼돈과 부정적 자아평가단계를 거친다.

④ 자아개념의 혼돈 시기는 청년중기(15~16세 전후)며, 자아통합은 청년후기(18~19세경)에 이룬다.

⑤ 실제적 자아와 이상적 자아 : 청년기 특유의 자아양식이다. 이상적 자아는 아동기까지 지녀온 '실제적 자아(actual self)'와 괴리를 낳기도 한다. '실제적 자아'와 '이상적 자아' 간의 적절한 괴리는 실제적 자아수준을 높이는 동기가 되지만, 지나친 불일치는 청년기 부적응의 원인이 되고 있다(Higgins, 1987: Markus & Nurius, 1986).

- 이상적 자아(가능한 자아)에 심리적으로 몰입하면 거짓자아(false-self)를 형성하게 된다.
- 거짓자아(false-self)는 청년들이 자신이 원하는 자아의 모습을 마치 자신인

것처럼 나타내는 현상이다. 자신이 필요하다고 생각되는 상황에서만 거짓자아를 표출하며, 청년들은 자신의 거짓자아를 좋아하지 않는다(Harter & Lee, 1989).

ex) 청년들은 타인에게 강한 인상을 주고 싶거나 새로운 행동, 역할을 시도하고 싶을 때, 타인이 자신의 참자아를 이해 못하거나 좋아하지 않을 때 거짓 자아를 드러낸다.

⑥ 청년기 거짓자아는 사회적 수용도가 낮거나 대인관계가 원만하지 못한 청소년에게서 자주 발견된다. 거짓자아는 보편적인 청년기 현상 중의 하나인 것 같지만, 어디까지가 청년기에 적합한 적응행동이다.

(2) 청년기 자아존중감의 발달(형성과 개념)

① 개념 : 청년기 동안 자아는 여러 하위영역에서 동요를 거쳐 점차 안정, 통합된 자기평가에 도달하게 되는 것을 자아존중감이라 부른다.

② 자아존중감 형성 : 자아인지의 여러 영역에서 역할을 얼마나 성공적으로 수행하는가에 대한 자기평가 결과로 형성된다. 청년기 자아존중감 형성의 큰 영향은 부모나 가까운 친구보다 또래집단이나 급우들에게서 받는다.

③ 청년들이 중요성을 부여하는 영역으로 청년기 자아존중감, 특히 청년초기에 또래 집단의 수용이나 인기에 외모나 신체적 매력이 강력한 영향을 미친다.

④ 자아존중감은 청년기 적응에 직접적인 영향을 미친다. 청년기 낮은 자아존중감이 우울증으로도 발전되는데 그 과정에는 부모의 기대와 또래의 요구가 크게 작용한다.

⑤ 자아존중감과 청소년기비행이 직접적으로 관련된다고 생각하는 것은 잘못이다.

▌청년기 자아발달

Erikson의 자아정체성이론이 청년기 자아발달을 설명해준다. 근래에 Marcia는 Erikson의 정체성이론을 바탕으로 정체성의 유형을 식별하고 있다.

(1) Blos의 적응체계이론 : Blos의 청년기 자아발달

① 잠재기(latency) : 사춘기에 나타나는 성적 충동 증가에 대처할 수 있는 자아의 적응체계가 발달하는 중요한 청년기 발달의 제1단계로 보고 있다.

② 청년전기(preadolescence) : 급격히 증가된 성적 욕구와 공격적 욕구가 산만하고 방향성 없이 표출되고 부모통제를 거부하며 청년기 비행이 나타나기 시작하는 단계이다.

③ 청년초기(early adolescence) : 자아는 자신의 성적 욕구를 표출할 수 있는 구체적 대상을 찾는 행동(목표지향적 행동)을 보인다. 친구·운동선수·TV스타 또는 자신보다 나이가 많은 대상에 열광하는 것을 이성에게 표출될 성적 욕구 변형으로 본다.

④ 청년중기(adolescence proper 또는 middle adolescence) : 성적 혼돈과 갈등이 심리적으로 구조화되는 단계이다. 이 단계는 이성에게 보다 솔직하게 관심을 표현한다. 여전히 불안정, 우울, 혼돈과 위기가 지속되지만, 이를 통합하려는 자아기능도 강화되므로 보다 성숙한 모습이며, 성인들의 지시도 따른다.

⑤ 청년후기(late adolescence) : 이전까지 지속되던 내적 위기와 갈등은 사라지며, 사회적 역할과 개인적 정체성에 대한 강한 인식이 나타난다. Blos는 청년후기를 성격 공고화(personality consolidation)단계라 부른다. 이 단계의 자아는 성취되기 힘든 완벽한 목표를 지향하는 내재적 자아이상(internal ego-ideal)과 보다 현실적이고 합리적인 외재적 자아이상(external ego-ideal)간의 균형을 이루어야 하는 새로운 과업에 직면하게 된다.

⑥ 청년 이후기(post adelescence) : 청년기에서 성인기로 이행하는 과도기로, 매우 안정된 자아가 형성되고, 외부의 실패와 비판에 직면해도 방어기제에 의존 않고, 통합할 수 있는 성숙한 대처능력과 적응체계를 가진다. 이런 성공적인 갈등해결과정을 통해 인격이 형성되며 자아존중감이 길러진다. 성인기로 이행하는 동안에도 자아의 적응적, 통합적인 기능은 계속 발달한다.

(2) Erikson의 정체성 위기이론

실제적 자아와 이상적 자아청년기 정체성 위기 확립을 위한 세 가지 목표는 다음과 같다.

① 자기인식의 연속성(continuity)과 동질성(sameness) 확립 : 정체성 탐색과정에서 과거 자신의 경험을 반추하고 그 결과를 현재에 연결함으로써 그 연속성을 바탕으로 미래에 가능한 자신의 모습을 탐색한다. '나는 마땅히 되어야 한다고 생각하는 나도 아니고, 내가 되고 싶어 하는 나도 아니고, 과거의 나도 아니다'(Erikson, 1968a)라는 표현은 시간적 연속성상의 정체성탐색 과정을 보여준다.

② 상이한 관점과 시각에서 달리 판단되는 자아의 여러 국면을 일관된 자아체계로 통합(integration) : 이러한 통합은 다양한 역할과 입장들이 서로 얽혀있는 사회적 맥락 속에서 생활해야 할 성인기 삶의 준비를 위해 필수적인 과정이다. 이처

럼 자아들 간의 상호관련성이 형성되면서 자아정체성이 확립된다.

③ 자신의 독특성(uniqueness), 특수성(distinctiveness)의 확립 : 청년들은 독립과 동조라는 두 필요성을 통합해가면서 자신의 독특성을 탐색함으로써 정체성을 확립한다. 독특성 확립에 실패하면 또래집단에 지나친 동일시나 사회적 고정관념에 맹종하는 부정적 정체성을 초래한다. 청년기 동안 정체성 탐색 목표들이 획득되면 긍정적 정체성을 확립하며, 실패할 경우는 부정적 정체성에 빠져든다.

④ 정체성 탐색과업 : 실제적 자아와 이상적 자아청년기 정체성위기 후 극복해야 할 7가지 주요과업을 다음과 같이 설명하였다.

- 시간조망 대 혼돈(time perspective vs. time confusion) : 정체성 확립을 위해 필수적인 시간조망은 과거와 현재의 자기를 인정하고 이를 바탕으로 미래의 시간을 설계할 수 있는 능력을 뜻한다. 균형있는 시간조망이 시작되면 하루의 체계적인 시간계획이 가능하며, 시간조망이 확장되면서 점차 안정된 생애설계가 가능하다. 이와 반대로 시간조망의 혼돈에 빠져들면 과거의 회상에 몰입하거나 미래에 펼쳐질 시간을 어떻게 설계하고 보내야 할 것인가에 대해 당혹감을 갖는다.
- 자아확신 대 무감각(self-certainty vs. apathy) : 청년기 정체성 확립 위해 자기 외모를 비롯한 여러 특성을 철저히 점검하여 자기가치에 대한 자기확신을 가질 필요가 있다. 나머지 특성들은 자신이 긍정적으로 생각하는 하나의 특성에만 매달려 무관한 듯이 행동하는 허세를 보이고, 무감각상태로 도피하여 자아의식에 직면 않으려 한다.
- 역할실험 대 부정적 정체성(role experimentation vs. negative indentity) : 성인기를 대비하여 많은 영역에서의 역할실험을 통해 가능성을 탐색할 필요가 있다. 역할실험은 직업 정체성 탐색에 필수적이다. 역할실험 실패로 부정적 정체성을 가지면, 자신의 가능성과 잠재력을 충분히 탐색하지 못 한 채 역할고착에 빠진다.
- 성취기대 대 과업마비(anticipation of achievement vs. work paralysis) : 성취기대는 자신이 시도하는 과업성취에 긍정적 기대를 가지고 지속적으로 과업에 몰두할 역량을 기르는 정체성 탐색을 뜻한다. 자신에게 적절한 기대수준을 설정하는 지속적인 노력을 통해 과업을 완수하고, 성취하는 일은 성인기 생애설계 및 직업선택과 관련된 정체성 확립에 필수적이다. 그렇지 않을 경우는 과업마비에 빠진다.

- 성정체성 대 양성적 혼미(sexual identity vs. bisexual diffusion) : 청년기 동안 동성 및 이성과의 만남으로 자신의 성역할을 동일시하고, 성역할에 확신을 가지면서 성정체성을 확립한다. 성정체성은 이성과의 원만한 관계를 위한 기초가 되며 성인기에 문화권의 요구에 적합한 가정이나 사회에서 성역할을 수행하는 기초가 된다. 성정체성 확립에 실패하면 자신의 성에 적합한 행위양식을 상실하는 양성적 혼돈에 빠진다.
- 지도성 극대화 대 권위혼미(leadership polarization vs. authority diffusion) : 자신이 속한 사회의 권위구조 내에서 지도력을 발휘하거나 지도자에게 적절히 따르는 능력은 정체성 형성요인이다. 합리적이며 정당하고, 명료하게 권위를 평가하며, 자신에게 지도자의 역할이 부여될 때 이를 수행할 능력을 최대한 준비하는 일은 중요한 청년기 발달과업이다. 지도성의 극대화에 실패할 때 자기 권위를 제대로 행사하지 못하며 지도력 수행에 어려움 느끼는 권위혼미를 경험한다.
- 관념의 극대화 대 이상의 혼미(ideological polarization vs. diffusion of ideals) : 청년기는 전 생애에 걸친 개인적 삶과 사회생활의 뿌리가 될 신념을 갖게 해줄 기본적인 철학, 관념, 종교 등을 선택하고 확립해가는 시기이다. 흔히 청년들은 편견에 물들기 쉽고, 자기집단 신념의 가치에 지나치게 충실함으로써 배타적으로 되기 싶다. 청년기 이상의 혼미는 관념 극대화에서 실패함으로써 빠져드는 관념과 이상의 혼돈상태를 뜻한다.

⑤ Marcia의 정체성 지위

- 정체성 혼미(identity diffusion) : 정체성 혼미상태의 청년들은 삶의 목표와 가치 탐색을 시도하지 않으며, 자신의 생애를 계획·설계하려는 욕구가 부족하며, 관념에 대한 관심이 낮다. 이들은 부모와의 애착관계가 없거나 거부당한 것으로 느끼고, 자아존중감이 낮으며, 혼돈과 공허감에 빠져있다. 정체성 혼미는 청년초기에는 보편적이나, 일정한 직업이 없거나 일하지 못하는 성인들에게도 볼 수 있다. 정체성 혼미는 그대로 방치하면 부정적 정체성으로 빠져들 수 있다.
- 정체성 유실(identity foreclosure) : 충분한 정체성 탐색없이 지나치게 빨리 정체성 결정을 내린 상태이다. 이 청년들은 정체성 위기 경험을 않고 삶의 목표를 확립하고 몰입한다. 흔히 부모의 기대나 선택한 생애과업을 대안 검토 없이 수용하여, 청년기를 매우 안정적으로 보내는 것 같지만 성인기에 뒤늦게 정

체성 위기를 경험한다.

- 정체성 유예(identity moratorium) : 삶의 목표와 가치에 대해 회의하고 대안을 탐색하나, 여전히 불확실한 상태에 머물러 구체적 과업에 관여 못하는 상태이다. 흔히 부모와 또래관계에 있어서 애증이 교차하며 자신의 상황에서 부정적인 요소에 더 민감하다. Erikson과 Marcia에 의하면 정체성 유예는 정체성 성취 도달을 위해 필요한 과도기적 단계임으로 혼미나 유실보다는 앞선 단계다.
- 정체성 성취(identity achievement) : 네 개의 정체성 지위 중 가장 앞선 단계이다. 정체성이 성취된 청년들은 삶의 목표 · 가치 · 직업 · 인간관계 등에서 위기를 경험하고 대안탐색을 했으므로, 확고한 개인적 정체성을 갖는다. 부모를 포함한 인간관계에서 현실적이고 안정되며, 자아존중감이 높고, 스트레스 저항력도 높다.

(3) 정체성발달 관련요인

Marcia의 정체성 지위를 제시한 것은 개인차의 유형을 식별하기 위해서이다. 정체성 지위는 발달적 변화를 갖는다. 또한 종단적 연구에서 정체성 성취비율은 일관성 있게 증가하나 정체성 혼미는 꾸준히 감소한다. 이러한 변화의 요인들은 다양하나 성차와 가정 환경적 차이를 큰 요인으로 본다.

① 성 차

- Erikson(1968a)은 정체성 발달의 성차가 있음을 주장했는데 남성의 정체성 형성은 자율과 독립의 문화적 기대를 반영하는데 반해 여성의 정체성은 사람 간의 관계성과 친밀성을 반영한다고 주장했다(Archer, 1985: Bernard, 1981: Gilligan, 1982).
- Marcia의 정체성 지위에 직업선택·종교적 신념·정치적 견해·성역할 정체성에 있어서는 정체성 지위별 분포에 성차가 없지만 가족문제나 성문제에서는 여성이 남성보다 유예와 성취지위에 속하는 비율이 높으며, 폐쇄와 혼미비율은 낮다.
- 최근에는 정체성 탐색과 관여는 남성보다 여성이 더 복잡하고 힘든 과업으로 보인다. 남성은 직업적 정체성 발달이 주 과제이나, 여성은 일과 가족역할을 통합해야 할 필요성이 있기 때문이다(Archer, 1985: Marcia, 1980).

② 가정의 영향

- 부모의 양육태도는 정체성 발달에 큰 영향을 미친다. 자녀 행동을 통제하는 권위주의적 양육태도는 청년기 자녀가 정체성탐색을 충분히 하지 못한 채 폐쇄

의 지위에 정착할 확률이 크다. 반대로 부모가 주도하지 않고 자녀에게 스스로 모든 것을 결정하도록 맡겨두는 허용적 양육방식은 정체성 혼미에 빠져들게 할 위험이 높다(Bernard, 1981: Enright et al., 1980; Marcia, 1980).

- 자녀의 의견을 수용하고 납득하도록 설명하고 공감 주는 부모의 고무적인 태도나 가족 유대를 중시하는 가정 풍토는 청년기 자녀의 정체성 발달을 크게 촉진한다(Hauser & Grotevant, 1989).

4. 청년기 도덕성 발달

Kohlberg와 Gilligan의 도덕성발달이론은 청년기 도덕성발달 양상을 통해 구체적으로 알아볼 수 있다.

▌청년기 도덕성의 일반적 특징

(1) 정신분석적 관점(psychoanalytic view)

청년기는 아동기의 초자아 발달이 계속되며, 도덕적으로 성숙한다. 도덕적 자아 이상을 지향하는 부모에 대한 동일시는 계속되며, 양심도 강화되어 사회가 설정하는 행위규범을 어겼을 때 죄책감을 더욱 크게 느낀다.

① 청년들은 친구나 타인에게 자기잘못을 고백하여 죄책감을 줄일 줄 알며, 스스로 자기행동을 규제, 처벌함으로써 죄책감을 일으키는 상황을 회피하려고 노력한다.

② 이처럼 죄책감이라는 부정적 정서를 통제하는 능력의 발달은 곧 청년기 도덕성이 성숙함을 반영하는 것이다.

(2) 사회학습적 관점(social learning view)

도덕성 발달은 모델의 모방과 강화에 의한다. 같은 방식으로 자신의 도덕적 행동에 대한 타인의 반응을 예상하고, 고려할 수 있게 된다(도덕적 행동의 모델 : 아동기는 부모나 교사에 한정되나, 청년기에는 친구·선배·운동팀의 코치·TV나 영화배우·가수 등은 청년들의 도덕적 행동에 강한 영향을 미친다).

청년기에 부모와 여타 모델집단의 도덕적 행위규범이 서로 일치할 때, 청년들은 안정된 도덕적 행동을 학습할 수 있게 된다. 반대로 부모와 또래의 도덕적 행동이 서로 달라 갈등을 느낄 때, 청년들은 양자를 통합하여 중도적인 입장을 취하게 된다(Bandura et al., 1966).

(3) 인지 발달적 관점(cognitive developmental view)

청년기 도덕성의 이상주의적 경향성은 타인을 돕는 강력한 이타적 성격과 정의에 대한 인식과 주장으로 나타난다. 청년기에는 자원봉사활동에 참여하거나, 부정과 불의에 대한 비판과 저항을 보인다. Gilligan의 이론은 청년기 이타적 도덕성을 대표하는 이론으로 볼 수 있다.

▌Kohlberg의 청년기 도덕발달이론

(1) 청년기 도덕적 사고의 특징

① 청년기 도덕적 사고는 사회가 기대하는 바에 따라 행동하며, 사회적 규범과 의무를 준수 하려는 인습적 수준에 속한다. 사람간의 관계에 있어서 서로에게 호감을 가지고 서로를 신뢰하며, 상호 관여하는 3단계의 도덕적 가치와, 법과 질서를 중시하고 준수하는 4단계 도덕적 가치가 인습적 수준의 도덕성에 포함된다(청년중기까지 청년들은 규칙과 질서를 중시하고, 관계의 신의를 소중히 하는 도덕적 의무감을 유지한다).

② 청년기 도덕적 사고발달의 현저한 특징 하나는, 청년후기의 도덕적 퇴행(regression) 문제이다(Kohlberg와 Krammer의 종단적 연구(1969)에서 인습수준에 도달한 약 20%의 대학생들이 입학 후 2~3년 동안 도덕적 자기중심주의인 2단계로 후퇴했다가 4단계로 되돌아오거나 도덕적 원리를 추구하는 5단계로 발달하는 현상이 발견되었다. Kohlberg는 이러한 퇴행현상이 2단계로 완전히 돌아가는 것이 아니라, 5·6단계로 이행과정에서의 일시적 동요라 생각된다. 이를 4 ½ 단계라 한다.

③ 퇴행 원인을 Erikson(1963)의 자아정체성 탐색 일환으로 설명하면 청년기는 정체성 회의로 도덕적 사고와 모든 심리적 영역에서 동요가 일어난다. Kohlberg는 이러한 청년기 도덕적사고의 특징을 사회이탈적(outside-of-society) 조망이라 부른다. 도덕적 퇴행을 정체성 탐색의 일환으로 생각할 때 퇴행은 도덕성 발달에서 2단계에로의 '구조적 후퇴'가 아니라 5·6단계의 원리적 도덕성으로 발전해가는 '기능적 진보'를 의미한다(Kohlberg & Krammer, 1969; Turiel, 1974, 1975).

④ 청년기 도덕성발달의 퇴행을 일시적 동요나 기능적 진보로 생각하는 Kohlberg의 관점과 달리 퇴행경향은 청년기 도덕성발달 과정에서 우려할만한 일이라는 지적이 많다.

(2) 청년기 도덕적 상대주의

① 청년후기 도덕적 사고 특징으로 도덕적 상대주의(moral relativism)가 있다.

② 도덕적 상대주의 : 모든 사람이 준수해야 할 객관적, 보편타당한 도덕률의 존재를 부정하고 개인적, 주관적인 관점에서 도덕성을 판단하는 도덕적 사고의 특징을 갖는다.

③ 청년초기의 인습수준의 도덕적 사고는, 사회적 규율과 법을 절대적 기준으로 인정하며, 인습 후 수준의 도덕성 또한 정의·공정성·생명의 존엄성 등 어느 시대사회를 막론하고 준수해야 할 절대적이며 보편적인 도덕원리를 전제로 하는 것이다.

④ Kohlberg는 1969년, 두 명의 의예과 학생에게 "말기 암으로 고통 받는 아내에게 안락사를 허용해야 하는가"를 물어 '안락사는 도덕적으로 그르다고 생각 한다'는 명백한 단계5의 반응을 얻었다. 1972년, 본과 학생일 때 반응은 '진짜 어려운 질문입니다. 환자의 고통을 덜기 위해 그렇게 하는 의사를 본 적은 있지만, 나는 그럴 수 없을 것 같습니다. 그것을 도덕적으로 옳고 그르다고 말하기 싫습니다.'라는 부정적 상대주의 입장을 나타냈다. 1976년, 마지막 면담에서 이들은 '부인이 스스로 최종 결정을 내릴 권리가 있다'고 믿는 단계 5의 사고에 도달해 있었다. 그러나 단계5 이후의 인습 후 수준에 도달하는 사람들의 수가 극히 적다는 사실을 생각해 볼 때,

⑤ 청년후기 도덕적 상대주의는 성인기에도 지속될 확률이 크며, 이러한 도덕적 판단의 불확실성이 사회 전반의 도덕적 혼란을 야기할 수 있음을 생각해보아야 할 것 같다.

⑥ Kohlberg(1973, 1984a)는 Heinz 갈등에 대한 반응을 분석하여 다섯 개 유형의 도덕적 상대주의적 사고를 식별해냈다.

| 표 1-4 도덕적 상대주의적 사고유형 |

급진적 상대론	선악·권리·의무·규범 등과 같은 인습적 도덕률과 관련되는 도덕적 사고 자체를 배격하고, 이를 준수하는 도덕적 행위에 의미부여를 하지 않는다. "어느 누구도 하인쯔의 행위가 옳거나 그르다고 감히 판단할 권리는 없다."
개인적 상대론	타인의 도덕적 행위에 대한 판단은 근본적으로 자신의 입장과 감정에 기초한 것이므로, 타인의 도덕성을 평가할 수 없다고 생각한다. "자신의 행위에 대해서는 옳고 그름을 판단할 수 있으나 다른 사람에 대해서는 하지 않을 것이다"

이기주의적 상대론	인간은 근본적으로 이기주의적 도덕률에 지배되므로, 개인 자신에게 도덕적이면 그것이 곧 도덕이라고 생각한다. 이기주의적 도덕률에 지배되므로, 개인 자신에게 도덕적이면 그것이 곧 도덕이라고 생각한다. 이기주의적 판단과 사고의 일차적 책임 또한 개인에게 있음을 인식한다. "사회란 원래 이기주의적인 사람들이 모여 있는 것 아닌가? 하인쯔의 행위나 약사의 행위 모두 자신의 입장에서는 불가피한 것이다"
정치적 상대론	사회정의를 인정하지 않고, 모든 사회에 보편적인 도덕적 원리의 존재를 부정한다. "오늘날과 같은 사회구조 속에서 어떻게 하인쯔의 행동을 평가할 수 있을 것인가"
결정주의적 상대론	스스로 절대적인 선과 보편적 도덕률을 수행할 자신이 있는가에 대한 불확실성 때문에 타인의 도덕적 행위의 당위성에 대해 판단하기를 주저한다. "내가 하인쯔 입장에 선다면 그보다 더 낫게 행동할 자신이 없는데 무어라 말할 수 있는가?"

(Kohlberg, 1984a에서 발췌)

▌Gilligan의 청년기 도덕성 발달이론

대인간 배려와 책임을 중시하는 Gilligan의 도덕성발달이론은 도덕발달의 성차 문제를 넘어서 인지적인 측면에서만 도덕성을 지나치게 고려한 Kohlberg이론의 한계를 보완하고 있다.

(1) 수준1 : 자기이익 지향

여성이 자신의 이익과 생존에 자기중심적으로 몰두하는 단계이다. 이 수준에서는 어떤 사태가 자신의 욕구와 갈등을 일으킬 때에만 도덕적 사고와 추론이 시작되며, 어느 쪽이 자신에게 중요한가가 판단 준거가 된다.

- 제1이행기 : 이기심에서 책임감으로 여성들은 개인적 욕구와 자신의 책임을 구별하기 시작한다. 자기중심적인 생각에서 타인에 대한 관심이 나타나면서 아동기 자기이익지향 수준에서 성숙한 도덕적 추론이 시작된다.

(2) 수준2 : 타인에 대한 책임으로부터 선의식별

여성들은 이기심으로부터 타인에 대한 배려 · 책임감 · 자기희생 지향 낙태관련해서 남편(연인) 입장과 태어나는 아기 장래를 고려하는 도덕적 추론이 나타난다. 이 단계 여성의 도덕적 추론은 대인관계의 불평등과 남성에 대한 의존이나 예속을 초래할 수도 있으나 자기희생과 타인배려의 중요성과 가치에 대한 확신은 변함이 없다.

- 제2이행기 : 동조로부터 새로운 내재적 판단으로 이 시기에 여성들은 자신의 가치와 욕구에 대한 관심이 이기심이었던가에 대해 재고하며, 개인적 욕구와 타인에

대한 배려, 책임감의 균형성을 깨닫는다.

(3) 수준3 : 자신과 타인간의 역동

대인간 도덕적 추론의 마지막 수준에서 개인의 권리주장과 타인에 대한 책임이 조화를 이룬다. 이 시기 여성은 자신을 무력하거나 수동적으로 보지 않고 의사결정 과정의 적극 참여한다. 비폭력·평화·박애 등은 이 시기 개인적인 권리와 타인에 대한 배려가 조화를 이루는 도덕성의 주요지표다.

제 2 장

성인·노년기 발달

2.1 성인기 발달

경제적 자립과 독립적인 의사결정능력을 갖게 되는 성인기 에는 사회적 역할, 정서적 성숙도에 따라 질적인 성인기 입문에는 개인차가 심하다고 볼 수 있다. 성인기의 발달은 다른 발달단계 못지않게 삶의 중요한 영역을 이루며 한 개인의 인생을 장식해 나간다.

1. 성인기 발달

■ 성인기 발달이 갖는 특징

(1) 발달적 변화의 원인으로써 연령이 이전 시기보다 큰 영향력을 갖지 못한다.

① 성인기 연구자인 Baltes : 성인기의 각 시기에 나타나는 변화를 연령으로 구분하거나 개념화하는 것은 최상의 방법이 아니다(Baltes & Willis, 1979). 성인기 발달을 이해하기 위해서는 개인의 생활습관에서 풍토에 이르기까지 보다 다양한 사회문화적 요인의 영향을 고려해야 한다.

② 성인기 발달의 이러한 특징을 맥락주의(contextualism)라 지칭한다(Smolak, 1993).

(2) 성인후기부터 나타나는 노쇠(decline)의 해석관점에 따라 특징지어진다.

청년기까지의 발달은 전반적인 양적 증가를 보이고, 기능이 유능화되는 긍정적인 변화를 뜻한다. 따라서 아동기와 청년기 발달을 설명하는 도식으로 성인기 발달을 설명하는 것은 불가능하다.

▮ 성인기 발달을 설명하는 몇 가지 관점들의 정리

(1) 획득과 상실

성인기는 획득된 특성이 단순히 유지, 쇠퇴하는 것이 아니라 획득과 상실을 동시에 내포하는 과정이다. 예를 들어, 노년기 신체적 노쇠는 지혜의 심화라는 인지적 기능의 획득을 의미한다. 이처럼 발달과정의 획득과 상실의 양면성을 이해하는 것은 성인기 발달의 가치와 중요성을 인식하는 중요한 계기가 된다(Baltes, 1987).

(2) 다차원성과 다방향성

성인기는 발달의 다차원성(multidimensionality)과 다방향성(multidirectionality)을 고려해야 한다. 발달의 다차원성과 다방향성이란 여러 특성의 발달은 각기 상이한 과정과 방향을 갖는다는 뜻이다.

(3) 개인내적 변화

아동기 발달이 주로 어떤 특성이 획득되는 시기나 정도의 집단 간 차이를 밝히는 규준적 접근을 취하는 데 반해 성인기 발달은 어떤 특성이 연령에 따라 변화되는 양상 또는 과정을 밝히는 개인내적 변화에 관심을 갖는다.

2. 성인기 발달모형

▮ 전통적 모형

성인기 발달적 변화를 설명하는 전통적 모형 속에는 다음의 두 가지 모형이 포함된다.

(1) 정성 모형(stability model) :

성인기 발달은 성숙이 끝나는 청년기나 성인초기에 발달이 완성되며 그 이후의 성인기 발달은 같은 상태를 유지하는 것으로 설명하는 모형이다. 아동기가 발달의 중심이며, 주 관심의 대상이 되므로, 성인기 발달을 따로 연구할 필요 없다고 보았다. ex) Freud나 Piaget이론이 대표적이다.

(2) 감소모형(decrement model):

성인기는 연령증가로 인해 필연적으로 기능 쇠퇴가 나타난다고 보았다. 일부 학자들은 이러한 성인기 쇠퇴는 회복 불가능으로 생각한다. 따라서 성인기 연구의 주 목적은 쇠퇴의 정도, 시기, 원인 규명에 있다. 이에 반해 다른 학자들은 환경의 힘으로 쇠퇴를 줄일 수 있다고 생각한다.

ex) 하루에 산 이름을 백 개씩 외워서 기억 감퇴를 막으려는 노력은 이모형을 전제로 한 것이다. 생애발달 심리학적 접근이 있기 전, 성인기 연구는 대체로 감소모형을 전제로 한다.

▌생애발달적 모형(models of life-span development)

전 생애발달에 영향을 미치는 세 가지 요인(Baltes, 1968, 1987).

(1) 연령구분적 영향(age-graded influence) :

같은 사회나 문화권의 모든 사람들이 비슷한 연령에서 경험하는 사태를 뜻한다. 결혼, 은퇴 등과 같은 성인기 경험은 연령구분의 영향이 가장 크다. 영향은 아동기 발달에 가장 크게 작용한다. 아동의 성장에 따라 생물학적 성숙과 부모의 사회화 영향이 줄어듦은 곧 연령구분적 영향이 감소함 뜻한다. 그러나 노년기의 쇠퇴와 더불어 연령구분적 영향은 다시 작용하게 된다.

(2) 역사구분적 영향(history influence) :

개인이 몸담고 있는 시대, 사회적 배경에 의한 특수한 경험이나 사태를 뜻한다. 우리나라 50대와 60대가 겪었던 전쟁, 경제적 어려움, 쿠데타 등 역사적 사건은 이 세대에 속한 사람들의 발달에 유사한 영향을 미친다. 흔히 말하는 동시대 집단효과(cohort effect)는 바로 역사구분적 영향을 뜻한다. 역사구분적 영향은 청년기와 성인초기 발달에 가장 강력하게 작용하며 직장 중심의 사회 활동이 생활중심이므로 역사구분적 영향을 크게 받는다.

3) 비규범적 영향(nonnormative influence) :

개인이나 가족 내에서 발생, 개인의 성장과 발달에 영향을 미치는 사태를 의미한다. 형제의 죽음, 사고, 질병, 이혼, 실직 등은 성인기에 경험할 수 있는 비규범적 영향의 예이다. 이런 비규범적 영향이 언제 어떻게 일어나서 얼마나 오래 지속되느냐에 따라 성인기 발달에 심각한 영향을 미칠 수 있다(Baltes & Reese, 1984). 성인중기 이후부터 비규범적 영향이 크게 작용한다. 동 시대를 사는 사람들 간의 개인차는 주로 비규범적 영향에 의한다.

3. 성인기 발달이론

▮ 성인기 인지발달이론

일상생활에서 부딪치는 문제 해결을 위한 사고의 발달과정과 밀접하게 관련된다.

(1) 성인전기- 성취단계(achieving stage) :

① 지적 기능 : 주로 직업선택, 가정의 설계 등 전 생애에 중요한 의미를 갖는 실제적 문제들을 해결하는 데 사용된다.

② 사고 : 사고와 관련되는 맥락을 고려할 수 있어야 하며, 의사결정의 결과를 예상할 수 있어야 한다. 아울러 독자적으로 의사결정을 할 지적 기능의 사용능력을 개발해야 한다.

(2) 중년기- 책임단계(responsibility stage) :

중년기의 지적 기능은 배우자, 자녀, 동료, 지역사회에 대해 자신의 사고, 판단, 의사결정을 책임질 수 있어야 한다. 지도자가 지적기능을 어떻게 사용하는가는 그 기관이나 사회를 발전시킬 수도, 위기를 초래할 수도 있는 결정적인 중요성을 갖는다. Schaie는 이 시기를 실행단계(executive stage)라 지칭한다.

(3) 노년기- 재통합단계(reintegrative stage) :

노인들은 일상과 관련하여 장기적 목표를 설정할 필요가 없으며, 사회적 책임도 급격히 감소된다. 따라서 노년기에는 개인적인 흥미, 가치, 태도를 바탕으로 자신의 지적 기능을 선택적으로 사용할 필요가 있다. 어떤 노인에게는 광범위하고 추상적인 철학적 의문들을 탐색하는 사고가, 다른 노인에게는 의복, 취미 등 일상의 작은 활동들이 심각한 사고의 대상이 될 수 있다. 노년기 인지발달의 특징은 자신의 필요에 의해 지적 기능을 선택하는 재통합능력을 획득하는 데 있다.

Schaie의 성인기 인지발달단계 모형

- 20년에 걸친 종단적 연구를 통해 성인기 인지발달의 단계모형을 제시했다(Schaie, 1978).
- Schaie는 Piaget의 인지발달단계이론은 지식획득과정을 설명하는 이론이며, 청년기까지의 인지발달 밖에 설명할 수 없다고 주장한다. 성인기에는 청년기 지식획득과정과는 다른 성인기 특유의 새로운 인지발달이 이루어진다고 주장한다.

- Schaie(1990)는 지식사용능력은 성인기 동안에도 발달적 변화가 일어난다고 생각하고, 그 변화과정을 성인기 인지발달단계로 설정하였다.

Schaie의 성인기 인지발달모형을 다음과 같이 표 2-1로 정리해 볼 수 있다.

표 2-1 Schaie의 성인기 인지발달단계

단계	연령	특 징
획득단계	아동·청년기	감각운동기능에서 형식적 조작사고에 이르기까지 기본 인지구조의 발달.
성취단계	성인전기	성취와 독립의 목표를 지향하는 인지행동.
책임단계	성인중기	일상의 문제해결에 있어서 개인적 목표와 가족 및 사회적 책임의 통합.
(실행단계)	성인중기(일부)	보다 복잡한 조직적 위계와 책임을 갖는 문제해결.
재통합단계	성인후기	자신의 흥미·가치에 적합한 문제 및 과제의 선택.

Riegel의 변증법적 추론모형

Riegel(1973)은, Piaget(Inhelder & Riegel, 1958)의 청년기에 형식적 조작사고라는 평형상태에 도달하므로써 인지발달이 완성된다는 주장에 이의를 제기하고, 성인기 특유의 인지발달적 특징을 찾고자 하였다.

- 성인기 사고의 특징은, 다양한 상황, 대상물, 사람내 모순인식 능력을 획득하는 등, 보다 성숙한 사고양식인 변증법적 추론(dialectical reasoning)을 획득하는 데에 있다.
- Piaget의 인지발달이 개인과 문제 상황간의 안정된 균형을 지향하는 인지구조 발달과정을 전제로 했다면, Riegel의 변증법적 추론모형은 문제 상황과 그 해결 양상이 내포하고 있는 불완전성과 애매성을 강조하고, 갈등과 변화를 발달의 본질로 삼는다.
- Riegel의 변증법적 추론은 성인기 사고의 주요 특징이지만, Piaget의 인지발달 네 단계 속에 항상 존재하는 사고과정이나 Piaget가 간과한 인지발달의 다른 측면을 부각시키는 것이므로, Riegel은 변증법적 추론을 형식적 조작단계 이후의 독립적인 성인기 인지발달단계로 설정하지 않는다.

Arlin의 문제발견모형

- Arlin(1975)의 성인기 인지발달은 '문제발견'이 주가 된다(Piaget의 형식적 조작사고는 '문제해결' 에 국한된다).
- Arlin은 성인기 인지발달을 제5단계로 설정하고 형식적 조작사고를 획득했다고 해서 문제발견사고가 가능한 것은 아니며, 문제발견능력은 형식적 조작사고가 획득된 후에 발달한다는 사실을 실증 연구를 통해 확인하고, 제5단계의 존재를 입증하였다. Arlin의 인지발달의 제5단계(문제발견단계)는 성인기 사고의 특징을 잘 보여준다.
- 관련변인의 체계적인 탐색, 통합 능력은 형식적 조작사고로 가능하나 발생 가능한 문제를 식별하고 (형식적 조작사고를)문제 상황에 적절히 적용하는 능력은 별개이다.

▌성인기 성격발달이론

(1) Erikson의 심리사회적 발달이론

① 친밀성 대 고립감 : 청년기에 자아정체성 확립 후 성인기에 들면 타인과의 상호관계에 관심을 가지게 된다. 친밀성은 타인의 한계와 단점을 인정하고, 수용하며, 인간 상호간의 차이와 갈등을 극복하는 과정을 통해 획득된다. 청년기 자아정체성 확립은 친밀성 형성의 기초가 된다.

ex) 자신의 외모, 능력, 가치 등에 일관성 있는 정체성을 확립하지 못하여 자의식에서 벗어나지 못한 사람은 타인에게 자연스러운 관심과 배려를 보일 수 없다(이런 경향은 관계 단절과 고립감으로 정체성 형성이 안 되고, 결혼도 성공하기 어렵다고 본다; Erikson, 1959).

② 생산성 대 침체감 : 중년기의 생산성은 다음 세대를 돌보고 길러감으로써 자신의 존재가치를 확장하는 성격발달 특성이다. 생산성은 자녀양육의 과정을 통해 부모역할 생산성(parental generativity)이 발달하고, 자신의 기술과 능력을 다음 세대에 전수하여 과업 생산성(work generativity)은 획득된다(Kotre, 1984). 생산성은 과업을 수행과정 속에서 자신의 열정과 희생이 타인에게 결실 맺게 되는 기쁨이 수반되어야 한다. 아동기에 지나치게 많은 좌절경험을 한 사람이나 개인의 독립적 성취를 강조하는 서구 문화권의 성인들은, 생산성 확립이 어렵다고 본다(윤진 역, 1988).

생산성의 확립에 실패하면 침체감에 빠져든다. 침체감에 빠진 성인들은 부모역할을 잘 하지 못하며, 집단의 지도자나 지역사회에서의 어른역할수행이 원만하지 못하다.

침체감은 자신의 필요성과 요구에서 헤어나지 못하여 다음 세대나 사회전반의 요구에 응할 여유를 찾지 못할 때 나타난다.

③ 통합성 대 절망감 : 노년기는 쇠퇴를 경험하며 죽음을 준비하는 시기이다. 쇠퇴와 죽음 앞에서 노인들은 지나간 삶을 되돌아보고 정리할 필요성을 느끼는데 긍정적인 적응은 노년기에 중요한 의미를 갖는다. 삶의 과정들이 전체적으로 가치로웠다고 긍정적으로 수용하고 만족할 때 통합성이 획득되며 이전 단계까지 긍정적인 발달의 연속선상에서 이해해야 한다.

자아정체성 확립의 실패와 부정적 정체성을 지닌 사람은, 관계 속에서 친밀감 형성이 어렵다. 성인전기의 단절감은 중년기의 침체감으로 연결되고 부정적 발달이 계속된 사람이 노년기의 삶을 긍정적으로 평가, 통합성을 갖기는 실제로 불가능할 수 있다.

중년기까지 외형적으로만 긍정적인 발달을 노인들은 자기 삶을 새로운 시각에서 통찰, 가치를 재구성, 과거 생애에 새로운 질서 부여로 절망감에서 벗어날 수 있다. 과거생의 의미와 가치의 내재적 갈등을 극복할 때 통합성이라는 노년기 지혜가 획득된다.

> Erikson(1950, 1959)이론에서 아동기까지의 발달은 정상적으로 성장하는 한 개인이 지녀야 할 여러 심리적 특성들을 획득하는 것이다. 성인기는 타인과의 관계형성, 사랑과 보살핌을 주며, 타인과의 관계 속에서 자신을 보다 심화시켜가는 시기이다. Erikson은 성인기 발달을 세 단계로 나누어 설명한다.

(2) Vaillant의 Grant 연구

① 성인전기 : 20대는 부모로부터 독립하여 자율성을 획득하며 가정을 이룬다. 30세 전의 안정된 결혼생활 시작여부는 40대와 50대 삶의 행복을 결정하는 중요한 기준이다. 성인전기는 직업에 몰두하는 단계이다. 25~35세 사이는 철저히 현실적인 삶을 살아가는 시기로 Vaillant는 직업강화(career consolidation)단계라 칭한다. 50대에 성공적인 삶을 살고 있는 사람들은 자신의 삶을 회고할 때 성인전기를 가장 불행하다고 판단하는 반면에, 성공적이지 못한 사람들은 이 시기에

향수를 느낀다고 보고하고 있는 것은 흥미롭다. 40세에 자신의 내부에 시선을 돌릴 여유를 얻게 될 때 성인전기 직업강화단계는 끝난다.

② 성인중기 : 중년을 위기라 부르는 사회적 통념과 달리 Grant 연구는 35세~49세의 중년기가 인생의 가장 평온하고 행복한 시기라고 하였다. 잘 적응하며 살아가는 사람들은 책임감을 가지고 직업에 종사하며, 자녀양육의 기쁨을 누리며, 이웃을 돕는 것으로 밝혀졌다. 45~55세 사이의 중년기에는 오랫동안 억압된 감정을 처리할 만큼 성숙하므로, 과거를 재평가하고 관계를 재정립하는 전환기가 된다. 이런 점에서 Vaillant는 생의 의미유지를 중년기의 가장 큰 과업으로 본다.

Grant 연구는 Vaillant(1977)가 18세~50대까지 추적 조사한 성인전기와 중기발달에 관한 발달의 각 단계에서 **성공적인 삶의 과정을 알아보는 종단적 연구**로서 성공적인 삶을 살아가는 사람들이 이행하는 과정은 유사하다는 사실을 발견하였다. 성공적인 삶을 결정하는 가장 중요한 요인은 **자신의 삶에 중요한 의미를 갖는 사람들과의 지속적인 관계**라는 사실이다. 삶의 여유와 좋은 인간관계를 유지하는 성숙기제, 정신적 불만을 신체적 질환으로 표출하는 미성숙기제, 현실을 왜곡하고 현실로부터 도피하는 정신병적 기제, 삶에 대한 과도한 불안에 억압되어 두려움에 허덕이는 신경증적 기제가 대표적인 유형에 속한다.
Grant 연구에서 제시하는 성인전기와 중기의 단계별 발달양상은 위와 같다.

(3) Levinson의 인생주기모형

Levinson(1978, 1986)은 다양한 직업의 35세~45세의 남성 40명을 대상으로 삶의 전반에 대해 심층적인 면접을 하여 얻은 자료와, 유명인의 자서전이나 문학작품 속 주인공의 생애를 분석한 결과를 통합하여 인생주기(seasons of life)모형을 제시하였다.

① Levinson은 인생의 주기를 크게 네 시기(era)로 나누고, 각 시기 사이에 세 번의 시기간 전환기(cross-era transition)를 설정하였다.
성인이전시기(0~22세), 〈성인초기 전환기(5년간)〉, 성인초기(17~45세), 〈성인중기 전환기(5년간)〉, 성인중기(40~65세), 〈성인후기 전환기(5년간)〉, 성인후기(60세 이후)로 나눈다 : 각 5년 간에 걸친 이 전환기 동안에 이전 시기의 삶을 평가하고 통합하며 다음 시기를 설계하게 된다.

② 각 시기에 한 개인의 삶의 기본양식을 뜻하는 인생구조(life structure)를 가정하고 있다. 인생구조는 '지금 내 삶은 어떠한 모습인가?'라는 의문에 대해 스스로 제시하는 대답을 의미한다. Levinson은 자신이 중요성을 부여하는 사람들과의 관계, 결혼과 가족, 직업을 가장 중요한 요소로 설명하고 있다.

③ 각 시기의 인생구조 형성과정은 연령증가에 따라 세 단계유형으로 일정계열을 형성한다.

- 각 시기 인생구조는 구조 설정이 시작되는 초보인생구조(entry life strucuture)
- 각 시기 내에 구조가 변화하는 전환기(transition)
- 특정시기 인생구조가 완성되는 절정인생구조(culminating life strucutre)

그러므로 17세에서 65세까지 아홉 개 주요 기간으로 구성되는 인생주기모형이 형성된다.

④ Levinson이 인생주기 중 25년이라는 긴 기간을 5번에 걸친 전환기로 설정한 것은 생의 과정에서 경험하는 동요와 위기의 중요성을 보여주는 것이다.

(4) 생활사태 접근

① 생활사태 접근(life-events approach)은 일상의 여러 가지 사태들(결혼, 이혼, 배우자 사망, 은퇴 등)이 성격형성에 미치는 영향에 의해 성인기 성격발달 특성을 설명한다.

② 개인의 직접적인 사태 자체뿐 아니라 개인의 건강, 가족구조 등 매개적 요인과 생활사태에 대한 개인의 적응과정, 개인이 속한 발달 단계적 맥락과 사회, 역사, 문화적 맥락 등의 요인들을 통합한다(Brim & Ryff, 1980: Hansell, 1991: Lieberman 1994).

③ 동일 생활사태라도 여러 요인에 따라 스트레스가 야기되는 정도가 다르며, 따라서 개인발달에 미치는 영향도 달라진다.

4. 성인기 발달의 특징

이 장에서는 성인전기, 성인중기 및 성인후기 등 각 시기의 발달양상은 신체발달, 인지발달, 성격 및 사회성 발달을 공통적으로 볼 수 있어야 하며 성인전기에 특히 중요한 생애과업의 문제와 노년기 노쇠, 은퇴, 죽음의 문제가 성인기 발달에 포함된다.

▮ 성인전기 발달

청년기가 끝나는 20~22·3세경부터 35~40세경까지가 성인전기에 속한다. 성인전기는 한 사람의 성인으로서 직업을 선택하여 사회적인 역할을 하는 시기이다.

(1) 신체발달

① 성인전기는 청년기가 끝나는 20~22·3세경부터 35~40세경까지로 신체발달이 완성되는 시기이다. 성인전기는 신체적으로 가장 건강한 시기로서, 아동기나 성인후기에 비해 만성적 질병이 가장 적다(Turk et al., 1984). 성인으로서 직업을 선택하고 사회적 역할을 하는 시기로서 이성과의 성관계가 확립되며, 성행동 양상으로 동성애(homosexuality)가 나타나기도 한다.

② 청년후기부터 성인초기인 20대 중반까지 흡연, 음주, 약물흡입 경향은 급격히 증가한다. 학자들은 청년기 자아중심적 사고가 성인전기 건강지각에 그대로 적용되기 때문에 운동, 흡연, 음식습관 등이 자신의 건강과는 무관하다고 믿는다(Weinstein, 1984).

(2) 인지발달

① Keating(1980, 1990)은 청년기와 성인기 사고는 본질적으로 같다고 보는 Piaget의 인지발달이론을 바탕으로, 성인전기 인지발달적 특징을 형식적 조작사고가 강화되고 공고화되는 과정으로 설명한다(청년기에는 관련변인 탐색능력이 발달하지만 매우 미숙한 수준이다). 성인전기에 형식적 조작사고가 심화되는 양상을 비판적 사고(critical thinking)의 발달로 설명한다. 다른 시각에서 설명하는 인지발달이론가들도 있다.

② Labouvie-Vief(1982, 1986)는 성인기는 자신의 직장이나 사회, 크게는 생태적 맥락 내에서 발생하는 여러 복잡한 문제들을 해결하고 적응해야 하는 시기로 본다. 따라서 성인기 사고는 자유스럽고 이상주의적인 청년기 사고와 다르다. 성인전기의 인지발달은 청년기의 논리적이며 가설중심적인 사고로부터 현실에 대한 실용적인 적응방략을 탐색하는 실제적인 문제해결사고에로의 변화과정을 의미한다.

③ Arlin(1975)의 문제발견사고와 Schaie(1977)의 성취단계 인지발달모형은 이러한 사고의 두 가지 측면을 잘 통합한 것이다.

④ Perry(1970)도 청년기 사고의 특징은 옳고 그름, 좋고 나쁨 등 현상을 이분법적으로 판단하는 사고를 하지만 성인기에 들면 타인들의 관점과 견해의 다양성을 수용하며, 이분법적 사고는 다면적 사고(multiple thinking)로 대치된다(다면적 사고는 어떤 사태와 관련된 여러 요인과 입장을 골고루 고려할 수 있는 사고이다).

⑤ 성인전기 인지발달의 공통적인 특징: 형식적 조작사고의 심화에 의한 비판적 사고의 확장과, 실용적인 적응과 현실적인 과업성취를 위한 실제적 문제해결능력의 발달, 문제발견능력의 획득, 다면적 사고와 상대적 사고의 발달은 성인전기 인지발달의 공통적인 특징이다.

| 표 2-2 성인기 인지발달의 특징 |

<table>
<tr><th>발달단계</th><th>Piaget</th><th>Labouvie-Vief</th><th>Perry</th><th>Schaie</th></tr>
<tr><td>청 년 기</td><td rowspan="4">형식적 조작</td><td>형식적 조작</td><td>양면적 사고</td><td>지식획득단계</td></tr>
<tr><td>성인전기</td><td rowspan="3">실용적 단계</td><td rowspan="3">다면적 사고</td><td>성취단계</td></tr>
<tr><td>성인중기</td><td>책임단계와 실행단계</td></tr>
<tr><td>성인후기</td><td>재통합단계</td></tr>
</table>

(3) 성격 및 사회성 발달

① 친근성의 발달

㉠ Erikson(1968)은 성인초기 성격특성을 친근성 대 고립감(intimacy vs isolation)의 위기로 표현하고 있다. 성인초기의 친근성이란 결혼대상으로써 애정을 나누거나 사회생활에서 우정을 나눌 사람들과의 친근한 관계를 포함한다. 이 시기에 친근성을 획득하지 못한 사람들은 원만한 사회적 상호작용을 이루지 못해 고립감에 빠지게 된다.

㉡ Sternberg(1988d)는 친근성의 중심문제인 애정(affectionate love)의 구성요소를 열정(passion), 친근성(intimacy), 및 관여(commitment)의 세 요소로 보았다.

- 열정은 애정의 신체적이며 성적인 측면을, 친근성은 따뜻하고 가까이에서 애정을 나누는 사랑의 표현을, 관여는 애정을 객관적으로 평가하고 문제 발생에도 같은 관계를 유지할 인지적 측면을 뜻한다.
- 성인전기 친근성은 이성관계는 물론 일반적인 인간관계에도 중요한 특성이다. 성인전기 동안에 친근성이 획득되면서 인간관계는 점차 성숙해진다.

㉢ White의 인간관계의 성숙구분 세 단계 과정 :

- 1단계 : 자기 위주적 수준에서는 타인과의 관계가 자신에게 어떤 영향을 주는가에만 몰두해 있으며, 타인의 입장에 대한 배려가 부족한 수준이다.

- 2단계 : 역할 위주적 수준에서는 개인으로서의 타인을 인식하고 타인의 권리를 인정하지만, 사회적 역할만을 고려하며 개인적 이해에 까지 미치지 못한다.
- 3단계 : 개인적 배려수준은 타인의 욕구와 동기를 고려하여 타인을 배려하고 정서적으로 격려해줄 수 있는 수준이며 가장 높은 성숙단계이다. 성인기의 친근성과 생산성은 개인적 배려수준까지 올 수 있을 때 달성된 것으로 본다.

② Levinson의 성인전기 인생구조

Levinson(1978, 1986)의 인생구조모형에 따른 성인전기 성격발달 특성은 다음과 같다.

- 성인전기 전환기(early adulthood transition) : 약 17~22세 사이로 부모로부터 경제적으로나 정서적으로 독립하여 성인의 삶을 준비하는 과도기이다.
- 성인전기 초보인생구조(entry life structure) : 약 22~28세 사이로 성인전기의 초보인생구조가 형성되는 단계이다. 이성을 만나 가정을 만들고 직업을 선택하는 것은 대표적 요인이다. Levinson은 성인전기 초보인생구조의 형성에 가장 큰 영향 요인으로 꿈과 스승(mentor)을 든다. 꿈은 과업에 몰입하고 활력을 주는 성인전기 삶의 지표이며 스승과의 만남에서 시작되는 도제기간은일과 인생의 모든 과정에 큰 영향을 미친다.
- 30세 전환기(age 30 transition) : 약 28~33세 사이로 지난 10여년의 삶을 되돌아보며 적합했는가에 의문을 제기함으로써 가벼운 위기를 경험한다. 이 위기를 잘 극복하면 보다 안정된 성인전기 인생구조의 토대를 쌓게 된다.
- 절정인생구조(culminating life structure): 30세 전환기를 통해 성인전기의 안정된 구조가 확립되면 33~40세 사이에 열성적으로 일하며 삶의 양식을 확립하여 인생의 뿌리를 내린다. Levinson은 이 과정을 '자기자신 되기(Becoming One's Own Man : BOOM)'라 지칭하고, 성인전기 인생구조를 마무리하는 중요한 과업으로 생각한다. 자신을 확립하는 과정에서 이전 초보인생구조에서 지녔던 꿈을 실현하거나 불가능한 부분을 버리는 것으로써 정리하며, 인생의 모델로 삼았던 스승을 마음으로부터 버린다.

> Levinson에 의하면 성인전기는 꿈을 갖고 평생의 과업을 찾으며, 일생동안 지속할 애정관계를 이루고 스승을 구하는 시기이다. 꿈, 스승, 생애과업, 결혼의 네 가지 발달과업이 이루어지는 양상은 곧 성인전기 성격발달이 이루어지는 과정을 보여주는 것이다.

③ 생애과업 : 전 생애 동안 지속할 직업을 선택하고 주어진 과업에 충실히 종사하는 일은 성인전기의 성공적인 발달여부를 결정하는 주요 요인이다.

㉠ 생애과업 발달이론

Ginzberg의 과업선택 발달이론: 생애과업의 선택이 환상적 단계(fantasy stage), 시험적 단계(tentative stage), 현실적 단계(realistic stage)를 거쳐 발달한다는 과업선택의 발달이론을 제시하고 있다.

- 환상적 단계는 약 11세경까지의 아동기에 해당하는 단계이다. 어린시절 현실감 없이 여러 과업을 꿈꾸는 시기에 해당된다.
- 시험적 단계는 11~17·8세 사이로 아동기의 환상적 단계에서 성인전기의 현실적 의사결정단계로 이행하는 과도적 시기이다. Ginzberg-이 시기 청년들은 자신의 흥미·능력·가치 등을 평가하고 그 결과를 바탕으로 현실적 가능성을 시험한다.
- 현실적 단계는 17·8세경에서 20대까지로 속한다. 이 시기는 가능성이 있는 생애와 직업들을 광범위하게 탐색하고 고려하며, 관련된 구체적인 직업선택을 한다.

  Ginzberg 이론은 서구에서도 과업선택의 많은 대안을 가질 수 있는 중상류 계층에 국한된 모형이라는 비판을 받는다.

㉡ Super의 과업자아개념이론

Super(1967, 1976)의 과업자아개념이론(career self-concept theory)에서는 개인의 자아개념이 생애과업 선택에 중추적인 역할을 한다. Super에 의하면 청년기와 성인기 동안에 직업과 관련되는 자아개념의 변화는 다음과 같다.

- 구체화 국면(crystallization phase) : 14~18세 사이에 청년들은 현재 자신이 지닌 총체적 자아개념과 가장 잘 융합되는 과업에 관한 생각들을 하기 시작한다.
- 명료화 국면(specification phase) : 18~22세 사이에는 고려 대상이 되는 생애과업의 범위를 좁히고 그 중의 몇 가지 유형의 과업을 실험적으로 경험해보기도 한다.
- 실행국면(implementation phase) : 21~24세 사이에 대부분의 젊은이들이 학교 교육을 끝내고 실제 과업의 세계에 종사하기 시작하는 시기를 말한다.
- 안정화 국면(stabilization phase) : 25~35세 사이에 자신의 자아개념에 가장 적합하며 전 생애에 걸쳐 지속될 구체적인 과업의 선택이 이루어진다.

- 공고화 국면(Consolidation phase) : 성취를 향해 노력하는 시기이다.

Super이론에서 연령은 개략적 구분이며 개인에 따라 유동적이나 청년기에 다양한 생애과업을 탐색하는 것이 과업자아개념의 발달에 필수적인 점은 모든 사람에게 동일하다. Super는 생애발달검사(Career Development Inventory)를 제작하여 과업자아개념을 진단하는 도구로 사용한다.

㉢ Holland의 과업성격유형이론

Holland(1973, 1987)는 개인의 성격유형과 특정 생애과업 간의 일치성을 강조하는 과업성격유형이론(personalit type theory of career)을 제시하였다. 자신의 성격에 맞는 과업을 택한 사람들은 일을 즐기며 같은 직종에 오래 머무르는 사실을 확인하였다. -Holland는 생애과업과 관련된 6개의 기본적 성격유형을 제시했다.

- 현실적 유형(realistic type)은 주로 옥외에서 하는 육체노동에 흥미를 가진 사람들이며,이 유형 사람들은 신체적으로 건강하나 비교적 사회성이 낮아 혼자 일하기를 선호한다, 사고가 실제적이지만 때로 지적인 깊이가 부족하다.
- 탐구적 유형(investigative type)은 사람보다 관념이나 생각에 관심이 많으며, 사회적 관계에 무심하고 정서적 상황 대처능력이 낮다. 흔히 소외되어 있는 것으로 지각되지만 대단히 지적이다. 교육수준과 사회적 지위는 여섯 유형 중 가장 높다. 과학과 관련되는 직종이나 고도로 전문화된 직종은 이 유형에 속한다.
- 예술적 유형(artistic type)은 창의적 지향이 강한 과업유형으로서, 새로운 방법으로 자신을 표현하는 일을 즐긴다. 동조성을 싫어하고, 자유와 애매성을 중시하며, 대인관계에 어려움 갖는다. 이 유형에 속하는 사람들의 수에 비해 직종은 적은 편이다.
- 사회적 유형(social type)은 타인과 함께 일하기를 즐기며 사람에 관심이 많고 자신보다 낮은 지위의 사람을 도우려는 경향이 높다. 지적 과업보다는 대인관계기술이 뛰어나다.
- 기업가적 유형(enterprising type)은 사물이나 현상에 대해 생각하기보다는 사람에 관심을 가지는 유형이나 목표 도달을 위해 사람을 지배하는 경향이 높다. 자신의 태도나 선택을 타인이 채택하도록 설득하는 능력이 강하다. 경영, 경찰, 외판 등의 직종과 관련된다.
- 관습적 유형(conventional type)은 잘 구조화된 상황이나 세부적인 것들을

다루는 직업분야에서 최상의 능력을 발휘한다. 생각이나 사람보다는 자료나 서류를 취급하는 일을 좋아한다. 은행원, 비서, 서기 등이 적합한 직종이다.

> Holland의 과업성격유형이론은 대부분의 사람들은 단순하게 한 가지 유형에 속하는 것이 아니라 두세 가지 유형이 결합되어 있다고 그의 이론을 수정(1987)하였다.

④ 생애과업의 탐색과 결정

- 미국의 경우 25세 전후까지는 애매하고 불확실한 상황에서 스트레스를 받으며 생애과업을 탐색하는 시기로 설명된다(Lock, 1988). 우리나라는 남성의 경우 군입대와 여성의 경우 불리한 과업조건으로 인해 미국보다 불확실한 탐색기가 더 길게 예상된다. 대학의 전공 선택은 성인전기의 가장 중요한 생애과업 탐색의 일환이다.
- 일부 심리학자들은 대학생활 기간 내에 자신의 생애를 통해 지속할 과업에 대해 확고한 결정을 내리는 것은 불가능하므로 대학에서 한 가지 전공에 몰두하기보다 다양한 교과를 통해 여러 과업의 가능성을 탐색하는 것이 좋다고 본다. 이에 반해 대학에서 보다 심화된 전공 관련 지식과 기술을 습득하는 것이 안정된 과업선택의 가능성을 높인다는 주장도 제기되어 상반된 견해를 보여준다(Santrock, 1995).
- 성인기의 과업발달은 대체로 선택, 적응, 유지, 은퇴의 네 과정을 거친다. 성인초기에 과업이 선택되면 대부분의 사람들은 자신의 과업에 적응하고자 노력한다. 과업이 요구하는 새로운 역할에 자신을 맞추어가는 적응과정은 성인전기 발달의 핵심적 과제이다. 때로 직장을 그만두거나 직업을 바꾸는 일은 과업적응에 실패하거나 재조정이 필요할 때 나타나는 현상이다.

⑤ 여성과 과업

- 연구에 의하면 이중과업 결혼은 나름대로의 장 · 단점을 가진다(Thompson & Walker, 1989: Zedeck & Mosier, 1990).
  - 장 점 : 경제적 이득, 부부 간의 동등한 관계 유지, 여성의 자아존중감 확장 등 이다.
  - 문제점 : 과중한 시간 및 체력부족, 일과 가족 역할 간의 갈등, 부부간의 경쟁적 적개심, 자녀의 요구충족 등 이다.
- 이중과업 결혼의 성공여부는 남편의 아내 과업성취 격려정도에 따라 크게 다르다.

> 근래에 자신의 과업을 갖는 여성의 수가 증가하는 것은 동서양을 막론하고 공통된 현상이다. 오늘날의 여성도 결혼하여 가정을 이루고 자녀를 낳아 기르는 것은 중요한 생애과업의 하나이다. 따라서 결혼과 일을 병행하려는 여성들은 이중과업 결혼(dual-carrier marriage)의 부담을 갖게 된다.

▮성인중기 발달

(1) 신체적 변화

① 감각기능의 쇠퇴 : 성인중기에 가장 뚜렷한 감퇴는 시각과 청각기능이다. 시각의 감퇴인 노안현상은 대체로 40~49세 사이에 나타나며, 청각은 빠른 감퇴를 나타나는 감각기능으로 40세경에 시작된다. 고음에 대한 민감성의 감퇴가 먼저 나타나며, 50대에는 저음 감퇴가 시작된다. 직업적 소음으로 남성의 고음 민감성 감퇴가 여성에 비해 빨리 나타난다(Olsho et al., 1985).

② 건강상태 : 성인중기 동안 신체구조 및 기능의 변화로 건강이 약화될 수 있다. 피부 탄력이 줄고 주름과 흰머리, 체중이 늘고 배가 나오는 것은 보편적인 성인중기 신체적 변화이다.

- 성인중기 건강상태는 정서적 안정성 및 성격유형과 밀접한 관계가 있다. 34~50세가 되기까지 16년간을 추적 연구한 캘리포니아 종단적 연구에서, 성인중기에 '정서적으로 평화로우며, 자기통제가 잘 되어 있고, 책임감이 있는 사람이 가장 건강'한 것으로 밝혀졌다.
- 개인의 성격 및 적응유형이 성인중기 대표적 질환인 심장병·고혈압과 같은 순환계 질환과 암의 발병률과 밀접하게 관련된다.
- 성인중기 동안에 자신의 과업이나 인간관계에 적극적으로 관여하고, 스스로 통제하고 있다고 느끼며, 삶의 과정에서 발생하는 여러 가지 문제와 위기들을 위협이 아닌 적극적인 도전으로 받아들이는 사람들이 성인중기에 최상의 건강을 유지할 수 있는 것으로 보인다(Irwin & Simons, 1994)

③ 성적 변화

- 성인중기에 나타나는 성적 변화 중 여성의 폐경(menapause)이 있으며, 남성도 남성호르몬 분비 감소로 인해 성욕감퇴와 더불어 심리적인 의욕감퇴·불안·초조 등의 갱년기 장애를 경험한다.

- 흔히 남성 갱년기 장애로 불리는 증상들은 생리적인 것이라기보다는 쇠퇴를 지각하는 심리적 반응에 기인된 것으로 보인다.

(2) 성인중기 인지발달

① 지능의 변화

- 종래에 지능은 20대 중반에 절정을 이루다가 30대 이후부터 서서히 감소되는 것으로 알려져 왔다. 특히 성인중기의 지능의 감퇴는 생물학적인 노화과정의 일부로 당연한 것으로 인정되었다(Wechsler, 1958). 그러나 근래의 연구에 의하면 성인중기 지적능력의 감퇴는 필연적이거나 보편적이지는 않다.
- 지능발달의 종단적 연구의 예 : 1919년에 363명의 대학 신입생을 대상으로 지능검사를 실시하고 그 중 127명을 31년 뒤인 1950년에 다시 지능검사를 실시하여 그 결과를 비교한 연구(Cunningham & Owens, 1983)결과에 의하면 언어능력은 의미있게 증가하였고, 관계적 사고는 다소 증가하였으며, 수리능력은 약간 감소하였다. 이러한 연구결과를 볼 때 성인중기 지능은 감퇴가 없는 것으로 판단된다.

② 기억의 변화

- 성인중기에 들어서면 많은 사람들이 기억 감퇴를 호소하는데, 실제로 50세 이후에 저장되어 있는 기억정보를 활성화시키는 데에 필요한 시간은 20~50세 사이에 필요한 시간보다 60% 가까이 증가한다(Santrock, 1982). 이러한 사실은 정보처리 속도에 비추어볼 때 성인중기에 기억의 감퇴가 일어나고 있음을 보여주는 것이다.
- 실제로 성인중기 기억력 감퇴가 일어나는 영역은 별로 없다. 제시된 자극을 보고 관련 정보를 인출해내는 재인기억(recpgnition memory)능력은 성인중기 동안에 유지된다. 청각적 기억은 40세 이후부터 일정하게 지속한다. 시각적 기억 또한 60세까지는 감퇴없이 유지된다. 단기기억 능력의 변화는 극히 미미한 수준이다. 따라서 성인중기 기억 능력의 감퇴로 느껴지는 것은 모두 정보처리 시간이 길어지는 데 기인하는 것으로 보인다(Salthouse, 1990; Wingfield & Byrnes, 1981).
- 정보처리 속도 이외에 성인중기 기억 능력의 감퇴가 나타난다면, 기억과제의 연습량의 감소가 주된 원인이다. 대체로 성인전기까지는 교육적 경험이 지속되지만 성인중기에는 형식적 교육의 기회가 극히 적으므로 기억과제의 연습량은 줄어든다. 성인전기와 중기에 대학생으로 공부하는 집단 간 기억과제 수행

수준의 유사성이 성인전기 대학생 집단과 대학생이 아닌 집단 간의 유사성보다 높다는 연구결과는 성인중기 기억감퇴가 연령보다 연습량 감소 때문임을 뒷받침해 준다(Zivian & Darjes, 1983).

③ 전문성의 획득

- 전문가란 특정 분야의 지식의 학습에 많은 시간과 노력을 투자한 결과 그 분야의 문제해결에 형식적인 규칙이나 절차 적용보다는 획득된 경험을 바탕으로 상황에 대해 직관적으로 반응하는 사람들을 뜻한다. 전문가들은 사고의 직관적 도약이 가능하므로 문제해결이 정확한 것과 아울러 비전문가보다 빠르고 효율적이다.
- 성인중기 전문성의 획득은 크게 두 가지 요인에 의존하는 것으로 판단된다. 첫째, 특정분야에 대한 잘 구조화된 지식체계이다. 특정 분야의 구체적인 지식체계를 영역특정지식(domainspecofoc knowledge) 또는 지식기반(knowledge base)이라 칭한다. 둘째, 융통성 있고 창의적인 방략사용능력이다. 노련한 심리상담사가 한 가지 이론적 관점에만 의존하지 않고 다양한 접근들을 창의적으로 적용하는 것도 같은 맥락의 예이다.
- 성인중기는 자신이 종사하고 있는 분야의 지식과 기술에 있어서 보다 큰 전문성을 길러가는 시기이다. 이러한 전문성의 증가는 성인중기 인지발달을 특정짓는 중요한 준거 중의 하나가 될 것이다.

④ 지혜의 발달

- 지혜(wisdom)란 인생의 중요하면서도 불확실한 사태에 대해 좋은 판단을 내릴 수 있는 능력을 뜻한다(Dittmann-Kohli & Baltes, 1990). 지혜는 지능의 본질과 중요성에 대한 인식이, 추상적 사고와 교과학습 중심의 지적 능력으로부터 실제 삶의 맥락에서 활용 가능한 실용적 능력으로 옮겨감에 따라, 성인기 지적능력의 중요한 측면으로 간주된다.
- 지혜를 인생의 복잡하고 불확실한 사태에 있어서 뛰어난 통찰력과 판단력을 가능하게 하는 전문적 지식으로 규정한다(Baltes et al., 1992).

파산에 직면한 어느 중년의 지혜 예

- **사실적 지식**은 누가, 언제, 어디에서, 얼마나 문제가 생겼는지에 대한 객관적인 지식을 뜻한다. 파산이 가져다주는 구체적인 결과에 대한 정확한 지식, 파산이 초래할 정서에 대한 통찰, 파산을 처리하는 객관적인 방법에 대한 지식들은 사실적 지식에 속한다.
- **방략적 지식**은 상황을 해결할 수 있는 방법을 탐색하고 결정을 내리며, 적절한 충고를 받고, 분노·좌절 등 자신의 정서를 통제하며, 사실적 지식을 통해 획득한 여러 대처방략들의 효율성을 고려하는 절차적 지식을 뜻한다.
- **삶의 맥락에 대한 지식**은 파산이 초래된 시대·사회·역사적 배경, 가족·친구·직장 등 여러 삶의 맥락에 미칠 수 있는 영향, 각 맥락 간에 나타날 수 있는 갈등 등에 대한 지식을 의미한다.
- **삶의 불확실성에 대한 지식**은 어떤 문제에 대한 완벽한 해결방법은 없으며, 어려운 상황 내에서나마 얻는 것과 잃는 것을 최적화해야 하며, 완벽한 미래의 예측은 불가능하다는 사실에 대한 지식을 뜻한다.
- **삶의 상대성에 대한 지식**은 현재와 미래의 자신의 삶에 절대적인 가치·목표·욕구란 존재하지 않는다는 본질적인 상대성을 인정하고, 개인의 선택, 필요성 및 중요성을 헤아릴 줄 아는 능력을 뜻한다.

- 지혜를 구성하는 요인들을 분석해 볼 때, 지혜란 추상적인 철학적 개념이 아니라, 측정과 개발이 가능한 성인기 인지적 능력의 한 측면임을 알 수 있다. 동·서양을 막론하고 지혜는 삶의 의미를 이해하는 것과 밀접하게 관련되나, 동양에서는 삶의 의미의 직접 경험적 지식을 강조하는 데 반해 서양의 지혜는 지적 능력과 추론의 역할을 강조한다(Clayton & Birren, 1980).

- **성인중기** : 대체로 35~45세 사이에 들어서며 55~65세 사이에 끝난다. 성인중기는 최초로 쇠퇴 징후가 출현하며, 개인적인 삶은 위축되고, 다음 세대로의 전수를 생각할 시기이다. 흔히 중년기 위기는 성인중기의 특징을 지칭한 것이기도 하지만 관점에 따라서 성인중기는 이전의 삶의 결실을 거두고 누리며 활기와 행복감으로 찬 생의 절정기이기도 하다. 따라서 인생에서 성인중기는 개인에 따라 다양한 색깔을 갖게 된다.

(3) 성인중기 성격발달

① 성인중기 성격발달 요인

과잉습관화

- Kastenbaum(1984)은 성인중기 성격변화의 한 특징으로서 일상의 반복적인 자극에 대해 주의가 감소되는 습관화(habituation)가 나타날 수 있다. '습관화'는 성인중기와 노년기에 일상의 습관적인 일들에 과도하게 적응함으로써, 변화하는 세계에 대한 유연성과 적응력이 감소되는 데에 기인한다.
- 성인중기 습관화 경향이 과도하게 나타날 때 '과잉습관화(hyperhabituation)'에 빠진다. 과잉습관화는 변화를 두려워하고, 미래 직면을 피하며, 동일한 방식으로 생활하려는 극단적인 연속성에 집착하는 것을 의미한다(Datan et al., 1987).
- 성인중기에 과잉습관화 현상을 갖는 비율은 많지 않으나 성인중기 적응을 어렵게 하고 세대 간 단절의 벽을 크게 하는 현상이므로 관심을 가져야 할 문제이다.

중년기 위기

- Jung은 40세를 전후하여 이전에 가치를 두었던 삶의 목표와 과정의 의미에 의문을 제기하면서 중년기 위기가 시작된다고 주장한다. 사회적으로 성취한 모든 것들이 어떤 면에서는 개인의 내재적 욕구의 억압을 바탕으로 한 것이므로 사회적으로 성공한 사람들도 중년기 위기는 불가피한 것이다. 위기를 극복하기 위해 성인전기까지 외부 세계에로 집중되던 정신 에너지를 내면으로 돌려 억압, 방치되었던 자기 내면의 진정한 자아 찾기를 위한 탐색이 시작된다. Jung은 자아탐색을 통한 내적 성장과정을 개체화(individuation)라 부른다.
- Levinson(1986)도 성인중기는 중년기 위기와 함께 시작되며 성인중기 인생구조 내에서 다시 50대 위기를 경험한다. Levinson의 연구대상의 80%는 이러한 중년기 위기가 심리적으로 고통스러웠으며 정서적 동요와 불안을 경험한 것으로 보고하였다. 중년기 위기는 대부분의 사람들이 정상적인 성인기 발달에서 거치는 과정이다. Jung도 마찬가지로 중년기 위기는 성인중기 이후의 보다 나은 적응을 위해 거쳐야 할 필연적인 과정으로 지적되고 있다.
- 중년기 위기가 소수의 사람들에게는 나타날지 모르나 성인중기의 보편적인 발달과정은 아니라는 입장도 있다.

Vaillant(1979)는 대부분의 사람에게 있어서 성인중기는 평온하고 행복한 시기로 보며, 성인중기에는 성인전기에 비해 자신을 보다 통합된 존재로 느낀다는 보고도 있다(Farrell & Rosenberg, 1981).

Haan(1981)은 청년기부터 40대까지를 추적한 두 개의 종단적 연구에서 명백한 중년기 위기의 징후를 발견하지 못했다고 보고한다. 성인중기에 관한 최근의 연구들은 점차 중년기 위기의 존재를 인정하지 않는 경향이다.

- Costa와 McCrae(1978)의 중년기 위기척도(Mid-life Crisis Scale)에 따르면 중년기 위기는 정서적 차원, 인지적 차원 및 이 두 차원의 위기에 영향을 주고받는 생활 장면들로 구성된다.
- 35~60세까지의 중년 1,400명을 대상으로 한 국내연구에서, 우리나라 중년들은 정서적 위기(침체감·무력감·불행감·지루함 등)를 인지적 위기(삶의 의미에 대한 회의·자아인식·자기탐색)보다 먼저, 그리고 강력하게 느끼는 것으로 나타났다. 그러나 직업·결혼·자녀관계에 대한 불만족이 높고 개방적 성격일수록 삶의 구조를 새롭게 수정하려는 인지적 위기가 큰 것으로 나타났다(김애순, 1993)
- 우리나라에서는 성인중기 여성의 위기와 스트레스에 관한 연구가 많이 이루어지고 있다. 자녀의 학업성적, 진로 등 자녀문제는 성인중기 스트레스를 유발하는 가장 큰 요인으로 지적되고 있다. 낮은 자아정체감, 폐경을 전후한 성역할 변화, 여가활동 부재는 성인중기 여성의 위기를 유발하는 개인적 요인들이다(김명자, 1991; 김은아, 1993 박경숙·김명자, 1991; 한미선, 1992). 35~60세 사이의 우리나라 중년들이 중년기 위기감을 경험하는 정도는 자신이 회고하는 청년기 정체성 유형과 밀접한 관계가 있다. 청년기에 정체성 성취나 유실에 속했던 중년들은 위기수준이 낮은 반면에 유예나 혼미로 회고한 중년들은 위기수준이 높았다(김애순, 1993).
- **중년기 위기(mid-life crisis)**란 Jacques(1965)가 예술가 310명의 성인중기와 노년기 삶의 변화과정을 분석 연구를 통해 최초로 사용한 용어이다(Irwin & Simons, 1994). Jacques는 중년기 위기는 죽음을 의식, 심리적으로 죽음을 준비하는 시기에 시작된다고 본다.

빈 둥지 현상

- 둥지 현상(empty nest phenomenon)이란 성인중기에 자녀가 독립해서 떠남으로서 부부만 남게 되는 현상을 뜻한다. 종래에 빈 둥지 현상은 자식이 떠나버린 공허감으로 정서적 빈곤과 우울증으로 연결되는 성인중기 문제현상으로 생각되었으나 근래의 연구들은 대부분의 중년들은 독립된 자녀를 보내며 안도와 행복감을 맛보며, 부부관계의 만족도 또한 높아지는 것으로 보고한다(Irwin & Simons, 1994:; Santrock, 1995). 이처럼 부부만족도가 높아지는 이유는 개인의 시간적 여유로 인해 더 많은 경험을 함께 공유하고, 상대방에 대해 더 많은 배려가 가능하며, 의사소통이 많아지고, 경제적 부담의 감소로 인해 더 많은 여가를 즐길 수 있기 때문이다(Gilford, 1984).
- 26~80세 사이 여성 700명을 대상으로 한 연구에서 여성들은 50대 초반부터 자신의 삶을 매우 긍정적으로 생각하고 있다는 사실을 발견하였다. 여성들은 자녀가 떠난 후 보다 건강하고 경제적으로 여유가 있으며, 자신의 부모나 친구들과 가까운 접촉을 가질 수 있다. 50대 초반의 여성들은 자신감이 있으며, 여러 활동에 관여하며, 안정감이 있고, 성격의 융통성이 높았다(Mitchell & Helson, 1990).

(4) 성인중기 성격발달 연구

① 단계론적 관점

- Erikson(1968a)은 성인중기를 자녀를 낳아 기르는 부모역할 생산성과 다음 세대에게 자신의 전문적 기술과 능력을 전수함으로써 느끼는 과업생산성이 획득되는 시기로 보고 있다는 것은 앞에서 지적한 것과 같다. 특히 자신의 부모역할에 대해 느끼는 만족도는 성인중기 성격발달에 중요한 역할을 한다.
- 우리나라 남성들은 대체로 여성에 비해 부모역할 만족도가 높은 것으로 알려져 있다. 그러나 직장의 과업과 가정 내에서의 가족역할이 상충하는 경우에 일에는 전혀 부정적 영향을 주지 않는 반면에 가정에서 사랑을 회피하고 그로 인한 불안감이 증대되는 것으로 보인다(박광배, 1993, 조복희·현온강, 1994). 이러한 연구결과는 우리나라 남성들이 전반적으로 과업생산성을 위해 부모역할 생산성을 희생시키고 있음을 보여주는 것이다.

• Peck(1968)은 Erikson의 생산성 대 침체감의 위기를 보다 세분화하여 지혜가치 대 신체적 힘의 가치(wisdom vs physical power)간의 갈등, 보편적인 사회적 인간관계 대 성적관계(socializing vs sexuality)간의 갈등, 정서적 유연성 대 정서적 삭막함(emotioal flexibility vs impoverishment)간의 갈등이 가져오는 위기의 극복양상을 성인중기 성격발달의 주요과정으로 설명하고 있다.

• Levinson(1986)은 성인중기에 들어서는 40~45세 사이의 성인중기 전환기 동안에 청년기 이후부터 지속되어온 갈등들을 해결해야 한다고 생각한다. 이러한 전환기 갈등 중에는 자신이 중년임을 인정할 것인지, 젊음을 지속하고자 노력할 것인지, 독립의 욕구인 남성적 특성과 애착의 욕구인 여성적 특성을 어떻게 선택 또는 통합할 것인지, 개인의 한계를 뛰어넘어 타인과의 관계를 좀더 깊이 할 것인지 또는 분리와 단절을 택할 것인지를 선택하는 갈등이 포함된다.

② Levinson(1986)의 성인기 발달단계이론에서 성인중기 발달은 다음 단계들로 구성된다.

• 인생중기 전환기(mid-life transition) : 대체로 40~45세 사이에 해당하고 자신의 삶의 가치에 대한 재평가를 시도한다. 인생중기의 전환기 위기는 개인적인 영역을 넘어서서 타인과의 관계 속에 자신을 확장할 때 극복된다.

• 인생중기 초보인생구조(entry life structure) : 약 45~50세 사이에 해당하고 대부분의 사람들은 전 생애동안 지속될 자신의 삶의 새로운 구조를 형성한다. 성인중기 초보인생구조가 성공적으로 확립되면 많은 결실을 거둘 수 있는 충만한 황금기로서의 중년기를 보내게 된다.

  ex) 가정에서 아내와 자녀와의 관계 재정립, 직장에서 과업수행방식의 재조정이다.

• 50세 전환기(agg of transition) : 약 50~55세 사이로 중년기 내에서 또 한번의 위기를 경험하는 시기이다. 인생중기 전환기에서 충분한 갈등을 경험하고, 극복함으로써 성인중기 초보인생구조단계에서 비교적 확고한 인생구조를 확립한 경우에 50세 전환기는 가볍게 이행된다. 반면 인생중기 전환기가 무난히 지날수록 50세 전환기는 힘들어 진다.

• 절정인생구조(culminating life structure) : 대체로 55~60세 사이의 시기로 중년기 마무리 단계이다. 정상적인 삶의 과정에서 이 단계는 한 개인의 삶의 위대한 완성기이다.

③ 성인중기 발달의 종단적 연구

- 성인기 성격발달에 관한 초기 연구 중의 하나인 Neugarten의 캔사스시 연구(Kansas City Study, 1964)에서는 40~80세까지 성인을 10년간 종단적으로 추적한 결과, 지속성이 높은 성격 특성과 연령에 따라 가변적인 성격 특성이 구분되었다. 삶의 대처양식 · 생활 만족도 · 목표지향적 행동 강도 등은 가장 안정성이 높았다. 그러나 외향적 특성과 주어진 과제를 적극적으로 완수하려는 경향성은 연령에 따라 가변적이다.
- Costa와 McCrae(1980)는 2,000명의 남자를 20대에서 70대까지 종단적으로 추적하여 성격발달을 연구하였다. 이 연구에서는 성격을 불안·우울·자의식·충동성을 포함하는 신경증적 경향(neuroticism), 외향성(extraversion), 경험개방성(openness to experience)의 세 차원으로 설정하였다. 연구결과는 세 차원 모두에서 성격은 잘 변하지 않는 것으로 보고되고 있다. 특히 자기주장성과 타인과 잘 어울리는 군집성은 안정성이 높다. 자신감, 정서적 통제력, 자기노출수준 또한 잘 변화하지 않는 특성이다.
- 청년기에서 성인중기까지의 성격발달과정을 연구(Haan, 1981)한 결과를 보면 여자가 남자보다 성격의 안정성이 높다.
- 27~43세까지의 여성을 대상으로 한 종단적 연구(Helson & Moane, 1987)도 높은 성격 안정성을 보이고 있다. 여성들은 20대에는 자기통제력과 인내심이 증가하는 반면에 의존성, 충동표출, 남성성은 감소한다. 40대에는 지배성, 독립성, 집중성은 증가하는 반면에 책임감, 유연성, 여성성은 감소한다.
- 500명의 아동들을 성인중기까지 추적한 캘리포니아 종영역은 보다 일관성이 있는 반면에 대인관계 차원은 보다 가변적이었다.

2.2 노년기 발달

1. 노년기의 신체적 발달

▌노년기 신체적 변화

(1) 노년기에는 여러 가지 신체적 노화현상들이 나타난다. 신체적 노화현상 중에는 드러나는 현상도 있고, 신체 내부에서 눈에 띄지 않게 진행되는 노화도 있다. 척추 디스크의 감퇴로 인해 키는 약 2.5cm 줄어들며, 등뼈가 굽기도 한다. 팔·다리·얼굴상부의 지방은 감소하고, 턱과 몸통의 살은 늘어나 체형이 바뀐다. 체모는 줄어들고, 흰머리가 많아지며, 눈썹·귀 등에 뻣뻣한 털이 나기도 한다. 피부는 건조해지고, 주름이 생기며, 자주 빛의 나이반점(age spot)이 나타난다.

(2) 노년기는 뇌의 무게가 약 10%가 감소한다. 뇌의 무게 감소는 주로 대뇌피질부 뇌세포의 위축 때문이다. 또한 노년기에는 시냅스 전달기제의 둔화로 인해 뇌의 기능이 느려져 정보처리 속도를 떨어뜨리는 주요인이 된다.

(3) 노년기에는 수면에도 변화가 온다. 전체 수면시간은 줄어들며 자주 잠에서 깨어난다. 노인의 약 1/3이 불면증을 호소하고, 잠자는 동안 일시적으로 호흡이 중단되는 현상(apnea)도 한 특징이다.

(4) 감각기능의 손상 또한 현저하다. 노안이 오며, 하나 이상의 초점이 형성되어 시야가 흐려진다. 홍채의 유연성이 떨어져서 약한 불빛에서 동공의 크기가 확장되지 못하므로 밤눈이 어두워진다. 50대부터 색깔 변별 능력이 낮아지는데, 초록과 파랑색 계통의 변별력 손상이 먼저 오며 빨강색도 현저하게 저하한다.

▌노화의 원인

노화는 두 가지 요인으로 인해 나타난다.

(1) 일차적 노화(primary aging) : 인체의 내재적인 생물발생학적 과정으로 인해 일어나는 노화이다.

(2) 이차적 노화(secondary aging) : 신체의 사용 정도, 질병, 장애와 같은 통제 가능한 외적 요인으로 나타나는 노화이다(Cohen, 1988).

(3) 이차적 노화요인을 이해하고 통제하면 예상수명을 크게 증가시킬 수 있다. 운동·영

양섭취·사고 등 이차적 노화가 나타나는 원인과 예방은 비교적 명백하지만 일차적 노화가 일어나는 원인은 명백하게 알기 어렵다.

> 일반적으로 60~65세 사이에 성인후기(late adulthood) 또는 노년기(old age)로 접어든다. 근래에 60~85세까지의 많은 노인들은 여전히 건강하고, 활기 있으며, 활동적이다. 그러나 노년기 후반에 들어서면 극히 일부를 제외하고 대부분의 노인들은 신체 및 정신적 기능의 감퇴를 필연적으로 경험한다. 한마디로 노화(aging)는 노년기의 특징이다.

(4) 일차적 노화가 나타나는 원인에 대한 이론(Cohen, 1988; Irwin & Simons, 1994).

① 사용으로 인한 마모이론(wear-and-tear theory) : 노화를 장기간 인체를 사용함으로써 기능이 약화되고 구조가 와해되기 때문에 나타나는 현상으로 설명한다. 상식적으로 타당해 보이지만 설명해주지 못하는 부분이 많다.

② 유전적 계획이론(genetic programming theory) : 노화는 세포의 생존과 죽음에 의해 일어난다. 우리 인체 각 세포의 수명은 유전적으로 정해진 한계가 있다. 살아있는 동안에도 세포는 크기의 증가, 염색체 수의 증가 또는 감소, 효소의 감소 등 일어나는 변화가 세포의 변화나 죽음이 곧 인체의 노화와 죽음을 유발하는 것으로 생각된다.

③ 면역이론(immunological theory) : 노년기에는 면역체계에 변화로 외부의 부정적인 요인들에 의해 인체가 손상당하기 쉬우므로 노화가 일어난다고 설명한다. 면역체계 변화에 의한 T세포의 손상은 암의 발생을 설명해줄 수 있다.

④ 노화시계이론(clocks of aging theory) : 호르몬이 노화에 미치는 영향을 강조한다. 사춘기 시작이나 폐경 등에서 보듯 호르몬 분비는 전 생애 변화과정에 중요한 역할을 한다.

⑤ 노화시계이론(clocks lf aging theory) : 인체의 호르몬 분비체계 중 죽음호르몬이 있다고 가정한다(Dendkla, 1974). 예를 들어, 사춘기 이후부터 뇌하수체는 소량의 죽음호르몬을 분비하는데, 시간이 지나면서 죽음호르몬이 축적되어 신진대사에 결정적인 역할을 하는 갑상선 호르몬의 활동을 막으며, 이것이 곧 죽음으로 연결된다.

⑥ 유전적 변이이론(genetic mutation theory) : 노화를 DNA의 손상수선체계(damage repair system)의 쇠퇴에 기인한다고 생각한다. 각종 세포는 여러 바람

직하지 않은 환경의 영향에 의해 세포의 손상이 누적된다. 인체는 이러한 각종 손상을 회복하는 세포효소를 갖고 있는데, 70세까지 사는 동안에 세포효소는 약 1,280억 번의 손상수선을 감당하는 것으로 추산된다(Maranto, 1984). 시간이 가면서 손상수선체계는 점차 비효율적이며 덜 철저해진다. (손상수선체계의 쇠퇴를 일으키는 원인 ;

ex) 과도한 칼로리 섭취가 해로운 부산물을 생성하여, 정상 세포기능을 방해한다./ 방사선·공기오염 등 바람직하지 않은 자극들이 세포의 기능을 파괴한다./ 색소나 세포 노폐물의 축적이 세포의 손상수선체계를 방해할 수도 있다.

2. 노년기의 인지발달

▌노년기 인지발달 양상

(1) 지능발달

① 노년기 지능변화의 대표적인 연구인 Schaie(1983, 1989)의 시애틀 종단적 연구(Seattle longitndinal study)에서는 1959년에 20세 남녀 500명을 대상으로 지능검사를 실시하고 7년마다 재검사를 실시하였다. 연구결과에 의하면 노년기 언어능력은 대체로 70세까지 지속되거나 증가한다. 독해능력은 큰 개인차가 있으나 대체로 50~60세경부터 감퇴하기 시작하며, 수리능력은 50세경까지 유지되다가 이후부터 감소한다. 공간능력은 가장 빨리 감퇴되는 영역으로 성인전기부터 감퇴가 시작된다.

② 노년기에도 마찬가지로 남성의 공간능력이 높다. 이들 결과를 종합하여 Schaie와 Hertzog(1982)는 노년기 지능변화는 큰 폭의 개인차가 있으나 대체로 60세 이전까지는 지능검사점수에 감퇴가 없지만 70세경부터는 인지능력이 감소된다고 결론지었다.

③ 유동성 지능의 감퇴는 노년기에 현저하다. 반응속도 둔화가 노년기 지적 감퇴의 주요인이라는 가설은 노인들에게 시간제한 없이 과제를 주면, 수행수준이 성인전기와 유사하다는 실증적 연구에 의해 입증되었다.

④ 노년기 인지적 변화에서 주의해야 할 현상은 최종 급강하(terminaldrop)현상으로 노인들의 지능을 일정한 간격을 두고 네 번 반복 진단하는 과정 중 네 번째 검사에서 큰 폭으로 지적 감퇴를 보인 노인들이 검사 후 곧 사망하는 현상을

Kleemeier(1961)가 지적한 개념이며 그 후 여러 연구자들에 의해 재확인되었다. 최종 급강하는 지능뿐 아니라 지각능력, 정신운동기능, 성격영역에서도 마찬가지로 나타난다(Lieberman, 1983).

⑤ 노년기 지적 능력의 변화 양상이 큰 폭의 개인차를 보이는 것은 건강, 성격, 교육수준, 문화적 환경, 검사에 임하는 태도 등 여러 가지 개인적 특성에 의해 결정된다.

(2) 기억력의 변화

① 생물학적 가설에서 생물학적 요인으로 기억능력의 쇠퇴가 일어난다고 믿는다.

② 정보처리가설에서 주의능력의 결함과 정보 처리 역량감소를 기억력의 감퇴로 본다.

③ 맥락적 가설에서 경험·동기·성격·문화적 요인이 미치는 영향으로 본다.

> 일상적인 기억들을 잊거나 혼동하는 것은 노년기에 흔히 있는 기억장애이다. 재인능력이나 회상능력도 20대에 비해 수행력이 60% 이상 감소(Guttentag, 1985)하여 노년기 기억감퇴는 명백해 보인다. 노년기에 기억감퇴의 원인은 세 가지로 설명된다(Poon, 1985).

(3) 단기기억

노년기는 분명히 단기기억(short-term memory: STM) 감퇴가 일어난다. 노년기 단기기억력 감퇴는 정보처리역량(information processing capacity) 감퇴 때문으로 추정된다. 이는 주의역량(attentional capacity)감소나 작업기억역량(working-memory capacity)감소 때문이다.

(4) 장기기억

노년기 장기기억(long-term memory: LTM)은 단기기억보다 감퇴 정도가 적다. 예를 들어, 30대 성인과 70대 노인의 장기기억 과제에서의 수행을 비교해보면 70대 노인이 사물의 이름을 기억하는 장기기억능력의 감소비율은 10% 이내에 불과하다(Albert et al., 1988).

(5) 상위기억

① 노년기 상위기억(metamemory)능력은 성인전기에 비해 큰 변화가 없다(Salthouse, 1982). Zelinskei 등(1980)은 노년기에는 성인전기에 비해 기억과정에 보다 민감하기 때문에 상위기억능력은 높아진다고도 하고 감퇴한다는 주장

도 있다.

② 노인들은 망각을 크게 의식하므로 기억방략을 보다 자주 사용하는 경향이 있다. 노년기 상위기억능력은 감퇴하지 않으며 자주 사용된다. 노년기 기억방략 사용 증가가 반드시 효율적인 방략사용의 증가를 뜻하지는 않는다. 정교화, 조직화, 군집화 등의 체계적인 방략사용능력은 오히려 감소한다.

③ 노년기 기억현상은 최근 기억보다 오래 전 일을 회상하는 먼 기억(remote memory)을 잘한다. 이처럼 먼 기억의 회상율이 높은 현상을 설명하기 위해 머리속에 저장된 정보는 획득된 순서와 반대로 망각된다는 법칙(Ribot's law)이 제시되기도 하였다. 노년기에 먼 기억이 우수하다는 결과가 노인들의 재인기억이 우수한 것으로 생각해서는 안 된다. 노년기 먼 기억의 진단은 방법론적으로 많은 문제를 안고 있다.

④ 우리나라 노인들은 화제가 모두 현재에 속하는 대화가 많고 먼 과거회상은 24%에 불과하였다(남순현, 1990).

▮ 노인성 치매(dementia)

(1) 알츠하이머 증후

알츠하이머(Alzheimer's disease)는 전체 치매의 2/3을 차지하는 대표적인 치매 증후로, 뇌의 피질부 특정 부위의 신경원(neurons)에 퇴화가 일어나 수상돌기가 얽히거나 경색되는 뇌의 장애로 인해 나타나는 증상이다. 알츠하이머 증후는 서서히, 꾸준히 퇴화가 일어나는 질병이다. 노년기에 처음 발병하면 10년 이상 걸려 서서히 진행되지만, 성인중기에 시작되면 3~5년 사이에 급격히 진행된다. 이 증후는 단순한 기억손상뿐 아니라 정상적인 인지능력 손상이 오는데 많은 알츠하이머 환자들은 우울증을 보이고, 우울증이 수반되면 더 심한 인지적 손상이 초래된다(Rovner et al., 1989).

(2) 다경색 치매(multi-infarct dementia)

경색은 뇌로 가는 혈관이 일시적으로 막혀서 뇌의 산소공급이 부족하게 되면 뇌조직의 일부가 손상됨으로써 나타난다. 뇌의 한 부위가 경색되면 일시적인 행동 장애를 보이지만 다음 경색이 일어날 때 까지 증상은 호전된다. 그러나 경색이 여러 번 반복되면 뇌의 보상기능이 중지되고 회복이 불가능해 진다. 이 시점에서부터 인지적 기능이 꾸준히 감퇴, 점차 알쯔하이머 증후군과 구별이 불가능한 치매증상이 나타나게 된다.

(3) 파킨슨 병

파킨슨 병(Parkinson's disease)도 치매와 근육 손상이 함께 나타나는 노년기 질병이다. 치매는 파킨슨 병의 초기에 나타나는 것은 아니며 뇌의 신경원의 손상을 더 이상 보상할 수 없을 때 나타난다. 파킨스 병의 신경원 상실은 도파민(dopamine)이라는 신경원 전달물질을 생성하는 뇌의 영역에서 주로 일어난다.

> 치매는 노년기에 인지적 기능을 상실하는 병리현상이다. 기억상실, 대화의 산만성, 장소와 시간의 인지상실, 성격변화 등 치매는 여러 측면에서의 심리적 기능의 파괴를 수반한다.
> 모든 치매 진행 단계는, ① 사람이름이나 장소를 잊거나 혼동하는 가벼운 망각(benign forgetfulness) 증세 단계이다. ② 일반적 혼돈(general confusion)으로 뚜렷한 단기기억 결함, 집중력 결여, 같은 말을 반복, 서성이고 다니는 등의 징후들이다. 우울증과 사람과의 접촉을 피하려는 경향이 함께 보이게 된다. ③ 기억력 파괴(memory destruction)로 인해 생명을 위협하는 사태가 초래된다. 분노와 편집증세, 의사소통 불가능, 친척 얼굴을 못 알아본다.

3. 노년기 성격발달

▮ 노년기 성격발달 특징

(1) Peck(1968)의 이론 : Erikson의 이론을 세분화, 성인중기 성격발달을 설명하였다.

① 자아분화 대 과업역할몰입(ego differentiation vs. work-role preoccupation)의 위기는 이전의 주도적이고 적극적인 활동으로부터 자신을 직장이나 가정에서 분리시켜 자신의 내적인 통합성의 탐색에 더 많은 힘을 기울일 때 극복된다.

② 신체초월 대 신체몰입(body transcendence vs. body preoccupation)의 위기는 노쇠·질병 등에 신체적 한계를 극복해야 할 필요성을 지적한다.

③ 자아초월 대 자아몰입(ego transcendence vs. ego preoccupation)은 다음 세대로의 연결과 역사적 각성을 통해 죽음의 공포를 극복할 때 해결될 수 있는 위기이다.

(2) 노년기의 긍정적인 적응 : 자녀와의 친밀도와 결속도가 높을수록 긍정적이다.

① 우리나라 노부모가 지각하는 성인 자녀와의 결속도는 중간수준이며, 자녀와의 애정 결속은 노년기 자아존중감에 결정적으로 중요하다.

② 노년에 가까울수록 돈 보다는 내재 적인 가치에 더 많은 관심을 둔다. 성인전기의 교육, 도덕 및 종교적 삶의 양상도 노년기 적응에 큰 영향을 미친다(Long et al., 1990).

Erikson(1964)의 자아통합성(ego integrity) 개념이 보여주듯이 노년기는 노쇠와 죽음을 앞두고 자신의 삶을 통합하고 점검해야 하는 시기이다. 노년기 삶의 통합성은 자신의 과거의 모든 과오, 실패, 결점, 절망 등을 인정하고 이를 수용하는 어려운 과업을 통해서 획득되는 성격특성이다. 노년기 지혜가 이러한 통합과정에 필요하다.

▌노년기 성격유형

Neugarten(1968)은 50~80세 사이 성인 수백 명을 6년간 종단적으로 추적 연구하여 노년기 성격유형을 구분했다.

(1) 통합된 성격(integrated personality)은 성숙하고 유연성이 있으며 새로운 자극에 개방적이며 자신의 삶에 만족하고 활발한 지적 기능을 유지하고 있는 유형이다.

(2) 재구성형(reorganizers)은 젊은 시절의 활동을 버리고 노년기에 맞는 새로운 활동을 선택하여 높은 수준의 활동을 유지하는 유형이다. 대체된 활동 속에서 자신의 삶을 재구성함으로써 성공적인 노년기를 보낸다.

(3) 집중형(focused persons)은 만족할 만한 소수의 역할만 선택하며, 선택된 영역에서는 적절한 활동을 유지하는 유형이다. 자원봉사 정원관리 등 자신이 보람과 흥미를 갖는 한두 가지 역할을 통해 노년기 삶의 보람을 추구한다.

(4) 단절형(disengaged persons)은 젊은 시절에 비해 활동수준을 낮추고 고립적이지만, 자신의 삶에 만족하는 유형이다. 노년기는 모든 책임으로부터 자유스러워지는 시기로 생각하므로 유지된 노년기 삶의 방식은 소극적이지만 평화스럽게 수용한다.

(5) 무장-방어적 성격(armored-defended personality)은 야심적이며 성취지향적인 성격유형을 뜻한다. 노쇠를 인정하지 않고 노년기 불안에 대한 강한 방어를 보인다. 약 25%의 노인이 이 유형에 속한다.

(6) 지속형(holding-on persons)은 가능한 한 하던 일을 계속하고 성인중기 삶의 양식을 지속시키려는 유형이다. 성공적으로 성인중기 삶을 유지하면 노년기 삶의 만족도는 높지만, 유지되지 못할 때는 생활만족도에 손상이 온다.

(7) 억제형(constricted persons)은 노화의 속도를 늦추기 위해 에너지 소모나 사회적 상호작용을 가능한 제한하려는 유형이다. 사람에 대한 관심도 점차 줄여감으로써 자신을 철저히 방어하려 한다. 방어적인 만큼 자아통합수준이 낮다.

(8) 수동-의존적 성격(passive-dependent personality)은 자신의 욕구를 충족시키기 위해 타인에게 의존하는 유형이다. 약 20%의 노인이 이 성격에 속한다.

(9) 원조추구형(succorance-seeking persons)은 자신을 의지하고 기댈 사람이 있어야 삶의 만족을 갖는 유형이다. 의지하거나 도움을 받을 만한 사람이 있을 때는 적정수준의 활동수준과 생활만족도를 유지하지만, 불가능한 경우에는 문제가 발생할 수 있다.

(10) 냉담형(apathetic persons)은 수동적이며 성취지향성이 낮은 유형이다. 주변에서 일어나는 일이나 사람들에게 거의 관심을 보이지 않는다. 활동수준이나 생활만족도가 낮은 편이다.

(11) 통합되지 못한 성격(unintegrated personality)은 노화에 잘 적응하지 못하여, 지혜와 같은 노년기 특유의 정신적 기능을 제대로 발휘하지 못한다. 사고의 고착성과 퇴보가 있고, 정서적 유연성도 부족하다. 또한 활동수준과 생활만족도 모두 비교적 낮다.

4. 노년기 활동

노년기에는 사회생활이나 가정생활에서 이전에 영위하던 적극적인 활동들을 줄여나가야 할 필요성이 있다. 신체적 기능의 쇠퇴가 한 가지 원인이 될 수 있으며 다음 세대에게 사회적 역할 등을 물려주어야 할 필요성 또한 중요한 원인이다. 노년기 활동의 바람직한 적응유형에 대해서는 여러 면에서 서로 상반되는 두 가지 유형을 찾아볼 수 있다.

■ 활동 적응유형

(1) 유리이론

일찍이 Cumming과 Herry(1961)는 성공적인 노화는 일과 사회적 역할로부터 점차 벗어나 자유로워지는 과정이라는 유리이론(disegnagement theory)을 제시하였다. 노년기 사회적 역할로부터 유리되는 것은 단절과 고립 또는 수동적이며 비활동적인 삶을 의미할 수 있지만, 다른 면에서는 일로부터 오는 과도한 스트레스를 줄여주며 신체 및 인지적 쇠퇴에 잘 적응할 수 있게 해줌으로써 내적 평온을 가져다주는 적응적 가치를 갖는다.

(2) 활동이론

Havighurst(1961; Havighurst et al., 1968)는 성공적인 노화를 위해서는 기존의 역할과 과업으로부터 벗어날 것이 아니라 지속하고 유지해야 한다는 활동이론(activity theory)를 제시하였다. 활동이론에서는 성공적인 노화를 위해서 활동의 내용을 대치시켜 안정된 활동수준을 유지해야 한다고 주장한다.

▌은퇴

(1) 은퇴(retirement)는 노년기에 적응해야 할 중요한 발달과업이다. 연구결과에 의하면 노인의 약 1/3은 은퇴를 기쁜 마음으로 기대하며, 1/3은 걱정과 불안을 느끼며, 나머지 1/3은 은퇴에 대해 생각조차 하기 싫어할 정도로 강한 두려움을 갖는다.

(2) 자신이 해오던 일에 만족하지 못했으면서 은퇴 후의 수입이 보장되는 경우에 은퇴에 대해 긍정적인 태도가 높다(Belbin, 1983). 직업에 대한 이전의 태도, 은퇴기대, 은퇴준비도, 은퇴방식은 은퇴에 대한 성공적인 적응여부를 결정하는 중요한 요인이다(Horn & Meer, 1987). 건강·감원 등으로 인한 강제은퇴는 은퇴적응을 해치는 가장 큰 부정적 요인이다. 재정, 건강 및 여가활동계획은 가장 중요한 은퇴준비사항들이다.

(3) 우리나라 남자 노인들은 은퇴에 대해서 부정적인 태도를 갖고 있으며, 은퇴로부터 스트레스를 크게 받으며, 생활만족도에 부적인 영향을 받는 것으로 나타나고 있다. 이러한 은퇴의 부정적인 영향은 생활수준이 낮고, 건강상태가 나쁘며, 노후설계가 약할수록 높다(김혜경, 1988; 지연경, 1990).

▌조부모 역할

(1) 조부모의 역할은 노년기 삶에 중요한 의미를 갖는다. 대부분의 조부모들은 일종의 '비개입 원칙'을 지킨다. 손자녀가 원하지 않을 때는 단순히 감시자의 역할에 충실하며 적극적인 개입을 하지 않지만, 질병·경제적 곤란 등 문제가 발생하면 보다 깊이 관여한다.

(2)우리나라 아동은 조모에 대해 높은 친밀감을 보이며, 훈계자 역할, 지지자 역할, 대리모 역할 등 중요한 심리적 역할을 부여하고 있다. 특히 외조모에 대한 친밀도와

실제 접촉이 친조모보다 일관성 있게 높은 것으로 지각되고 있어 흥미롭다(서동인·유영주, 1991).

5. 노년기와 죽음

생활여건과 과학의 발달로 인해 노년기 수명은 크게 연장되었으나 죽음은 여전히 인간이 적응해야 할 발달상의 마지막 과업이다.

▮ 죽음의 정의

(1) 전통적으로 죽음은 심장의 박동이 끝나고, 호흡이 멎으며, 동공이 고정되고, 건반응(tendon reflex)이 없어지는 상태로 규정된다.

(2) 근래 죽음 개념은 뇌사(brain death)를 기준으로 판단된다(Kamerman, 1988). 뇌사는 완벽하게 반응이 없어지며, 1시간 동안 움직임이 없고 3분 동안 호흡이 정지되며, 반사기능과 뇌간의 활동이 없고, EEG의 오르내림이 없는 상태를 의미한다.

(3) 최근에 이러한 죽음의 기준이 지나치게 엄격하므로 대뇌피질부의 기능정지와 함께 오는 인지적 죽음을 기준으로 해야 한다는 주장도 있다(Irwin & Simons, 1994).

▮ 죽음의 과정

Kűbler-Ross(1969)의 죽음의 단계는 다음과 같다.

(1) 1단계 : 부정(denial)

대부분의 사람들은 자신의 죽음을 선고받으면 충격을 받고 믿지 않으려 한다. 이 단계에는 몇 초에서 몇 개월까지 지속된다.

(2) 2단계 : 분노(anger)

죽음을 더 이상 부정할 수 없게 되면 분노한다. 이 단계는 불평, 요구가 많고, 까다로우며, 모든 것에 비판적이다. 분노하며, '왜 하필 나인가?' 라는 의문을 표현한다. 분노극복을 위해 분노를 표출할 수 있게 해야 한다.

(3) 3단계 : 타협(bargaining)

생명연장이나 고통감소를 위해 여러 가지 약속을 한다. '딸이 결혼할 때까지', '손주를 볼 때까지' 생명을 연장할 수 있다면 무슨 일이든 하겠다고 절대자나 의사에게 간청한다.

(4) 4단계 : 우울(depression)

우울증은 다가오는 생명상실과 사랑하는 사람들과의 이별극복을 위한 필수적 과정이다. 이 단계는 슬픔과 애통함 표현이 필요하다.

(5) 5단계 : 수용(acceptance)

작별을 위해 친척과 친구 만나기를 원한다. 이 단계에서 위안을 주는 한 사람과 있기를 원한다. 생명을 체념한 것은 아니지만 평화롭게 죽음을 맞을 준비는 되어 있다.

① Erikson이 노년기 성격 특성으로 제시한 통합성이 낮을수록 죽음에 대한 공포가 높았다. 가족 간 또는 타인과의 사회적 상호작용 양상과 종교는 노년기 통합성에 직접적인 영향을 미치는 것으로 밝혀져 죽음에 대한 불안과 공포의 간접적인 지표가 된다(강성경, 1993).

② 우리나라 노인의 죽음에 대한 태도는 죽음을 거부하기보다 받아들이는 성향이 강한 것으로 밝혀졌다. 특히 나이가 많은 남자 노인일수록 죽음 불안이나 공포는 낮은 것으로 나타났다(서혜경, 1986).

제 3 장

이상심리의 이해와 접근방법

3.1 이상심리의 정의

1. 이상과 건강

(1) 이상심리학은 이상행동과 정신장애(심리장애)를 연구대상으로 삼아 과학적으로 연구하는 심리학의 한 분야이다. 사람들은 생활하면서 어떤 대상들에 대해 "저 사람은 어떤 이유로 이상하다"는 말들을 하게 된다. 특히 현대 사회가 각박해져 가고 자기 중심적인 사회로 되어가면서 뉴스에서 살인사건이나 성폭력 사건에 대한 기사를 접하고, 지하철과 같은 대중교통수단을 이용하면서 부적절한 행동을 하는 사람들을 자주 보게 되면서 이상이라는 또는 정신장애라는 용어를 심리학을 전공하지 않은 일반인들도 자주 사용하게 되었다.

(2) 이에 많은 사람들이 "이상행동과 정신장애의 정의는 어떻게 될까?", "이상행동에 앞서 건강한 상태는 어떤 상태일까?"하는 의구심이 생긴다. 이상행동과 정신장애를 구별하기 위해서는 먼저 건강의 정의를 알아야 한다. 미국의 정신위생위원회(National Committee for Mental Hygiene)에서는 정신건강을 정신적 질병에 걸려 있지 않은 상태뿐 아니라 만족스러운 인간관계를 형성하고 유지해 나갈 수 있는 능력으로 정의한다. 국제보건기구(WHO: World Health Organization)에서는 몸에 병이 없을 뿐만 아니라 신체적, 심리적 및 사회적으로 건전한 상태를 건강의 정의로 삼고 있다. 이외에도 여러 학자들이 건강한 상태에 대한 다양한 견해들을 이야

기하고 있다.

① **Johada** : 개인이 자신의 환경을 적극적으로 극복하고 성격의 통일성과 일관성을 나타내며 환경을 현실적으로 지각할 수 있는 상태로 정신이 건강한 사람은 타인에게 과중한 요구를 하지 않고 효율적으로 기능할 수 있다.

② **Brown** : 물리적, 사회적, 및 심리적 환경을 처리하는 개인의 성격적 탄력성과 원상회복 능력을 가지고 있을 때 건강하다고 할 수 있다.

③ **Freud** : 무의식을 자각하고 통찰하는 자기통제가 중요한 요소이며, 본능(id)에 대한 자아(ego)의 중요성을 강조하였다.

④ **Fromm** : 사회가 인간의 요구에 적응하는 시각에서 이해되어야 하며, 소속된 사회구조와의 관련을 강조하였다.

⑤ **Caroll** : 자신과 타인에 대한 존중 능력, 한계에 대한 이해와 수용, 행동의 원인 이해, 자아실현에 대한 동기의 이해 등을 통해 공존성이 확립되는 상태이다.

⑥ **Wolman** : 정신건강의 개념을 정의하는데 고려해야할 다섯 가지 요소를 이야기 하였다.

- 성취 동기화 : 개인을 정신적·육체적으로 건강하게 발달시켜 주어진 과제를 수행하도록 동기화된 상태가 건강한 상태이다.
- 정서적 균형 : 외부의 자극에 대해 정서적 반응을 할 수 있는 상태를 갖추어야 한다.
- 인지적 기능 : 외부세계에서 일어나고 있는 내용이나 자신의 신경상태를 바르게 인지하고 있어야 한다.
- 사회적 적응 : 타인에 대해 이성적 행동을 할 수 있고, 때로는 자기 방어적이기도 하며, 상호적 관계와 박애적인 신념을 가질 수 있는 능력이 있어야 한다.
- 자아존중감 : 자신의 가치를 인정하는 것으로 자존감이 높은 개인은 남에게 의존하려는 성향이 낮고 자신의 능력, 노력 및 성과를 중요하게 생각한다.

(3) 이로 볼 때, 건강한 상태는 두 가지 상태로 나누어 생각할 수 있다.

① 첫째, 적합한 상태로 병적인 상태가 두드러지게 나타나지 않고 적절한 기능을 유지하는 상태이다.

② 둘째, 이상적인 상태로 자아실현, 성숙한 인격, 충분한 기능을 발휘하는 것을 목표로 한다.

즉, 학자들에 따라서는 건강의 정의가 조금씩 달라지기도 하나, 전반적으로 신체적, 심리적 및 사회적으로 별다른 어려움없이 효율적인 기능을 할 수 있는 자아를 가진 사람들로 몸과 마음의 건강을 함께 고려해야 한다.

2. 정상적인 사람들의 특징

어떤 사람이 과로를 해서 감기에 걸렸다면 이 사람은 건강한가? 더 나아가 어떤 사람은 감기에 걸려 단순히 기침만 하는 정도이지만, 어떤 사람은 병원에 입원해야 할 정도로 심한 몸살감기에 걸렸다면 누가 건강한 사람인가? 이처럼 건강의 의미가 상대적인 것처럼 정상(normality)과 이상(abnormality)의 상태도 연속선상에 있는 것이지 절대적으로 건강하다거나 이상하고 병적이라는 상태는 있을 수 없다. 이에 건강이라는 특징은 정상인 사람들에게서만 볼 수 있는 상태라고 단정하기에는 어려움이 있다. 즉, 건강한 특징은 이상상태에 있는 사람보다는 정상을 보이는 사람들에게서 더 많이 나타나는 특징이다. 또한, 정상적인 사람들의 특징은 언제 어디서나 사람들과 함께 원만한 관계를 유지하며 사회적으로도 별다른 문제없이 적응하고 행동하는 데 있다. 정상의 정의를 살펴보면 다음과 같다.

(1) 현실적인 지각능력

정상인들은 자신의 반응이나 능력, 자신의 주변 세계에서 일어나고 진행되고 있는 일들에 대한 해석과 평가가 현실적이다. 정상인들도 타인의 말이나 행동을 잘못 지각할 수도 있으나 지속되지 않으며, 자신의 능력을 과대평가하거나 과소평가하지 않고 있는 그대로 자신의 능력을 해석하고 평가한다.

(2) 자기인식능력

적응에 어려움이 없는 정상적인 사람들은 자신의 동기나 감정에 대해 어느 정도 인식하고 있다. 어느 누구도 자신의 동기나 감정을 온전하게 인식할 수는 없지만, 이상 또는 정신장애를 가진 사람들에 비해서 자기인식을 잘 하며 자신의 감정표현과 동기를 이야기하는데 어려움이 없다.

(3) 행동통제능력

정상인들은 자신의 행동을 통제할 수 있는 능력을 가지고 있다. 물론 생활 중 성급한 모습을 보일 수도 있으나, 일반적으로 이상행동으로 말하는 범죄행동이나 사회적으로 수용 받을 수 없는 부적응적 행동을 통제할 수 있다. 더불어 이러한 통제과정도 이상행동을 보이는 사람들에 비해 법규나 타인의 지시가 아닌 자발적인 통제의지에 의해 진행된다.

(4) 자신의 가치인식과 자기수용

건강한 정상적인 사람들은 타인과의 사회적 상호작용 속에서 불편감없이 자발적인 행동을 하며, 이러한 행동이 타인에게 수용 받는다고 느낀다. 또한, 자신의 능력에 대해 자신 스스로 적절한 수준에 맞게 인정하고 자신의 가치를 받아들인다. 반면 이상행동을 보이는 사람들은 사회적 상황에서 소외감을 느끼거나 스스로 자신의 가치를 인정하지 않아 타인과의 상호작용을 불편해하여 철수된 모습을 보인다.

(5) 친밀한 관계를 형성하는 능력

이상행동을 보이는 사람들은 타인과의 상호작용 속에서 타인의 동기나 감정에 예민하게 반응하거나 타인에게 과도하게 인정과 사랑을 받기 위해 안정적이고 깊이 있는 관계를 형성하지 못하는 경우가 많다. 때로는 사랑받고자 하는 강렬한 욕구로 인해 타인과 자신을 괴롭히고 자해와 같은 신체적인 학대를 저지르며 자신의 감정이나 동기를 강요하기도 한다. 반면 건강한 사람들은 타인과의 상호작용 속에서 안정감을 느끼고 서로의 감정을 공감하고 배려하며 지속적인 관계를 형성하고 유지할 수 있다.

(6) 생산적인 활동

정상인들과 달리 건강하지 못한 사람들은 직장에 지속적으로 출근하고 퇴근하는 것 자체를 힘들어 할 정도로 생산적인 활동에 참여하는 것을 어려워한다. 반면, 학생은 학교에서 공부하는 것으로 회사원들은 직장에서 자신의 업무를 원활하게 해결하듯 건강한 사람들은 때로는 피로와 스트레스를 경험하지만 이를 극복하면서 적응적으로 생산활동을 지속할 수 있다.

3.2 이상행동의 기준

이상(abnormality)과 정상(normality)은 연속성을 가지고 있지만, 어떤 기준에 근거하여 이상행동을 판단해야만 그에 대한 연구뿐만 아니라 치료적 접근을 할 수 있다.

일반적으로는 이상행동은 객관적인 관찰과 측정이 가능한 개인의 부적응적인 심리적 특성을 의미하며, 정신장애는 특정한 이상행동의 집합체를 의미한다. 이상행동의 기준에 대해서는 학자들에 따라 다양한 기준을 이야기하고 있으나, 보편적으로 이상심리학에서는 정상과 이상성에 대한 기준으로 통계적 기준, 사회규범의 기준, 주관적 불편감, 부적응의 기준 및 절대적(이상적) 기준인 5가지를 근거로 이상행동을 구분하고 있다. 하지만, 이상행동이라고 해서 5가지 이상행동의 기준을 모두 충족시킬 수는 없고 통상 2~3가지의 이상행동의 기준에 속하면 이상행동으로 규정한다.

1. 통계적 기준

통계적 기준은 인간의 심리적 특성이 측정가능하고 인간의 특성이 정상분포 한다는 전제를 가지고 있다. 이에 통계적 기준으로 이상행동을 규정하는 방법은 통계적으로 정규분포의 평균에서 점점 멀어질수록 "이상"으로 결정하는 기준으로 삼는다. 예를 들면, 대한민국의 성인 남성의 평균 체중에 비해 너무 적게 또는 너무 많은 체중을 가진 사람들을 이상으로 규정할 수 있다. 또한, 하루 중 이유 없이 불안감을 경험하게 되는 경우 일반적인 사람들이 하루 1번의 불안감을 경험한다고 하면 하루에 수십 차례 너무 많은 불안감을 경험하게 되는 경우 이상으로 간주한다. 통계적으로는 이러한 너무 적거나 많다는 기준으로 표준편차(standard deviation)라는 개념을 사용하여 2표준편차(2SD) 즉, 평균에서 두 배 이상 일탈될 경우 이상행동으로 규정하고 있다. 통계적 기준을 이상행동의 기준으로 사용하는 경우 객관적이고 명확하게 이상과 정상의 구분이 가능하다는 장점이 있다.

(1) 통계적 기준의 문제점

① 2표준편차의 타당성 문제 : 경계선을 어느 기준으로 결정하는가 하는 문제가 있다. 통계적 기준은 전문가들이 이론적인 것들을 토대로 하여 통계적인 기준점을 결정한 것이다. 하지만, 전문가들과 학자들에 따라 이상행동을 규정하는 것들이 다르다. 이에 통계적 기준점에 대한 경험적 또는 이론적인 타당성의 의구심을 가지고 있다.

② 경계선에 있는 사례의 판단기준 : 예를 들어, 우울증 검사에서 정상과 이상의 기준점수가 18점일 경우 과연 17점에 해당하는 사람은 우울하지 않고 18점에 해당하는 사람만 우울하다고 이야기할 수 있을까? 이처럼 통계적인 기준점 주변에 있는 사례들의 이상과 정상을 구분하는 것에 주의가 필요할 정도로 조심스러운 부분이 있다.

③ 인간의 모든 특성이 정상분포하는가? : 인간행동을 모두 측정하여 평균과 표준편차를 통해 적용하는데 어려움이 있다.

④ 방향성의 문제 : 2표준편차를 넘어설 정도로 우수한 지능을 가지고 있는 경우 "이상"으로 말하는데 어려움이 있다. 이런 문제처럼 통계적 기준에 있어 방향성의 문제를 가지고 있다.

2. 문화적(사회적) 규범의 기준

모든 사회에는 각 사회에 따라 사람들이 적응하고 지키고 있는 규범들이 있다. 길거리에서 옷을 벗고 다니거나 지하철에서 소리를 지르면서 다른 칸으로 돌아다니는 행동은 누가 봐도 이상한 행동으로 생각한다. 하지만, 일부 문화권에서는 옷을 거의 입지 않고 다니는 등 우리나라의 문화적인 규범과 이상의 판단기준이 다르다. 하지만, 이상행동으로서의 사회문화적인 규범은 각 사회문화적 환경 내에서의 통계적인 일탈정도를 전제로 삼고 있다.

(1) 문화적(사회적) 규범 기준의 문제점

① 일탈행동이 모두 이상행동은 아니다 : 레미제라블의 장발장처럼 배가 고파 빵을 훔친 행동, 성범죄자가 강간을 하려고 시도하여 절벽에서 몸을 던져 자살하는 여성의 경우처럼 일탈행동이라고 해서 모두 사회규범적 기준에서 이상행동으로 보기에는 어려움이 있다.

② 문화적 상대성 : 문화적 규범은 시대에 따라 변하고 문화에 따라 달라진다. 과거 남자와 여자는 겸상을 하지 못했지만 현대 시대에 남녀가 한 상에서 식사를 하지 못한다면 이상한 행동으로 보일 것이다. 이처럼 정상행동이 시대와 문화에 따라 이상행동으로 판단되듯 상대적인 면을 고려해야 한다.

③ 문화적 규범 자체의 일탈 : 과거 우리나라의 군사정권 하에서 민주화운동이 일탈된 행동이었던 것처럼 문화적인 규범 자체가 일탈된 기준을 가지는 경우가 있다. 이 경우 사회문화적인 규범이 이상과 정상을 판단하는 기능을 상실하게 된다.

④ 개혁가, 선구자 등의 일탈행동도 이상행동인가? 반대로, 사회규범에 병적으로 집착하는 경우는 정상인가? : 위인들이나 선구자들은 당 시대에는 이단아나 유별난 사람으로 평가받았으나 후대에 이르러 그 가치를 인정받는 경우가 있다. 또한 과도하게 사회문화적 규범을 지키는 사람들도 융통성이 없는 사람으로 평가받으며 특이한 사람 취급을 받기도 한다.

3. 주관적 불편감

개인이 경험하고 있는 고통과 불편감을 정상과 이상을 구분하는 기준으로 삼는 것으로 이 기준은 각 개인에 따라 정상과 이상의 기준이 달라진다. 예를 들면, 주관적인 고통과 부적응의 정도를 스트레스라고 이야기할 경우 똑같은 정도의 스트레스 상황에서 어떤 사람은 극심한 부적응 행동을 보일수도 있고 어떤 사람은 전혀 별다른 변화없이 스트레스 상황에 대처할 수 있다. 또한, 우울감을 경험하는 사람들도 어떤 사람은 우울감으로 인해 일상생활에 어려움이 있지만 다른 사람들은 주변 사람들이 인식하지 못할 정도로 별다른 표현없이 생활을 유지하기도 한다.

(1) 주관적 불편감 기준의 문제점

① 심리적 고통이 모두 이상은 아니다 : 배우자의 죽음으로 인한 심리적 고통을 경험하여 과도하게 눈물을 보이고 일상생활을 하지 못하는 경우 이상행동이라고 할 수 없다.

② 주관적 불편감 기준의 불분명 : 같은 심리적 고통을 경험하지만 사람마다 주관적 불편감을 호소하는 정도가 다르다. 이에 사람에 따라 주관적 불편감의 기준이 달라지지만 이를 일반화하여 적용하는 데에는 어려움이 따른다.

③ 부적응 행동에 대한 주관적 불편감이 없는 경우 : 정신병 환자나 인격장애인들의 경우 자신의 망상, 환청 또는 부적응적인 행동에 대한 주관적 불편감을 호소하지 않는 경우가 많다. 예를 들면, 간혹 TV 프로그램에서 오래된 신문이나 책같은 자료들을 버리지 않아 집에서 생활하기 힘들 정도로 비좁은 생활을 하지만 가족들의 불편함과 달리 당사자는 오히려 많은 자료의 양을 자랑삼아 이야기하는 것을 볼 수 있다.

4. 부적응의 기준

이상행동과 정신장애를 구분하는 가장 중요한 개념이 바로 적응과 부적응에 대한 내용이다. 이 기준에서는 한 개인이 일상생활을 하면서 인지적, 정서적, 행동적 및 생물학적인 기능저하로 인해 사회적, 직업적인 부적응을 경험할 때 이상으로 규정한다. 음주행동을 예로 들면 음주를 한 뒤에도 별다른 사회적, 직업적 지장을 초래하지 않으면 정상행동이지만, 음주로 인해 다음날 직장에 출근하지 못하거나 타인과의 관계에서 폭력적인 행동을 하는 것은 이상행동으로 판단할 수 있다.

(1) 부적응 기준의 문제점

① 적응과 부적응의 모호한 경계 : 어느 정도로 사회적 및 직업적인 기능을 유지하는 데 지장을 줄 때 적응과 부적응으로 구분하는지에 대한 어려움이 있다.

② 적응과 부적응의 평가근거 : 적응과 부적응을 구분하는 데 있어 이를 구분하는 평가자나 환경에 따라 평가결과가 달라질 수 있다. 앞서 예로 든 음주행동으로 이야기하자면 직장에서 술상무로써의 업무를 수행하기 위해 매일 술을 마신다면 직장에서는 음주행동을 지속하는 것이 훌륭한 직원으로 평가할 수 있지만, 반복되는 음주행동으로 인해 가정 내에서의 관계가 깨어진다면 부적응이라 할 수 있다.

③ 부적응 유발의 원인 : 부적응을 유발하는 원인이 심리적인 것인지 인지적인 것인지 환경적인 것인지 또한, 심리적인 것과 환경적인 것의 인과관계에 의한 것인지를 구분하는데 어려움이 있다. 이에 적응과 부적응을 구분하는데 있어 명확한 기준을 적용하기에는 한계점이 있다.

5. 절대적(이상적) 기준

이상과 정상을 절대적으로 정의하는 것으로 실제 존재하지는 않으며, 학자들에 따라 다양한 절대적 기준을 제시하고 있다.

- 프로이트 “사랑하고 일할 줄 아는 사람”
- 로저스 “완전한 기능을 하는 사람”

(1) 절대적 기준의 문제점

① 절대적 기준의 비현실성 : 과연 절대적 기준을 충족하는 사람들이 존재할 수 있는 것인지에 대한 의문이 제기될 정도로 기준의 현실화가 어렵다.

② 정상과 이상의 기준으로서의 모호성 : 프로이트의 절대적 기준을 통해 정상과 이상을 구분한다면 어떤 사람이 이상으로 규정되고 어떤 사람들이 정상으로 규정될지 평가자와 환경에 따라 평가결과를 적용하고 해석하는지 달라진다.

이러한 이상행동의 5가지 기준의 문제점으로 거론되었듯이 신체적 질병과는 달리 정신건강의 경우 건강한 상태와 장애를 구분하는 것이 명확하지 않다. 이에 이상행동과 정신장애를 증상의 정도에 따라 연속선상에서 평가하여 정상과 이상의 기준을 결정해야 한다.

3.3 이상심리학의 역사

이상과 정상을 구분하는 기준이 사회문화적인 상황에 따라 달라지는 것처럼 역사적 시대에 따라 이상행동을 규정하고 이에 따른 이해의 정도도 차이가 있었다. 이에 본 장에서는 시대적인 흐름에 따라 이상행동을 어떻게 이해하였는지를 통해 이상심리학의 역사를 알아보고자 한다.

1. 고대사회

고대사회는 자연신을 숭배하는 시대로 원시부족들은 정신장애를 초자연적인 현상으로 인식하였다. 이에 이상행동을 부적절한 행동이라기보다는 신의 계시를 받은 것이나 신의 저주로 인해 나타나는 현상으로 생각했다. 이 당시에 정신장애를 치료하는 방법으로 귀신을 쫒기 위한 제의행동을 하거나 주문을 외우고 기도를 드리는 방식을 사용하였다. 현재 과학적인 관점에서 볼 때 비효율적인 방법이지만 여전히 현대 사회에도 일부 샤머니즘이나 민속신앙으로 이어져 오고 있다.

2. 그리스 로마시대

그리스 로마시대에는 정신장애를 초자연적인 현상에서 벗어나 의학적인 접근을 하려는 시도가 있었다. 대표적으로 히포크라테스(Hippocrates, B.C. 460~377)를 시작으로 하여 플라톤(Plato, B.C. 427~347), 아리스토텔레스(Aristotle, B.C. 384~322)를 거쳐 갈렌(Galen, 130~200)이 앞서 3명의 이론적인 통합을 통해 더 의학적인 접근을 하였다.

체액설을 주장한 히포크라테스(Hippocrates, B.C. 460~377)는 사람의 몸이 점액, 혈액, 황담즙, 흑담즙의 4가지 체액으로 되어 있으며, 이러한 체액들 간의 관계가 사람의 기질과 성격을 좌우하고 체액들 간의 불균형으로 인해 정신장애가 생기는 것으로 이야기하였다.

플라톤(Plato, B.C. 427~347)은 몸속에 영혼이 있고 신체적인 병은 이러한 영혼의 병으로 인한 것으로 설명하였다.

아리스토텔레스(Aristotle, B.C. 384～322)는 플라톤보다는 좀 더 논리와 이성을 강조하여 정신장애를 치료하는데 있어 논리적인 면을 통해 영혼을 변화시켜 신체기능에까지 영향을 주어야 한다고 주장하였다.

갈렌(Galen, 130~200)은 히포크라테스와 같은 체액설을 주장하고 구체화하여 정신질환을 신체적 원인과 심리적 원인으로 구분하는 등 정신장애를 신체적인 병이 아닌 것으로 보았다. 의학의 기초가 될 기반을 만들었다.

3. 중세시대

그리스 로마시대 후반에 정신질환과 이상행동에 대해 과학적인 접근을 하려고 노력했던 것과 달리 중세시대에는 주로 귀신론으로 불리우는 정신장애 발달의 암흑기였다.

귀신론이란 정신질환을 경험하거나 이상행동을 하는 사람들을 귀신이나 악마가 몸에 들어가서 그렇게 된 것으로 보는 것을 말한다. 이 당시에는 정신장애를 가진 여성은 마녀로 부르며 화형을 시키거나 가혹한 벌을 주었다. 또한, 정신장애인들에게 기도를 하거나 귀신을 쫒아내는 제의행동을 통해 치료하려고 하였으며, 족쇄나 쇠사슬로 묶어 감금하고 고문을 가하기도 하였다.

하지만, 토마스 아퀴나스(Thomas Aquinas, 1225~1274)는 영혼이 아픈 것은 불가능하다라며 정신장애의 원인을 신체적인 문제나 이성 또는 열정의 문제로 설명하기도 하였다.

4. 중세 이후 르네상스 시대

중세시대에 귀신론으로 인해 대중들은 정신장애에 대해 미신적인 이해를 하고 있었지만 르네상스 시대에 이르러 점차 자연과학적인 접근을 통해 정신장애가 심리적 원인에 의한 것이라는 주장이 나타나기 시작하였다.

특히 16세기 초 파라셀수스(Paracelsus, 1493～1541)는 무도병을 귀신론이 아닌 병적현상으로 과학적인 이해를 하여 악마가 아닌 자연적인 원인으로 정신장애가 유발되는 것으로 설명하였다.

비베스(Juan Luis Vives, 1492～1540)는 연상활동의 정서에 대한 영향을 말하여 프로이트 학파의 효시가 되었으며, 와이어(Johan Weyer, 1515～2588)는 정신장애를 영혼에서 기인된 것이 아닌 의학적인 원인을 제시하여 인본적인 치료를 촉진하였다.

5. 근대 이상심리학

(1) 인도주의적 접근

17~18세기 들어 점차적으로 이상행동과 정신장애를 치료대상으로 생각하고 대상자들을 인도주의적으로 대하기 시작하였다. 프랑스의 피넬(Philippe Pinel, 1745~1826)은 병원환자들에게 채워져 있던 족쇄를 풀었으며, 현대의 병원시설에는 미치지 못하지만 햇살이 있는 방과 운동을 할 수 있는 공간을 제공하고 신체적인 폭력을 금하였다. 투크(William Tuke, 1732~1822)는 요크요양소에서 기독교적인 관점을 통해 정신질환자들을 인도적으로 치료하였다.

(2) 과학주의적 접근

16세기 해부학이나 생리학의 발전으로 인해 이상행동이나 정신장애의 원인을 죄의 기질적인 문제에서 찾으려고 시도하였다. 이어 19세기에는 병균이나 미생물이 질병을 일으킬 수 있다는 발견을 하였으며, 정신이 다양한 질병을 일으키게 한다고 가정하였다.

이 시기 심리적 원인이 나타나기 시작하였으며, 19세기 말 프로이트(Sigmund Freud, 1856~1939)에 의해 정신역동학 이론이 주장되었다. 프로이트는 히스테리의 원인과 치료에 많은 관심을 가지고 있었다. 히스테리의 치료적인 면에서는 프랑스의 베르나임(Bernheim, 1840~1919)이 히스테리 환자의 치료에 최면술 치료를 시작하여 히스테리가 심리적 암시와 관련되며 신체적 질병은 아니라고 주장하였다.

이후 샤르코(Charcot, 1825~1895)가 히스테리 환자의 최면상태에서 자유롭게 이야기하도록 유도하였고, 이러한 것을 관찰한 프로이트는 무의식에 대한 존재를 파악하고 "자유연상기법"을 통해 무의식적 기억내용을 회상하게 하였다.

심리적 원인론과 함께 신체적 원인론도 함께 대두 되었으며, 신체적 원인론은 20세기 들어 매독균에 의한 정신병적 증상과의 관계를 밝혀내어 더욱 확고하게 자리잡았다. 신체적 원인론은 추후 뇌의 신경계와 구조 및 기능에 대한 연구를 통해 정신장애의 치료약물과 신경전달물질과 정신장애의 관련에 대한 연구가 이루어지며 발전하였다.

(3) 실험정신병리학의 태동

19세기 말 분트(Wihelm Wundt, 1832~1920)는 1879년에 독일 라이프치히에서 실험심리학을 위한 실험실을 처음 정식으로 개설함으로 실험심리학적 방법으로 이상심리를 연구하는 '실험정신병리학'이라는 학문의 기초를 닦았다.

분트의 제자였던 크레팰린(Emil Kraepelin, 1856~1926)은 1883년 최초의 정신의학 교재를 저술하였다. 또한, 정신장애를 증상에 따라 조발성 치매(dementia praecox)와 조울성 정신병(manic-depressive psychosis)로 구분하여 정신장애가 뇌의 장애이고 정신질환은 외인성이나 내인성에 의해 생길 수 있다고 보았다.

이는 오늘날 정신장애 분류의 바탕이 되었으며, 이러한 실험정신병리학의 발전을 통해 정신질환자들의 지각적, 인지적, 정서적 및 행동적 특성에 대한 이해가 깊어졌다.

3.4 이상행동에 대한 이론적 접근

1. 신경생물학적 접근

(1) 기본 전제

이상행동을 비롯한 심리적 장애는 중추신경계를 중심으로 한 신체 기능상의 이상으로 인해 기인된다. 또한, 뇌구조, 뇌기능, 유전적인 특징, 기타 생화학적 이상과 정신병리는 관련성을 가지고 있다.

이러한 전제는 크게 세 가지 측면으로 구분할 수 있다.

① 뇌의 생물학적인 문제: 뇌의 조직이 손상되면 정신장애가 유발된다. 뇌의 물리적 손상이 있을 시 이상행동을 보인다.

② 뇌의 신경생화학적 문제: 뇌의 신경생화학적 기능의 부조화로 인해 정신장애가 유발된다. 뇌에 분비되는 신경전달물질의 양이 감소하거나 이를 받아들이는 부분에서 신경전달물질을 흡수하지 못해 정신장애가 유발된다.

③ 유전적인 문제: 유전적 소인이나 유전자의 이상도 이상행동과 관련이 있다. 정신분열증의 경우 50%의 유전을 보이고 있을 정도로 정신장애의 유전자 문제를 고려해야 한다.

(2) 신경생물학적 입장에서의 불안

불안은 자율신경계의 결함 또는 노어에피네피린(norepinephrine), GABA와 같은 신경전달물질의 이상에 의한 것이며, 유전적으로 더 불안에 민감한 특성을 가지는 경우도 있다.

2. 정신역동적 접근

정신역동적 접근은 성격구조간의 역동적 관계, 행동의 무의식적 측면, 내적 욕망과 갈등, 인생초기의 경험과 관계를 강조하는 입장들로 비교적 장기간의 치료기간을 필요로 한다.

(1) 프로이트의 정신역동이론

① 기본원리

- 심리결정론(psychic determinism) : 인간의 모든 행동에는 원인이 있다고 가정한다.
- 무의식(unconsciousness)의 원리 : 인간의 행동은 의식적인 것보다는 무의식적인 것에 의해 더 많은 영향을 받는다.
- 성적욕구(libido) : 인간의 가장 기본적인 욕구이며, 성욕이 무의식 속에 자리잡아 인간의 행동에 영향을 준다.

② 성격구조

㉠ 의식과정

- 의식 과정(conscious process) : 별다른 노력없이도 스스로 인식할 수 있는 과정
- 전의식 과정(preconscious process) : 일반적으로 잘 인식할 수는 없으나 주의를 기울이고 노력을 하면 의식할 수 있는 과정
- 무의식 과정(unconscious process) : 일반적으로 자각할 수 없고 일반적인 노력이 아닌 자유연상과 같은 정신역동적 접근을 통해 의식할 수 있는 과정

㉡ 성격구조

- 원초아(id) : 본능적 에너지의 저장소이며, 쾌락원리에 의해 기능한다. 일반적으로 타고나는 것으로 생물학적인 욕구수준으로 볼 수 있다. 예를 들면, 쾌락원리에 따라 즉각적인 욕구충족을 위해 배가 고플 때 앞에 있는 다른 사람의 음식물을 사회규범적인 고려 없이 그냥 먹기도 한다.

- 자아(ego) : 생후 6개월 무렵부터 3세까지 유아가 욕구좌절과 욕구지연을 경험하면서 형성하게 된다. 성격의 집행자이며 현실원리에 따라 원초아의 욕망을 충족시킨다. 예를 들면, 아이들은 원초아에 따라 앞에 있는 과자를 그냥 먹지만 자아가 발달하면서 부모의 이야기가 있을 때 먹지 않고 참을 수 있게 된다.
- 초자아(super ego) : 내면화된 도덕 및 양심과 관련된 것으로 주로 부모의 양육태도와 사회적 도덕적 가치 및 윤리적인 것들에 의해 형성된다. 5세 무렵 형성되어 12세 가량 되어야 적절하게 기능할 수 있다. 초자아가 발달하게 되면 어린 시절 다른 사람의 과자를 먹고 싶으면 곧장 먹었던 것과 달리 과자 주인의 허락을 얻으려고 하거나 다른 사람의 과자이기에 그냥 먹는 것은 좋지 않은 것으로 인식하여 참는 행동을 하게 된다.

③ 성격발달단계 : 주로 성적욕구와 관련된 정신적 에너지인 리비도(libido)가 머물러 있고 집중되는 신체 부위에 따라 성격의 발달단계가 구분된다.

- 구강기(oral stage, 0~1세) : 유아기에 수유과정을 통해 입으로 성적욕구를 충족하며, 입을 통해 욕구의 좌절과 충족을 경험한다. 이 시기 욕구가 적절하게 충족되면 외부세계와 타인에 대한 신뢰감을 가지게 되고 자신감을 가지게 되지만, 반대로 욕구가 좌절된 경우 자기중심적이거나 의존적인 성격특성을 가지게 된다.
- 항문기(anal stage, 1~3세) : 성적욕구가 항문으로 집중되며 배변활동을 통해 욕구의 좌절과 충족을 경험한다. 욕구좌절 시에는 완벽주의적이고 청결에 대한 집착을 하는 경향을 보이는 반면 충족이 될 때에는 독립적이고 적절하게 자신의 의사표현을 할 수 있는 자신감을 가지게 된다.
- 남근기(phallic stage, 3~5세) : 성욕이 성기에 머물게 되는 시기로 남아의 경우 남근에 여아의 경우 음핵을 통해 쾌감을 경험한다. 또한, 이성 부모에게 애정을 받으려 하고 이로 인해 부모와의 삼각관계를 경험하게 되는 과정으로 남자 아동은 오이디푸스 콤플렉스(oedipus complex), 여자 아동은 엘렉트라 콤플렉스(electra complex)를 경험한다. 이 시기에는 부모 세대와의 구분이 없이 애착관계를 형성하고 사랑과 성을 적절히 구분하지 못하는 성개념을 가지고 있다. 이러한 갈등상황에서 불안감을 경험하게 되나, 동일시를 통해 자신이 경쟁해서 이길 수 없는 동성부모의 행동이나 습관 등을 모방하며 극복한다. 이 과정에서 아동들은 자신의 성역할을 학습하게 되며 초자아가 발달된다.
- 잠복기(latency stage, 6~12세) : 성적욕구가 뚜렷이 드러나지 않고 학업과

친구들에 대한 관심이 증가하는 시기이다. 이 과정에서의 좌절감은 이후 열등감과 회피적인 성격특성을 가지게 만드는 것으로 알려져 있다.

- 성기기(genital stage, 12세 이후) : 성인으로 되어가는 시기로 성적욕구가 증가하여 이성과의 관계 속에서 쾌감을 경험하게 된다. 이 시기에는 신체적으로 성숙하게 되고 심리적으로도 독립을 하여 자아정체감이 확립되어 구강기에서 남근기 사이에 형성된 개인의 기본성격이 마무리되는 단계이다.

(2) 정신역동이론에서의 불안과 방어기제

① 신경증적 불안(neurotic anxiety)에 대한 정신역동적 이해

정신역동이론에서는 성격구조에서 살펴본 원초아(id)적인 충동과 욕망의 분출을 초자아(super ego)가 처벌하는 과정에서 자아(ego)가 위협을 느끼는 것을 신경증적 불안으로 설명하고 있다. 즉, 무의식적 충동과 욕망이 자아의 억압을 뚫고 의식세계로 떠오르는 것에 대한 예기불안을 말한다. 예를 들면, 돈이 없고 배가 너무 고픈 상황에서 빵집에 있는 빵을 훔쳐 먹으려는 초자아적 욕망의 분출을 사회규범과 도덕적인 윤리인 초자아를 통해 훔치는 행위는 사회적으로 용납 받을 수 없고 비윤리적인 행동이라며 거부할 때 자아는 불안감을 경험하게 된다.

② 정신역동에서의 방어기제

원초아적 욕망이 표출되는 것에 대한 두려움을 통제하기 위해 자아는 방어기제를 사용하게 된다. 정신역동에서의 주요 방어기제는 다음과 같다.

- 퇴행(regression) : 이전 발달단계로 돌아가 유치한 방식으로 자신의 문제를 해결하며 불안과 갈등을 피한다.
  ex) 동생이 사랑받고 자신은 그렇지 못한다고 생각하는 경우 어린아이 같은 말투와 행동을 하는 경우이다.
- 투사(projection) : 자신이 의식상태에서 받아들일 수 없을 정도로 위협적인 감정을 다른 사람에게 투영시킨다.
  ex) 어떤 싫은 대상이 있는 경우 그 사람을 싫어하는 이유는 그 사람이 자신을 싫어하기 때문이라고 생각하는 경우이다.
- 동일시(identification) : 자기가 맞서 싸우거나 경쟁하여 이길 수 없는 강한 대상의 행동이나 사고방식을 모방하여 자신의 것처럼 만들어 내면화 한다.
  ex) 아버지를 따라서 면도하는 흉내를 내는 남자아이.
- 부인(denial) : 고통스런 경험이나 불안한 요소를 거부하며 없었던 사실로 믿는다.

ex) 남편의 사망소식을 부인이 인정하지 않고 남편이 살아 있을 것으로 생각하는 경우이다.

- 억압(repression) : 원초아와 초자아 간의 갈등을 무의식의 수준으로 억누르는 것으로 신경증의 원인이 된다고 본다.

  ex) 부모가 교통사고로 인해 돌아가셨을 대 교통사고 상황을 모두 보았음에도 기억하지 못하는 경우이다.

- 승화(sublimation) : 수용하기 어려운 무의식적 충동을 사회에서 수용가능하고 순응적인 방식으로 바꾸어 표현하는 것이다.

  ex) 살인의 욕구를 가진 사람이 도축장에서 일을 하거나 직업군인이 되는 경우이다.

- 합리화(rationalization) : 죄책감을 느끼는 경우 이를 정당화하기 위한 지적인 활동이다.

  ex) 난 평소 휴지통에 쓰레기를 잘 버리기 때문에 한번 정도는 길에 쓰레기를 버려도 괜찮다고 생각하는 것이다.

- 반동형성(reaction formation) : 위협과 갈등이 되는 무의식적 욕구와 반대되는 행동을 취하는 것이다.

  ex) 다른 사람이 자신에게 사랑받고 배려받기를 바라는 사람이 매번 자신을 챙기기 보다는 다른 사람들을 배려하고 세심하게 보살피는 행동을 하는 경우이다.

- 대치(displacement) : 불안을 유발하는 대상보다 위협이 적은 다른 대상으로 충동 표현의 방향을 바꾸는 것으로 대치의 대상은 희생양이 되는 것이다.

  ex) 부모에게 혼이 난 청소년이 집에서 기르는 강아지에게 화를 내는 경우이다.

(3) 정신역동적 치료

정신역동에서는 이상행동을 치료하기 위해서 무의식적 갈등을 인식하게 하여 갈등을 해소하도록 한다. 특히 주로 어린 시절의 좌절경험과 관련된 무의식적 갈등을 이상행동의 주원인으로 보았다. 무의식을 의식화하는 정신역동적 치료방법에는 자유연상, 꿈의 분석, 전이분석, 저항분석이 대표적이다.

① 자유연상 : 의식에 의한 억압을 약화시키는 방법으로 상담자는 내담자가 카우치에 누운 편안한 상태에서 아무런 제약 없이 자유롭게 떠오르는 것을 이야기하도록 한다.

② 꿈의 분석 : 의식에 의한 억압이 감소된 수면상태에서 떠오른 무의식적 내용을 꿈으로 보고 꿈속에서 나타난 이야기나 등장인물과 같은 것들을 통해 무의식적인 측면을 탐색한다.

③ 전이분석 : 치료과정에서 치료자에게 보이는 내담자의 투사된 것을 의미 있게 보고 분석하는 방법이다.

④ 저항분석 : 치료과정에서 내담자가 치료자에 대한 저항적 태도와 비협조적인 태도를 통해 내담자의 무의식적인 측면을 살펴볼 수 있다.

(4) 정신역동이론에 대한 비판

정신역동이론은 성격구조를 밝히고 이를 통해 치료적 접근을 하는 등 이상행동과 정신장애에 대한 많은 영향을 미쳤다. 하지만, 정신역동이론이 가지고 있는 문제점에 대한 비난도 있다.

① 프로이트를 비롯한 정신역동 연구자들의 주관적인 경험에 근거하여 발전한 이론으로 객관적으로 이론을 검증하기에 어려움이 있다.

② 19세기 유럽의 젊은 신경증 여성 환자들의 임상적 경험에 기초한 것으로 정신역동이론을 일반화하는데 어려움이 있다.

③ 무의식, 전의식, 의식을 비롯하여 초자아, 자아, 원초아같은 성격구조로 사람을 이해하고자 하여 대상자의 내면에만 관심의 초점을 가지고 있다. 이로 인해 대상자와 주변 사회환경과의 상호작용에 의한 영향력을 다루지 못한다는 비판이 있다.

④ 오이디푸스 콤플렉스 이전의 아동기 발달에 대한 관심이 적다. 비록 오이디푸스 콤플렉스 시기 전의 아동발달에도 관심을 가지고 있었으나, 심리적 갈등이 정신장애의 발달에 대한 부분이 간과되었다.

⑤ 정신역동이론에 따르면 심리상담에 장기간의 치료기간이 필요하며, 치료효과에 대한 검증에도 어려움이 있다.

(5) 프로이트 이후의 정신역동이론들

① 신프로이드 학파 : 현대적인 신프로이트 학파의 동향은 프로이트 시대의 고전적 신경증이 줄어드는 대신에 자기애적 성격, 경계선 인격장애가 증가하는 경향과도 관련이 있으며, 오이디푸스 시기보다는 생애 초기를 더욱 강조한다.

㉠ 융(Jung), 아들러(Adler), 호나이(Horney), 설리반(Sullivan), 프럼(Fromm)과 같은 학자들로 대표되는 신프로이드 학파 : 성적본능만을 중요시하는 프로이트에 반대하여 사회적, 문화적 측면과 대인관계 요인을 강조하였다. 특히,

융의 분석심리학(analytical psychology)과 아들러의 개인심리학(individual psychology)이 주목을 받았으며, 아들러의 이론과 치료법은 인본주의, 실존주의 등 현상학적 접근과 엘리스(Ellis)의 합리적-정서치료, 벡(Beck) 등의 인지치료에 지대한 영향을 주었다.

㉡ 코헛(Kohut)의 자기심리학(self psychology) : 자기(원초아), 자아, 초자아 모두를 포괄하였으며, 다음과 같은 부분들을 강조하였다.

- 정상적이고 건강한 자기애(narcissism)
- 개인의 자존감과 자기가치감, 여기에 영향을 주는 외적관계(유아와 양육자의 상호작용의 질과 양을 중요시 한다.)
- 치료자의 공감적 태도

㉢ 클레인(Melanie Klein) 등의 대상관계이론(object relation theory) : 자기와 대상과의 관계가 심리적으로 내면화 된 것을 강조하였다. 모자관계에서의 초기 관계장애에 관심을 가지고 좋은 보호자의 결여, 유아의 행동에 대한 반응 부족, 대상 표상의 분열이 자기형성을 방해하고 온전한 통합을 방해하여 장애를 초래한다고 보았다. 대상관계이론에서는 치료자가 어머니와 같은 분위기에서 관계를 형성하는 것에 초점을 둔다.

3. 행동주의적 접근

(1) 이론적 배경

행동주의적 접근에서는 인간의 모든 행동은 학습된 것으로 전제하고 있다. 행동주의적 심리학자들은 이상행동도 주변 환경에서 잘못된 학습을 통해 형성된 것으로 생각하였다.

새로운 행동이 학습되는 원리는 고전적 조건형성, 조작적 조건형성, 모방학습 이론을 통해 설명하고 있다.

① 고전적 조건형성 : 러시아의 생리학자인 파블로프(Pavlov)는 개의 타액분비에 대한 실험을 하면서 먹이가 있어야만 침을 흘리는 개가 먹이 없이도 침을 흘리는 것을 발견하여 고전적 조건형성 이론을 수립하였다. 개는 먹이를 주면 무조건 침을 흘리게 되기 때문에 먹이를 무조건 자극(unconditioned stimulus)으로 명명하고 이로 인해 유발되는 반응을 무조건 반응(unconditioned response)라고 하였다. 또한, 먹이와 함께 종소리를 들려주면 나중에는 먹이 없이도 종소리만 들

어도 침을 흘리는 현상을 통해 종소리를 조건자극(conditioned stimulus)이라 부르고 종소리에 의해 침을 흘리는 반응을 조건반응(conditioned response)이라고 하였다. 이후 종소리와 비슷한 소리만 들어도 침을 흘리는 것을 보고 자극 일반화(stimulus generalization)라고 하였으며, 종소리와 현저히 다른 소리에는 반응하지 않는 것을 보고 자극변별(stimulus discrimination)이라고 하였다.

- 무조건 자극(unconditioned stimulus: US) : 이전의 조건형성이 없이도, 일반적으로 반사를 통해서 자동적으로 어떤 반응을 일으키는 자극이다.
- 무조건 반응(unconditioned response: UR) : 이전에 중립적인 자극에 대해 조건반응을 일으키기 위한 기반으로 사용된 무조건 자극에 대해서 원래 발생하는 반응이다.
- 조건자극(conditioned stimulus: CS) : 무조건 자극과 연합됨으로써 조건반응을 일으키게 된 이전의 중립적 자극이다.
- 조건반응(conditioned response: CR) : 원래는 반응을 일으키지 않았던 자극에 대해 학습된 또는 획득된 반응이다.
- 자극 일반화(stimulus generalization) : 조건자극과 유사한 자극에 대해서도 조건반응이 나타나는 현상이다.
- 자극변별(stimulus discrimination) : 조건자극과 현저하게 다른 자극에는 조건반응을 나타내지 않는 현상이다.

② 조작적 조건형성 : 스키너(skinner)는 지렛대를 누르면 먹이가 나오는 실험상자에 쥐를 넣은 후 쥐가 상자 안에서 우연히 지렛대를 눌러 먹이를 먹게 되고 점차 지렛대를 눌러 먹이를 먹는 행동을 학습하게 되는 것을 발견하였다. 조작적 조건형성(operant conditioning)은 행동에 따른 결과로 인해 행동이 학습되는 것을 말한다. 앞서 실험상자에서 행동의 빈도를 높여 반복하게 하는 먹이를 강화물이라고 한다. 강화(reinforcement)에는 좋아하는 강화물을 통해 목표행동을 더 많이 하도록 하는 정적강화(positive reinforcement)와 고통을 피할 수 있도록 해서 목표행동을 학습하도록 하는 부적강화(negative reinforcement)가 있다.

- 강화(reinforcement) : 조작반응의 발생에 따라 강화자극이 오는 절차이다.
- 정적강화(positive reinforcement) : 어떤 반응을 정적자극으로 강화시키는 것이다.
- 부적강화(negative reinforcement) : 혐오적 자극의 제거에 의해 반응을 강화시키는 것이다.

③ 모방 및 관찰학습 : 인간은 다른 사람의 행동을 보고 따라함으로 인해 어떤 행동을 학습하기도 한다. 아이들이 폭력적인 TV를 본 후 TV에 나오는 대로 인형을 때리는 등의 행동이 바로 그것이다. 이러한 관찰과 모방을 통해 새로운 행동을 학습하는 것을 사회적 학습이라고 부르기도 한다.

반두라(Bandura)는 세 가지 사회적 학습방법을 이야기하였다.

- 모방학습(modeling) : 다른 사람의 행동을 따라하여 학습하는 것이다.
- 대리학습(vicarious learning) : 다른 사람이 새로운 행동을 시도하는 것을 통해 결과를 관찰하여 학습하는 것이다.
- 관찰학습(observational learning) : 사회적 상황에서 다른 사람의 행동을 관찰해 두었다가 유사한 행동을 나타내는 것이다.

(2) 행동치료

행동치료는 행동수정(behavior modification)이라는 말로 대표될 수 있으며, 이는 잘못된 학습을 통해 습득된 이상행동을 제거하고 적응적인 행동을 재학습 시키는 것을 목적으로 한다. 이 과정에서는 체계적 둔감법(systematic desensitization), 혐오치료(aversive therapy), 자기표현훈련, 토큰경제, 모방학습 및 참여관찰 방법과 함께 처벌을 함께 사용한다.

① 체계적 둔감법(systematic desensitization) : 신체적 이완을 통해 공포나 불안과 같은 부적응적인 반응을 감소시키는 치료법으로 내담자가 견딜 수 있는 낮은 단계에서부터 점차 견디기 힘든 어려운 단계로 체계적인 단계를 걸쳐 치료를 한다.

ex) 쥐를 무서워하는 경우 이완훈련을 통해 이완방법을 습득한 후 먼저 쥐 그림을 보고 괜찮으면 나중에 직접 쥐를 만져보는 단계까지 치료적 단계를 거치게 하는 것이다.

② 혐오치료(aversive therapy) : 부적응적 행동과 혐오자극을 연합시켜 부적응 행동을 감소시키는 방법이다.

ex) 알코올중독 환자에게 알코올을 마시기 전에 구토제를 먹으면 알코올과 구토라는 혐오자극이 연합되어 이후에는 알코올만 봐도 구토를 떠올려 술을 끊게 하는 것이다.

③ 자기표현훈련 : 자신의 정서표현을 잘 하지 못하는 내담자의 경우 자신의 분노 같은 감정들을 표현하도록 한다. 또한, 거절을 잘 하지 못하거나 자신의 의사표현을 분명히 밝히지 못하는 내담자에게도 자신의 의사표현을 하는 역할행동이나 상담자와의 연습을 통해 자기표현의 기술을 습득하는 것이다.

④ 토큰경제 : 바람직한 행동을 할 때마다 스티커나 구슬 같은 것을 준 후 나중에 일정 개수가 되었을 때 내담자가 원하는 보상물로 바꿔주는 치료법이다.

⑤ 모방학습 및 참여관찰 : 타인이 본을 보이는 것을 따라하거나 관찰하여 내담자가 새로운 적응적 행동을 학습하도록 하는 방법이다.

⑥ 처벌(punishment) : 이상행동의 반응빈도를 감소시키게 하는 것으로 이상행동이 나타난 후 부정적인 자극을 제공하는 것이다. 처벌은 신중히 사용해야 한다. 그 이유는 적응적인 행동을 학습하지 못하고 부정적인 정서가 동반하기 때문이다. ex) 수업시간에 아이들이 떠들면 벌을 세우는 것이다.

(3) 행동주의적 접근에 대한 비판

행동주의적 접근은 인간의 행동을 과학적으로 측정하여 객관화하는데 기여를 하였다. 하지만, 다음과 같은 비판들도 받고 있다.

① 인간이 자신의 행동을 스스로 통제하여 상황에 따라 선택한 행동을 할 수 있다는 점을 무시하고 수동적인 인간으로 보았다.

② 복잡한 인간의 행동을 너무 단순하게 설명하려는 시도로 인해 다양하게 행동을 이해하는데 제약이 있다.

③ 행동주의적 접근은 주로 동물실험을 통한 것으로 동물에 대한 실험결과를 인간에게 적용하는데 따른 한계점이 있다.

4. 인지적 접근

인지적 접근은 개인의 사고방식, 신념, 인지구조와 내용을 강조하는 입장으로 최근 들어 가장 널리 적용되는 접근방식이다. 인지적 접근을 하는 임상가들은 정신장애를 가지고 있거나 이상행동을 하는 사람들은 여러 가지 인지적 왜곡을 가지고 있기 때문이라 하였다.

(1) 기본 전제

① 이상행동에 대한 인지적 입장은 다음의 몇 가지 전제를 가정하고 있다.

- 인지(사고)가 정서 및 행동에 영향을 준다.
- 인지는 검색되고 변화될 수 있다.
- 인지변화는 행동변화를 가져온다.
- 정서장애와 행동장애는 비적응적 사고과정의 결과이다.

② 인지적 과정에서의 왜곡과 결손이 정신장애를 유발하는 주요 원인으로 보고 있

다. 그러므로 인지적 측면에 대한 왜곡을 적응적인 인지로 바꿔줄 수 있다는 전제를 통해 적응적인 인지를 가지고 있으면 이상행동에 변화가 있을 것으로 보았다. 이에 인지적 접근에서는 불안감이 불안이 생성되는 자동적 사고를 통해 유발된다고 보았다. 예를 들면, 개를 보면 불안해 지는 사람은 "개가 나를 물거나 상처를 낼거야"라는 식의 불안유발 사고를 가지고 있다.

(2) 인지적 접근의 치료

① 엘리스(A. Ellis)의 합리적-정서행동치료(rational-emotive behavior therapy)
엘리스는 인본주의적, 철학적, 행동적 심리상담 및 치료를 결합하여 합리적 정서치료를 만들어 냈다(REBT: Rational Emotive Behavior Therapy).
정서장애는 왜곡된 지각과 비합리적이고 자기패배적인 신념에 의해 발생한다. 비합리적이고 자기패배적인 신념은 사람들이 스트레스에 대처하기 위해 스스로 다짐하는 자신의 말(self-talk)에서 시작된다고 하였다. 비합리적인 신념은 평소 반복되고 과도하게 학습된 것이기에 자동적으로 일어난다.
ex) 평소 아무런 어려움이 없었지만 어쩌다 실수로 물을 쏟은 경우에도 "물을 쏟다니 난 바보야", "앞으로 물이 든 컵을 옮기는 경우 또 물을 쏟을거야"라고 스스로에게 자동적으로 이야기한다.

② 엘리스의 합리적 정서행동치료는 ABCDE모형을 가지고 있으며, 자세한 내용은 다음과 같다.

- A (Antecedents Event) : 선행사건으로 개인의 행동이나 태도를 말한다.
- B (Beliefs) : 신념 또는 믿음으로 내담자가 가지고 있는 일반적인 생각들이다.
- C (Consequence) : 결과로는 선행사건이 내담자의 생각을 통해 어떤 결과로 나타나며 이러한 결과는 정서적 및 행동적인 것으로 드러난다.
- D (Debate or Dispute) : 논박에서는 이전에 가지고 있던 생각에 대해 심리상담사를 통해 배운 적응적 사고와 합리적인 이론들을 통해 논박을 하여 생각을 바꾸는 과정이다. 이 과정이 바로 인지적 재구성(cognitive restructuring)이 일어나는 단계이다.
- E (Effect) : 효과단계에서는 인지적 재구성을 통해 논박단계 이전에서 경험했던 정서적 및 행동적 반응에 변화가 나타난다.

③ 이러한 치료적 과정에서 ABC를 먼저 학습 시킨 후 치료자가 내담자의 비합리적 신념에 대해 논박을 한다. 이 과정에서 치료자는 구체적인 신념을 논박하지만 개인의 인격전체를 비난하지 않도록 주의해야 한다.

비합리적인 신념들의 예

- "나는 모든 사람으로부터 인정과 애정을 받아야 한다"
- "가치 있는 사람이 되려면 모든 일에서 탁월한 실력을 보여야 한다"
- "내 인생에는 오점이나 실수가 없어야 남에게 존중받을 수 있다"

④ 비합리적인 신념들에 대한 치료자의 논박을 통해 내담자는 인지적 재구성(cognitive restructuring)을 하여 적응적인 정서적 및 행동적 반응을 하게 되는 것이 치료과정이며 그림으로 살펴보면 다음과 같다.

A (활성화시키는 사건 : Antecedents Event)

⇩

B (신념:Belief)

⇩

C (정서적·행동적 결과 : consequence)

⇩

D (논박 : Disputing)

⇩

인지적 재구성(cognitive restructuring

⇩

E(효과 : Effect)

⑤ 벡(A. Beck)의 인지치료

인지치료는 인간은 자신의 문제를 이해하고 해결할 수 있는 지각능력과 의식기능을 가지고 있다고 전제하고 있다. 이상행동과 부적응 행동에 대해서는 아동기에 역기능적 가정에서 생활 사건을 통해 자동적 사고와 부정적 정서 및 행동을 습득하는 것으로 설명하고 있다. 이에 문제를 가진 사람들은 인지적 왜곡과 오류를 가지고 있으며, 이로 인해 부정적인 자동적 사고가 유발되는 것으로 본다.

인지치료의 치료과정에서는 스스로 자신의 왜곡된 인지와 오류를 깨닫도록 질문을 하며, 이러한 질문법을 소크라테스식 방법(socratic method)으로 부른다.

- 인지치료의 원리 : 우리의 내적인 대화, 즉 사고가 감정과 행동을 형성함에 있

어서 주요한 역할을 한다. 정서적으로 어려움을 겪는 사람들에게는 자신을 폄하하고 비난하는 방향으로 현실을 지각하는 논리적 오류를 범하는 경향이 있다. 따라서 역기능적인 정서와 행동을 변화시키기 위한 가장 직접적인 방법은 부정확하고 역기능적인 사고를 수정하는 것이다.

- 자동적 사고(automatic thoughts) : Beck은 우울증 환자들이 보이는 '자동적 사고'에 관심을 가졌다. 자동적 사고는 특정한 자극에 의해 촉발되는 개인화된 생각으로서 정서적 반응을 일으킨다. 즉, 의식적인 노력이나 선택 없이도 반사적으로 일어나며, 과거의 경험으로부터 생성된 신념이나 가정들(assumptions)을 반영한다.

자동적 사고(automatic thoughts)
- 자동적 사고는 경험으로 학습된다.
- 자동적 사고는 언어, 이미지 또는 둘 다의 형태로 나타난다.
- 자동적 사고는 아무리 비합리적이라 할지라도 믿어진다.
- 자동적 사고는 흔히 당위성을 가진 말로 표현된다.
- 객관적인 증거에 반하더라도 지속되고 중단하기가 쉽지 않다.

- 인지 왜곡(cognitive distortions) : 정보처리가 부정확하거나 비논리적이고 비현실적인 것을 의미하는데, 그릇된 가정과 생각으로 이끈다. 왜곡되고 부정적인 사고는 부정적이고 과대한 감정들을 발생시키는데, 따라서 무언가로 울적해지거나 기분이 나쁘다면 방금 전에 떠올랐던 부정적인 사고를 찾으려고 노력해야 한다. 왜곡된 사고는 우리 삶의 한 부분으로 자리 잡았기 때문에 별다른 노력 없이도 자발적이고 자동적으로 떠오른다.

인지 왜곡의 유형

▶ 이분법적 사고, 흑백 논리(All-or-nothing thinking; dichotomous thinking)
- 개인의 특성들을 극단적이고 흑백 논리에 의해 평가하는 경향성을 의미한다.
  ex) All A를 받아온 학생이 한 시험에서 B를 받았을 때 '나는 인생의 실패자야'라고 할 때 나타나는 사고이다.
- 흑백 논리적 사고는 완벽주의(perfectionism)의 기초를 형성한다.

- 어떠한 실수나 완벽하지 못한 모습을 발견하면 완전한 실패자라고 생각하고 자신이 부적절하고 가치가 없다고 느끼게 된다.
- 이 세상에 완전히 이쪽 면이 아니면 저쪽 면은 존재하지 않기 때문에, 이런 식의 사고는 근본적으로 비현실적이다.
- 이 세상에 절대적인 것은 존재하지 않는데, 자신의 경험을 절대적인 범주들에 끼워서 바라보면 현실에 기초한 지각을 할 수 없을 뿐만 아니라, 자신이 세운 과장된 기대에 결코 맞출 수 없기 때문에 끊임없이 자신을 폄하하고 비난하고 불만족하게 된다.

▶ 과잉 일반화(Over generalization)

- 한 번 일어난 일이 앞으로도 계속 모든 상황에서 일어날 것이라고 임의적으로 결론짓는 것을 의미한다.

  ex) 대기업에 이력서를 냈다가 떨어진 남자가 "난 앞으로 어떤 기업에 서류를 내더라도 계속해서 퇴짜를 맞을거야. 나를 필요로 하는 직장은 없어."라고 생각하는 것은 과잉 일반화에 의한 인지적 왜곡이다.

▶ 선택적 추상(Mental filtering)

- 모든 상황에서 부정적인 것들만을 골라서 생각하고, 결국 세상이 부정적이라고 인식하는 것을 말한다.
- 긍정적인 것들은 인식하지 않고 의식하는 모든 것이 부정적인 것들이다.

▶ 긍정 격하(Disqualifying the positive)

- 중립적인 것들 심지어 긍정적인 경험들 까지도 부정적인 것으로 변형시키는 것이다.
- 긍정적인 경험들을 단순히 무시하는데 그치는 것이 아니라 교묘하게 부정적인 것으로 바꾸어 버린다.
- 일상생활에서 누군가가 우리의 옷차림새나 우리가 한 일에 대해 칭찬을 할 경우, 스스로에게 "저 사람들이 착해서 나한테 저런 이야기를 한 거야", 혹은 '응 아무 것도 아냐'라고 말할 때 이런 경향의 사고를 보인다.

▶ 섣부른 결론에 도달하기(Jumping to Conclusions)

- 사실로서 입증되지 않은 내용을 부정적으로 결론 내리는 것을 말한다.
- mind reading(독심술)과 the fortune teller error(점쟁이 오류)가 있다
  - 독심술(Mind reading) : 다른 사람들이 나를 깔보고 폄하하고 있다고 가정

하는 것을 말하는데, 이런 생각이 너무 확고해서 과연 다른 사람들이 그렇게 생각하고 있는지를 확인할 필요를 느끼지 못한다.

ex) 수업 중에 조는 학생을 발견했을 때, 그 학생이 지난밤에 늦게까지 공부하느라 잠을 못 자서 수업시간에 존다는 생각은 하지 못하고 "내 수업이 지루한거야"라고 결론내리는 경우이다.

– 점쟁이 오류(The fortune teller error) : 이것은 당신에게 오로지 불행만을 예언해주는 수정구슬을 가지고 있는 것과 같다. 안 좋은 일이 일어날 거라 상상하는데, 이러한 예언이 비현실적임에도 불구하고 하나의 사실로서 받아들인다.

▶ 극대화(Magnification)/ 극소화(Minimization)

- 극대화는 자신의 실수, 두려움, 완전하지 못한 점들의 중요성을 과장할 때 나타나며, 일반적으로 일어나는 일상생활의 부정적인 일들을 마치 큰 재앙이 닥친 것처럼 과장해서 반응한다는 의미로 "파국화(catastrophizing)"라고 불리기도 한다.
- 극소화는 자신의 장점들을 아주 작고 중요하지 않은 것을 보는 것을 말한다.

▶ 정서적 추론(Emotional reasoning)

- 자신이 느끼는 정서적인 반응을 사실(진실)의 증거로 삶는 것을 말한다.

  ex) "난 죄책감이 들어. 따라서 내가 무슨 큰 잘못을 저질렀음에 틀림없어." "너무 당황스럽고 절망스러워. 그러니까, 내 문제들은 절대로 풀리지 않을거야." 등과 같이 생각하는 것이다.
- 우울증에 걸리면 모든 일들이 부정적으로 느껴지는데, 따라서 모든 일들이 자신에게 부정적이라고 생각하게 된다.
- 우리의 감정은 우리의 사고와 신념을 대변하는 것이기 때문에 이런 식의 추론은 잘못된 것이다. 즉, 우리의 사고와 신념이 비합리적이어서 그런 느낌을 만들었을 뿐이지 세상이 그리고 우리가 부정적인 것이 아니다

▶ 당위론적 진술(Should statements)

- "~해야만 해"라고 말하는 것은 보통 자신이나 타인을 동기화시켜서 어떤 일을 하도록 유도하기 위해 하는 말이다.
- 당위론적인 말들은 오히려 자신과 타인에게 압력으로 작용해서 화를 불러일으키는 반면, 당위론적 말을 듣는 사람을 무관심하게 만들어서 하고자 하는 의

욕을 감퇴시키기도 한다.
- 스스로에게 당위론적인 말을 하는 사람이 자신이 세운 기준에 못 미칠 경우에 자기혐오, 수치, 혹은 죄책감과 같은 부정적인 감정들을 느끼게 된다.
- 당위론적 말을 하는 사람은 자신이 세워놓은 기준에 타인이 미치지 못하는 경우 과도하게 그 사람을 불신하게 하고 갈등을 조장하게 된다.

⑥ 치료과정에서는 문제중심적 접근을 하고, 문제가 되는 정서적 및 행동적인 증상이 나타나는 사건과 내용을 기록하는 숙제를 내준다.
- 심리상담사는 내담자에게 왜곡된 사고를 인식하는 방법을 가르치고, 내담자는 심리상담사의 도움을 통해 자신의 사고와 현실을 구별하는 것을 배운다.
- 내담자는 자신의 생각이 느낌이나 행동, 심지어 환경에서 일어나는 사건에 영향을 미친다는 것을 배우게 된다.
- 내담자는 자신의 생각과 가정, 특히 부정적인 "자동적 사고"를 인식하고, 관찰하고, 감시하는 것을 배운다.
- 비현실적으로 부정적인 사고들이 자신에게 어떤 영향을 미치는가에 대한 통찰을 획득한 후, 자신의 생각을 지지하는 또는 반대되는 증거들을 검토함으로써 자동적 사고들을 현실적으로 검증하는 방법을 훈련받는다.
- 이 과정에서 심리상담사는 과제를 내주고, 내담자의 활동을 기록하게 하고, 대안적인 사고들을 만들어내도록 격려하는 등 다양한 행동기법들을 사용한다.
- 최종적으로 내담자는 현실에 기반을 둔 보다 정확한 해석으로 왜곡된 생각들을 대체하는 법을 배우게 된다.

(3) 인지적 접근에 대한 비판

① 인지적 접근의 장점
- 정신역동적 접근과 달리 과학적 검증을 할 수 있다.
- 치료적 효과에 대해서도 객관적인 검증이 되었으며, 정신역동적 치료에 비해 단기간에 치료효과를 보인다.

② 인지적 접근의 단점
- 정서나 동기와 관련된 부분을 다소 등한시 하는 면이 있다. 사람은 인지, 정서 및 동기적인 요인들이 상호작용하는 복잡한 존재이다.

- 정신장애의 근본적인 원인이 아닌 인지적 측면의 과정을 설명할 뿐이다.
- 인지치료는 내담자 숙제를 하고 스스로에게 적용해야 하는 특징을 가지고 있고 지적수준이 떨어지거나 인지적인 활동을 하기에 어려움이 있는 급성단계의 장애를 경험하고 있는 환자에게 적용하는데 제약이 있다.

5. 인본주의적 접근

인본주의적 접근은 정신역동적 접근에서 인간을 성욕과 공격성에 의해 영향받는 존재로 보고 행동주의적 접근에서는 인간의 정서와 동기를 중요시 하지 않는 분위기에서 인간을 자기실현을 추구하는 성장지향적 존재로 주장하였다.

(1) 기본전제

① 인간은 믿을 수 있으며, 자기기해와 자아실현을 위한 잠재력과 이런 능력을 통해 점진적으로 발전해 가는 자기실현 경향성을 가진 존재로 보았다.

② 인간행동은 각 개인의 주관적인 경험 또는 내적 준거체계에 따라 달라진다는 개인의 주관적 체험을 강조하여 무의식을 강조하는 정신역동적 접근과 상반된다.

③ 자아실현이 인간의 궁극적인 목표이다.

④ 관심과 수용, 이해를 통한 긍정적인 관계는 필수적인 조건으로 보고 있다.

⑤ 성장과정에서 부모와 같은 주변인물의 태도를 통해 조건적 가치를 가지게 되고 이를 통해 유기체적 경험과 괴리된 자기개념을 형성한다.

(2) 인본주의적 접근의 치료

① 다른 치료적 접근과 달리 내담자 스스로 부적응을 극복하고 자기실현의 능력이 있는 존재로 보기 때문에 치료 진행의 책임을 내담자에게 일임한다.

② 특별한 치료기법보다는 치료적 조건, 분위기를 중시한다.

③ 치료자가 지녀야할 3가지 자세는 "신뢰감"을 기반으로 한 상담자의 진실성(genuineness), 무조건적 긍정적 존중(unconditional positive regard), 공감적 이해(empathic understanding)를 말한다.

④ 인본주의적 치료에서는 불안을 유기체적 경험과 자기구조와의 불일치에서 경험하는 것으로 이야기하고 있다.

(3) 인본주의적 접근에 대한 비판

① 인본주의적 접근의 장점

- 심리상담사가 가져야할 기본적인 태도와 철학의 기반을 형성하는 데 기여하였다.
- 상담과정에서 다양한 기법보다는 지금 여기에(here and now)를 강조하였다.
- 내담자의 스스로 극복할 수 있는 에너지를 가진 존재로 바라보았다.

② 인본주의적 접근의 단점

- 내담자의 주관적 경험에 대한 임상적 관찰을 근거로 하고 있기에 비과학적이다.
- 상담목표 설정에 있어 광범위하고 문제에 따른 맞춤식 상담이 아닌 일반적 접근을 한다.
- 내담자가 치료의 주체가 되는 것으로 말하고 있으나, 상담목표는 치료자와 내담자가 함께 경험하는 것에 따라 달라진다.
- 내담자에 따라 자기이해와 자아실현에 대한 잠재력이 없거나 미비할 수도 있다.

6. 스트레스-취약성 모델(stress-vulnerability model)

(1) 기본 전제

① 개인은 유전적, 생물학적, 인지적, 정서적 및 행동적인 면에서의 취약성을 가지고 있다.

② 스트레스란 상황이 자기 자원의 한계를 넘어 위협적인 상황에서 경험하게 된다.

③ 개인적인 취약성과 생활상에서의 환경적인 스트레스가 상호작용하여 이상행동과 정신장애가 유발되는 것으로 본다.

④ 환경으로부터 주어지는 심리사회적 스트레스와 함께 개인의 특성을 고려해야 한다.

(2) 스트레스-취약성 모델은 통합적 접근으로 다음과 같은 접근들에서의 내용을 모두 포함하고 있다.

① 신경생물학적 접근 : 유전적 요인, 뇌의 구조적 결손, 신경전달물질의 이상문제

② 정신역동적 접근 : 부모양육경험과 관련된 성격적 문제

③ 행동주의적 접근 : 학습경험 및 행동적 반응양식

④ 인지적 접근 : 인지적 특성과 사고내용

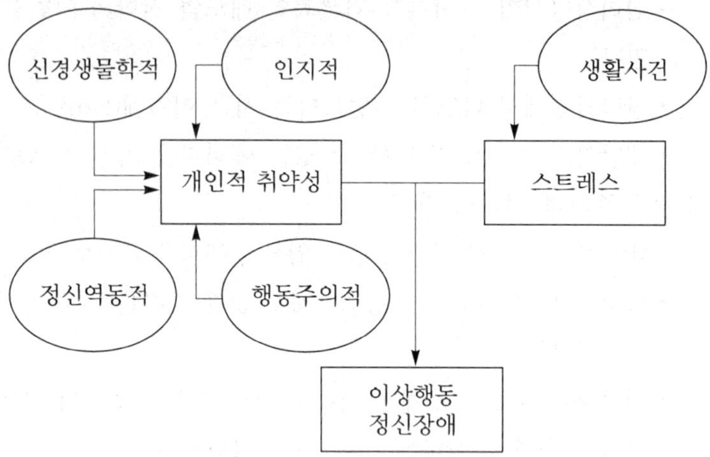

| 그림 3-1 스트레스-취약성 모델 |

3.5 이상행동의 진단분류와 평가

1. 이상행동의 분류

▌진단분류의 목적

① 전문가들 간의 효율적인 의사소통을 위한 언어를 제공한다.

② 정신장애의 특징을 정의하여 유사한 장애와의 차이를 이해하도록 한다.

③ 정신장애의 원인과 효과적인 치료법을 개발한다.

▌분류의 장점과 단점

(1) 분류의 장점

① 해당 분야의 연구자나 종사자들이 약속된 용어를 사용하여 효과적인 의사소통이 가능하여 불필요한 혼란과 모호한 의사소통을 줄일 수 있다.

② 분류된 장애에 따라 체계적으로 연구결과를 수집하고 활용할 수 있다.

③ 정신장애의 과학적 연구를 통해 특정증상과 발병 원인과 같은 객관적인 연구결과를 얻을 수 있다.

④ 치료효과를 예상하고 장애의 진행과정을 예측할 수 있다.

(2) 분류의 단점

① 환자의 개인적인 특수성에 대한 이해가 제한되어 환자에 대한 고정관념이 생길 수 있다.

② 환자가 정신분열증과 같은 진단을 받는 경우 주변 사람들이 환자에 대한 편견을 가지게 되고, 환자 스스로도 자신에 대한 태도가 달라진다.

③ 환자의 개인적인 증상보다는 진단명에 의한 치료적 접근을 하게 될 수 있다.

④ 현재의 분류체계는 의학적 모델로서 환경적 영향을 무시, 창조적 사고를 억제한다.

2. 범주적 분류와 차원적 분류

(1) 범주적 분류

이상행동이 정상행동과는 질적으로 구분되며 흔히 독특한 원인에 의한 것이기 때문에 정상행동과는 명료한 차이점을 지니고 있다는 가정에 근거(흑백논리적)한다.

(2) 차원적 분류

정상행동과 이상행동의 구분이 부적응성의 정도 문제일 뿐 질적인 차이는 없다는 가정에 근거(양적인 차이, 차원)한다.

- 이상행동을 차원적 또는 범주적 방식으로 분류하느냐의 문제는 간단하지 않다.
- 장애의 실제적인 특성은 차원적 분류를 적용하는 것이 적절하지만 현실적 실용성의 측면에서는 범주적 차원이 유용한 경우가 많기 때문에, 현재 널리 사용되고 있는 정신장애의 분류체계는 주로 범주적 분류방식을 따르고 있는 실정이다.

3. 정신장애의 분류체계

(1) 신뢰도와 타당도

정신장애를 분류하는데 앞서 분류체계는 과학적인 신뢰도와 타당도를 가지고 있어야 한다.

① 신뢰도 : 한 분류체계를 적용하여 환자들의 증상이나 장애를 평가했을 때 동일한

결과가 도출되는 정도를 신뢰도라고 한다. 동일한 분류체계를 한 환자에게 적용하였음에도 진단적인 의견이 임상가에 따라 다르다면 그 분류체계의 신뢰도는 떨어진다고 말할 수 있다.

② 타당도 : 그 분류체계가 증상이나 원인 등에 있어서 정말 서로 다른 장애들을 제대로 분류하고 있는가에 대한 평가, 특정한 범주에 속하는 장애로 진단된 환자들이 동질적인 특성을 공유하는 정도이다.

(2) 이상행동과 정신장애의 분류체계

① 진단분류체계의 발전

- 1948년 WHO가 ICD-6dp 최초로 정신장애를 포함시켰다.
- 1952년 APA가 DSM-I을 출판하고, 정신장애는 심리, 사회, 생물학적 요인에 대한 성격적 반응이라는 Adolf Meyer의 견해를 반영해 반응(reaction)이라는 용어를 사용하였다.
- 1968년 DSM-II: 반응이라는 용어를 뺀 것 이외에는 I과 유사하다.
- 1977년 ICD-9
- 1980년 DSM-III : 명확한 진단기준과 다축 진단체계 및 원인론에 대한 중립적 입장 등 혁신적 방법론을 도입하였다.
- 1987년 DSM-III-R : 진단체계 상의 불일치와 불명확한 진단기준을 수정하였다.
- 1992년 ICD-10 : DSM-III의 장점을 수용. 축I 임상진단, 축Ⅱ 후유 장애, 축Ⅲ 상황적 요인 등으로 분류하여 제시하였다.
- 1994년 최신개정판 DSM-IV 발표하였다.
  - 철저한 기술적 접근(원인에 대한 이론 배제)
  - 진단기준 구체화
  - 유병률, 성차, 문화적 측면, 경과, 감별 진단 등 다양한 정보제공
  - 정보가 불충분하거나 전형적 범주의 진단 기준을 완전히 충족시키지 못할 때 적용하는 명백한 규칙 마련
- 2000년 DSM-IV의 진단기준을 그대로 유지한 채 최근의 연구자료를 일부 추가하여 설명 내용을 다소 바꾼 DSM-IV-TR(text revision)을 발표하였다.

② 정신장애진단 통계편람 4판

(Diagnostic and Statistical Manual of Mental Disorders-IV : DSM-IV)

- DSM-IV의 특징 : 특정한 이론적 입장에 치우치지 않고 심리적 증상과 증후군

을 위주로 하여 정신장애를 분류 즉 증상의 기술적 특징에 근거하여 이루어져 있다. 정신장애와 관련된 3가지 종류와 정보를 수집하여 진단하도록 중다축 진단체계로 구성된다.

DSM-IV의 중다축 진단체계

① 축 1(Axis I) : 임상적인 관심의 초점이 되는 대부분의 정신장애 를 기록한다.

- 영아기, 아동기, 청소년기에 최초로 진단되는 장애들
- 섬망, 치매, 기억상실증 및 기타 인지적 장애들
- 의학적 문제에 의한 정신장애
- 물질관련 장애들
- 기분장애
- 정신분열증과 기타 정신증적 장애들
- 불안장애
- 신체형 장애
- 허위성 장애
- 해리성 장애
- 성적 장애 및 성 정체감 장애
- 섭식장애
- 수면 장애
- 충동조절장애
- 적응장애

② 축 2(Axis II) : 인격장애와 지적장애를 기록한다.

③ 축 3(Axis III) : 일반적인 의학적 상태에 관한 것이다.
문제시되는 현재의 비정신적인 신체적 장애나 신체증상을 기록한다.

④ 축 4(Axis IV) : 심리사회적 및 환경적 문제.
정신장애가 생겨나는데 기여했다고 보이는 심리사회적 스트레스 요인을 기술한다.

- 일차적인 지지집단에의 문제
- 사회적 환경과 연관된 문제
- 교육적 문제
- 법적 문제 또는 범죄관련 문제
- 직업적 문제
- 주택문제
- 경제적 문제
- 건강관리에 대한 접근성의 문제
- 기타 심리사회적 및 환경상의 문제

⑤ 축 5(Axis V) : 전반적인 기능수행평가(Global Assessment of Functioning: GAF)

현재의 적응적 기능수준을 평가 및 현재 환자가 사회적, 직업적, 기타 삶의 영역에서 어느 정도의 적응상태를 나타내고 있는지를 0~100점으로 평가한다.

현재의 적응수준뿐만 아니라 정신장애를 나타내기 전의 적응수준을 평가하여 정신장애로 인하여 얼마나 적응수준이 저하되어 있는지를 알 수 있게 한다. 점수가 낮을수록 심각한 기능수준의 장애가 있는 것으로 본다.

• DSM-IV의 문제점 : 개인의 독특성이 무시되고 고려하지 않을 수 있고 진단기준이 너무 많고 복잡하며 진단기준이 광범위하여 진단에 어려움이 있다. 동일한 분류체계에 있는 정신장애를 가지고 있는 환자들의 경우에도 다른 증상을 가지고 있는 경우가 있고 얼마나 정확하게 정신장애의 예후를 판단할 수 있는지에 대한 문제점을 갖고 있다.

DSM-IV에 있는 정신장애유형

(1) 불안장애 : 불안을 주된 증상으로 하는 장애로서 불안이 나타나는 다양한 양상에 따라 여러 가지 하위유형으로 구분된다.

① 범불안장애 : 미래에 경험하게 될 다양한 상황에 대한 과도한 불안과 걱정을 나타내는 장애이다.

② 공포증 : 특정한 대상이나 상황에서 두려움을 느끼게 되어 회피행동을 나타내는 경우 이다. 공포증에는 그 대상에 따라 특수공포증, 광장공포증, 사회공포증이 있다.

③ 공황장애 : 갑작스럽게 엄습하는 강렬한 불안과 공포를 주된 증상으로 하는 장애로 공황발작이 나타난다.

④ 강박장애 : 불안을 유발하는 강박사고와 불안을 감소시키기 위한 강박행동을 반복하는 장애이다.

⑤ 외상 후 스트레스 장애 / 급성 스트레스 장애 : 개인이나 타인의 실제적이거나 위협적인 죽음 또는 심각한 상해를 가져다주는 사건을 경험하거나 목격 또는 직면했을 때 경험하는 장애이다. 무력감, 공포, 고통이 동반되는 장애로 증상이 1개월 이상으로 지속될 경우 외상 후 스트레스 장애이고 1달이 되지 않을 경우 급성 스트레스 장애로 진단된다.

(2) 기분장애

① 우울장애 : 우울한 기분과 무욕증 무쾌감증이 주된 증상이다. 우울장애를 가진 사람들은 주의력과 정신운동속도가 저하되고 자신, 주변 환경 및 미래에 대한 부정적인 생각을 가지고 있다. 또한, 죽음이나 자살에 대한 사고가 증가한다. 증상의 정도와 지속기간에 따라 주요우울장애와 기분부전장애로 구분된다.

② 양극성 장애 : 우울 증상과 더불어 조증 증상이 주기적으로 교차되면서 나타나는 장애(조울증)이다. 조증상태에서는 과도하게 들뜬 고양된 기분을 나

타내며 자존감이 팽창되어 말이 많아지고 활동량이 증대하며 주의가 산만해지는 행동을 나타낸다. 조증상태의 정도에 따라 제1형 양극성장애와 제2형 양극성장애로 구분된다.

(3) 신체형장애 : 심리적 원인으로 인해 다양한 신체적 증상을 나타내는 장애이다.

① 신체화 장애 : 다양한 종류의 많은 신체적 증상을 호소한다.

② 전환장애 : 신경학적 손상을 시사하는 운동기능과 감각기능의 이상으로 신체마비를 호소하기도 한다.

③ 통증장애 : 한 가지 이상의 신체부위에 극심한 통증을 호소한다.

④ 건강염려증 : 실제로 생물의학적으로 건강상의 이상이 없음에도 자신의 건강을 의심하여 자신이 심각한 질병에 걸렸다고 생각하는 장애이다. 주로 여러 병원으로 전전하며 자신의 병이 있다는 것을 확인하려고 한다.

⑤ 신체변형장애 : 자신의 신체 일부가 기형적으로 생겼다는 생각에 몰두하는 장애이다.

(4) 해리장애 : 의식, 기억, 자기정체감 및 환경지각 등이 평소와 달리 급격하게 변화하는 장애이다.

① 해리성 기억상실증 : 자기의 과거를 전부 잊어버리거나 특정기간 동안의 기억을 망각하는 장애이다.

② 해리성 둔주 : 기억상실과 더불어 갑자기 집을 떠나 다른 곳으로 이동하는 행동이 나타난다. 때로는 몇 년간 전혀 다른 사람으로 삶을 살기도 한다.

③ 해리성 정체감 장애 : 일반인들이 다중인격장애로 알고 있는 장애로 한사람에게 두 개 이상의 정체성과 성격이 내재되는 장애이다.

④ 이인증 : 평소와 달리 자신과 주변 현실에 대해서 매우 낯설거나 이상한 느낌을 받게 된다.

(5) 정신분열증과 기타 정신증적 장애

① 정신분열증 : 혼란되고 부적응적인 이상행동을 나타내는 장애로 양성증상과 음성증상을 경험한다. 양성증상은 망상, 환각, 와해된 언어, 심하게 와해된 행동이나 긴장증적 행동을 말하고, 음성증상은 정서적 둔마, 무논리증 또는 무욕증을 말한다.

② 정신분열형 장애 : 정신분열증과 증상은 같지만 증상의 지속기간이 1개월 이상 6개월 이하여야 한다.

③ 단기 정신병적 장애 : 정신분열증과 증상은 같지만 증상의 지속시간이 1개

월 이하여야 한다.

④ 분열정동장애 : 정신분열증적 증상과 함께 기분장애의 증상을 경험하는 것으로 기분장애가 없는 상태에서 망상이나 환각같은 증상이 2주 이상 존재해야 한다.

⑤ 망상장애 : 분명한 망상을 지니고 있지만 정신분열증적 증상은 나타나지 않으며, 의처증과 의부증이 망상장애에 속한다.

(6) 인격장애 : 부적응적인 성격으로 인해 사회적 기대에 어긋난 이상행동을 지속하며, 이러한 성격은 어린 시절부터 점진적으로 형성되어 성인기에 진단되는 것으로 18세 미만에서는 진단하지 않는다. 또한, 인격장애는 그 증상에 따라 A, B, C의 세 군집으로 분류되어 총 10가지 유형의 인격장애가 있다.

① A군 인격장애 : 기이하고 괴상한 행동특성을 나타내는 인격장애로 편집성 인격장애, 분열성 인격장애, 분열형 인격장애가 있다.

② B군 인격장애 : 극적이고 감정적이며 변화가 많은 행동이 주된 특징으로 반사회성 인격장애, 연극성 인격장애, 경계선 인격장애, 자기애성 인격장애가 있다.

③ C군 인격장애 : 불안과 두려움을 지속적으로 경험하는 것이 특징이며, 회피성 인격장애, 의존성 인격장애, 강박성 인격장애가 있다.

(7) 성적 장애 및 성정체감 장애

① 성기능장애 : 성행위 과정에서 여러 가지 기능장애를 경험하는 장애가 있다.

② 변태성욕 : 부적절한 성적 대상이나 부적절한 방법으로 성적흥분을 느끼는 경우를 말한다. 변태성욕에는 노출증물품음란증, 마찰도착증, 소아기호증, 성적 피학증, 성적 가학증, 복장도착적 물품음란증, 관음증이 있으며, 최근 사회적으로 문제가 되고 있는 성범죄자 가운데에는 소아기호증을 일삼는 변태성욕자들이 포함되어 있다.

③ 성정체감 장애 : 자신의 생물학적 성과 성역할에 대해서 지속적으로 불편감을 느끼는 장애이다.

(8) 물질관련장애 : 남용약물의 섭취와 관련되는 장애로 투약의 부작용과 관련되는 장애, 독소노출과 관련된 장애를 모두 포함한다.

① 물질사용장애 : 특정한 물질을 반복적으로 사용함으로써 생겨나는 문제로 물질의존과 물질남용이 있다.

② 물질로 유발된 장애 : 과도한 또는 지속적인 물질복용으로 인해 경험하는

장애로 물질중독과 물질금단이 있다.

(9) 섭식장애 : 음식물을 섭취하는 행동과 관련된 장애로 신경성 식욕부진증과 신경성 폭식증이 있다.

① 신경성 식욕부진증 : 체중 증가에 대한 극심한 반감을 가지고 음식을 섭취하는 것에 대한 거부감으로 인해 체중이 비정상적으로 저하되는 경우이다.

② 신경성 폭식증 : 짧은 시간 내에 많은 양을 먹는 폭식행동과 함께 체중증가를 막기 위한 구토행동이 반복되는 장애이다.

(10) 수면장애

① 수면 곤란증 : 수면의 양, 질, 적절성 등에 문제가 있는 경우로서 수면을 시작하고 지속하는 데 어려움이 있거나 과도한 수면을 하게 되는 등 다양한 형태로 나타난다. 수면장애에는 일차성 불면증, 일차성 과다수면증, 수면발작, 호흡관련 수면장애, 일주기 리듬수면장애가 있다.

② 수면 관련 장애 : 수면상태에서 일어나는 비정상적인 행동을 경험하는 장애로 악몽장애, 수면 중 경악장애, 수면 중 보행장애가 있다.

(11) 아동·청소년 정신 장애 : 18세 이전에 흔히 나타나는 정신장애로 유아기, 아동기, 청소년기에 흔히 처음으로 진단되는 장애들이다.

① 지적장애 : IQ 70미만으로 지능이 낮아 학습 및 사회적 적응에 어려움을 나타내는 경우이다.

② 학습장애 : 여타의 심리적 문제없이 정상적인 지적능력임에도 학습부진을 보이는 경우 진단된다.

③ 운동기술장애 : 나이나 지능수준에 비해서 움직임 및 운동능력이 현저하게 저하된 경우에 진단되며, 발달성 근육운동 조정장애가 있다.

④ 의사소통장애 : 의사소통에 필요한 언어습득의 사용에 어려움이 있는 경우 진단되며, 표현성 언어장애, 혼재 수용-표현성 언어장애, 음성학적 장애, 말더듬 장애가 있다.

⑤ 광범위성 발달장애 : 의사소통, 행동, 대인관계를 포함한 생활전반에 현저한 결함이 나타나는 장애로 심각한 사회적 상호작용의 결여와 자폐적 사고를 특징으로 하는 자폐성 장애가 이 장애에 속한다. 이외에도, 레트 장애, 소아기 붕괴성 장애, 아스퍼거 장애가 있다.

⑥ 주의력 결핍 및 과잉행동장애 : 주의가 산만하고 충동조절에 어려움을 보이는 증상을 특징으로 하는 장애이다. 흔히 ADHD(Attention-Deficit/

Hyperactivity Disorder)로 불리는 주의력 결핍과 행동통제의 어려움을 보이는 주의력 결핍 및 과잉행동장애가 있다. 또한, 거부적, 적대적, 도전적 행동을 보이는 반항성 장애와 사회적 규범과 규칙을 위반하는 품행장애가 있다.

⑦ 유아기 또는 초기 소아기의 급식 및 섭식장애 : 유아나 어린 아동이 음식을 먹는 행동에 있어서 문제를 나타내는 경우 진단되며, 이식증, 반추장애, 급식장애, 유아기 또는 초기 소아기의 섭식장애가 있다.

⑧ 틱장애 : 얼굴 근육이나 신체 일부를 갑작스럽게 불수의적으로 움직이는 행동을 반복하거나 소리를 내는 부적응적 행동을 주 증상으로 하며, 운동 틱과 음성 틱이 모두 동반되는 경우를 뚜렛장애라고 한다.

⑨ 배설장애 : 연령상으로 볼 때 대소변을 가릴 수 있는 나이 임에도 불구하고 아직 대소변을 가리지 못하는 경우로 대변을 가리지 못하면 유분증으로 소변을 가리지 못하면 유뇨증으로 진단한다.

⑩ 분리불안장애 : 애착대상과 떨어지는 데에 심한 불안을 나타내는 경우이다.

⑪ 반응성 애착장애: 5세 이전의 아동이 타인과의 접촉을 두려워하고 회피하거나 낯선 사람을 비롯하여 아무에게나 부적절하게 친밀함을 나타낸다.

⑫ 선택적 함구증: 언어발달이 정상적으로 이루어졌음에도 불구하고 특정상황에서만 말을 하지 않는 장애이다.

⑬ 상동증적 운동장애 : 반복적이고 비효율적인 운동행동을 하여 적응 상에 문제를 일으키는 장애이다.

(12) 충동통제 장애 : 여러 종류의 충동이 조절되지 않은 채 부적응적 행동양상으로 나타나는 경우로 간헐적 폭발성 장애, 병적 도벽, 병적 방화, 병적 도박, 발모광이 이 장애군에 속한다.

(13) 적응장애 : 분명하게 확인될 수 있는 심리사회적 스트레스 사건에 대한 반응으로 스트레스가 시작된 후 3개월 이내에 나타난다.

(14) 섬망, 치매, 기억상실장애 및 기타 인지적 장애 : 의식, 기억, 언어, 판단 등의 인지적 기능에 심각한 결손이 새롭게 나타나는 경우이다.

① 섬망 : 치매로는 설명되지 않고 의식이 혼미해지고 주의집중, 기억력, 지남력, 언어장해를 경험하는 경우이다.

② 치매 : 서서히 증상이 나타나는 알츠하이머형과 뇌혈관문제로 인해 갑작스럽게 나타나는 혈관성 치매가 있으며, 기억력과 함께 실어증, 실행증, 실인

증, 실행기능에서의 한 가지 또는 그 이상의 기능저하가 있는 경우 진단된다.

(15) 허위성 장애 : 신체적이거나 심리적 징후와 증상을 의도적으로 만들어 환자 행세를 하여 이러한 행동으로 인한 이득을 취하려고 하는 경우 진단되는 장애이다.

제 4 장

상담의 이론

4.1 상담의 기본 이론

1. 정신분석적 상담

▌프로이드의 정신분석 이론

(1) 프로이드의 정신분석 이론에 있어서 중심개념은 의식과 무의식의 관계에서 무의식의 차원을 강조하고 있다. 이 무의식은 성적 본능의 지배하에 발현하는 것으로 보았으며, 이를 토대로 그는 단계적인 심리성적 성격이론을 발전시켰다.

(2) 프로이드는 인간의 의식 수준을 전의식, 의식, 무의식으로 나누었다.

① 전의식은 억압되어 있지만 주의를 집중하면 의식으로 회상될 수 있는 정신세계로 의식과 무의식 사이에 존재하고 있다.

② 의식은 인간의 감각기관을 통해서 인식하는 모든 것을 말하고, 무의식은 감각기관으로 인식할 수 없는 마음 깊은 곳에 감추어져 있는 정신세계로 본능, 열정, 억압된 관념과 감정 등이 잠재해 있다.

③ 인간의 행동과 사고는 의식적이고 합리적이기 보다는 오히려 무의식적이고 비합리적이라고 본다.

(3) 프로이드는 인간의 마음은 개인이 가지고 있는 무의식의 세계에 존재하고 있는 갈등의 요소를 의식의 세계로 끌어 올려 의사 뿐 아니라 환자도 그 갈등의 문제를 알고 의사와 함께 노력하여 그 갈등을 없앰으로 성격을 재구조화함으로써 가능하다고

여긴다.

▮ 심리상담의 목적과 목표

(1) 내담자와의 정기적인 만남을 통해 약물치료나 물리적인 상담방법을 사용하지 않은 채로 정신적 증상을 없애거나 완화시키고 환자의 잘못된 행동양상 중 스스로 고통스럽게 느끼는 부분을 조정하는 것이 정신상담의 일차적인 목적 중의 하나라 할 수 있다.

(2) 상담을 통해 궁극적으로 환자의 인격이 긍정적인 방향으로 발전하고 성장할 수 있도록 도와주며 주변 사람들이나 세상과 조화로운 삶을 살아갈 수 있도록 도와주는 것도 정신상담을 통해 얻을 수 있는 또 다른 중요한 효과라 할 수 있다.

(3) 정신상담이란 일시적이 아닌 영구적인 상담효과를 기대할 수 있으며, 약물이나 물리적인 상담방법을 동원하지 않아도 충분히 상담적 효과를 기대할 수 있는 정신의학 분야에서도 매우 독특한 분야라 할 수 있다.

▮ 심리상담의 과정과 기술

정신상담의 종류는 다음과 같다.

(1) 인간의 심리적 동기를 분석해서 병적 증상을 상담하려는 역동적 정신상담(dynamic psychotherapy)과 인간의 병적인 반응이 무엇보다도 잘못된 인지과정(cognitive process) 및 병적인 행동습관에서 비롯된다는 전제 하에 병적인 인지과정과 행동을 교정, 상담하려는 인지행동상담이 가장 대표적이다.

(2) 정신상담의 대상에 따라 개인을 상대로 상담하는 개인 정신상담과 여러 명을 한꺼번에 모아놓고 상담하는 집단 정신상담이 있다.

(3) 상담기간에 따라 대략 12～40회 정도의 짧은 상담시간을 미리 정해놓고 상담을 시행하는 단기 정신상담과 100～200회 이상의 상담을 최소한 2～3년 이상 지속적으로 유지하는 장기 정신상담으로 나눌 수도 있다.

(4) 내담자의 자유연상을 통해 앞서 언급한 무의식에 속하는 감정이나 생각을 끌어내기 위해서 인데, 이렇게 무의식을 끌어내는 데는 자유연상 이외에도 꿈이나 공상 같은 것을 이용하기도 한다.

(5) 상담이 진행되면서 내담자는 정신상담자에게 과거 어린 시절에 자기가 중요하게 생각했던 사람들에게 느꼈던 감정들을 다시 경험하는 독특한 과정을 겪게 되는데 이것을 전이(transference) 감정이라 한다.

(6) 정신상담자는 이런 전이 감정을 통해 내담자가 현재 겪고 있는 정신적 고통의 뿌리

를 찾아가는 작업을 진행하므로 이것은 내담자의 상담을 위해 매우 중요한 소재가 될 수 있다.

(7) 상담을 통해 내담자가 자신의 심리적 문제에 대해 어느 정도 통찰력을 갖게 되면 이런 통찰력을 통해 실제 생활에서 변화된 모습을 끌어내기 위한 훈련(working through) 과정이 필요하게 된다.

▮ 요약 및 평가

(1) 프로이드와 그를 추종하는 사람들의 이론을 정신분석, 혹은 정신역동상담 이론이라 부른다.

(2) 프로이드 이후로 정신역동상담 이론은 많은 변화를 겪어왔다. 인간의 발달과정에 대한 깊은 이해를 바탕으로 하여 신경증에 대한 고전적 이해를 확장하게 된 것도 커다란 변화라고 볼 수 있다.

(3) 경험적 지지가 부족한 점이나 여성들에 대한 부정적인 관점을 가지고 있다는 점과 생물학적 충동에 대한 지나친 강조했다는 점 등에 대해서는 비판을 받고 있다.

2. 아들러학파 상담

▮ 아들러의 이론

아들러는 성격형성에 있어서 유전과 환경의 중요성을 인정하면서도, 개인은 분명히 이 두 요인 이상의 산물이라고 하였다. 그래서 사람들이란 창조적인 힘을 가지고 자기 인생을 좌우할 수 있는 존재로 묘사한다. 즉 자유롭고 의식적인 활동이 인간을 정의하는 특징이다.

(1) **열등감과 보상** : 사람들은 신체적 열등성을 극복하려고 훈련과 연습을 통한 보상적 노력을 하게 된다.

① 성공적으로 이루어지지 못했을 경우 병적 열등감에 머물게 된다. 이러한 보상과정은 심리학적인 면에도 적용될 수 있다고 하였다

② 개인은 신체의 열등감뿐 아니라 심리적인 또는 사회적인 무능감으로부터 생기는 주관적인 열등의식도 보상하고자 한다.

(2) **우월성의 추구** : 아들러는 인간이 추구하는 궁극적인 목적을 바로 우월성의 추구라고 보았다. 이와 같은 현상은 단지 열등감을 극복한다는 소극적인 입장에서 한 단계 넘어서서 보다 적극적으로 향상과 완성으로 나아가는 것이라고 하였다.

(3) **생활양식** : 개인의 독특성, 즉 삶의 목적, 자아개념, 가치, 태도 등을 포함하는 것이

며, 삶의 목적을 달성하는 독특한 방법들이다. 생활양식의 진정한 형태는 생활과제에 접근하고 이를 해결하는 태도에 따라 지배형, 회피형, 획득형 사회형으로 구별된다고 하였다.

(4) **가족자리와 출생순위** : 가족자리란 가족집단의 사회심리적인 형태를 그리는데 사용되는 용어이다.

① 가족들의 성격유형, 정서적 거리, 나이차이, 출생순위, 상호지배 및 복종관계, 가족의 크기 등은 가족자리를 결정해주는 요소가 되며 개인의 성격발달에 영향을 미친다.

② 출생순위는 중요한 의미를 가지며 각 출생순위에 수반되는 상황에 대한 지각이 중요하다.

▮ 심리상담의 목적과 목표

(1) 상담의 기본목표는 내담자의 사회적 관심, 즉 잘못된 사회적 가치를 바꾸는 것이다.

(2) 행동수정 보다는 동기수정에 관심을 가지며 기본적인 삶의 전제들, 즉 생의 목표나 기본개념에 도전하려 한다.

(3) Mosak(1984)은 사회적 관심 기르기, 패배감을 극복하고 열등감 감소시키기, 내담자의 생애유형 수정하기, 잘못된 동기 바꾸기, 내담자가 다른 사람과 동등한 감정을 갖도록 돕기, 사회의 구성원으로 기여하도록 돕기 등을 그 목표로 삼았다.

▮ 심리상담의 과정과 기술

(1) 개인심리학의 심리상담과정은 대개 관계형성, 개인역동성 탐색, 개인의 가족 내에서의 위치와 초기회상, 꿈, 우선권 등에 대한 자료들이 수집되면 각 영역을 분리해서 요약하는 해석, 해석을 통해 획득된 내담자의 통찰이 실제 행동으로 전환되게 하는 재교육(reorientation)의 4단계로 이루어진다.

(2) 개인심리학에서는 내담자에게 스스로 변화할 수 있는 능력이 있다고 믿기 때문에 그러한 믿음을 그에게 보여줄 수 있는 심리상담 기법을 사용한다.

(3) 관심 기울이기, 경청하기, 공감, 구체성, 진실성, 자기 노출, 바꾸어 말하기 등의 일반적 심리상담기술이나, 격려하기, 역할 연기(role playing), 빈 의자 기법, 시범 보이기, 가상행동, 상상하기 등의 기법을 사용한다.

▮ 요약 및 평가

(1) 성격의 사회적 요인에 대한 강조는 집단 내에서 개인을 상담하는 집단상담의 개념을 선도하였다.

(2) 중요한 공헌은 초등교육, 부모교육, 부부심리상담, 가족심리상담 등이다. 또한 아들러 이론은 실존 접근 및 행동상담 접근, 인간중심접근, 형태 상담, 현실 상담, 합리적 정서적 상담 등 다른 상담법에도 큰 영향을 미쳤다.
(3) 아들러는 자신의 이론을 잘 다듬고 체계적으로 조직하기보다는 실행과 교수를 강조하였다. 따라서 그의 저술은 대부분 어딘가 느슨하게 상식심리학에 근거하고 있고 지나치게 간결한 경향이 있었으며 아들러의 이론적인 개념은 실제적인 연관이 상당히 높은 것으로 인정되는 반면, 이 개념들의 경험적인 검증은 수적으로 빈약하다.
(4) 개인주의 심리학 개념의 경험적 검증의 어려움은 그의 이론적 체계가 구체적인 하위수준에 대한 개념이 부족하고 너무 일반적인 특성을 지녔기 때문이다.
(5) 우월을 향한 노력, 자기의 창조적 힘, 열등감 등의 기본 개념들이 잘 정의되어 있지 않고 두루뭉술하다.
(6) 급히 해결해야 할 문제를 가지고 있는 내담자들에게도 아들러적 치료는 좀 문제가 있다. 그런 내담자들은 자신의 초기기억, 가족 내의 역동을 탐색하는데 별 관심이 없기 때문이다.
(7) 아들러는 상식적인 감각의 심리학이라는 비판을 받았으며 복합적 개념을 지나치게 단순화하고 있다는 비난을 받았다.

3. 실존치료

▌Frankl의 이론

(1) 인간에 있어서 의미에의 의지(will to meaning)의 중요성을 강조하였다.
(2) 삶의 의미를 찾기 위한 독특한 상담기법인 의미상담(logotherapy)를 개발하여 근본적으로 의미가 없는 삶을 살아가는 사람들을 상담하였다. 의미상담에서 비롯되는 인간본성의 이론은 의지의 자유(freedom of will), 의미에의 의지(will to meaning), 삶의 의미(meaning of life)의 세 기둥위에 토대를 두고 있다.
(3) 의미상담은 삶에 의미를 가져다 줄 수 있는 세 가지 방법을 다음과 같이 제시하고 있다.
　① 어떤 창작품을 발표하는 것에 의미를 둔다.
　② 경험으로 세상살이에서 얻은 것에 의미를 둔다.
　③ 고통에 대해 취하는 태도에 의해 의미를 둔다.
(4) Frankl의 관점에서 본 자아를 초월한 건강한 성격의 특성은 다음과 같다.

① 자기 행동과정을 자유롭게 선택한다.

② 자기가 살아가며 행하는 행위와 운명을 보는 태도에 개인적 책임의식이 있다.

③ 자기 외부의 힘에 의해 제한 받지 않으며 자기에게 적합한 삶의 의미를 갖고 있으며 자기생활에 의식적 통제력이 있다.

④ 창조적, 경험적, 태도적 가치를 표현할 수 있으며 자신으로 향하는 관심을 초월할 수 있다. 이외에도 건강한 성격의 사람은 미래의 목표와 과제에 관심을 돌리는 미래지향적인 사람이다.

▮ 심리상담의 목적과 목표

(1) 실존주의적 심리상담의 목표는 내담자로 하여금 자기의 실존을 사실대로 경험하도록 하는 것이다.

① 실존주의 심리상담의 중심적인 과제는 소외된 내담자로 하여금 세계와의 관계 속에 있는 자신을 보게 하고 그가 보는 것에 따라서 행동하고 선택할 수 있도록 하는 것이다.

② 실존주의적 심리상담은 내담자의 타고난 잠재력을 실현하게 하는 목적을 갖고 있다.

(2) 상담자는 내담자가 말하고 있는 내용과 관련하여 자기의 개인적인 반응을 보일 것

① 내담자의 경험과 비슷한 경험이 있을 때 적절히 노출하여야 한다.

② 내담자로 하여금 불확실한 세계 내에서 겪는 선택의 필연성에 대한 고뇌를 표현하도록 한다.

③ 내담자로 하여금 선택을 피하려는 자신의 모습을 보게 하고 위험을 무릅쓰고라도 선택하여야 함을 이해하게 한다.

④ 내담자로 하여금 그가 인간의 독특한 면을 정확하게 그대로 경험하고 있음을 이해하게한다

⑤ 궁극적으로 내담자는 혼자이며, 스스로 결정을 내려야 하고, 자신의 결정에 대하여 확신하지 못하는 데 대한 불안을 경험하도록 한다.

⑥ 때때로 무의미하게 보이는 세계에서 살아가는 것이 갖는 의미를 규정해야 된다는 사실을 알도록 하는 역할을 이해하게 한다.

▮ 심리상담의 과정과 기술

(1) 실존주의 심리상담의 목표는 내담자로 하여금 자기의 인생에서의 의미를 발견하고 발전시키도록 돕는 것이라고 할 수 있는데 이러한 목표는 일반적으로 두 가지 단계

를 통하여 달성될 수 있다.

① 실존주의 심리상담은 심리상담 관계를 참 만남의 관계로 파악한다.

- 이 참 만남의 관계에서 정직 또는 진실성이 본질적인 특징이 된다.
- 상담자은 자신의 세계를 노출해야 하며 내담자를 이용하거나 조종할 대상물로 취급해서는 안 된다.
- 상담자가 인간적이 될 때 내담자도 그렇게 될 수 있으며 이런 과정을 통하여 내담자는 자신의 잠재력을 실현하며 자기성장을 이룩할 수 있다.

② 실존주의 심리상담은 내담자의 인간실존을 이해하기 위한 상담자의 자세와 태도, 철학을 강조하기 때문에 심리상담기법에 대해서는 크게 관심이 없다.

㉠ 일반적인 심리상담적 접근들이 "기법에 따른 이해"를 강조하는데 실존주의적 접근에서는 반대로 "이해에 따른 기법"의 입장을 지지한다.

㉡ 특정 심리상담기법의 적용보다는 오히려 인간관계에 초점을 두고 있다

- 카운슬러는 인간 대 인간 접근 방식의 중요성을 수용하고 자신의 책임의 역할을 인정해야하며, 심리상담적 관계의 상호성을 인식한다.
- 성장태도를 공유하며 총체적 인간으로서 내담자와 관련을 가져야 한다.
- 최종적 결정과 선택이 내담자에게 있다는 것을 인정하여야한다.
- 자신의 견해를 표현하고 그의 목표와 가치를 발전시킬 자유를 주어야 한다는 것을 알고 있어야한다.
- 내담자의 의존심을 감소시키고 내담자의 자유를 증대시키는 방향으로 노력한다.

(2) 실존주의 심리상담에서는 내담자에 따라 동일한 내담자에 대한 심리상담에 있어서도 단계에 따라 융통성과 변통성을 지니고 있다. 즉, 실존주의 심리상담에서는 형태주의(Gestalt)의 심리상담 방법과 의사거래분석의 심리상담 방법이 많이 활용되고 있으며, 또 정신분석의 몇 가지 원리와 절차도 활용되고 있다.

▮ 요약 및 평가

(1) 실존주의적 심리상담은 한 두 사람의 특정인에 의해 창시된 단일의 이론체계라기보다는 철학, 정신의학, 심리학 등의 여러 분야에서 각기 발달한 이론들의 묶음으로써 내담자 세계에 존재하는 그대로의 실존을 이해하려는 심리상담의 접근방법이다.

(2) 실존주의 심리상담이 기여한 점은 개별성과 자아의 발달을 강조하기 때문에 물질문명 속에서 방황하는 현대인에게 도움을 주고, 학교심리상담과 청소년심리상담에서 많이 활용될 가치가 있다고 평가되며 주체성, 자유, 책임을 강조함으로써 현대인

들로 하여금 소극적이거나 무력한 삶 대신에 보다 능동적인 삶을 살도록 하는 데 도움이 된다.

(3) 전반적으로 인간중심적 심리상담과 마찬가지로 기계적이고 동물적인 인간관을 반대하고 독특성을 지닌 자유와 책임을 갖고 가치를 창조하고 삶의 의미와 보람을 추구하는 존재로서의 긍정적인 인간관을 제시했다는 점에서 심리상담의 분야에서 새로운 관점이나 기술을 태동시키는데 상당한 영향을 미쳤다.

(4) 실존주의 심리상담은 과학적 검증의 대상이 되기 어려운 철학적인 측면에 치중한 나머지 기법이나 방법 면에 소홀하다는 점에서 비판의 대상이 되고 있고, 한 두 사람의 학자에 의해 창시되거나 개발된 다른 이론들과는 달리 체계적이지 못하고 추상적인 면이 강하기 때문에 과학적 체계를 손상시키고 있다는 비판도 가해지고 있다.

(5) 제한점들을 극복할 수 있는 구체적인 방법이 개발되어, 심리상담 실제에 적용된다면 실존주의적 심리상담의 철학이나 원리가 일반인들에게 훨씬 쉽게 적용될 뿐만 아니라 과학적으로도 보다 많이 연구되고 발전될 수 있을 것이다.

4. 인간중심치료

▌매슬로우의 이론

(1) 로저스에 이어 매슬로우는 심리학에서 인간주의적인 경향을 발달시키는 데 기여하였다.

① 매슬로우는 건강한 사람들은 정도에서뿐만 아니라 종류에서도 평균인과 다르다고 보았다.

② 인간의 본성을 병들고 무능력하다고 본 프로이드학파의 선입견을 비평하였다.

- 인간이 만약 병든 사람들을 대상으로 한 연구를 근거로 한다면 병든 심리학을 갖게 될 것이라고 주장하였다.
- 인간은 적개심, 공격성, 신경증, 미숙 등에 너무 많은 주의를 기울였으며 사랑, 창조성, 기쁨 그리고 "절정경험"(peak experiences)등에는 너무 주의를 기울이지 않았다는 것이다.

(2) 자기실현을 주제로 한 매슬로우(1968, 1970)의 연구는 다음과 같은 특성을 갖고 있음을 주장했다.

① 참는 능력과 삶의 불확실성을 받아들이는 점이 있다.

② 자기와 다른 사람을 수용하는 점이 있다.

③ 자발성과 창조성이 있다.

④ 개인의 비밀을 지키고 싶은 욕구가 있다.

⑤ 고독, 자율성, 깊고 밀착된 인간관계를 맺을 수 있는 능력이 있다.

⑥ 다른 사람을 진실로 돌보는 점이 있다.

⑦ 유머감각, 내부지향적 특성이 있다.

⑧ 삶에 대해 개방적이고 참신한 태도 등이 있다.

(3) 긍정적인 인간관은 상담의 실제에 중요한 의미를 갖는다.

① 인본주의적 접근법에서는 상담자를 상담에 대해 가장 잘 아는 권위자라고 생각하지 않는다.

② 내담자를 단지 상담자의 지시에 따르는 수동적인 존재로 생각하지 않는다.

③ 상담은 자각과 결정을 할 수 있는 내담자의 능력에 근거한다.

▮ 심리상담의 목적과 목표

(1) 위와 같은 관점에서 사람을 본다는 것은 다음과 같다.

① 상담자가 인간본성의 건설적인 면에 초점을 둔다는 것이다.

② 사람에게 있어 무엇이 올바른가에 초점을 둔다는 것 그리고 치료에서 사람을 귀중하게 여긴다는 것을 의미한다.

(2) 상담은 증상의 진단과 처치의 과정 그 이상이다.

① 내담자들이 그들의 세계에서 어떻게 다른 사람들과 해동하는가에 초점을 둔다.

② 어떻게 건설적 방향으로 움직여 갈 수 있는가에 초점을 둔다.

③ 어떻게 자신의 성장에 장애가 되는 방해물들(자신의 내부에서 오는 것과 외부에서 오는 것 모두)에 성공적으로 부딪혀 가는가에 초점을 둔다.

(3) 상담이란 "규정에 적응하게 하는 것" 이상으로 여기며 다음과 같은 사항을 중시해야 한다.

① 단지 문제해결을 하는 데서 멈추지 않는다.

② 인간주의적 태도를 지닌 임상가들은 내담자들로 하여금 이런 종류의 삶은 끊임없는 투쟁을 요구한다는 것을 인식시키면서 완전하고 자발적인 삶을 살도록 도전하게 한다.

③ 인간은 결코 자기실현화 된 최고 상태의 존재에 도달하지는 못한다. 단지 사람은 자기실현화 그 자체의 과정에 참여할 뿐이다.

▮ 심리상담의 과정과 기술

(1) 로저스는 인본주의 이론을 치료를 위한 완전하고 고정된 이론으로 제시하지는 않았다.

① 다른 사람들이 그의 이론을 확고부동한 정론(dogma)으로써가 아니라 치료과정이 어떻게 발전하는가에 대한 일련의 잠정적 원리로써 보기를 원하였다.

② 로저스와 우드(1974)는 인간중심적 접근법을 다른 모형들과 구별하는 특성들을 기술하였다.

- 인본주의 접근법은 현실과 좀 더 완전하게 만날 수 있는 내담자의 능력과 책임감을 강조한다.
- 내담자들은 자신들을 가장 잘 아는 사람들로서, 성장하는 자기자각을 바탕으로 해서 자신에게 보다 적합한 행동을 발견할 수 있는 사람들이다. 내담자의 현상적 세계를 강조한다.
- 정확한 공감과 내담자의 내적 준거를 이해하려는 노력을 갖고 상담자는 주로 내담자의 자아와 세계에 대한 인식에 관심을 갖는다.

(2) 이와 같은 심리상담의 원리들은 모든 내담자들 즉 "정상인", "신경증 환자", "정신병 환자"에게 모두 적용된다. 심리적으로 성숙하고자 하는 충동은 인간 본성에 깊이 뿌리 박혀 있다는 관점에 근거한 인본주의적 상담은 심리적 부적응의 정도가 심한 사람뿐만 아니라 비교적 정상 수준에서 기능하는 사람들에게도 적용된다.

▮ 요약 및 평가

(1) 인본주의 접근법에 의하면 심리상담은 건설적인 인간관계의 하나의 본보기에 불과하다.

(2) 내담자가 혼자서 할 수 없는 것을 도와주는 다른 사람과의 관계 자체에서 또는 그런 관계를 통해 내담자는 치료적 성장을 경험한다.

(3) 내담자의 상담에서의 변화를 돕는 일치성 있는(외적 표현과 행동이 내적 감정이나 생각과 일치하는)그리고 수용적이고 공감적인 심리상담사와의 관계이다.

(4) 인간중심적 접근법에서 상담자의 기능은 즉시 제공되어야 하고 내담자에게 접근 가능해야 하며 그들의 관계에서 만들어진 지금 여기의 경험에 초점을 맞추어야 한다.

(5) 심리상담에 관한 어떤 다른 접근법보다 인본주의 이론은 상담의 과정과 결과에 대한 연구를 통해 발전해 왔다고 할 수 있다.

(6) 이 이론은 고정된 것이 아니라 수많은 심리상담 관찰을 통해 성장해 왔으며 인간본성과 상담가정에 대한 이해를 증진시키는 새로운 연구로서 변화를 계속할 것이다.

(7) 인본주의 상담법은 일련의 기법도 아니고 확정된 이론도 아니다. 심리상담사가 보여 주는 일련의 태도와 신념에 뿌리를 둔 이 접근법은 심리상담사와 내담자가 그들의 인간성을 통해 성장경험에 참여하는 존재양식으로서 그리고 함께 하는 여정으로서 특징지을 수 있을 것이다.

5. 게슈탈트 상담

▌게슈탈트이론의 기본가정

(1) 게스탈트 상담의 기본 가정은 개인은 책임을 질 수 있고 통합된 인간으로 생활할 수 있는 충분한 능력을 갖고 있다는 것이다.
(2) 자신과 주변에서 일어나는 것들을 충분히 자각하게 되면 통합된 인간으로 생활할 수 있다는 것이다.
(3) 발달상의 어떤 문제들 때문에 사람들은 문제를 회피하는 양식을 형성하게 되고, 이로 인하여 개인적 성장을 이루지 못하게 된다.
(4) 필요한 중재(개입)와 도전으로써 개인이 통합과 자발성과 활기에 찬 실존으로 나아가는데 필요한 지식과 자각을 얻도록 도와준다.
(5) 내담자는 자신을 지지하고 치료를 이해하는 데 필요한 책임감을 수용할 능력이 있다고 가정된다.

▌심리상담의 목적과 목표

(1) 게슈탈트 상담은 사람과 사람 간의 실존적 만남을 기본으로 하여 내담자로 하여금 인식력을 획득하게 하는 것이 그 주된 목표이다.
(2) 인식력을 가지게 되면 내담자는 자신이 만들어놓은 곤경과 방해물을 인지할 수 있게 되고, 자기 문제를 해결하기 위해 필요한 자원을 자기 자신의 내부에서 찾아낼 수 있게 된다.
(3) 인식을 통하여 내담자는 단절된 자기 자신의 부분들을 인지하고 재통합하여 전체적으로 되는 것이다.
(4) Zinker(1978)는 게슈탈트 상담을 통해 내담자가 이루게 될 목표로 다음과 같은 것을 들고 있다.
  ① 자기 자신에 대한 인식이 증가하게 된다.
  ② 점차적으로 자신의 경험을 소유하게 되는 반면, 자신의 사고, 느낌, 행동에 대한 책임을 타인에게 덜 전가시키게 된다.

③ 다른 사람들의 권리를 침해하지 않고도 자신의 욕구를 만족시킬 수 있는 기술이 발달하게 된다.

④ 자신의 모든 감각을 좀 더 잘 인식하게 된다.

⑤ 자기 행동의 결과를 받아들이고 자기 행동에 대해 책임을 지는 것 을 배우게 된다.

⑥ 외부의 지지를 구하는 것으로부터 내적인 지지를 증가시키는 방향으로 나아가게 된다.

⑦ 다른 사람들에게 도움을 요청하여 그들의 도움을 받을 수도 있고 다른 사람들에게 도움을 줄 수도 있게 된다.

▌심리상담의 과정과 기술

(1) 게슈탈트 상담은 내담자로 하여금 현재 순간에 경험하고 있는 것을 강렬하게 느끼도록 하기 위해 설계된 여러 가지 행동지향적인 기법을 채택하고 있다.

① 기법들에 관해 논의하기 전에 우선 연습과 실험 간의 차이에 관해 언급할 필요가 있다.

- 연습이란 내담자에게 어떤 정서를 환기시키기 위해 사전에 이미 만들어진 기법을 말한다.
- 실험이란 내담자와 상담자 간의 상호작용에서 창조적으로 생겨나는 것으로, 이는 사전에 미리 마련해 둘 수 없는 것이어서 그 결과도 예측할 수 없다 (Zinker, 1978).

② 심리상담 장면에서 무엇인가 발생하도록 만들기 위해 여러 가지 게슈탈트 실험들을 강요해서는 안 될 것이다.

(2) 상담자는 내담자로 하여금 게슈탈트 기법에서 이득을 얻을 수 있도록 도와주기 위하여 우선 각 기법들의 일반적인 목적을 전달하고 실험적인 풍토를 창출해주어야 한다.

① 상담자는 내담자에게 자신의 행동, 태도, 사고 등을 검토하도록 강요하기보다도 권유해야 한다.

② 게슈탈트 상담의 여러 기법들은 도전과 긍정적인 직면이라는 특성을 가지고 있다.

- 직면은 내담자로 하여금 지금 여기에서 자신이 행하고 경험하고 있는 것에 주의를 기울이도록 도와주는데 그 목표를 두고 있다.
- 직면은 무방비상태의 내담자에 대한 혹독한 습격이 아니라 긍정적인 변화를 가져올 수 있도록 내담자를 진지하게 배려하는 것이다.

③ 상담자가 내담자에게 뭔가 새로운 것을 발견하도록 권유할 수는 있지만 상담자의 그런 권유에 응하는 것은 내담자가 스스로 결정해야 한다.

▮ 요약 및 평가

(1) 게슈탈트 상담의 행동지향적인 기법들은 내담자들로 하여금 강력하고 즉각적인 정서를 표현하고 해묵은 느낌을 재경험하게 해준다. 그렇게 함으로써 내담자들은 현재 순간에 자신이 무엇을 경험하고 있는지에 대한 자각을 증진시킬 수 있다.

(2) 게슈탈트 상담은 실존주의적 원칙에 기초하고 있기 때문에, 상담자의 진실성과, 상담자와 내담자 간의 치료적 관계의 질을 주로 강조한다. 이러한 점에서 게슈탈트 상담자들은 기법을 부차적인 것으로 간주하며, 그러한 기법들은 진실 되고 내담자의 복지에 관심을 가지고 있는 상담자에 의해 사용될 때 비로소 그 효과가 발휘된다고 생각한다. 즉 상담자가 내담자에게 진실한 실험을 격려하고 신뢰된 관계를 창출할 때 최상의 실험이 이루어질 수 있다. 하지만 Perls의 게슈탈트 상담에 대한 주된 비평 중의 하나는 이 접근법이 성격의 인지적 측면을 고려하지 않는다는 점이다.

(3) 게슈탈트 상담에서 이러한 요인에 좀 더 관심을 기울이고 인간 경험의 정서적인 측면과 인지적인 측면을 통합하려는 추세를 보이고 있다(Corey, 1991).

① 게슈탈트 상담이 모든 사람에게 다 자극적이고 역동적인 것은 아니다. 이는 언제, 어떤 상황에서, 누구에게 적용되는가에 따라 달라진다.

② 게슈탈트 상담에는 흥미로운 기법들이 여러 가지 마련되어 있기 때문에 상담자가 이런 기법들을 남용하게 될 수 있다.

③ 상담자는 이런 기법들을 사용함으로써 내담자와의 관계에서 자신의 개인적 반응을 숨기게 될 수도 있다.

④ 게슈탈트 상담은 상담자와 내담자 간의 실존적 만남에 가치를 두고 있다.

⑤ 게슈탈트 상담이 효율적인 것이 되기 위해서는 상담자가 높은 수준의 인간적 성숙을 이루어야 할 것이다.

⑥ 자신의 욕구를 지각하고 내담자의 과정을 간섭하지 않으며 현재에 존재하고 기꺼이 방어를 풀고 자기를 노출할 수 있어야 한다.

⑦ 게슈탈트 상담의 전문용어를 학습하고 그 기법을 습득했다고 해서 유능한 상담자가 되는 것은 아니다.

6. 현실상담

▮ 현실상담의 기본가정

(1) 현실상담(또는 현실요법)는 윌리암 글래써(William Glasser)에 의해 발전된 심리상담 이론이다.

① 개인적 책임의 수용을 강조하면서 현재 행동에 초점을 맞추었는데 이 책임 수용 능력을 정신건강으로 간주한다.

- 인간은 누구나 자기 삶의 주인이 되어 자신의 삶을 통제할 수 있을 때 행복을 느낀다는 것이다.
- 자신의 삶에서 중요한 선택을 스스로 할 수 있고, 선택한 것에 대해 책임질 수 있는 사람이 행복한 사람이라는 것이다.
- 누구든지 통제이론과 현실치료를 이해함으로써 의식이 있는 한 책임 있는 인간이 될 수 있고 자기 운명의 주인이 되고 자기 삶을 바꿀 수 있는 힘을 가지고 있다고 강조한다.

② 과거를 중시하는 전통적인 심리상담 방법과는 달리 내담자의 '행동'과 '지금', 그리고 '책임'을 강조하는 행동수정의 한 형태로서 내담자의 현재행동에 초점을 맞춘다.

③ 내담자를 진단적인 정신질환으로 나누지 않으며 다만 내담자 자신의 행동선택에 (마치 미친 행동이거나 범죄행동일지라도) 책임을 지도록 한다.

(2) 인간관

① 현실상담에서 보는 인간은 자신과 주위 사람들이 자신을 사랑하고 가치 있게 여기면 성공적인 정체감이 발달한다고 본다. 하지만 그렇기 못할 경우에는 패배적인 정체감이 발달한다는 것이다.

- 개인의 바람이나 질적인 세계와 지각세계가 불일치하는 경우에 갈등이 생기면서 문제행동을 선택하게 되는 것으로 보고 있다.
- 내담자의 성공적 정체감을 강조하는 이 접근법은 전통적인 접근과는 달리 내담자가 자신이 선택한 행동과 그 결과에 대해 책임을 지도록 한다.
- 내담자가 자신의 욕구를 충족할 수 있는 더욱 합리적인 행동을 배우거나 계획함으로써 성공적으로 현실을 살아갈 수 있는 방법탐구에 초점을 둔 치료법이다.

② 내담자로 하여금 자기 통제력을 키워가도록 도와주는 것이 심리상담의 목표이다. 심리상담은 주로 적극적지지, 자기 욕구와 바람탐색, 자기선택 행동점검, 자기행동 평가, 그리고 자기계획과 교육 등을 사용한다.

③ 최근, 인간은 누구나 자기의 질적인 세계를 추구하기 위해 최선을 다하고 있기 때문에 진정한 의미에서의 패배적 정체감은 없다고 이론에 수정을 가하고 있다. 즉 인간이 자기행동을 선택할 때 언제나 최선의 선택이었다면 성공적 정체감에 비해 덜 성공적일 수는 있어도 실패라는 개념은 적당치 않다고 보아야 한다는 것이다.

▮ 심리상담의 목적과 목표(심리상담사의 역할)

(1) 현실상담의 기본적 목표는 내담자가 그들의 현재 행동에 대한 가치 있는 평가를 하도록 하는 것과 그들의 삶을 효율적으로 통제하도록 이끌 책임 있는 행동변화의 건설적인 계획을 결정하도록 돕는 것이다.

① 내담자가 생의 목표를 규정하고 명확히 하도록 돕는다.

② 내담자들이 그들 자신의 목표들을 좌절시키는 이유들을 분명하게 하도록 돕는다.

③ 내담자가 목표에 도달하는 여러 다른 방법들을 발견하도록 돕는 것이 심리상담사의 역할이다.

④ 심리상담의 목표를 결정하는 것은 바로 내담자 자신이라는 점이다.

(2) 현실상담 심리상담자의 기본적인 과업은 내담자를 현실과 맞서도록 하는 것이다.

① 내담자가 책임성을 갖도록 한다.

② 그리고 내담자가 자신의 행동을 평가하도록 돕는 것이 바로 심리상담사의 역할이다.

(3) 심리상담사는 내담자가 자신의 실제적 행동을 공개함으로써 내담자 자신이 자신의 행동을 평가하도록 유도하는 것이다.

(4) 현실상담의 심리상담사는 내담자가 책임성 있는 행동을 할 때는 칭찬하고 그렇지 않을 때는 수긍하지 않아야 한다.

(5) 심리상담사는 내담자와의 관계에서 교사로서의 기능을 기꺼이 담당해야 한다.

(6) 내담자가 자신의 행복을 창조할 수 있으며 행복을 발견할 수 있는 열쇠는 책임성이라는 것을 받아들이도록 도와야 한다.

▮ 심리상담의 과정과 기술

(1) **유대관계의 획득** : 상담자는 반드시 유대감을 가지고 관여함으로써 내담자가 현실

을 직면하고 자기의 행동 중에서 비현실적인 면을 깨달을 수 있도록 하여야 한다.

① 내담자의 장점과 잠재력에 초점을 두고 내담자의 현재 생활의 모든 면에 관심을 가지고서 토론한다. 즉, 내담자가 일생 중에 처음으로 누군가가 따뜻한 배려를 보내 주어 현실세계의 욕구를 충족시키는데 큰 힘을 주고 있고, 자기를 받아 들여 주고 있다는 사실을 느끼게 해야 한다.

(2) **현실의 직시** : 상담자는 내담자의 비현실적 행동은 용납하지 않고 거부하여야 하나 내담자를 인간으로서는 수용해야 한다. 즉, 상담자는 내담자가 스스로의 행동을 직시하도록 맞닥뜨려 주고 그가 책임 있는 행동을 취할 것인가 아닌가를 결정하도록 한다.

(3) **보다 나은 행동방법의 학습** : 내담자 개개인에 따라서 각각 다르겠지만 상담자는 내담자에게 현실적인 한계 안에서 욕구충족을 시킬 수 있는 효과적인 방법을 가르쳐 주어야 한다.

▌요약 및 평가

(1) 현실상담은 주창자인 Glasser도 강조하고 있듯이, 이론자체의 용이성과 정신분석학적 개념의 거부 때문에 전문적인 심리상담사뿐만 아니라 부모나 교사 등도 정신질환의 개념을 알 필요 없이 오랜 세월에 걸친 전문적인 훈련을 받지 않고서도 그들이 노력하면 광범위한 효과를 거둘 수 있다.

(2) 현실상담은 변명을 수용하지 않으므로 내담자들은 자신들의 하는 행동에 대한 책임을 받아들이도록 강요받는다. 자신들의 행동을 평가하고 가치판단을 함으로써 내담자는 그의 행동이 원하는 바를 가져다주는지를 결정한다.

(3) 현실상담의 주요한 한계점은 심리상담 실제에 있어서 너무 간단한 구성을 이용하는 경향이 있다는 것이다. 무의식적인 심리역학의 영향과 내담자의 과거와 현재를 무시함으로써 현실상담은 개인을 전인으로서 취급하지 않는 임시방편적인 해결방법이 될 수 있다.

(4) 현실상담 심리상담사가 지나치게 도덕적이 될 수 있고 내담자가 자신의 해답을 찾는 대신에 심리상담사의 해결책을 받아들이도록 강력한 영향력을 미칠 위험이 크다.

(5) 현실상담이 갖는 가장 큰 한계점은 행동주의의 약점으로 지적되듯이, 정신건강이 어떠한 개인이나 단체에 대한 적응과 일치의 관점에서만 측정됨으로써 본질적 의미에서 개성과 자율성에 대한 여유를 허용하지 않는다는 점이다.

7. 행동치료(상담)

▌주요개념들

(1) 반응적 행동과 조작적 행동

파블로프나 왓슨이 기술한 것처럼 다른 자극에 조건화될 수 있는 많은 반응이 있다고 주장한다.

① 이런 유형의 반응을 '반응적 행동'이라고 하는데, 그것이 어떤 자극에 따라 나타나는 반응이기 때문이다.

② 조작적 조건화는 분명한 자극을 포함하지 않기 때문에, 학습에 대한 쏜다이크의 생각과 그의 효과의 법칙과는 약간 다르다.

③ 쏜다이크는 강화의 효과가 자극과 반응사이에 존재하는 결합을 강하게 하는 것으로 믿고 있으나, 스키너는 자극은 잘 알려지지 않을 뿐 아니라, 어떤 경우든 학습에 관계해서 어떤 방출된 반응이 강화될 때, 그것이 반복될 확률이 증가한다는 것이다.

(2) 조작적 조건화

① 유기체의 어떤 행동은 자발적(의식적)으로 일어나는데, 이처럼 의식적으로 환경에 작용하여 어떤 결과를 일으키게 조작하는 행동을 작동적 행동이라고 한다.

② 어떤 행동의 강도가 강화에 의하여 증가됨으로써 학습이 이루어졌을 때, 그 과정을 작동적 조건형성 또는 도구적 조건형성이라고 한다.

▌심리상담의 과정과 기술

(1) 상반행동의 강화 : 부적절한 행동(문제행동)에 상반되는 다른 행동을 찾아 적절히 강화하는 방법이다(상반행동 : 문제행동과 반대되는 다른 바람직한 행동).

(2) 소멸의 원리 : 부적절한 행동이 더 이상 강화될 수 없도록 이제까지 주어지던 강화를 차단하게 되면, 그 행동의 발생률이 낮아지다가 결국 없어지는데, 이런 현상을 소멸이라 한다.

(3) 심적 포화의 원리 : 부적절한 행동을 싫증이 날 때까지 수행하도록 허용 또는 강요하는 것이다.

(4) 프리맥의 원리 : 평소에 학생들이 자주 나타내 보이는 행동을 강화물로 사용하는 방법이다.

(5) 토큰 강화 : 어떤 바람직한 행동에 대해서는 이상표를 주고, 일정한 숫자의 상표가

모이면 이를 먹는 것, 노는 것, 어디에 가는 것 등과 같은 다른 강화자극 으로 바꿀 수 있도록 하는 방법이다.

(6) **벌** : 어떤 행동에 후속되어 그 행동이 재연될 확률을 감소시킬 수 있는 자극이다.

(7) **타임아웃(time-out)** : 벌의 일종으로써, 바람직하지 못한 행동에 대해 주어질 정적 강화의 기회를 차단함으로써 그 행동 이 강화되지 않게 하는 것이다.

(8) **차별강화** : 한 아이의 여러 행동 중 어느 하나만을 골라 선택적으로 강화하는 방법. 올바른 행동을 할 때는 관심을 가지고 칭찬을 해 주시만 그렇지 못한 경우에는 무시하는 방법이다.

(9) **모방학습** : 새로운 행동을 배우기 위하여 모방에 의하여 학습한다.

(10) **식별학습(↔ 자극 일반화)** : 어떤 행동을 해도 좋은 곳과 안 될 곳 구별 (식별)

(11) **행동계약** : 어떤 바람직하지 못한 행동을 성공적으로 했을 때 보상해 줄 것을 약속하는 것이다.

▮ 요약 및 평가

(1) 행동상담은 개인의 인지적 영역을 강조하며 내담자가 그의 행동을 한 단계씩 변화시켜 나가도록 돕는 다양한 행동지향적인 방법들을 제공해 준다.

(2) 행동의 문제를 이해하고 상담하는 데 있어 인지적 요인을 중심역할로 선정하고 있다.

(3) 이후 행동수정과 인지적 접근이 서로의 장점을 흡수하면서 통합된 상담기법으로 변하였다. 이를 인지-행동상담라고 한다.

8. 인지행동상담

▮ 합리적-정서적 상담의 기본가정

(1) 합리적-정서적 상담의 또 하나의 중요한 대안은 마이헨바움의 인지적 행동수정이다.

① 합리적 정서상담은 원래 나이든 청소년과 성인에게 이용되었고 내담자에게는 추천되지 않았기 때문에 인지적 행동상담에서의 초점은 자기 지시적 기법 훈련이 된다.

② 마이헨바움의 "자기지시(교시)적 상담"(self-instructional therapy)는 근본적으로 인지적 재구성의 형태인데 내담자의 자시언어화(self-verbalizations)의 변화에 초점을 둔다.

③ 자기진술은 다른 사람의 진술만큼이나 내담자 행동에 영향을 준다.

④ 이 접근법의 가정은 혼란된 정서는 비합리적인 사고의 결과라는 RET의 가정과

같다.

(2) RET는 비합리적 사고를 노출시키고 공격하는 데 있어 직접적이고 직면적이지만 이 자기지시적 상담은 내담자가 자기대화를 자각하도록 하는 데 초점을 둔다.

① 자기지시적 상담은 개인이 자신에게 하는 말이 그의 행동에 직접 적인 영향을 끼친다는 가정에 근거한다.

② 일차적으로 내적 대화의 역할을 중시하면서 충동적이고 공격적인 행동, 과제를 처리하는 데 대한 두려움, 공중 앞에서 말하는 데 대한 두려움 같은 문제 상황에 대처하는 기술에 강조점을 둔다.

▌심리상담의 목적과 목표 (심리상담사의 역할)

(1) 환자들에게는 해결하고자 하는 문제와 이루고자하는 목표가 있기 때문에 상담법을 찾는다. 인지적 행동의 상담사들은 직접적인 방법으로 이러한 구체적인 문제와 목표에 초점을 맞춘다.

① 상담의 우선적 목표는 구체적 문제를 해결하는 것이다.

② 상담 목표는 자신과 다른 사람들에 대한 기능장애적 믿음과 인식을 수정하는 것이다.

(2) 협력적이다. 상담사는 단지 환자를 고치거나 문제를 해결하는 것이 아니라 환자의 어려움에 대한 해결책을 찾으려 함께 협력한다.

(3) 상담사는 적극적이며 직접적으로 개입한다. 인지적 행동 상담사는 적극적인 역할을 한다.

① 환자들은 그들 스스로 문제를 해결할 수 없기 때문에 상담을 받으러 온다.

② 상담사의 역할은 적극적이고 직접적인 도움을 제공하는 것이다.

(4) 과제 중심적이다. 과제는 인지적 행동 요법의 중점적 특징이다.

① 과제의 역할은 상담사의 적극적이고 교수적 역할과 일치한다.

② 인지적 행동 요법은 환자가 새로운 기술을 배워서 새로운 행동을 시도해보게 하는 것이다.

③ 새로운 기술은 연습이 필요하며 과제가 그러한 연습 기회를 제공한다. 또한 과제는 새로운 행동을 수행할 구조를 제공한다.

④ 전형적인 과제부여는 젊은 여성에게 데이트 신청하기, 전에는 피했던 고속도로 운전 상황에 접근, 재정문제나 일주일에 두 번 조깅에 관해 배우자와 이야기해보기 등을 포함한다.

(5) 현재에 초점을 맞춘다. 인지적 행동요법은 우선 과거가 아니라 현재의 일에 초점이

맞추어져 있다.

① 상담기간 중 대부분은 최근 문제를 논의하고 그에 대한 해결책 강구로 보낸다.

② 과거에 대한 논의도 중요하다. 문제의 근원을 이해하면 해결 전략을 세우는데도 유익하다.

▮심리상담의 과정과 기법

(1) **심상에 기초한 기법(상징적 탈감법)** : 알코올 중독 그리고 노출증과 같은 성 장애를 포함한 바람직하지 못한 문제의 상담에 상징적으로 생성된 혐오적 반응들이 사용된다.

① 내담자에게 혐오적인 결과를 상상하도록 요구한다. 알코올 중독자에게는 술 마시는 것을 생각할 때 구역질이 나는 것을 상상하도록 요구할 수 있다.

② 문제가 되는 충동이나 행동을 신뢰롭게 유발하는 장면의 위계를 설정하고 내담자가 그 문제를 통제할 수 있을 때까지 각 장면을 체계적으로 제시한다.

(2) **인지적 재구성** : 기본적으로 이 범주에 속하는 상담 방법들은 부적응적인 사고 패턴 때문에 정서적인 장애가 야기된다고 보고 이러한 잘못된 인지를 변화시키는데 초점을 맞춘다.

① 엘리스(1962)의 RET는 인지적 재구성에 대한 인지-행동적 접근법으로 간주될 수 있다.

② 널리 사용되는 또 다른 방법은 Meichenbaum의 자기 교습 훈련 방법 등이 있다.

(3) **자기주장 훈련과 사회기술 훈련** : 일반적으로 타인에게 이용당하며, 사회적 상황에서 불안을 느끼고, 낮은 자존감 때문에 고통 받는다.

① 행동시연에서는 상담자가 적절한 주장 행동을 시범하고 내담자에게 점진적으로 유사한 행위 순서를 반복적으로 수행하도록 요구한다.

② 주장능력의 향상 이외에도 행동 시연의 지시적 요소, 모델링 요소 및 피드백 요소들은 적극적인 청취, 개인적인 피드백의 제시, 자기 공개를 통한 신뢰의 구축 등을 포함하는 광범위한 영역의 의사소통 능력을 촉진시킨다.

(4) **자기 통제 절차** : 행동 상담자들은 몇 가지 자기 통제 절차를 사용한다. 행동에 대한 성공적인 자기 조절의 근간이 되는 것은 자기 검색을 말한다.

① 내담자가 자신의 특정한 문제와 행동을 더 잘 자각하도록 하는 과정이다.

② 상담자는 내담자가 자신의 행동을 이끌어 나갈 목표와 규준을 세우도록 돕는다.

(5) **현실 생활의 수행에 기초한 기법** : 상담 회기들 사이에 실생활에서 특정 과제들을 수행하게 하는 것이다.

ex) 토큰 경제 (token economy)

▮ 요약 및 평가

(1) 행동 상담자들은 정신분석적으로 지향된 상담자들보다 더욱 지시적이고 더 개방적이며, 솔직하고, 자기 공개적인 것으로 평가되었다.

(2) 초기에는 행동 상담이 '증상 대치'를 초래할 것이라는 비판이 있었다.

(3) 최근의 연구는 그것이 사실이 아니라는 것을 보여 주고 있다, 행동 상담과 정신 역동적 상담 모두 행동의 밑바탕에 깔려 있는 원인을 수정하려 하며, 차이가 있다면 각 접근의 지지자들이 행동의 원인으로 간주하는 것이 무엇이냐 하는 것이다.

(4) 행동 분석가들은 행동을 통제하는 현재의 변인들과 조건들을 조사한다.

(5) 인지적 행동 상담의 효율성에 관한 연구결과는 인지적 행동상담(상담이 없다는 것에 비교할 때)가 다른 것들 중에서 불안, 우울증, 부부간의 문제, 성병과 장애, 불면증, 만성적인 통증, 물질남용, 음식장애와 내담자들의 문제를(예를 들어 유뇨증, 활동과민, 자폐증 등) 포함한 다양한 장애와 문제점들을 상담하는데 효과적이라는 것을 제시하고 있다.

(6) 인지적 행동상담은 또한 민감한 위장 증후군이나, 두통, 고혈압과 같은 의학적 문제를 상담하는데 유용하다는 점도 보여주었다.

(7) 인지적 행동상담은 요구되는 의학적 섭생을 신봉하는 환자들이나 화학요법을 포함한 긴장이 많은 의학적 절차를 견디어 내야 하는 환자들에게도 유용한 것으로 나타났다.

ex) 당뇨병으로 고생하는 사람들

(8) 상당한 양의 통계가 인지적 행동 상담을 받고 있는 환자들이 상담을 받지 않은 통제 상태에 있는 환자들 보다 더 잘 지낸다는 점을 나타내주고 있으나 통계는 인지적 행동 상담이 다른 적극적인 상담보다 우월하다는 주장을 뒷받침하지는 못한다.

9. 여성주의상담

▮ 여성주의상담의 기본가정

(1) 여성주의상담은 문화적 성과 권력을 상담의 중심에 둔다.

(2) 여성에 대한 심리적 억압과 여성을 무시하게 만드는 사회 정치적 상황 등의 전반적인 문화 사회현실 안에서 문제를 고려한다.

(3) 전 생애적인 관점에서 여성을 상담하는 이론들을 제시하고 있다.

▮ 심리상담의 목적과 목표

(1) 여성주의상담의 목표는 개인 내담자와 사회 전체의 변화이다.

(2) 현재의 가부장적 체제를 여성주의 의식으로 대체해 성에 근거한 차별에 대처하며 내담자가 성 중심사회에 적응하도록 돕고 그 상태를 지속시키는 것이 목표이다.

(3) 내담자는 상담과정에 적극적으로 개입하며 상담자와의 관계도 평등주의를 바탕으로 한다.

▮ 심리상담 과정과 기술

(1) 가장 중요한 기법으로는 여성이 사회적으로 인정되는 것을 위한 의식화 기법이 있다.

(2) 성역할 분석, 중재, 권력분석과 권력통합, 독서상담, 자기 드러내기, 표현훈련, 집단심리상담, 사회 활동 등의 적극적인 참여를 통해 내담자 자신의 문제에 대한 이해를 도움으로써 올바른 역할을 이해하도록 돕는다.

▮ 요약 및 평가

(1) 여성주의상담의 시작은 1960년대의 여성운동과 연결된다. 전통적인 여성역할에 대한 불만을 표현하면서 시작되었다.

(2) 여성주의 상담자들은 다양한 중재들을 사용해 권력 위계를 파괴하는데 적극적으로 참여하며 최우선 목표는 내담자의 근한 찾기와 사회변화이다.

(3) 여성주의상담은 여성의 경험과 관련해 만든 가정들에 의문들을 제기하는데 큰 공헌을 했다.

(4) 투쟁적이면서 과도한 열정을 가진 상담자가 내담자에게 자신의 가치관을 강요할 수 있다는 한계가 있으며 상담자가 중도적인 입장을 취하지 않는다는 것들이 비판의 쟁점이 되고 있다,

10. 가족체제상담

▮ 가족체제상담의 기본가정

(1) 1920년대에 처음으로 시작된 가족체제상담은 가족 내 상호작용의 평가를 통해 사람의 관계를 이해한다.

(2) 가족을 '여러 구성원의 역할이 합 이상으로 기능하는 구성체'로 여긴다.

(3) 어느 한 가족 구성원의 행동은 다른 모든 가족원들에게 영향을 줄 수 있고 다른 구성원들에게도 상호영향을 미친다는 기본 전제를 가지고 있다.

(4) 아들러 학파의 가족상담, 복수 세대적 가족상담, 경험적 가족상담 등 다양한 가족상담이 있는데 기본 전제는 모두 같다고 할 수 있다.

▮ 심리상담의 목표와 목적

(1) 아들러학파의 경우 부모를 가족의 효과적인 리더로 만드는 것을 기본 목표로 하고 있다.

(2) 복수세대적 가족상담에서는 가족 내에서 발생하는 문제를 해결하고 증상을 완화시켜 개인을 변화시키는 것을 궁극적인 목표로 하고 있다.

(3) 학파마다 약간의 차이는 있지만 가족 구성원들 간의 바람직한 관계가 상호작용을 통해 개인에게 큰 역할을 미치는 것으로 보기 때문에 구성원들의 바람직한 관계정립과 역할, 갈등의 해소 등을 꾀한다.

(4) 개인의 문제는 개인만의 문제가 아니라 가장 가까이에서 관계를 맺고 있는 가족 구성원들과의 관계를 통해 해소하고자 함이 궁극적인 목표이다.

▮ 심리상담의 과정과 기술

(1) 심리상담 시 상담자는 교사, 코치의 역할을 한다. 이러한 접근을 통해 구성원들 간의 상호작용을 보다 효율적으로 배울 수 있게 돕는다.

(2)상담자들은 구성원 각각의 성격적 특성을 결합시켜 개입하는 것이 가장 좋은 방법이라 본다.

(3)존중, 공감, 동정 등 인간 자질로서 태도에 영향을 미칠만한 기술을 중요시 하지 않으며 가족의 관심사나 어떠한 것들이 가장 잘 맞는가를 융통성 있게 적용해 상담하고 있다.

▮ 요약 및 평가

(1) 가장 큰 공헌을 개인뿐만 아니라 가족에게도 특별히 역기능적인 책임전가를 하지 않았다는 것이다.

(2) 개인의 체제에서 그들을 이해하는 것을 강조하였다.

(3) 개인이 가족에서 '나쁜 사람'으로 희생되지 않는다는 것이다. 가족에게 큰 가치를 부여했으며 가족적 접근이 개인상담보다 유리하다는 것을 입증했다.

11. 정신 사회 재활상담

▌정신 사회 재활상담의 기본가정

(1) 정신보건법의 제정을 계기로 심리학자들이 심각한 만성 정신질환을 가진 사람들을 다룰 기회가 증가하고 있다. 따라서 이제 이런 종류의 환자들을 위한 평가기술이나 개입방법을 습득하는 것이 임상심리학자들에게도 매우 필수적이라고 할 수 있다.

(2) 만성 정신질환(정신분열증, 기질성 정신병, 재발이 잦은 정동 장애 등)환자는 기능 손상 및 손실, 장애, 핸디캡을 가지고 있기 때문에 이들이 다시 사회에 적응하기 위해서는 정신재활, 직업기술훈련, 환경수정 같은 다양한 상담이 복합적으로 이루어져야 한다. 효과적인 정신사회재활은 환자 본인이나 가족들의 노력뿐만 아니라 정신과학, 임상심리학, 사회사업학, 간호학, 그리고 기타 재활분야에서 일하는 다양한 전문가들이 서로 협조함으로써 이루어질 수 있다.

(3) 정신 사회재활의 대상 : 만성 정신질환을 가지고 있는 사람들이다(과거에는 정신병원에 장기간 입원해 있는 환자들이 주 대상이었으나, 오늘날에는 그 대상을 정의하는 것에 큰 의미를 두지 않는다).

① 정신분열증, 기질성 정신병, 주요 정동 장애를 앓고 있는 환자는 최소한 6개월 이상 지속적인 장애를 보이며 이런 환자들은 재발을 반복하는 경향이 있기 때문에 급성 증상이 호전되거나 비교적 없는 경우에도 완전히 회복되기 보다는 다시 재발할 때까지 잔존 장애와 음성 증상을 보이는 만성화의 증상을 보인다.

② 심한 정신질환을 앓고 있는 사람(진단적 평가), 사회적 장애가 있는 사람(사회적, 직업적 장애수준으로 평가), 증상과 장애를 만성적으로 보이는 사람(증상과 장애의 지속 및 입원 기간으로 평가) 이 세 가지 영역이 중복되는 사람은 만성정신질환을 앓고 있는 사람으로 정의한다.

③ 만성 정신질환자는 심한 정신질환을 지속적으로 앓고 있는 사람들로 개인위생이나 대인관계, 사회생활에서 장애를 보이며 동시에 장기간 입원치료나 정신과 치료가 필요한 사람이라고 정의 할 수 있다.

(4) 정신장애에서의 재활 모델 : 정신과적 질환을 가진 사람의 재활상담을 위해서는 다음 4개의 질병의 정실과 결과를 이해해야 한다.

① 병리(pathology) : 기본적으로 중추 신경계의 생물학적 이상이 있는 경우로 인지, 주의집중력, 자율신경 기능, 각성과 정보 전달 과정에서 결손을 유발시켜, 이러한 이상이 상호작용하여 급성적인 병리 상태를 일으킨다.

② 손상(impairment) : 사고장애나 지리멸렬, 망상, 환각, 불안 ,우울, 집중력이나 기억력 상실 및 주의 산만, 무감동, 무쾌감증과 같은 증상을 의미한다. 이러한 증상은 사회적 역할 수행의 저하를 가져와 무능력을 초래한다. 이러한 증상으로 인해 사회역활을 잘 해내지 못할 때 장애가 있다고 말한다.

③ 장애(disability) : 개인이 사회적 상황에서 주어진 역할이나 과제를 해내지 못하거나 수행하는 데 한계를 보이는 것이라고 정의한다(DSM-IV에서 정신신분열증으로 진단하기 위해서는 망상이나 환각 같은 사고장애의 특징증상과 더불어 그 외에 사회적 관계, 자기관리와 같은 다양한 영역에서 발병 이전보다 현저하게 기능이 떨어져 있어야 한다).

④ 핸디캡(handicap) : 장애 때문에 사회에서 다른 사람에 비해 상대적으로 불이익을 받는 것을 말한다(핸디캡은 사회가 환경을 적절히 제공할 때 보상이 가능-시각장애인 안내견, 편의증진법에 의한 시설물 등).

⑤ 스트레스-취약성-대처능력 이론

어떤 병에 대해 정신 생물학적 취약성을 가진 환자에게 대처능력을 압도할 만한 심한 스트레스가 발생하면 정신과적 증상이 발생된다는 것이다. 그러나 병에 대한 보호 요인이 작용하게 되면 손상, 장애, 핸디캡을 초래하는 취약성 및 스트레스 원의 충격을 완화시킬 수 있다. 여러 가지 보호요인들 중에서 가장 중요한 것이 대처기술과 능력이며 이것은 전문적인 치료에 의해 획득될 수 있다. 또 기술개발, 사회적 지지의 획득, 임시 고용 등을 촉진시키는 재활 프로그램 역시 강력한 보호인자가 될 수 있다. 이러한 정신사회 보호요인들은 스트레스로 인한 충격을 완화시켜 정신병의 재발 가능성을 감소시킨다.

▮ 심리상담의 목적과 목표

정신 사회재활의 목표는 다음과 같다.

(1) 정신사회질환이란 학습과 환경적 변화를 통해 만성 정신질환자의 사회적 기능을 최대한 회복시키는 것이다.

(2) 재활의 목표는 증상의 호전을 장기간 지속시키고, 대인관계 및 독립적인 생활기술을 환자가 배우도록 하고, 보다 만족스러운 삶의 질을 성취하는 것이라고 할 수 있다. 목표달성의 두 가지 방법은 다음과 같다.

① 정신장애를 가진 사람들이 학습을 통해 사회적응 면에서 가능한 한 정상인과 비슷하게 해낼 수 있도록 능력을 호전시키고 유지한다.

② 장기간 계속되는 장애 및 핸디캡을 보상할 수 있도록 주거환경이나 사회적 환경

을 변화시키는 것이다.

ex) 지속 증상을 극복하는 방법, 약물 관리를 스스로 하는 방법, 필요할 때 전문가의 도움을 받는 방법 등이 있다.

▮ 심리상담의과정과 기술

정신 사회재활의 단계는 진단 및 기능적 평가, 재활계획 수립, 개입단계의 세 단계로 나뉜다.

(1) 1단계 : 진단 및 기능적 평가

① 진단 : 대부분의 정신질환자는 면담 이전에 진단을 받은 경우가 많지만 보다 질적인 치료를 하기 위해선 진단적 평가를 다시 세심하게 살펴보는 것이 중요하다 진단은 시간이 경과함에 따라 달라질 수도 있으며 추가 진단이 필요한 경우도 있다. 약물치료와 정신재활 치료 모두 진단이 정확해야 큰 효과를 낸다. 증상을 주기적으로 평가하고 추적하는 것을 통해 약물의 효과와 치료방법, 주거환경 등을 결정할 수 있다. 세심한 진단은 적절한 진단명을 찾는 것 외에도 여러 치료적 효과를 얻게 된다. 재발경고의 징후를 추적하는 것이 가능하다. 진단적 평가는 평가결과의 변화에 근거하여 치료효과를 판단 할 수 있다는 이점이 있다.

② 기능적 평가 : 정신 사회재활 서비스를 제공하기 위해서는 환자에게 남아 있는 기능과 결손에 대한 기능적 평가가 매우 중요하다. 기능적 평가란 인간이 경험하고 표현할 수 있는 모든 영역을 평가하는 것이다. 현재 문제가 되는 행동이 적응적인 생활을 하는 것을 어떻게 방해하는지를 이해하는 것이 가장 중요하다. 생활하는 데 가장 중요한 영역에 대해 집중적인 평가를 하는 것이 보다 현실적이다. (가족관계, 동료관계, 직업기술, 여가활동 등이 포함된다.) 어떤 정해진 순서에 따라 해 나가는 것이 아니다. 치료와 중첩되며 반복적으로 시행되는데, 그 이유는 임상적인 결정을 내리는 데 있어서 평가와 치료가 서로 분리되는 것이 아니기 때문이다.

③ 정보를 얻는 여러 가지 방법과 검사 도구는 다음과 같다.

- 행동적 면담 : 조직적이고 체계적인 질문을 하는 것이다.
- 행동에 대한 직접 관찰 : 시간이 많이 소요되고 관찰자에 대한 전문적 훈련이 필요하다.
- 자기관찰 방법 : 문제행동의 빈도와 내용을 환자 스스로 기록하는 것으로 환자가 협조적일 때 신뢰도가 높다.
- 설문지나 검사지를 사용한다.

(2) 2단계 : 재활계획 수립

① 재활계획을 위한 단계

- 전반적이면서도 동시에 구체적인 재활 목표 설정
- 장기목표와 단기목표를 별도로 설정
- 획득해야 할 여러 기술과 여러 자원들의 우선순위를 정한다.
- 목표를 달성하는 기간을 정한다.
- 다른 연관 기관이나 지지 모임과의 협력 내용이 포함되어 있어야 한다.

② 경과의 추적

행동적 면담, 직접 관찰, 자기평가 혹은 조사지나 설문지를 통해 상담이 진행되어 나가는 정도를 반복적으로 평가해야한다. 그래야 재활 계획을 환자의 호전 상태에 맞추어 수정 혹은 조정할 수 있다. 가장 편리한 평가법은 환자에게 규칙적으로 과제를 내주고 그것의 수행 정도를 조사하는 것이다. 과제 수행 여부를 통해 환자가 새 목표를 해 나갈 준비가 되어 있는지 아니면 현재의 목표를 좀 더 연습해야 하는지를 알 수 있다.

(3) 3단계 : 개입(재활상담의 구성 요소)

① 사회기술 훈련 : 사회기술훈련이란 환자의 역기능적인 대인관계나, 특정한 사회기술상의 결함을 알아내고 이러한 결함 등을 보충하기 위해 사용되는 고도로 구조화된 교육절차이다. 사회기술훈련은 집단으로 이루어지는 것이 더 효과적인데 참가자들 간의 피트백과 지지가 상담의 경과를 더 공고화시킬 수 있기 때문이다. 일반적 훈련으로 지시, 비디오를 통한 역할 모방, 따라 하기, 연습하기, 역할 연기 의사소통과 자기주장 등이 있다.

② 환자교육 : 환자가 자신의 병을 극복해 나가는 데 필요한 내용들을 교육시키는 것

- 증상관리 교육 : 만성 정신질환자로 하여금 자신의 증상이 어떻게 하면 일상생활에 최소한의 영향을 끼칠 수 있는가를 교육시켜서 스스로 증상을 관리하여 재발과 입원을 막도록 도와주려는 교육 프로그램이다. 증상관리 교육의 내용은 주로 정신분열증의 증상과 징후, 정신분열증의 원인, 정신분열증의 발병과 경과, 지속증상에 대한 대처 방법, 재발증상, 약물의 효과에 대한 것들이다.
- 약물관리 교육 : 환자가 정신과 약물에 대한 올바른 지식을 갖고 적절한 투약 방법을 이해하게 되면 약을 더 잘 복용하게 되고 재발이 줄어들게 된다. 따라서 약물 관리 교육에서는 약물에 대한 교육, 약물복용의 이유에 대한 교육, 정신과 약물의 종류와 특성, 부작용 등을 다룬다.

③ 가족교육 및 상담 : 가족에 대한 교육 및 상담의 방향은 크게 두 가지로 나눌 수 있다. 첫째는 정신병의 원인, 진단, 경과, 예후, 입퇴원, 정신병적 증상이나 난폭한 행동에 대한 대처, 약 복용을 거부할 때, 음성증상을 보일 때 대처하는 법 등을 교육하는 것이다. 둘째는 가족 내의 긴장이나 스트레스. 비정상적인 의사소통 과정이 환자의 재발이나 재입원과 밀접한 관계가 있다는 것에 기초한 행동주의적 가족상담의 형태이다.

④ 직업재활

[정신장애인의 직업재활]

- 정신 애인이 직업을 가지게 되면 물품과 서비스를 제공받는 데 있어 수단이 되는 수입이 생기게 되고, 사회적 접촉을 늘릴 수 있게 되며, 사회적 역할을 부여받을 수 있다.
- 직업재활의 과정은 직업평가 – 직업적응능력평가 – 직업 훈련 – 보호작업장 및 보호 고용 – 임시 고용 – 취업 – 사후관리 하는 것이다.
- 환자가 이 일곱 단계를 모두 완수하여 직장을 구하고 유지함으로써 독립적으로 생활하는 것이 직업재활이 추구하는 목표이다.
- 치료자는 환자가 직업을 가진 후에도 그 직업으로 인해 생기는 여러 문제들을 위한 지속적인 지지와 도움을 제공하여야 한다.
- 지역사회 지지서비스
  - 프로그램의 가장 중요한 특징은 환자에게 포괄적인 서비스를 제공하는 것이다.
  - 지역사회 내 정신보건 센터가 다른 연관 기관과 서로 협조하여 환자가 사회생활을 하는 데 필요한 모든 것(의학, 여가, 주거공간의 확보, 재정적 지원, 직업 재활)등을 충족시켜 주는 것이다.

[정신장애인의 다양한 주거 프로그램]

- 외국의 경우 병원이나 사회복귀 시설 이외에 여러 종류의 주거 프로그램이 실시되고 있다. 그러나 우리나라에는 이러한 시스템은 거의 전무한 편이다.
- 최근 낮병원이라는 형태의 프로그램이 이루어지고 있는데, 이러한 형태의 치료는 입원이 필요한 정신과 환자의 입원에 대한 대체 형태로서뿐만 아니라 입원기간을 단축시키고 환자를 사회에 조기에 복귀시키기 위해 외래치료로의 이행 과정을 담당하는 중간 단계로서 매우 유용하다.

▌사회기술 훈련

(1) 사회기술의 정의

① 사회기술이란 대인 관계를 통해 어떤 구체적인 목표를 달성하는 데 필요한 모든 것을 의미한다.

② 사회기술은 대인관계 영역에서 필수적인 것으로 적절한 언어적, 비언어적 반응을 기초로 한다.

③ 사회기술은 사회적 능력을 획득하기 위한 수단이라고 볼 수 있다.

- 사회적 능력을 가지는 데 필요한 기술로는 대인 관계 상황에서 정확한 지각을 갖는 것이다
- 사회적 지각에 따라 자신이 선택할 수 있는 최선의 대안과 행동을 결정하는 것이다
- 선택한 최선의 대안을 언어적, 비언어적 행동을 사용하여 타인에게 적절하게 표현하는 것이라고 할 수 있다.

(2) 사회기술훈련의 필요성

병 전의 사회 적응 상태가 병의 경과 및 결과를 잘 예측하고, 사회기술이 심하게 결핍되어 있는 환자는 재발과 재입원을 더 많이 한다는 점에서 사회기술 훈련은 정신질환의 재활에서 꼭 필요하다. 또한 만정 전신질환자의 가족을 대상으로 사회기술 훈련을 시행하면 가족 내 스트레스를 줄여주고 병의 재발률이 감소된다는 점에서도 사회기술 훈련의 필요성이 드러난다.

(3) 사회기술 훈련의 절차

환자가 가진 문제나 사회기술 능력의 정도에 따라 다양한 사회기술을 가르칠 수 있는 여러 방법들이 개발되었다. 사회기술 훈련을 효과적으로 시행하기 위한 절차는 다음과 같다.

① 문제점을 구체적으로 정의 한다.

② 환자가 지닌 장점이나 자원을 파악한다.

③ 목표를 설정한다.

④ 실제 생활에서 발생하는 문제 상황을 연습장면으로 전환하여 설정한다.

⑤ 강화나 피드백을 사용한다.

⑥ 목표를 위한 중간 단계를 세분화한다.

⑦ 역할 연기를 하도록 하고 지시, 촉고, 재촉을 사용한다.

⑧ 모델링 기법을 사용한다.

⑨ 과제와 실제 생활에서의 연습을 한다.

⑩ 훈련 날 무렵이 이 지침들을 체계적으로 재검토하여 환자가 자신의 문제점, 장/단기 목표, 행동계획 등을 이해하고 있는 지 한 번 더 점검한다.

⑪ 사회기술 훈련을 통해 획득한 사회기술을 실제 생활에서 사용하고 또 장기간 지속될 수 있도록 다음을 시행한다.

(4) 주의집중식의 사회기술 훈련

사회기술 훈련을 받기 위해서는 환자가 적어도 30~90분 동안 집중을 할 수 있는 능력이 있어야 한다. 그러나 인지, 기억, 집중력에서 장애가 심한 환자들은 그런 훈련 내용을 잘 소화해 내지 못한다. 주의집중 방식 훈련의 요점은 어떤 장면을 짧게 반복적으로 훈련시키는 것이다. 즉 다양한 훈련 장면을 연속적으로 연습시키기 보다는 아주 짧은 동일한 장면을 반복적으로 연습시키는 것이다.

▮ 요약 및 평가

(1) 재활기능평가 및 재활계획을 수립하였다는 점이다

(2) 주의집중식 사회기술훈련 실행방안을 수립하고 적용하였다는 점이다

(3) 지역사회지지서비스를 도입하고 실시했다는 점이다.

제 5 장

상담의 과정

5.1 초기상담

1. 초기상담

▮ 상담의 진행과정

내담자와 처음 만났을 때부터 만남이 종결되기까지의 과정이다.

(1) 초기 상담

① 주요 호소 문제 탐색 : 내담자에게 자신의 걱정거리, 문제, 찾아 온 이유를 말하도록 한다.

② 관계형성 : 솔직하고 신뢰로운 관계를 형성하는 것이다.

③ 목표설정 및 구조화 : 상담과정의 방향과 골격을 분명히 한다.

(2) 중기 상담

① 문제해결의 노력 : 문제에 관한 내담자의 감정표현을 촉진하고, 제시된 문제를 다시 구체적으로 정의한다.

② 자각과 합리적 사고의 촉진 : 자각은 자신과 생활과정에서의 주요 경험 및 사건들을 이전보다 분명히 그리고 통합된 시야에서 재인식하는 것이다. 내담자가 상담의 목표에 도달하기 위해 필요한 자기이해와 합리적 생각을 갖출 때까지 상담에 적극적으로 참여하도록 한다.

③ 실천행동의 계획 : 내담자의 새로운 견해나 인식이 실생활에서 실현되도록 내담자의 의사결정이나 행동계획을 도울 필요가 있다.

(3) 종결 상담

상담의 성과에 대한 평가 및 종결 : 종결은 주로 내담자와 상담자의 합의에 의하여 이루어진다. 내담자가 종결을 희망하더라도 아직 불충분하다는 판단이 들 경우에는 '잘 대처해 나가는지 서로 확인해보기 위해' 상담을 당분간 계속 하도록 권유하는 것이 바람직하다.

▌첫 면접의 중요성

'첫 인상이 중요하다'

(1) 내담자는 첫 면접에서 어떤 소득을 기대하는가?

상담에 대한 긍정적인 기대를 갖도록 하는 것이 중요하다.
'참 오기를 잘했다'라고 생각할 수 있다면 성공한 것이다.

(2) 상담자에 대한 인간적, 전문적 신뢰 여부를 판단한다.

'저 사람 믿을만한 사람인가?, 상담을 받으면 효과는 있을까?'

▌첫 면접의 목표

(1) 편안하고 수용적인 분위기의 조성
① 자유롭게 하고 싶은 말을 안심하고 이야기할 수 있는 분위기
② 기본적인 상담기법에 충실할 것(경청, 반영 중심)
(2) 내담자 문제 및 배경 요인을 탐색
(3) 적절한 상담 계획의 수립
(4) 상담에 대한 기대 및 동기 형성

▌초기상담의 단계

(1) 상담 관계의 준비 및 형성

① 화제의 유도
- 신뢰감이 생기지 않은 심리상담사에게 이야기하는 것은 어려운 일이다.
- 선도적 반응을 통해 내담자가 이야기를 시작하도록 돕는다.
'제가 어떤 점을 도와드리면 좋겠습니까?'
'무슨 이야기부터 하고 싶으십니까?'

② 물리적 배치

- 가능한 편안한 분위기를 조성(의자, 테이블, 커튼)

(2) 호소 문제 탐색

① 내담자가 어려움을 겪고 있는 문제

② 상담에서 도움을 받았으면 하는 문제

③ '하필이면 왜 지금 여기에 찾아 왔는가?'

→ 호소문제 탐색 뿐 아니라 그러한 문제를 가지고 살아가다가 지금 이렇게 찾아 오게 된 경위를 탐색하는 것이 가장 중요하다.

ex1) '며칠 전에 친한 친구가 자살을 했어요. 두려워요. 저 또한 힘든 것을 극복 하지 못하고 죽게 될까봐'

ex2) '학사경고를 세 번 받았는데 한 번 더 받게 되면 퇴학이여서요.'

(3) 문제의 발생 배경의 탐색

① 발생 시기

'언제부터 그러한 문제가 발생했는가?'

② 촉발사건

'그 시기에 관련된 사건이 있지 않았는가?'

'어떻게 해서 그러한 문제가 생기게 되었는가?'

③ 문제에 대한 대처 방식 : 문제에 대한 지각, 느낌, 대처행동 등

④ 문제발달과정

'그러한 문제는 이후 어떻게 발달되었는가?

⑤ 현재 상태

'지금은 그러한 문제가 어떠한 상태인가?'

(4) 가족관계 탐색

① 개인의 문제에 가족은 중요한 영향을 미친다.

'언제부터 그러한 문제가 발생했는가?'

② 부모, 형제의 신상명세 및 내담자와의 관계조사

'아버지와의 관계는 어떠했습니까? 지금은 어떠합니까?'

'아버지에 대해 어떻게 느끼십니까?'

③ 가족 역동

(5) 성장배경 : 중요한 경험과 대인관계 중심으로 탐색을 한다.

① 유년기

② 초등학교 시절

③ 중, 고등학교 시절

④ 대학교 이후

(6) 내담자의 잠재 능력 및 심리 상담적 요인

① 상담에 대한 동기가 클수록 상담 예후가 좋다.

㉠ 자발적 내담자 vs 비자발적 내담자

㉡ 아동 및 청소년 내담자인 경우!

② 내담자의 자아 강도가 클수록 상담 예후가 좋다.

③ 지적 능력이 높은 내담자가 상담 예후가 좋다.

④ 사회적 지지자원이 많을수록 상담 예후가 좋다.

(7) 상담의 목표 정하기

① 상담의 최우선 목표는 내담자가 호소하는 문제의 해결이다.

- 일차적 목표 : 증상 및 문제해결적 목표

  ex1) 권위적 인물과의 관계에서 겪는 불편감 해소

  ex2) 우울이나 불안 자체의 완화

- 이차적 목표 : 성장촉진적 목표

  ex) 잠재력 개발, 성격의 재구조화, 인격적 성숙

② 목표는 구체적이고 명확해야 한다.

→ 일반적이고 모호한 목표는 정하지 않는다.

③ 목표의 현실성

→ 반에서 중간 정도 학업을 따라가는 학생에게 '일류대 가기'를 목표로 정하는 것은 현실성이 없다.

④ 문제의 축약

→ 호소문제가 엘리베이터에 타는 것과 터널을 지나가는 것에 대한 공포를 느끼는 내담자의 경우 여러 증상의 공통요인으로 '질식에 대한 공포'를 해결하는 것이다.

(8) 구조화-진행방식의 합의

① 시간의 제한

- 한 회기(50분)

- 전체 상담기간에 대해서 대략적인 기간을 추정하여 알려주고 미리 동의를 구하는 것이 바람직하다. 기간은 변경될 수 있음을 알려준다.

② 내담자 행동의 제한

'이 공간은 당신이 원하는 무엇이든 할 수 있지만, 기물파손이나 신체적 공격은 허용되지 않습니다.'

③ 상담자 역할의 구조화

ex1) 심리상담사는 문제를 해결해 주는 사람이 아니다. 다만 내담자가 원하는 것을 스스로 해결할 수 있도록 도와주는 역할을 한다.

ex2) 심리상담사는 내담자를 끌고서 '여기로 가라. 저기로 가라'라고 말해주는 사람이 아니다. 혼자 갔을 때 잘못된 길로 갈 수도 있고, 멀리 돌아갈 수 있기에 심리상담사는 내담자 옆의 반 발짝 뒤에서 함께 가며 좀 더 나은 길로 갈 수 있도록 안내하는 역할이다.

④ 내담자 역할의 구조화

→ 문제를 스스로 해결해가야 한다는 것을 강조한다.

▮ 촉진적 상담관계의 형성

(1) 초기 상담의 목적 중 하나는

내담자가 자신의 관심사를 자유롭게 말할 수 있도록 편안하고 수용적인 분위기를 조성하는 것이다.

(2) 상담 초기 좋은 관계가 형성될 때

성공적인 결과의 가능성이 증가한다.

5.2 중기 단계

1. 중기 단계

▮ 중기상담의 특징

(1) 본격적인 상담 단계로 상담초기에 계획한 상담목표를 해결하기 위한 구체적인 상담 작업이 이루어지는 시기이다.

(2) '문제해결단계'라고도 부르며, 성공적인 결과의 가능성이 증가한다.

(3) 다양한 상담기법과 접근이 사용되는 시기이다.

▮ 과정적 목표의 설정 및 달성

(1) 상담 목표

ex) 학업 성적 올리기

(2) 과정적 목표

① 학업에 대한 동기 고취

② 효율적인 학습방법 익히기

③ 학업 방해 요인에 대한 통제 능력 획득

ex) 놀자고 하는 친구들의 유혹, 만화책 보기, TV시청

▮ 저항의 출현과 해결

(1) 저항의 의미

① 변화에 대한 반대

ex) '변화하는 게 두려워요. 제가 지금까지 취했던 생각과 감정을 바꾸는 것이 겁이 나요.', '보고 싶지 않아요. 들여다보기 싫어요.', '행동을 취하는 것이 너무 부담스러워요. 애쓰기 힘들어요.'

(2) 저항에 대한 입장

① 변화를 달성하는 데 걸림돌로 작용하는 저항을 다루지 않으면 안된다.

② 통합적 입장

'상담과정에 대한 방해'가 아니라 그것 자체가 상담이다. 저항을 상담 장면에서 다룸으로써 저항의 역동을 이해하고 내담자로 하여금 자신의 행동을 탐색하고 욕구와 바람을 자각할 수 있도록 돕는다.

저항을 스스로 극복할 수 있는 기회를 마련하여 변화를 위한 행동을 취할 수 있도록 한다.

(3) 저항의 표현행동

① 외적인 방해

- 상담 시간에 늦는다.
  ex) '선생님, 일찍 오려고 했는데 차가 늦게 왔어요.'
- 시간을 잊어버렸다거나 현실적인 이유를 들어 취소한다.
  ex) '깜빡했어요. 죄송해요.', '오늘 아파서 병원에 가야해요.'
- 약속 시간을 자꾸 바꾸기
  ex) '선생님, 사정이 있어서 오늘 상담을 모래로 미루면 안 될까요?'

② 말의 양

- 말이 자주 멈추고 간격이 길어진다.
- '잘 모르겠다. 생각할 수 없다.'
- 말이 많아지고 갑자기 수다스러워진다.
- 침묵을 지키며 자신의 말을 끌어내도록 기다리는 자세를 취할 수 있다.

③ 말의 내용

- 증상에 대해 지루하게 같은 내용을 되풀이하며 끊임없이 반복한다.
- 생활 속의 일들을 문제영역과 관련시키지 않고, 계속 부분적으로만 얘기한다.
- 상담 받으러 오게 된 문제는 이야기하지 않고, 치료자에 대해 얘기한다.
- 자신에 대해 심리학적 이론이나 일반적, 상식적인 지적 설명을 늘어놓는다.
- 논쟁이 될 만한 이야기를 꺼내어서 치료자를 논쟁에 끌어들인다.
- 주요 인물이나 말의 내용, 사건에 대한 느낌, 세부적 내용을 생략한다.

(4) 저항에 대한 상담자 태도

① 내담자가 저항하고 있음을 알아차릴 수 있어야 한다.

→ 상황에 따른 자연스러운 것인지(예: 상담초기), 상담적 과정에 대한 저항인지 판단해야 한다.

- 상황에 따른 자연스러운 저항일 경우
  → 상황에 대한 정보를 제공하여 안심시킨다.

- 치료과정 중에 나타나는 저항일 경우
  → 치료과정을 심각하게 방해할만한 강한 것인가?
  치료과정을 심각하게 방해할만한 강한 저항일 경우 다루어 주어야 하고, 그렇지 않을 경우는 적절한 시기를 기다리는 것이 좋다.

② 저항으로 나타나는 행동에 대해 어떻게 생각하는지 말해 보도록 한다.
- 자신의 행동에 대한 의미를 이해하도록 하여 주저하고 있는 이유를 깨닫게 한다.
- 방어적 패턴을 변화시킬 의향이 있는지 결정하도록 해야 한다.

5.3 종결 단계

1. 종결단계

▌종결의 시기

내담자의 인간적 성장은 어느 한 시점에서 끝나는 것이 아니고 끊임없이 계속되는 과정이다. 따라서 어떠한 상담사례도 '이제는 필요 없다'거나 '완전히 해결됐다'는 의미로는 종결될 수 없다.

(1) '처음에 기대했던 목표'와 '상담관계의 한계'의 타협으로 종결한다.
(2) 상담관계의 한계로는 내담자 및 상담자의 사정, 경제적 여건, 시간적 여건 등으로 상담을 더 이상 지속하지 못하는 경우이다.

▌종결을 계획하기

(1) 상담초기부터 상담목표와 함께 어느 정도 상담이 지속될 것인지 내담자와 이야기 함으로써 종결은 암시되어야 한다.
(2) 초기 상담목표가 달성되고 그 변화를 내담자가 스스로 지속시켜 나갈 수 있다고 판단 될 때에는 상담을 종결해야 한다.
(3) 상담을 종결할 때에는 상담과정에서의 경험을 요약, 상담성과를 확인, 상담목표와 과정을 점검해야 한다.

(4) 종결 이후 내담자가 변화를 어떻게 지속시켜 나갈 것인지 다루어져야 한다.

▮ 종결의 의미

(1) 심리적 재탄생으로서의 종결

상담을 통해 문제를 해결하고 삶에 대한 용기와 자유를 회복하게 되는 것이다.

(2) 타협 형성으로서의 종결

(3) 성과 다지기로서의 종결

① 종결은 급격히 이루어지기보다 일정한 과정을 거쳐 서서히 이루어지는 것이 바람직하다.

② 종결 3~5회기 전에 종결 날짜를 언급하고 준비해야 한다.

③ 회기의 시간간격을 점진적으로 늘여가는 것이 좋다.

▮ 성공적인 종결의 조건

(1) 문제증상의 완화

(2) 현실 적응력의 증진

① 문제증상 완화 뿐 아니라 현실생활을 제대로 하기 위한 능력을 갖추도록 해야 한다.

② 인간관계 개선을 통해 사회적 지지 자원을 확보하는 것이 중요하다.

(3) 성격기능성의 증진

스트레스 자극에 대해 효과적으로 대처할 수 있는 성격 기능을 증진시키는 것이 중요하다.

▮ 성공적인 종결을 하는 내담자의 태도 및 생각

(1) '모든 사람들은 문제가 있고 나도 그렇다. 유독 나만 나쁜 것 같지는 않다.'

(2) '내가 갖고 있던 큰 문제 중의 하나는 내가 세상의 중심이어야 한다고 집착했던 것이다. 이제는 그것이 나에게 그다지 중요하지 않다.'

(3) '죄책감 때문에 내 마음은 무너질 것 같았다. 상담을 통해 내 기준이 다른 사람들보다 훨씬 높다는 것을 알게 되었다. 사실 나는 내가 나쁘다는 걸 증명하기 위해 의도적으로 어떤 일을 하곤 했다. 이젠 그럴 필요가 없고 그렇게 살고 싶지도 않다.'

(4) '내 문제에 대해 부모님을 더 이상 비난할 필요가 없다. 이제까지는 어떤 일이 일어나든 다 부모님 탓이라 생각했다. 왜 과거가 현재 삶을 물들게 해야 하나? 이제 나에게 어떤 삶이 주어지든 앞을 보며 살 것이다.

▌종결할 때 다루어져야 할 내용

(1) 상담에 대한 평가

① 내담자가 상담 초기에 어떠한 상태였고 무엇을 도움받기 바랬나?

② 상담초기에 비해 무엇을 배우고 나아졌는가? 가장 도움 받은 것은 무엇인가?

③ 그것을 어떻게 배웠는가. 어떻게 변화해갔는가?

④ 현재 남아있는 문제들은 무엇이 있는가?

'상담을 처음 받으러 왔을 때 당신이 도움 받기 원했던 문제는 무엇이었나요? 저와 상담을 해가면서 어떠한 도움을 받았고 변화가 있었나요? 현재는 그러한 문제들이 어느 정도 나아지셨나요? 아직 해결되지 않고 남아있는 문제들은 어떠한 것들이 있나요?

⑤ 평가도구 : 심리검사(MMPI-2, BAI, BDI), 회기별 평가, 전후 측정

(2) 종결에 대한 감정 다루기

① 내담자는 상담자의 도움을 받지 않은 상태에서 다시 문제가 재발할지 모른다는 불안감을 느낀다.

→ 불안을 충분히 다루고 상담으로 학습한 사고, 행동에 대해 재확인하고 스스로에 대한 자신감을 가질 수 있도록 안내한다.

② 상담자 또한 내담자의 상담관계 종결에 대한 감정을 충분히 살펴보고 내담자에게 부정적인 영향을 주지 않도록 유의하면서 표현할 수 있다.

ex) '시원하면서도 아쉽네.', '뿌듯하고 자랑스럽다. 보고 싶을 듯'

(3) 종결 후 상담 효과를 지속시키기

상담을 통해 얻은 행동들을 삶에서 어떻게 유지시켜 나갈 것인가?

① 종결 후 내담자에게 닥칠 어려운 상황들을 미리 예견해보고 그러한 상황을 어떻게 다루겠는가?

② 상담의 효과가 오래 유지되지 못하고 이전으로 돌아간다면 어떻게 하겠는가?

- 어떻게 대처할 것인지 내담자에게 묻는다.
  심리상담사와 함께 대처방법에 대해 미리 논의한다.
- 면역력 증진(자원 및 장점, 대처방법 재확인)

③ 상담자의 역할을 내담자가 자신에게 하는 것이다.

→ 대안적인 생각 및 행동을 탐색하도록 안내해주고, 수용해 주고 지지해 주는 것이다.

④ 종결되더라도 상담자가 어떤 방식으로든 도움을 줄 의사가 있음을 전달한다.
ex) '힘든 상황에서 스스로 해결하도록 최선을 다해보세요. 그럼에도 불구하고 도저히 어려운 경우에 부딪힐 때는 제게 연락을 하셔도 좋습니다.'(연락처, 이메일 주소 확인)

(4) 추후 면접 계획

① 보통 상담을 종결한 후 일정기간(한 달 또는 3개월)이 지난 후 전화나 면담을 통해 이루어진다.

② 상담효과를 종결 이후에 재평가하고 종결 후에도 유지될 수 있도록 하기 위해서이다.

③ 상담종결 시 내담자에게 추후면접이 있음을 안내하여 동의를 구해야 한다.

④ 내담자에게 상담효과를 유지시키는 노력을 하도록 강화하는 역할을 한다.
ex) '다음에 뵐 때에도 잘하고 있는 모습을 보여드려야지'

5.4 상담 윤리

1. 전문가로서의 태도

▌윤리문제에 대한 기본적인 원칙

(1) 심리상담은 내담자의 권리 및 심리상담자 자신의 상담에 대한 윤리관의 중요성을 충분히 인식하고 있어야 한다.

(2) 어떤 경우에라도 내담자의 인간으로서의 가치는 존중받고 보호되어야 한다.
→ 참고 : 한국심리학회 산하 한국상담심리학회 심리상담사 윤리강령

▌전문가로서의 태도

(1) 전문적 능력

① 자신의 교육, 수련, 경험 등에 의해 준비된 범위에서 전문적인 서비스와 교육을

제시한다. 자신의 능력의 한계를 인정하고 교육이나 훈련, 경험을 통해 자격이 주어진 상담활동만을 한다.

② 자신이 가진 능력 이상의 것을 주장하거나 암시해서는 안 되며, 타인에 의해 능력이나 자격이 오도되었을 때에는 수정해야 한다.

③ 자신의 활동 분야에 있어서 최신의 과학적이고 전문적인 정보와 지식을 유지하기 위해 지속적인 교육과 연수의 필요성을 인식하고 참여한다.

(2) 성실성

① 자신의 신념체계, 가치, 제한점 등이 상담에 미칠 영향력을 자각하고, 내담자에게 상담의 목표, 기법, 한계점, 위험성, 상담의 이점, 자신의 감정과 제한점, 심리검사와 보고서의 목적과 용도, 상담료, 상담료 지불방법 등을 명확히 알린다.

② 능력의 한계나 개인적 문제로 내담자를 적절히 도와줄 수 없을 때에는 상담을 시작해서는 안 되며, 다른 심리상담사나 정신건강 전문가에게 의뢰하는 등 내담자를 도와줄 수 있는 방법을 강구한다.

③ 자신의 질병, 죽음, 이동, 또는 내담자의 이동이나 재정적 한계 등과 같은 요인에 의해 상담이 중단될 경우, 이에 대한 적절한 조치를 취해야 한다.

④ 상담을 종결하는 데 있어서 어떤 이유보다도 우선적으로 내담자의 관점과 요구에 대해 논의해야 하며, 내담자가 다른 전문가를 필요로 할 경우에는 적절한 과정을 거쳐서 의뢰한다.

⑤ 상담 관계를 결정하는 데 미치는 요인을 미리 알려야 한다.
상담자는 예비 내담자에게 상담을 시작하려는 그의 결정에 영향을 미칠 수 있는 상담관계의 주요 측면들에 대해 미리 알려 주어야 한다.
ex1) 상담면접을 비디오나 녹음기로 기록하는 것
ex2) 어떤 상담기관들은 상담교육을 책임진 지도감독자나 상담 훈련자가 실제 상담을 관찰할 수 있도록 상담실에 일방 거울을 설치하는 것
ex3) 상담을 통해 내담자에 관해 새롭게 알게 된 사실에 대해 가족이나 관련 있는 기관에 알려 주어야 할 경우도 있다(비밀보장의 한계).
ex4) 상담관계의 한계점을 미리 상세하게 알려 주는 것이 바람직하다.

▮ 상담 성과와 관련된 윤리 문제

(1) 내담자가 도움을 받지 못할 때 :

① 내담자가 상담관계로부터 별다른 이익을 얻지 못한다는 것이 확실하다면 상담관

계를 종결하도록 시도하고, 내담자와 상의 하에 도움을 줄 수 있는 다른 전문가에게 의뢰하는 등의 조치를 취한다.

② 상담자는 우선 내담자에 대한 책임이 있다.

③ 즉 내담자가 호소하는 문제들을 해결함으로써 내담자의 복리를 증진시켜야 할 의무가 있다.

(2) 내담자가 진전이 없는데도 종결을 거부할 때 :

일부 내담자는 단지 말벗이 필요해서, 누군가를 만나기 위해서 상담에 오기도 한다.

ex) 20대 후반의 한 여성이 상담자와 10회에 걸쳐 상담을 계속해 오고 있다. 그녀는 상담 시간에 꼬박꼬박 오기는 하지만 상담에서 이야기할 것이 정말 없다고 한다. 변화를 위해 노력할 뜻도 별로 없어 보인다. 변화를 시도할 수 있도록 상담자가 여러 차례 개입하였지만 별다른 반응을 보이지 않았다. 그러면서도 계속 상담하러 와서 상담자는 종결이 최선이라고 판단하여 종결하였다.

(3) 더 이상 상담을 유지하기 어려운 기관에 있을 때 :

① 내담자가 동의하면 긴밀한 협조관계를 유지해야 한다.

② 내담자가 거절하면 내담자가 상담을 지속하는 데서 생길 수 있는 문제들, 중단했을 때의 문제들, 처한 현실, 상담자 자신의 한계 등을 충분히 숙고하고 내담자와 다루어야 한다.

ex) 중학교 상담선생님이 학교생활에 부적응을 겪고 있는 중학생 내담자와 상담하였다. 상담이 진행되면서 상태가 호전되어 내담자는 학교생활에 그런대로 잘 적응하게 되었다. 그런데 상담을 진행하면서 가족 간의 갈등 및 정서적인 문제 등을 발견하고 보다 장기적인 상담을 받을 필요가 있다고 판단되었다. 상담선생님은 학교에서 이 학생하고만 오랫동안 상담을 할 수 없었기 때문에 결국 내담자를 장기상담이 가능한 다른 상담자에게 의뢰하는 것이 낫다고 판단하였다.

2. 상담 관계

▮ 사회적 책임

(1) 사회와의 관계

① 상담비용을 책정할 때 내담자의 재정 상태와 지역성을 고려해야 한다. 책정된 상담료가 내담자에게 적절하지 않을 때에는 가능한 비용에 적합한 서비스를 받을

수 있는 방법을 찾아줌으로써 내담자를 돕는다.

② 상담전문가가 되기 위해 수련하는 학회회원에게는 상담료나 교육비 책정에 있어서 특별한 배려를 한다.

(2) 고용 기관과의 관계

① 자신이 종사하는 기관의 목적과 방침에 공헌할 수 있는 활동을 할 책임이 있다. 만일 자신의 전문적 활동이 기관의 목적과 모순되고, 직무수행에서 갈등이 해소되지 않을 때에는 기관과의 관계를 종결해야 한다.

② 근무기관의 관리자 및 동료들과의 관계를 통해서 상담업무, 비밀보장, 공적 자료와 개인 자료의 구별, 기록된 정보의 보관과 처분, 업무량, 책임에 대한 상호간의 동의가 이루어져야 한다. 이러한 동의는 구체적이어야 하며, 관련된 모든 사람이 알고 있어야 한다.

(3) 상담기관 운영자

① 상담기관 운영자는 다음 목록을 작성해 두어야 한다. 기관에 소속된 심리상담사의 증명서나 자격증은 그 중 최고 수준의 것으로 하고, 자격증의 유형, 주소, 연락처, 직무시간, 상담의 유형과 종류, 그와 관련된 다른 정보 등이 정확하게 기록되어야 한다.

② 상담을 홍보하고자 할 때는 일반인들에게 상담의 전문적 활동, 전문지식, 활용할 수 있는 상담기술 등을 정확하게 알려주어야 한다.

(4) 다른 전문직과의 관계

① 자신의 방식과 다른 전문적 상담 접근을 존중해야 한다. 심리상담사는 함께 일하는 다른 전문적 집단의 전통과 실제를 알고 이해해야 한다.

② 공적인 자리에서 개인 의견을 말할 경우, 심리상담사는 그것이 자신의 관점에서 나온 것이고, 모든 심리상담사의 견해를 대변하는 것이 아님을 분명히 해야 한다.

③ 내담자가 다른 정신건강 전문가의 서비스를 받고 있음을 알게 되면, 내담자의 동의하에 상담 사실을 그 전문가에게 알리고 긍정적이고 협력적인 상담관계를 맺도록 노력한다.

(5) 자문

① 자문이란 개인, 집단, 사회단체가 전문적인 조력자의 도움이 필요하여 요청한 자발적인 관계를 말하는데, 심리상담사는 자문을 요청한 내담자나 기관의 문제 혹은 잠재된 문제를 규명하고 해결하는 데 도움을 준다.

② 자문 관계는 내담자가 스스로 성장해 나가도록 격려하고 고양하는 것이어야 한다. 심리상담사는 이러한 역할을 일관성 있게 유지해야 하고, 내담자가 스스로의 의사결정자가 되도록 도와주어야 한다.

▌인간권리와 존엄성에 대한 존중

(1) 내담자 복지

① 내담자의 잠재력을 개발하여 건강한 삶을 영위하도록 도움을 주며, 어떤 방식으로도 해를 끼치지 않는다. 내담자로 하여금 의존적인 상담관계를 형성하지 않도록 노력하여야 한다.

② 심리상담사는 상담관계에서 오는 친밀성과 책임감을 인식하고, 개인적 욕구충족을 위해서 내담자를 희생시켜서는 안 된다.

- 내담자에 대한 개인적 욕구와 영향력을 충분히 자각하고 있어야 한다.
- 내담자의 신뢰와 의존을 심리상담사 자신을 위해 이용해서는 안 된다.

③ 내담자의 가족이 내담자의 삶에 중요하다는 것을 인식하고, 필요하다면 가족의 이해와 참여를 얻기 위해 노력한다.

→ 필요한 경우 내담자의 복지를 위해 기꺼이 보호자나 가족들과 면담을 한다.

(2) 내담자의 권리

① 내담자는 비밀유지를 기대할 권리가 있고 자신의 사례기록에 대한 정보를 가질 권리가 있으며, 상담 계획에 참여할 권리, 어떤 서비스에 대해서는 거절할 권리, 그런 거절에 따른 결과에 대해 조언을 받을 권리 등이 있다

② 내담자에게 상담에 참여 여부를 선택할 자유와 어떤 전문가와 상담할 것인가를 결정할 자유를 주어야 한다. 내담자의 선택을 제한하는 제한점은 내담자에게 모두 설명해야 한다.

③ 미성년자 혹은 자발적인 동의를 할 수 없는 사람이 내담자일 경우, 이런 내담자의 최상의 복지를 염두에 두고 행동한다.

▌상담관계

(1) 이중 관계

① 객관성과 전문적인 판단에 영향을 미칠 수 있는 이중 관계는 피해야 한다. 가까운 친구나 친인척 등을 내담자로 받아들이면 이중 관계가 되어 전문적 상담의 성과를 기대할 수 없으므로 다른 전문가에게 의뢰하여 도움을 준다.

- 우호적인 친분 관계일 경우
  - 개인적인 친분관계를 계속 유지하는 것이 치료적 활동에 영향을 줄 수 있다.
  - 친인척이나 가족일 경우 지나치게 밀착되어 있거나 얽혀 있다.
  - 심리상담사는 내담자에 비해 상담관계에서 더 많은 영향력을 행사하는 위치에 있다.

② 상담할 때에 내담자와 상담 이외의 다른 관계가 있다면, 특히 자신이 내담자의 상사이거나 지도교수 혹은 평가를 해야 하는 입장에 놓인 경우라면 그 내담자를 다른 전문가에게 의뢰한다. 그러나 다른 대안이 불가능하고 내담자의 상황을 판단해 볼 때 상담관계 형성이 가능하다고 여겨지면 상담관계를 유지할 수 있다.
→ 상담 외 관계로 인해 상담 관계에서 부당한 영향력을 내담자에게 행사할 위험성이 있다.

③ 특별한 경우를 제외하고는 내담자와 상담실 밖에서 사적인 관계를 유지하지 않도록 한다.

④ 내담자와의 관계에서 상담료 이외의 어떠한 금전적, 물질적 거래 관계도 맺어서는 안 된다.

(2) 성적관계

① 내담자와 어떠한 종류이든 성적(애정)관계는 피해야 한다.
→ 기능상 상담자는 상담에서 내담자보다 우월한 위치에 있다.
내담자는 도움받기 위해 온 사람이고 상담자는 전문적 도움을 주는 위치에 있다.

- 심리상담사에게 공포, 두려움, 절망, 성적인 욕구나 갈등과 같은 내적인 깊은 이야기들을 한다. 따라서 심리상담사가 내담자의 이러한 취약한 부분을 이용하려 한다면 그것은 명백히 비윤리적인 것이다.
- 내담자에 대해서는 심리상담사에 대한 의존성을 조장할 위험이 있다.
- 심리상담사에 대해서는 내담자에 대한 객관성을 상실하게 할 위험성이 있다.

② 이전에 성적인 관계를 가졌던 사람을 내담자로 받아들이지 않는다.

③ 상담관계가 종결된 이후 최소 2년 내에는 내담자와 성적 관계를 맺지 않는다. 상담 종결 이후 2년이 지난 후에 내담자와 성적 관계를 맺게 되는 경우에도 심리상담사는 이 관계가 착취적인 특성이 없다는 것을 철저하게 검증해야 한다.
→ 애정적인 관심과 둘 간의 애정적인 관계는 구분해야 한다.
애정적인 관심은 상담적 맥락에서 처리되어야 할 문제이다.

④ 자신의 힘으로 해결할 수 없다면 다른 전문가의 도움을 받거나 상담 관계를 종결해야 한다.

(3) 여러 명의 내담자와의 관계

① 서로 관계를 맺고 있는 둘 혹은 그 이상의 내담자들(예. 남편과 아내, 부모와 자녀)에게 상담을 제공할 것을 동의할 경우, 누가 내담자이며 각 사람과 어떠한 관계를 맺게 될지 그 특성에 대해 명확히 하고 상담을 시작해야 한다.

② 만약 그러한 관계가 심리상담사로 하여금 잠재적으로 상충되는 역할을 수행하도록 요구한다면, 그 역할에 대해 명확히 하거나 조정하거나 그 역할로부터 벗어나도록 한다.

3. 비밀보장

▌정보의 보호

(1) 사생활과 비밀보호

① 사생활과 비밀유지에 대한 내담자의 권리를 최대한 존중해야 할 의무가 있다.
- 상담에서 내담자의 정보는 일종의 위임된 비밀정보이다.
- 비밀보장이 된다는 조건하에 얻어진 정보이다.

② 내담자의 사생활 침해를 최소화하기 위해서 문서 및 구두상의 보고나 자문 등에서 실제 의사소통된 정보만을 포함시킨다.

③ 내담자가 상담에서 자신이 말한 내용에 대한 비밀이 지켜지지 않을지도 모른다는 생각을 가지고 있다면 순조로운 상담의 진행은 불가능해질 것이다.

④ 상담자는 상담에서의 비밀보장을 내담자에게 약속해야 한다.

(2) 기록

① 법, 규제 혹은 제도적 절차에 따라 심리상담사는 내담자에게 전문적인 서비스를 제공하기 위해서 반드시 기록을 보존한다.

② 녹음 및 기록에 관한 내담자의 동의를 구한다.

③ 면접기록, 심리검사자료, 편지, 녹음 테잎, 기타 문서 기록 등 상담과 관련된 기록들이 내담자를 위해 보존된다는 것을 인식하며 상담기록의 안전과 비밀보호에 책임진다.

④ 기록과 자료에 대한 비밀보호가 자신의 죽음, 능력상실, 자격박탈 등의 경우에도

보호될 수 있도록 미리 계획을 세운다.

⑤ 상담기관이나 연구단체는 상담기록 및 보관에 관한 규정을 작성해야 하며, 그렇지 않을 경우 상담기록은 심리상담사가 속해 있는 기관이나 연구단체의 기록으로 간주한다. 내담자가 기록에 대한 열람이나 복사를 요구할 경우, 그 기록이 내담자에게 잘못 이해될 가능성이 없고 내담자에게 해가 되지 않으면 응하는 것이 원칙이다.

⑥ 상담과 관련된 기록을 보관하고 처리하는 데 있어서 비밀을 보호해야 하며, 이를 타인에게 공개할 때에는 내담자의 직접적인 동의가 있을 때에만 가능하다.

(3) 비밀보장이 지켜지기 어려운 상황들이 존재한다.

ex1) 어떤 상담자가 20대 여성과 석 달 동안 만나고 있다. 그녀는 심한 우울증을 겪고 있으며, 자신에게 남은 것은 절망뿐이라고 말하고, 그녀는 자살에 관한 이야기를 자주하며, 심지어는 상담자에게 자살을 시도하는 구체적인 방법들에 대해 말하기도 한다. 이 때 상담자는 이와 같은 사실을 그녀의 가족들에게 알려야 하는가? 그리고 내담자에게 어떻게 말해야 하는가?

ex2) 한 내담자가 상담자에게 자신이 학교 실험실에서 비싼 실험 장비를 훔쳤다고 말했다. 그 학교는 상담자는 소속된 학교이기도 하다. 만일 학교의 당국자가 상담자에게 그 내담자에 관해 이야기해 줄 것을 요청하였다면 상담자는 어떻게 해야 하는가? 그리고 내담자에게 어떻게 대해야 하는가?

ex3) 상담시간 중에 한 소년이 자신의 친구에게 심각한 신체적 위해를 가할 계획이라고 말한다면, 상담자는 그 소년에게 어떤 말을 해주어야 하는가? 그리고 소년의 이러한 계획을 누구에게 어떤 식으로 알려야 하는가?

ex4) 어떤 상담자가 부모에 의해 의뢰된 어린 아동과 상담을 하고 있다. 상담이 몇 회 진행된 다음 부모가 찾아와서 상담이 어떻게 진행되고 있는지 물었을 때, 상담자는 어떤 정보를 제공할 수 있으며, 또 어떤 정보는 제공할 수 없는가? 그리고 부모에게 이야기하기 전에 상담자는 아동에게 어떤 말을 해 주어야 하는가? 만일 아동이 상담자에게 아무런 이야기도 하지 말 것을 요구하면 어떻게 해야 하는가?

(4) 비밀보호의 한계

① 내담자의 생명이나 사회의 안전을 위협하는 경우가 발생했을 때, 내담자의 동의 없이도 내담자에 대한 정보를 관련 전문인이나 사회에 알릴 수 있다. 이런 경우

상담 시작 전에 이러한 비밀보호의 한계를 알려준다.

• 자신이나 타인에 대한 심각한 위해

'그냥 힘들어서 하는 말일 수도 있는데, 그냥 화가 나서 하는 말일 수도 있는데...... 어떻게 판단할 수 있는가?'

→ 상담자 자신의 전문적 판단에 달려있다. 스스로 판단하기 어렵다면 선배 혹은 동료 상담자, 지도감독자와 의논해야 한다.

② 법적으로 정보의 공개가 요구될 때에는 비밀보호의 원칙에서 예외이지만, 법원이 내담자의 허락 없이 사적인 정보를 밝힐 것을 요구할 경우, 내담자와의 관계를 해칠 수 있기 때문에 정보를 요구하지 말 것을 법원에 요청한다.

③ 상황들이 사적인 정보의 공개를 요구할 때 오직 기본적인 정보만을 밝힌다. 더 많은 사항을 밝히기 위해서는 사적인 정보의 공개에 앞서 내담자에게 알린다.

④ 상담 시작과 과정 중에 내담자에게 비밀보호의 한계를 알리고 비밀보호가 불이행되는 상황에 대해 인식시킨다.

(5) 집단상담과 가족상담

① 집단상담에서 비밀보호의 중요성을 설명하고 집단에서의 비밀보호와 관련된 어려움을 토론한다. 집단 구성원들에게 비밀보호가 완벽하게 보장될 수 없음을 알린다.

② 가족상담에서 한 가족 구성원에 대한 정보는 허락 없이는 다른 구성원에게 공개될 수 없다. 심리상담사는 각 가족 구성원의 사생활에 대한 권리를 보호한다.

③ 자발적인 언행이 불가능하거나 미성년인 내담자를 상담할 때, 상담의 과정에서 필요하면 부모나 보호자가 참여할 수 있음을 알린다. 그러나 심리상담사는 내담자의 이익을 위해 최선을 다한다.

(6) 기타 목적을 위한 내담자 정보의 이용

① 교육이나 연구 또는 출판을 목적으로 상담관계로부터 얻어진 자료를 사용할 때는 내담자의 동의를 구해야 하며, 각 개인의 익명성이 보장되도록 자료 변형 및 신상 정보의 삭제와 같은 적절한 조치를 취하여 내담자의 신상에 피해를 주지 않도록 한다.

② 다른 전문가의 자문을 구할 경우, 심리상담사는 사전에 내담자의 동의를 구해야 하며, 적절한 조치를 통해 내담자의 사생활과 비밀을 보호하도록 노력한다.

▌심리검사

(1) 기본 사항

① 검사결과에 따른 심리상담사들의 해석 및 권유의 근거에 대한 내담자의 알 권리를 존중한다.

② 규정된 전문적 관계 안에서만 평가, 진단, 서비스, 혹은 개입을 한다.

③ 심리상담사의 평가, 추천, 보고, 그리고 심리적 진단이나 평가 진술은 적절한 증거 제공이 가능한 정보와 기술에 바탕을 둔다.

(2) 사전 동의

① 평가 전에 내담자의 동의를 미리 구하지 않았다면, 그 평가의 특성과 목적, 그리고 결과의 구체적인 사용에 대해 내담자가 이해할 수 있는 말로 설명해야 한다. 채점이나 해석이 심리상담사나 보조원에 의해서 되든, 아니면 컴퓨터나 기타 외부 서비스 기관에 의해 이루어지든지, 심리상담사는 내담자에게 적절한 설명을 하도록 조치를 취해야 한다.

② 어떤 개인 혹은 집단검사 결과를 제공할 때 정확하고 적절한 해석을 함께 제공하여야 한다.

(3) 유능한 전문가에게 정보 공개하기

① 검사 결과나 해석을 포함한 평가 결과를 오용해서는 안 되며, 다른 사람들의 오용을 막기 위한 적절한 조치를 취한다.

② 특별한 경우를 제외하고는, 내담자나 내담자가 위임한 법적 대리인의 동의가 있을 경우에만 그 내담자의 신분이 드러날 만한 자료를 공개한다(예 : 계약서, 상담이나 인터뷰 기록, 혹은 설문지). 그와 같은 자료는 그 자료를 해석할만한 능력이 있다고 심리상담사가 인정하는 전문가에게만 공개되어야 한다.

▌윤리문제 해결

(1) 위반

① 윤리적으로 행동하는지에 대한 의구심을 유발하는 근거가 있을 때 윤리위원회는 적절한 조치를 취할 수 있다.

② 특정 상황이나 조치가 윤리강령에 위반되는지 불분명한 경우, 심리상담사는 윤리강령에 대해 지식이 있는 다른 심리상담사, 해당 권위자 및 윤리위원회의 자문을 구한다.

③ 소속 기관 및 단체와 본 윤리강령 간에 갈등이 있을 경우, 갈등의 본질을 명확히 하고 소속기관 및 단체에 윤리강령을 알려서 이를 준수하는 방향으로 해결책을 찾도록 한다.

4. 심리상담사의 윤리문제에 대한 몇 가지 지침들

상담에서의 윤리문제에 대한 몇 가지 지침들을 제시하고자 한다. 하지만 이 지침들이 절대적인 것은 아니다. 이 지침들을 실제 상담 장면에 적용하기 위해선 각 상담자마다 이 지침들에 대한 충분한 숙고와 검토가 있어야 한다.

(1) 상담자는 자신이 어떠한 개인적 욕구를 가지고 있는지, 상담을 통해 자신이 얻는 바가 무엇인지, 그리고 자신의 욕구와 행동이 내담자에게 어떠한 영향을 미치는지를 분명히 자각하고 있어야 한다.

(2) 상담자는 자신이 소속한 기관이나 조직에서 채택하고 있는 윤리적 규준들에 대해 알고 있어야 하지만, 그러한 규준들을 실제 상담에 적용시키는 것은 다름 아닌 자신이며, 따라서 상담자 자신의 독자적인 판단이 중요하다는 점을 인식하고 있어야 한다. 또한 상담자는 많은 문제들에는 분명한 대답이 없을 수 있으며 적절한 대답을 찾는 책임이 자신에게 있음을 알고 있어야 한다.

(3) 상담자에게는 내담자의 복리에 대한 책임이 있으며, 내담자를 자신의 욕구를 충족시키기 위해 이용하는 일이 있어서는 안 된다.

(4) 상담자는 상담적 관계를 명백히 해칠 수 있는 내담자와의 어떠한 다른 관계를 가져서는 안 된다.

(5) 상담자에게는 내담자의 비밀에 대한 보장과 상담관계에 부정적인 영향을 미칠 수 있는 다른 문제들에 대해서도 내담자에게 알려 줄 책임이 있다.

(6) 상담자는 자신의 가치관, 태도 등을 자각하고 있어야 하며, 이러한 가치와 태도가 상담관계 및 내담자에게 어떠한 영향을 미치는지를 인식하고 있어야 한다.

(7) 상담자는 상담의 목표, 기법 및 절차, 그리고 상담관계를 시작함으로써 내담자에게 닥칠지도 모르는 위험과 내담자가 상담을 시작하려는 결정을 내리기 전에 고려해야 할 다른 요인들에 대해서도 미리 내담자에게 알려 주어야 한다.

(8) 상담자는 자신이 제공할 수 있는 전문적인 도움의 한계를 잘 알고 있어야 하며, 내담자에게 적절한 도움을 주지 못하고 있다는 판단이 내려질 때에는 지도감독자의 도움을 받거나 내담자가 다른 상담자에게 상담을 받을 수 있도록 의뢰해야 한다.

(9) 상담자는 상담과정에서 자신이 내담자에게 모델이 될 수도 있다는 점을 알아야 하

며, 따라서 상담자 자신의 생활에서 내담자에게 영향을 미칠 수 있는 일이나 행동을 인식하고 있어야 한다.

5.5 상담에 영향을 미치는 요인들

1. 내담자 요인

내담자 요인은 상담에 대한 기대, 문제의 심각성, 동기, 지능, 정서 상태, 방어적 태도, 자아강도, 사회적 성취수준, 과거의 상담경험, 자발적인 참여도 등으로 나누어 볼 수 있다.

▮ 상담에 대한 기대

(1) 내담자들은 상담에 대해 다른 기대를 갖는다.
   ① '상담이 도움이 될거야' → 상담에 보다 적극적이고 참여적이다.
   ② '상담을 한다고 해서 뭐가 달라지겠어' → 상담에 저항적, 소극적, 비판적이다.
(2) 이러한 기대는 상담의 진행방향과 결과뿐만 아니라 첫 면접 이후 상담을 계속할 것인가 아닌가를 결정하는데도 영향을 미친다.
(3) 내담자들은 상담이 일반적으로 도움이 된다고 믿지만 자신에게도 도움이 될지에 대해서는 의문을 가진다.
(4) 실제로 문제를 가진 사람들도 상담에 대해서는 별로 기대를 가지고 있지 않기 때문에 상담실을 찾지 않는다.
(5) 내담자들은 경험이 많고 성실하며 신뢰할 수 있는 포용적인 상담자를 기대한다.
(6) 과거 상담 경험에서 상처를 받은 경우에는 상담경험이 있을 때 탐색하는 것이 중요하다.
(7) 상담 초반에 내담자의 상담에 대한 기대를 탐색한다.

↓

부정적인 기대를 가졌다면 관련된 경험과 과정을 다루어야 한다.

↓

보다 긍정적인 기대를 가질 수 있도록 상담자는 노력해야 한다.

(8) 상담자에 대한 기대의 경향

① 여성일 경우 : 포용적이고 무비판적이기를 기대한다.

② 남성일 경우 : 지식적이고 비판적이며 분석적이길 기대한다.

③ 권위적인 내담자의 경우 : 지시적인 상담자 선호 경향이 있다.

④ 비권위적 내담자의 경우 : 비지시적 상담자 선호 경향이 있다.

→ 상담자에 대한 기대를 탐색하는 것도 필요하다.

▌문제의 심각성

문제가 심각한 경우와 가벼운 경우 중 어느 쪽이 상담효과가 좋을까

(1) 내담자의 심리적 문제가 심각할수록 투자된 사건과 노력에 비해 상담의 효과가 적다.

(2) 내담자에 대한 진단이 정신과적 문제가 심각할 경우

ex) 정신분열증, 편집증, 우울증 등이 있을 때는 약을 복용하면서 심리 상담을 병행해야 한다.

(3) 문제가 지나치게 가벼운 경우는 상담동기가 낮고 문제가 분명하지 않아서 상담의 진전이 늦을 수 있다.

▌상담에 대한 동기

(1) 상담에 대한 동기가 클수록 상담효과는 높다.

(2) 상담자들도 동기가 높은 내담자를 선호한다.

(3) 상담 초기에 상담에 대한 동기를 높이는 것이 성과에 큰 영향을 미친다.

(4) 상담에 대한 대가로 요금을 지불하는 것도 상담에 대한 동기를 증가시키기 때문에 결과적으로 상담효과를 높일 수 있다.

ex) 상담료 지불, 상담에 대한 교육, 상담자의 전문성, 상담 예후 안내 등이 있다.

▌지능

지능이 높은 내담자는 지능이 낮은 내담자보다 다음과 같은 특성이 있다.

(1) 상담자의 의도를 잘 파악한다.

(2) 문제를 분석하고 통합하는 능력이 높다.

(3) 자기이해가 빠르고 개입이 효과적이다.

(4) 상담효과가 높다.

▌정서 상태

(1) 내담자의 불안이 클수록 변화에 대한 동기가 강하고 상담에 대한 준비가 되어 있을 가능성이 높다.
(2) 단, 지나친 불안 수준은 오히려 방해가 될 수 있으므로 불안수준을 낮추는 개입을 먼저 해야 한다.
(3) 심한 불안, 우울증, 긴장 등은 고통을 의미하는 것이고, 이런 정서 상태에서 벗어나려는 노력의 일환으로 상담에 대해 보다 적극적이다.
(4) 불편감 및 고통을 어느 정도 경험하고 있어야 동기가 높다.
(5) 만약 만성화되어 있는 경우는 동기가 낮고 상담성과도 또한 낮다.

▌방어적 태도

(1) 방어기제가 무너진 상태 : 내담자의 정서적 혼란이 너무 심하면 자아의 적응 및 기능이 무너져 버린 상태에서 상담이 어렵다.
(2) 방어기제가 지나치게 강한 상태 : 불안 및 갈등의 원인을 근본적으로 탐색 또는 직면하지 않으려는 경향이 강하기 때문에 상담과정에서의 저항적 요소로 작용한다.
(3) 바람직한 자아방어 : 상담에서는 적절한 정도의 자아방어가 바람직하다.

▌자아강도(ego strength)

(1) 자아강도가 높은 내담자는 불안이 심해도 상담효과의 전망이 좋다.
(2) 자아강도가 강하면 자기의 불안을 통제할 수 있으며 충동적인 감정을 함부로 발산하지 않는다.
(3) 문제해결과정에서의 어려움을 견딜 수 있다.
(4) 자아강도 수준이 높을수록 상담효과가 높다.
  ① 자아강도 :
    • 자신을 버텨낼 수 있는 힘!
    • 불안과 불편감을 견디어낼 수 있는 힘!
    • 문제해결과정에 참여하고 어려움을 견딜 수 있는 힘!

▌사회적 성취수준과 과거의 상담경험

(1) 교육수준, 경제적 수준, 사회적 수준이 높은 내담자는 비교적 상담효과가 좋다.
(2) 과거에 상담을 받은 경험은 다음 상담의 효과를 촉진시키는 데 별로 도움이 되지 않을 수도 있다.

ex1) 이전 심리상담사는 안 그랬는데 이분은 왜 그렇지?

ex2) 이럴 때 이렇게 해야 하는 것 아니야?

ex3) 해도 뭐 달라질 것 있겠어?

▌자발적인 참여도

(1) 타인에 의해서 상담실에 오게 된 내담자와는 효과적인 상담이 어렵다.

(2) 비자발적인 내담자는 저항이 크기 때문에 상담자에게 어려운 상황을 만든다.

(3) 매우 방어적일 뿐만 아니라 상담자에게 적개심을 갖기도 한다.

▌바람직하지 못한 내담자의 행동 및 태도

(1) 상담에 영향을 미치는 요인들

내담자 요인 : 내담자의 행동상담과정에서 바람직하지 못한 내담자의 행동 및 태도는 다음의 여러 형태로 나타날 수 있다.

① 침묵

② 상담자에 대한 지나친 숭배, 수종 및 동조

③ 상담에 대한 과잉 기대

④ 무의미한 내용의 진술

⑤ 상담 필요성의 부정 및 의심

⑥ 면접 중 불필요하게 많은 웃음거리(유머)

⑦ 상담자를 속이는 언행

(2) 상담자 요인과 상호작용 요인

① 상담자 요인 : 상담자 요인으로는 상담자의 경험과 숙련성, 성격, 지적 능력, 내담자에 대한 호감도로 나누어 볼 수 있다.

② 상담자의 경험과 숙련성

- 내담자는 심리상담사가 많은 경험을 했고 숙련되어 있다고 지각되면 심리상담사를 신뢰하고 높은 기대를 갖게 된다.
- 심리상담사의 경험이 많으면 공감능력도 대체로 증가하고 상담과정에 대한 숙련도가 높아진다고 볼 수 있다.
- 숙련성은 상담에 관한 이론적인 설명이나 지식보다는 실제로 상담 관계를 이끌어 가는 중요한 요인이 된다.
- 즉 숙련된 심리상담사와 미숙한 심리상담사의 차이는 내담자를 이해하거나 의

사소통을 하는 능력에서 나타난다.

- 상담을 오래했다고 해서 그렇지 않은 사람에 비해 상담을 잘하는 것이 아니다.
- 상담에서 가장 강력한 치료적 도구는 심리상담사 자신이다.

→ 그 도구가 각자 다르기 때문이다.

- 심리상담사가 어떠한 사람인가(지적, 인간적, 성격적)
- 심리상담사가 자신을 들여다보는 사람인가
- 아니면 다른 사람을 상담하는 역할만 하려는 사람인가

③ 상담자의 성격

- 한 인간으로서의 심리상담사의 태도는 기법보다 치료관계에 미치는 영향이 더 크다고 말할 수 있다. 상담은 결코 이론이나 기법으로 하는 것이 아니다. 상담에 대한 기술만으로는 내담자에 대한 부적절한 태도를 보충하기 어렵다.
- 심리상담사의 성격은 그가 주로 활용하는 이론과 기법을 선택하고 사용하는 데 영향을 미친다.
- 유능한 심리상담사 : 자신을 긍정적으로 보고, 상담에 훨씬 적극적이고, 내담자에게 우호적이며, 독단적이거나 지배적이 아니다. 내담자의 사고의 불명료성, 모호한 의지상태, 감정의 혼란에 대해 수용적인 인내를 보인다.
- 모호한 상황을 참지 못하는 심리상담사는 지배성이 높고 자제력이 없거나 공격성이 강한 경우가 많다.
- 남자 심리상담사는 평균 이상의 예민한 감수성이 요구되고, 여자 심리상담사는 보통 여성들보다도 자기 주장적인 대담한 성격이 필요하다.

④ 상담자의 지적 능력

- 심리상담사의 지적인 능력이 상담결과를 결정하는 것은 아니다.
- 공감 능력도 지적인 능력에 따라 좌우되지 않는다.
- 그러나 심리상담사의 지적 능력은 의사소통과 밀접한 관련이 있다.
- 심리상담사의 지적능력이 우수할수록 상담이론과 기법을 정확히 이해하고, 상담의 과정을 잘 파악하며, 내담자의 말과 행동의 의미를 더 잘 읽을 수 있다.
- 이런 의미에서 상담은 종합적인 예술이다.

⑤ 상담의 흐름에 따라 적절한 반응과 전략을 생각해내고 적절히 시행하고 전달하는 능력은 상담자의 능력에 따라 다를 것이다.

⑥ 내담자에 대한 호감도

- 내담자에 대한 호감이란 내담자가 심리상담사의 마음에 든다는 뜻이다.

- 내담자에 대한 호감도가 높을수록 우호적인 상담분위기가 조성되기 쉽고, 내담자에게 보다 수용적이고 온정적인 태도를 보일 뿐 아니라, 공감수준도 높아진다.
- 심리상담사는 대부분의 내담자에게 호감을 갖고 우호적인 관계를 형성할 수 있다.
- 그렇지 않을 경우 한 인간으로서, 역전이의 한 부분으로서 호감이 안 느껴지고, 충분히 노력했음에도 호감을 느낄 수 없다면 다른 심리상담사에게 의뢰를 고려하는 것이 바람직하다.

2. 상호작용 요인

상담자와 내담자의 상호작용 요인은 성격측면의 상호유사성, 공동협력의 정도 및 상호간의 의사소통 양식의 세 가지 면으로 나누어 볼 수 있다.

▮ 성격 측면의 상호유사성

(1) 사회적 신분, 관심, 가치관, 태도 등에서 상담자와 내담자의 상호유사성은 촉진적 관계의 형성에 긍정적인 요인이 된다.
(2) 내담자에 대해 자기와의 유사성을 크게 자각한 상담자는 내담자에 대한 이해수준과 공감수준이 증가하고, 수용 정도와 호감 정도가 증가한다.
(3) 실제로 어떤 점이 유사하다는 것 보다는 유사하다는 느낌이 생길 때 서로의 거리감이 줄어들고 친밀감과 애정이 증가한다.

▮ 심리상담자와 내담자의 공동협력(작업동맹)

(1) 상담자와 내담자 사이의 협력이 없으면 상담은 의미가 없다.
(2) 상담자와 내담자가 서로 협력하고 상담의 과정에 책임을 지고자 할수록 상담효과가 높다.
(3) 상담의 목표를 함께 정하고, 실천적인 노력과 최종적인 결정은 내담자 자신이 하며, 그 결과에 대해서는 함께 책임을 진다.
(4) 변화는 내담자 자신이 참여하지 않으면 결코 일어날 수 없다.
(5) 상담자와 내담자의 협력을 방해하는 커다란 장애는 부정적 자아개념과 의존성일 수 있다.

▌상담자와 내담자의 의사소통 양식

(1) 상담자와 내담자의 의사소통 양식은 상담과정의 주요 상호작용 요인이 된다.

(2) 과묵형, 다변형, 질문형, 시사형, 동조형, 저항형 등의 의사소통 유형은 상호이해의 촉진 정도 및 면접효과에 영향을 준다.

3. 가치문제

▌가치란

(1) 인간 생활의 책임과 행동과정에서 무엇이 바람직한가를 결정하는데 유용한 가설적 판단기준이다.

(2) 심리상담사와 내담자가 하는 모든 말과 행동에는 가치판단이 포함되어 있다.

(3) 상담은 심리상담사가 내담자 스스로 자기의 가치를 탐구하고 분석 및 종합하는 기회를 가질 수 있도록 개방적인 대화의 분위기를 제공하는 것이다.

▌상담에 대한 심리상담사의 가치관

상담자가 자신의 가치를 먼저 아는 것이 필수적이다.

(1) 상담에 관한 가치

① 상담자는 인간 존재의 가치, 존엄성, 잠재력 및 교육성을 믿는다.

② 개인의 행동이 자신이나 타인에 대해 심각한 정도로 파괴적이지 않는 한, 개인의 자유로운 선택과 결정의 권리를 존중한다.

③ 내담자의 복리증진을 위해 노력하고 내담자의 인간적 존엄성을 존중한다.

④ 위의 세 가지 점을 기초로 하여 객관적이고 적절한 사회봉사에 힘쓴다.

▌내담자의 가치에 관련된 상담자의 역할(미국)

(1) 1910~1940년대 : 보편적 가치를 취하도록 상담자가 영향력을 발휘할 책임이 있다.

(2) 1940~1960년대 : 로저스

- 삶에 있어서 개인의 직접적 경험이 최고의 권위를 가진다.
- 개인은 천부적으로 자기 통제력과 자아실현의 능력을 지닌다.
- 내담자를 이해하는 최선의 방법은 내담자 고유의 내면적 준거에 의해 이해하는 것이다. → 심리상담사는 비지시적 역할을 수행하며, 가치에 중립적이어야 한다.

(3) 1960년대 이후

① 지시적 모형과 비지시적 모형의 중간형이다.

② 심리상담사는 내담자의 세계에 개입하여, 내담자가 자신의 문제를 규명하고 목표를 설정하며 대안적 해동을 선택하도록 도와야 한다.

③ 적극적으로 개입을 하되 심리상담사(사회)가 옳다고 생각하는 가치를 내담자에게 주입시키는 것이 아니라, 내담자에게 바람직한 가치관의 형성을 도와주는 것이다.

▌상담관계에 적용되는 인간적 가치들

상담효과를 높여주는 가치들이다.

(1) 인간은 자기생활의 결정자이며 자유로운 선택능력을 가지고 있다.

① 내담자들은 문제의 원인을 타인이나 외부적 상황에 돌리는 경향이 있다.

② 이는 문제의 속성이나 원인을 타인이나 외부 상황으로 투사시킴으로써 자신의 행위에 대한 책임으로부터 벗어나고자 하기 때문이다.

③ 내담자로 하여금 주변의 영향이 있다 할지라도, 스스로 자신의 운명과 행동을 변화시킬 수 있는 자유 의지의 소유자임을 깨닫게 한다.

→ 문제의 해결을 촉진한다.

(2) 인간은 자기와 타인에 대한 책임을 완수함으로써 발전이 있다.

① 내담자는 문제해결을 위해 자신의 생각과 행동을 변화시켜야 한다는 것을 알더라도, 그에 따른 부담과 고통을 감당하기 싫어 회피하는 경향이 있다.

② 심리상담사의 책임은 내담자의 생활양식에 바람직한 변화가 오도록 촉진하며, 내담자로 하여금 한 인간으로서 이해받고 존중받고 있음을 느끼도록 하는 행동적 자극과 반응을 보여주는 것이다.

③ 그러면 내담자는 자신의 행동에 대한 책임을 느끼고 자신이 주변 환경에 미치는 영향 또한 받아들이게 된다.

(3) 인간은 사랑과 평화와 우애를 지향하며 상담관계에서도 이것들이 촉진되어야 한다.

(4) 자아의 확대 및 성장을 위해서는 자신과 타인에 대해 개방적이어야 한다.

① 우리는 외면적 역할(가면)로 사회관계를 유지하며 살아간다.

→ 자신의 내면을 외면함으로써 자아의 성장이 방해된다.

② 심리상담사의 개방성과 성실성은 내담자의 개방성과 성실성을 유도한다.

③ 자신과 타인에게 개방적일 때에만 개인적인 성장이 이루어진다.

(5) 자신의 기본적인 신념과 행동양식을 정기적으로 반성해 봄으로써 인간적 성장을 가져온다.

① 명상과 반성을 통해 자신의 신념과 가치와 행동양식을 비판적으로 검토해 봄으로써, 보다 확대되고 성장하는 자아를 발견 또는 창조할 수 있다.

② 상담은 평소에 잘 하지 못했던 건강한 반성과 검토를 해 가는 과정인 것이다.

(6) 인생에 있어서 죽음과 불안은 불가피한 것이며 죽음과 불안에 어떻게 대처하고 준비하느냐가 중요하다.

① 죽음은 실존적인 불안이다.

② 인간은 무능력하고 무기력해지며, 무력감에 대한 불안을 은폐하기 위해 신경증적인 공격성이나 조작적인 활동성을 보인다.

③ 수동적인 존재가 아니라 주체적인 존재임을 깨닫도록 돕는다. 내담자는 자신과 주변인의 삶에 활력을 주고 자신의 삶을 확장시키는 경험을 스스로 창조할 수 있음을 발견해 갈 것이다.

(7) 심리상담사는 자기의 인간적 가치관을 끊임없이 검토하며 이를 토대로 내담자를 만나야 한다.

① 심리상담사의 인간관 및 생활관이 직간접으로 나타나고 영향을 미친다.

② 인간적 가치를 보다 분명히 알고 그 가치가 자신의 행동에 어떤 영향을 미치고 있는지 예민하게 검토하는 것은 상담자의 바람직한 자세이다.

③ 이런 자세는 상담자의 성장 뿐 아니라 내담자의 가치관에 대한 폭넓고 민감한 이해를 가능하게 한다.

제 6 장

가족상담

6.1 가족상담

1. 가족상담의 필요성

▮ 가족의 한 사람의 문제가 그 개인만의 문제인가

다음은 부모의 피드백이 자녀의 일탈을 감소시키기보다 오히려 정 반대의 결과인 저항과 가출을 초래한 사례이다.

'분노를 잘 참아내지 못하는 사춘기 아들 지훈이는 자정 이전에 반드시 집에 들어와야 한다는 부모에게 저항하며 화를 낸다. 어머니는 충격을 받고 소리 지르며 울기 시작한다. 아버지는 몹시 격분하여 지훈이에게 한 달 동안 외출을 금지시킨다. 지훈이는 화를 내며 부모의 권위에 도전하고, 부모는 더 크게 소리 지르고 벌을 준다. 결국 지훈이는 가출을 한다.'

▮ 가족상담의 발전

(1) 가족상담(가족상담)의 정의 :
 가족이 함께 상담이나 상담을 받는 것이다.

(2) 개인 상담에서 가족 상담으로 변화 :
 개인의 문제를 개인을 중심으로 보기보다, 가족구성원간의 관계를 중심으로 보는 시각으로 변화되고 있다.

(3) 인간은 사회적 존재 :

① 인간의 행동은 기본적으로 대인관계 안에서 조직된다.

② 한 명의 가족구성원의 문제는 가족관계 안에서 형성된다.

③ 따라서 그 개인의 문제를 해결하기 위해서는 가족 간의 관계 즉 상호작용 패턴 및 의사소통 문제 등을 변화시켜야 한다.

▮ 가족상담사의 관점

가족상담사의 관점은 '그들이 왜 문제를 갖게 되었는가?' 가 아니라 '무엇이 가족으로 하여금 문제에 대처하는 것을 어렵게 만드는가?', 또는 '무엇이 가족을 그렇게 몰아가고 있는가?' 이다.

(1) 가족상담의 초점은 문제의 원인이 아니라 문제의 발생에 기여하는 관계 패턴이다.

(2) 가족전체를 관찰하면서 개인과 개인의 성격과 관계가 어떻게 문제의 발생이나 유지에 기여하고 있는지를 이해해야 한다.

(3) 예를 들면 성난 청소년, 과도하게 통제적인 어머니, 냉정한 아버지의 관계 양상에서 잘 나타나 있다.

▮ 현대 가족구조의 특성

외형적으로 가정이 안식처의 역할을 하고 있는 것으로 보이나, 본질적으로는 대개 가족 내에서 불안정한 욕구를 충족하려고 한다. 그 방법은 다음과 같다.

(1) 기혼 남성들은 직장 생활에서 왜소한 자신을 발견하고 무시당한 자존심을 자녀들에게서 회복하고자 하나, 자녀는 생존적인 필요에 의해 의존할 뿐 부모의 심리적 욕구를 충족시켜 줄 수 없고, 그럴 의무조차 없을 것이다.

(2) 부부간의 욕구 불만을 자녀의 양육을 통해 보상받으려고 한다.

ex1) '자녀를 훌륭하게 양육하는 것.'

ex2) '이젠 아이들을 위해서 살자'

→ 아이들이 부모를 위해서 살아주기를 바라고 부모가 중요한 존재임을 알아주며 부모를 행복하게 만들어 주기를 기대하는 것이다.

(3) 직장에서 이미 지치고 실의에 찬 아버지가 귀가할 때에 마치 집이 조용한 휴양소가 되길 바라고 있다면 , 자녀들에게는 자녀가 바라는 모방과 존경의 아버지상을 잃게 하는 것이다.

(4) 주부인 어머니가 가정에서 발견하는 자기 모습은 단지 아내와 어머니 역할뿐이고 과거의 직업적 경험이나 자신감 등을 잃어버린 상태가 되어 버린다.

① 이 무력감을 보상받기 위해 자녀양육에 매달린다.
② 직장을 가진 어머니는 어머니대로 무관심과 짜증으로 대하기 쉽다.

▌가족상담의 필요성

(1) 가족의 위기조건

① 가족구성원의 상실
- 부모의 사망
- 배우자의 사망
- 자녀의 사망

② 예기치 않았던 가족의 증가
- 경제적 안정이나 학업으로 인해 산아제한을 해오던 부부에게 원하지 않던 임신
- 계모 또는 계부가 새로 등장한 경우
- 결혼 후 부모와 함께 살게 되는 경우

③ 사기의 하락 또는 가정 내 평화가 깨진 경우
- 배우자의 외도, 이혼 전후의 파란
- 알코올 중독, 불신을 자아내는 습관적 행동
- 자녀의 비행 또는 사고, 가정의 불명예가 되는 사건의 발생 등

→ 가족의 생활양식을 혼란시키고 좌절감을 준다.

(2) 문제가족의 발생

가족 중에 '문제가 있는 것으로 간주되는 가족구성원'이 있을 때

① 심리적 문제가 있는 가족원 :
ex) 불안 수준이 높은 사람, 고집스럽고 강박적인 사람, 비사교적인 사람, 폭력적인 문제가 있는 사람 등

② 정신과적 문제가 있는 가족원 :
ex) 우울증, 정신분열증, 조울증, 강박장애 등

③ 장애아동
ex) 지적장애, 주의력 결핍장애, 자폐증 등
→ 해당 가족원은 이해받지 못한다고 느끼고, 다른 가족원들은 심리적 부담과 갈등을 경험한다.

(3) 가족관계 및 의사소통의 문제

① 다른 식구들은 문제로 삼지만 본인이 문제시하지 않는 사례보다는 다른 식구와

본인이 다 같이 문제시 할 때에 더욱 가족상담의 필요를 느끼게 된다.

② 가족 중 누가 어떤 상태에 있든지 가정적 균형이 불안정하고 식구들이 자주 당황하거나 긴장을 느낄 때에 가족 상담과 같은 전문적인 노력이 필요하다.

- 가족 중 어느 두 사람의 관계 때문에 다른 사람이 계속 긴장과 소외감을 가질 경우
  ex1) 부부 싸움으로 인해 자녀들이 불안하고 긴장될 때
  ex2) 부와 자의 대립으로 다른 가족이 눈치를 볼 때
  ex3) 모와 녀의 대립, 부와 녀의 대립, 모와 자의 대립 등
- 모든 식구들이 서로 대화가 통하지 않고 서로 간에 오해를 자주 산다고 생각될 경우
- 집에 들어와 있는 시간이 계속 불만족스럽고 밖에 있는 시간보다 긴장을 더 느낄 경우
- 식구 중 한 사람이 '문제'라고 생각되어 다른 식구들과의 관계가 계속 불안정한 경우
  ex1) 부가 '알코올중독'인 경우
  ex2) 큰 아들이 가출하고 폭력 문제가 있는 경우
  ex3) 모가 지나치게 깔끔하고 강박적인 경우
- 식구 중 한두 사람의 존재(위치)가 갑작스럽게 변화함으로써 가족 전체에 불안을 가져올 경우
  ex) 직장이나 학업으로 인한 부나 모의 분리
- 가정에 중대한 영향을 미치는 외부 사건의 발생으로 식구 전체가 긴장 속에 빠져 있을 경우
  ex) 자녀가 성폭행을 당한 경우나 스토킹을 당하는 경우

2. 가족상담의 원리

▮가족상담의 접근방법

가족상담의 접근방법은 약 30년의 역사를 거치는 동안 여러 이론이 발달되어 왔다. 초기에는 개인 상담이나 개인 심리상담이 우선시되었지만, 최근에는 가족구성원을 함께 접근하는 가족 상담이 제안되고 있다.

(1) 구조적 가족상담

① 가족을 하나의 사회적 단위로 본다.

② 상담목표는 문제 가족원에 대항하는 가족관계와 과정에 상담적 개입의 초점을 갖고 그 가족이 그들의 구조를 변화시키도록 돕는 것이다.

→ 가족의 상호행동 패턴을 변화시킨다.

(2) 체계적 상담

① 가족 간의 집단적 의사소통양식의 변화에 초점을 둔 접근이다.

▌가족상담의 원리

(1) 가족체계의 문제성

① 가족의 문제는 한 사람에 대한 정신병리학적 관점에서보다는 다른 가족들과의 관계에서 이해되고 다루어진다.

② 가족 중 한 사람의 문제는 가족 전체의 문제성을 반영하는 것으로 간주한다.

ex) 한 자녀가 흥분 상태에서 조용한 상태로 바뀌면 어머니가 흥분하고, 자녀와 어머니가 조용해지면 아버지나 다른 자녀가 흥분하는 식이다.

③ 한 가족원을 이해하기 위해서는 가족체제 전체의 심리적 특성을 염두에 두어야 한다.

※ 가족이라는 대인관계의 맥락

가족은 가장 가까운 관계이며 큰 영향을 주고받는다.

※ 상보성(Complementarity)

한 사람이 변하면 관계도 변하고 다른 사람은 자동적으로 영향을 받는다.

ex) 아내의 잔소리에 대해 불평하는 남편

'남편이 아내의 말을 잔소리라고 생각할 때마다 남편은 아내의 말을 잘 듣지 않을 것이다. 아내가 남편이 자신의 말을 잘 들어 주지 않는다고 생각하면 화가 나게 되고 자신을 지지해주지 않는다고 느낄 것이다. 결국 아내는 다시 잔소리를 하게 되는 것이 당연하다.'

→ 아내가 불평하기를 기다리는 대신 남편이 아내에게 어떤 감정인지 묻는다면 아내는 남편이 자신에게 관심을 갖는다고 느낄 수 있을 것이다.

(2) 문제 원인으로서의 가족관계

① 가족원의 심리적 문제는 가족관계의 산물이다.

② 부부관계 또는 가족관계가 심리적인 학대, 피학대 또는 공격, 수용 등의 행동을

계속하게끔 만들고 있다.

ex) 아내가 남편으로부터 심리적으로 학대 받고 있는 경우,

남편의 공격적인 충동을 아내가 만족시켜 주는 경우

'생활력 없고 무기력한 남편에게 잔소리하며 화를 돋우는 아내, 그런 아내로 인해 억눌러진 화를 폭발하고 폭력을 휘두르는 남편, 때린 것에 대한 죄책감으로 눈물을 흘리고 용서를 빌며 매달리는 남편, 그런 남편에게 존재감을 느끼는 아내'

(3) 자녀행동과 부모관계

① 자녀의 문제행동이 부모 간 갈등의 파생물이기보다는 부모의 비정상적 관계를 유지시키는데 기여하는 경우가 많다.

ex) 초기 가족상담 장면에서 어머니가 아들을 심문하듯 따지면 아들은 위축된다.

→ 그러면 아버지가 그 아들을 이해해 주거나 지원해 준다.

→ 조금 지나서는 어머니가 아버지를 공격하고 아버지는 사과를 하면서 수그러지는 경우가 있다.

→ 긴장이 완화

이 경우의 아들은 지배적인 어머니와 굴종적인 아버지 간의 비정상적인 상호작용을 유지시켜 주는 대상의 역할을 한다.

② 심리상담사가 이러한 패턴을 파악하고 적절한 시기에 조종한다.

ex) 어머니가 아들을 야단칠 때,

어머니가 아버지를 공격할 때,

아버지가 어머니의 반박을 받고 뒤로 물러나려 할 때 개입한다.

(4) 현재 상황에 초점

① 상담자가 현재의 상황을 이해할 수 없을 경우, 가족들이 과거의 맥락에서 이야기해야 쉽게 진행될 수 있다고 생각할 경우에만 과거의 사건이나 경험을 묻고 듣는다.

② 현재 일어나고 있는 양상이 과거로부터 지금까지 오랫동안 반복되고 있다는 전제하에 현재의 양상에 초점을 맞춘다.

③ 가족상담의 초기에 각 가족구성원은 자신의 입장에서 과거의 경험을 털어놓는다.

- '그런 과거의 경험이 현재 당신 행동에 어떻게 연결되는가?'

  → 반드시 현재의 상황이나 생각을 정리하도록 촉진시킨다.

④ 과거의 경험의 탐색이 필요한 상황

- 현재 상황을 이해할 수 없을 때

- 가족들이 과거의 맥락에서 이야기해야 쉽게 진행될 때 등

(5) 진단에 앞서 관심사의 처리

① 처음부터 가족문제에 대한 자세한 진단과 평가를 내리려고 하기보다, 가족 상담에 대한 구성원들의 기대를 알아보고 현재의 가장 큰 관심사를 이해하고 수용한다.

② '문제적인 측면'에 초점을 두기보다 현재 가족원들의 기대에 초점을 둔다.

(6) 감정노출보다 생산적 이해

① 가족관계에서의 부정적인 감정을 노출시키거나 내면적 욕구를 지적하기보다, 바람직하지 못한 행동 및 심리를 이해하는 방향으로 또는 긍정적인 표현으로 어떻게 그런 행동이 필요했던가를 해석한다.

② 노련한 가족상담자는 과거와 다른 행동을 시도하도록 설득하는 경우에만 기술적으로 해석적 반응을 하고, 그 외에는 별로 하지 않는다.

③ 또한 바람직하지 못한 특정 상호관계를 수정하기 위해 서로간의 갈등을 명료화하는 데에는 적극적이지만 대체로 부정적인 측면은 강조하지 않는 것이 원칙이다.

(7) 자율적 발언의 권장

① 한 사람이 말한 후에 그 다음 사람이 말하는 '앉은 차례대로 돌아가며 말하기 식'보다 모든 식구들이 아무 때고 서로 하고 싶은 말을 할 수 있도록 해야 한다.

② 발언을 하지 않거나 못하는 구성원에게는 의도적으로 발언 기회를 줄 필요가 있다.

ex1) "특별히 할 말이 없더라도 자신의 의견을 이야기할 수 없겠는가?"

ex2) "어떤 생각이나 느낌이 다르고 같다는 이야기인가?"

→ 자신의 의견이나 느낌을 구체적으로 표현하도록 촉진한다.

(8) 경험, 사건보다 목표행동

가족 내에서 무슨 일이 일어나고 있고 어느 식구들 간에 어떤 갈등이 일어나고 있는가에 초점을 두기보다, 구체적인 상담목표로 보아서 어떤 결과가 일어나고 있는가에 주목한다.

① 지양할 점 :

가족역사, 부부간의 심리적 갈등을 포함한 가족역학, 가족 간의 복잡한 상호작용 등에 시간을 많이 할애한다.

② 초점을 둘 점 :

- 구체적인 상담의 목표를 달성하기 위한 노력

- 상담목표에 비해 현재 어떠한 결과가 일어나고 있는가

(9) 가족생태 및 행동양식의 발달

① 단순히 가족구성원간의 감정 및 의사표현이 향상되고 전보다 자유스러워지는 것만을 상담의 목표로 하는 것만이 아니라, 가족생(풍토)의 변화와 구체적인 행동변화에 초점을 두는 것이 바람직하다.

② 가족관계가 변화하지 않고 있다면 상담자는 필요에 따라 접근방법을 바꿀 수 있다.

③ 가족문제를 구성원 개인 각자의 문제로 보거나 부모 한 사람과 자녀의 문제로 나누는 식의 접근은 과거 접근방식이다.

(10) Stair의 의사소통체계의 접근방법

① 가족상담란 의사소통체계를 수정하는 과정이며, 의사소통훈련이 가족상담의 주요 내용이다.

② 가족집단의 의사소통은 항상 표면적 의미와 상대방에 대한 정서적(또는 의도적) 의미를 다 같이 포함하고 있으며 가족상담은 주로 이 의미들의 수준과 양식을 다루는 것이라고 볼 수 있다.

③ Satir가 분류한 5개의 의사소통양식

- 표면적 의미와 정서적 의미(회유적)가 같은 양식
- 표면적 의미가 정서적 의미(책망적, 공격적)와 다른 양식
- 표면적 의미가 화제를 바꾸는 것과 정서적 의미가 무관심, 후회적
- 표면적 의미가 합리적인 것과 정서적 의미가 관용적인 것
- 표면적 의미가 자기에 관한 보고인 것, 정서적 의미가 다른 사람을 위해 자리를 만들어 주는 것

④ 가족갈등의 원인 : 분명한 의미를 전달하지 않고서도 전달한 것처럼 착각하여 상대방의 반응에 실망하거나, 정서적 의미를 미처 받아들이지 못하고 표면적 의미에만 반응하여 상대방을 실망시키는 데서 온다.

⑤ 가족 상담은 다섯 번째 양식으로 바꾸는 작업 : 자기의 의사를 분명하게 말하되, 마음으로는 다른 식구의 입장을 경청하고 받아들일 수 있도록 하는 것이다.

※ 가족상담은 의사소통의 정확한 의미전달 및 받아들이는 태도의 훈련이다.

3. 가족심리상담사의 역할

▌가족심리상담사의 역할

(1) 가족 상담에 임하는 심리상담사는 먼저 참여하는 식구들이 심리상담사에 대한 신뢰를 갖도록 하여야 한다.

① '우리 집의 갈등적인 분위기를 조정해 줄 수 있는 전문가',

② '우리 가정의 문제를 우리 식구들과 함께 해결해 나가도록 도와주는 사람'이라는 기대

③ 이러한 기대에 부합되는 상담자의 책임감 및 자신 있는 태도에서 비롯된다고 볼 수 있다.

④ 상담자는 식구들이 가족 상담에 대해서 불안해하지 않고, 긍정적인 기대를 갖도록 하여야 한다.

(2) 식구들로 하여금 다른 사람에게 가능한 한 자유롭게 말하고 질문하며 궁금한 것을 말할 수 있는 분위기를 조성하는 것이다.

▌원활한 의사소통을 방해하는 요소

(1) 공개적 표현에 대한 두려움

ex) '내가 질문하거나 말해 버리면 아버지가 당황할 것이고, 나도 못된 자식이 되거나 난처해질 것이다.'

(2) 모른다는 것에 대한 두려움

ex) '내가 어머니로서 딸의 일을 다 알고 있어야 하는데 모른다는 사실이 밝혀지면 내가 무슨 꼴이 될까? 그냥 짐작으로 넘어가자.'

(3) 서로에게 만족시켜 주지 못하는 것에 대한 죄책감

ex) '내가 남편의 기대를 만족시켜 주지 못하고 있는데 어떻게 이야기 한담. 심리상담사가 파악해 줄 때까지 기다려 보자.'

4. 가족상담의 최근 경향과 전망

가족상담은 정신건강 분야에서 그 자체로 중요한 하나의 영역으로 인식되고 있다. 가족상담의 최근 경향을 요약하면 다음과 같다.

(1) 부부상담과 가족상담을 구분하는 전통이 희미해지고 대신 부부 및 가족상담을 합

쳐서 하나의 새로운 영역으로 보려는 경향이 뚜렷해지고 있다.

(2) 전공에 관계없이 가족상담 분야에 종사하는 많은 사람들이 자신들을 가족상담자라고 이야기할 만큼 이 분야가 각광을 받고 있다.

(3) 부부관계, 동거인 관계, 양부모 가족문제, 동성애자 집단, 부모-자녀 간 문제, 이혼한 사람들, 보호관찰자 및 구류자 가족 등을 포함하는 광범한 인간관계들을 다루는 분야에서 가족상담이 선호되고 있다.

제 7 장 집단상담

7.1 집단상담의 구조

1. 집단상담의 정의

▮ 집단상담의 정의

집단상담은 한 사람의 상담자가 동시에 몇 명의 내담자들을 상대로 각 내담자의 관심사·대인관계·사고 및 행동양식의 변화를 가져오게 하려는 노력이다. 다시 말하면, 집단구성원간의 상호작용적 관계(역동적 관계)를 바탕으로 내담자 개개인의 문제해결 및 변화가 이루어지는 '집단적 접근방법'이다.

(1) 구성

전문적인 훈련을 받은 한 명의 상담자(2명일 경우도 있음)가 4～10명의 내담자들과 대인관계를 맺게 된다.

(2) 대상 문제

① 내담자들의 병리적 문제보다는 주로 발달의 문제를 다루거나 생활 과정의 문제를 다룬다.

② 대인관계에 관련된 태도 · 정서 · 의사결정과 가치문제 등에 초점이 맞추어진다.

(3) 집단원의 특징

비교적 '정상적인' 범위에 속하는 개인들로 하여금 보다 바람직한 자기이해와 대인관계를 갖도록 돕는다.

① 우울장애 환자들을 대상으로 한 '인지행동상담 집단프로그램'
② 불안장애 환자들을 대상으로 한 '인지행동상담 프로그램'
③ 정신분열증 환자들을 대상으로 한 '정서조절 프로그램'
④ 특정 장애 환자들을 대상으로 한 구조화된 집단 프로그램도 있다.

(4) 일차적 목표

① 개인으로 하여금 자기이해와 대인관계의 능력을 향상시키고, 생활 환경에 보다 건전하게 적응할 수 있도록 하는 것이다.
② 이 목표를 달성하기 위하여 흔히 정서적인 차원에서의 개인의 문제가 먼저 다루어진다.
③ 집단상담과 비슷한 것으로서 인간관계 훈련집단(T그룹, 감수성훈련 등)과 집단상담을 들 수 있다.

(5) 집단상담자

① 개인상담과 마찬가지로 집단상담에 대한 전문적인 훈련을 받은 심리상담사이어야 한다.
② 집단역동에 관한 광범위한 이해와 타인과의 정확한 의사 및 감정 소통의 능력이 필요하다.

▌집단상담의 목표

집단상담의 목표는 집단이 근거하고 있는 이론, 집단의 형태, 집단구성원의 개인적 필요에 따라 달라진다. 일반적인 집단상담의 목표는 다음과 같다.

(1) 자신과 타인에 대한 신뢰감을 형성한다.
(2) 자신에 대한 지식습득과 정체감을 발달시킨다.
(3) 인간의 욕구나 문제들의 공통성과 보편성을 인식한다.
(4) 자기수용, 자신감, 자기존중감 증진과 자신에 대한 시각을 개선한다.
(5) 정상적인 발달문제와 갈등을 해결하는 새로운 방식을 발견한다.
(6) 자신과 타인에 대한 주도성, 자율성, 책임감을 증진시킨다.
(7) 자신의 결정에 대한 자각과 지혜로운 결정능력을 증진시킨다.
(8) 특정행동의 변화를 위한 구체적 계획을 수립하고 완수한다.
(9) 효과적인 사회적 기술을 학습한다.
(10) 타인의 욕구와 감정에 대한 민감성을 증진시킨다.
(11) 타인에 대해 배려와 염려를 바탕으로 하면서 정직하게 직면하는 방식을 습득한다.

(12) 타인의 기대에 부응하는 태도에서 벗어나서 자신의 기대에 맞게 사는 방식을 습득 한다.

(13) 가치관을 명료히 하고 수정여부와 방식을 결정한다.

▮ 집단상담의 장단점

(1) 장점

① 상담자가 집단상담을 통해 많은 내담자와 접촉하는 것이 가능하다.

② 개인상담보다 집단상담에 대한 수용이 용이하다.

③ 타인과 상호 교류하는 능력을 개발할 수 있다.

④ 시간 에너지 및 경제적인 면에서 효과적이다.

⑤ 현실적이고 실제생활에 근접한 사회장면을 제공할 수 있다.

⑥ 집단참여자들의 공통의견을 받아들일 가능성이 높다.

⑦ 문제해결적 행동을 보다 구체적으로 실현하는 것이 가능하다.

⑧ 상담자의 지시나 조언 없이 참여자들 간의 깊은 사회적 교류를 경험할 수 있다.

(2) 단점

① 특정 내담자의 개인적 문제가 충분히 다루어지지 않을 가능성이 있다.
ex) '나는 그냥 조용히 있다가 오네. 이야기를 하다가 만 느낌이야'

② 참여자가 심리적 준비가 되기 전에 '자기 공개'를 집단압력으로 받기 쉽다.
ex) '나는 별로 얘기하고 싶지 않은데 왜 자꾸 애기 하라고 하는 거야'

③ 집단 상담에 적합하지 않은 내담자가 존재한다.

- 성격적 기능에 문제가 있는 내담자(자폐적 성향, 주의력 부족, 표현력 손상 등)
- 지나치게 심한 정서적 문제를 가진 경우(불안, 우울, 공포 등)
- 성격적 기능에 문제가 있는 내담자와 지나치게 심한 정서적 문제를 가진 경우의 내담자의 경우는 개인 상담을 통해 문제가 완화된 후 집단에 참여하는 것이 바람직하다.

▮ 개인상담과 집단상담의 비교

(1) 유사점

개인상담과 집단상담이 서로 상반되는 것이라고 생각하는 경우도 있으나 실제로는 그렇지 않다. 효과적인 상담이 되려면 상담자는 '촉진적' 조건을 조성해야 한다. 개인상담과 집단상담에서 공통적으로 갖추어야 할 기본적 조건들은 다음과 같다.

① 가치 있는 개인으로 수용되는 것이다.
② 자신의 행동에 대한 책임감을 갖도록 하는 것이다.
③ 인간행동에 대한 이해를 심화시키는 것이다.
④ 개인의 정서적 생활의 다양성을 탐색하고 충동적 정서를 통제하는 데 있어서 전보다 더 자신을 얻는 것이다.
⑤ 자신의 관심과 가치를 검증하고, 그 결과를 실제 생활과정과 행동화에 통합시키는 것이다.

(2) 차이점

① 개인상담은 1:1이고, 집단상담은 1:다수이다.
② 집단상담은 개인상담보다 과거나 집단 밖의 사건보다 '지금 여기'에서 일어나는 것에 보다 관심을 갖는다.
③ 집단상단은 집단원 뿐 아니라 집단 심리상담사 또한 비교적 동등한 위치에서 상호작용하므로 덜 위협적이다.
④ 집단상담은 소속감 및 동료의식을 즉시적으로 발전시킬 수 있다.
⑤ 다양한 구성원이 참여하므로 학습경험이 풍부하다.
⑥ 집단 내에서 자신의 감정과 사고 등을 자유스럽게 표현하는 동시에 다른 사람들의 평가적 반응에 접하게 된다.
→ 집단의 상호작용에 의하여 변화된다.

(3) 개인상담이 필요한 경우

내담자에 따라서는 집단상담보다 개인상담이 더 잘 적용되는 경우가 있으며, 그 반대의 경우도 있을 수 있다.

① 내담자가 매우 복잡한 위기 문제를 가졌을 때
② 집단원들로부터 수용될 수 없을 정도로 대인관계가 좋지 못한 내담자의 경우
③ 집단 앞에서 이야기하는데 대한 두려움이 너무 커서 집단상담에 참여할 수 없을 때
④ 남의 인정과 주목에 대한 욕구가 너무 강하기 때문에 집단상황에 맞지 않는 경우
⑤ 내담자 자신과 관련인물의 신상을 보호할 필요가 있을 때
⑥ 폭행이나 '비정상적'인 성격행동을 취할 가능성이 있을 때

2. 집단상담의 준비 및 구성

▮ 집단상담의 구성요소

(1) 집단의 목표 :

① 집단 구성원을 누구로 할 것인가?

② 집단의 크기, 횟수, 각 회기 길이

③ 물리적 장치

④ '폐쇄집단'으로 할 것인가, '개방집단'으로 할 것인가
내담자에 따라서는 집단상담보다 개인상담이 더 잘 적용되는 경우가 있으며, 그 반대의 경우도 있을 수 있다.

⑤ 언제까지 지속할 것인가?

▮ 집단구성의 선정

(1) 성별, 연령, 과거의 배경, 성격차이

① 집단원 선정 시 고려해야 한다.

② 반드시 비슷한 사람들을 모을 필요는 없다. 다양성이 집단의 경험을 더 풍부하게 할 수도 있다.

③ 보편적으로 연령과 사회적 성숙도에 있어서 동질적인 편이 좋으나 성별은 발달 수준에 따라 고려하는 것이 좋다.
→ 아동의 경우에는 남녀를 따로 모집하는 것이 좋고, 청소년기 이상에서는 남녀가 섞인 집단이 더 바람직하다.

(2) 효과를 얻을 수 있는 사람들을 선정하는 일반적 지침

① 내담자는 반드시 도움 받기를 원해야 한다.

② 자기의 관심사나 문제를 기꺼이 말해야 한다.

③ 집단 분위기에 잘 적응하는 내담자일수록 좋다.
→ 심리상담사는 집단원이 되고자 하는 내담자들을 미리 하나씩 면담한다.
→ 집단의 목표에 적절한지 또는 내담자들에게 가장 적합하도록 집단을 어떻게 구성할지를 결정해야 한다.

(3) 집단원 선정 안내

① 집단에 대한 정보를 충분히 준 다음 구성원이 될 것인지 여부를 내담자 스스로 결정하게 한다.

② 집단원을 선정할 때에는 개인의 생활배경과 성격특성에 주의를 기울여야 한다.

- 지나치게 공격적이거나 수줍은 사람은 집단상담 과정이 원활하게 이루어지지 못하도록 할 수 있다.
- 정직하게 자기노출을 하게 하려면 친한 친구나 친척들을 같은 집단에 넣지 않는 것이 좋다.
- 집단상담의 목적과 기능에 따라 내담자들을 선정해야 한다.

▌집단의 크기

(1) 집단의 목표와 내담자들에게 기대하는 몰입 정도를 고려해야 한다.

(2) 적절한 집단 크기는 일반적으로 6～7명에서 10～12명 수준으로 하고, 가장 보편적인 것은 5～8명이다.

(3) 집단 크기가 너무 작을 경우에는 집단원들의 상호관계 및 행동범위가 좁아지고 각자가 받는 압력이 너무 커진다.

(4) 집단 크기가 너무 클 경우 :

① 내담자의 일부는 집단상담에 실질적으로 참여할 수 없게 된다.

② 상담자가 각 개인에게 공평한 주의를 기울이기 어렵다.

③ 15～20명 이상이거나, 집단지도 프로그램은 교육적인 성격으로 한다.

▌모임의 빈도

(1) 보통 1주일에 한 번 혹은 두 번 정도 만난다.

(2) 문제의 심각성이나 집단의 목표에 따라 모임의 빈도를 증감시킬 수 있다.

① 집단목표가 급박한 문제이거나 빠른 해결을 필요로 할 때는 어느 정도 진전을 보일 때까지는 매일 혹은 격일로 만날 수 있다.

② 때에 따라서는 격주 혹은 그 이상의 시간 간격으로 만날 때도 있으나, 대체로 한 주일 이상의 간격을 두고 만나는 것은 좋지 않은 것으로 보고 있다.

③ 상담시간 사이에 어느 정도의 간격을 두는 이유는 상담경험에 대하여 생각해 볼 기회를 주기 위한 것이다.

▌모임의 시간

(1) 적절한 시간양은 구성원의 연령, 모임의 종류, 모임의 빈도에 따라 달라진다.

(2) 1주일에 한 번 만나는 집단은 1시간에서 1시간 반 정도로 지속하는 것이 필요하다.

(3) 2주일에 한 번 만나는 집단이라면 한 번에 두 시간 정도가 바람직하다.

(4) 청소년의 경우라면 한 시간에서 한 시간 반 정도가 좋으나, 어린 아동일수록 시간

은 줄어든다.

(5) 마라톤(연속) 집단은 한 번에 오랫동안 모임을 계속하는 것이다.
ex) 1박 2일, 15~20시간 이상

▌물리적 장치

(1) 공간은 너무 크지 않고, 외부로부터 방해를 받지 않아야 한다. 효과적인 참여를 위해서 모든 집단원이 서로 잘 볼 수 있고, 잘 들을 수 있는 공간이어야 한다.

(2) 앉는 형태는 원형으로 앉는 것이 일렬로 앉거나 장방형으로 앉는 것보다 효과적이다.

(3) 의자는 등받이가 있는 것이 좋고, 집단원이 매 회기마다 자신의 의자를 골라 앉도록 한다.

(4) 책상의 사용은 장단점이 있다. 가능한 없는 것이 효과적이나, 둥근 책상에 둘러앉으면 보다 안정감을 느끼게 되지만, 자유스러운 상호작용을 하는데 방해가 된다.

▌폐쇄집단 대 개방집단의 구성 시 유의점

(1) 집단의 목표에 따라 집단의 운영을 폐쇄형으로 할 것인가 혹은 개방형으로 할 것인가를 미리 정해야 한다.

(2) 폐쇄집단
① 상담이 시작될 때 참여했던 사람들로만 끝까지 밀고 나가는 것이다.
② 도중에 탈락자가 생겨도 새로운 구성원을 채워 넣지 않는다.

(3) 개방집단
① 집단이 허용하는 한도 내에서 새로운 사람을 받아들이는 것이다.
② 집단원간에 의사소통이나 수용·지지 등이 부족해지거나 갈등이 일어날 수 있다.
③ 개방집단에서 새 구성원을 받아들일 때는 반드시 기존 집단 전체와 충분히 논의하고 수용되어야 한다.
④ 새로운 집단원은 간혹 집단의 흐름을 방해하는 경우도 있으나 오히려 집단과정에 활기와 도움을 줄 수도 있다.

▌집단참여를 위한 준비

(1) 집단상담을 시작할 때 내담자들을 적극적으로 참여시키는 노력이 매우 중요하다.

(2) 집단 참여 동기를 높이기 위한 방법으로는 개별면담을 통해 비현실적인 기대와 불안을 줄이고 자발적이고 적극적인 자세를 취하도록 안내한다.

(3) 비자발적인 집단원으로는 예를 들면, 학교에서 의뢰된 문제아나 소년원의 아이들인데 초반에 집단에 대한 자발적인 동기를 갖도록 하는 것이 중요한 과제가 된다.

▌집단의 종류(집단상담 vs 집단상담)

(1) 집단상담

① 일반적으로 우울, 불안을 포함한 정서장애 및 정신장애의 특정 증상이나 심리적 문제를 완화시키는 것이 목표이다.

② 정신역동적 모델, 인지행동상담이 있다.

(2) 집단 상담의 목적

① 상담적 목적 뿐만 아니라 예방적, 교육적 목적이 있다.
ex) 대인관계 및 문제해결을 할 수 있다.

② 성장지향적 목적을 가지고 있다.

③ 정신장애를 지니고 있지 않는 비교적 정상적인 상태의 내담자에게 효과적이다.

▌집단의 종류(구조화 vs 비구조화)

(1) 구조화된 집단이란 매 회기 목표가 있고 프로그램화되어 있는 것이다. 주제범위로는 스트레스 관리, 자기주장훈련, 대처기술 습득, 정서조절향상 대인관계능력 향상 프로그램, 진로탐색 프로그램 등이 있다.

(2) 비구조화된 집단이란 매 회기에 무엇을 할 것인지 구체적으로 프로그램화되어 있지 않은 것을 말한다.
ex) 첫 만남 집단, 상호작용 집단

3. 집단 상담의 과정

특별한 목표를 달성하기 위해 구성된 집단은 몇 개의 단계를 거쳐 진행되기 마련이다. 집단상담에서는 참여단계, 과도적 단계, 작업단계, 종결단계의 네 단계를 거치는 것이 보통이다.

▌참여단계

(1) 주요특성

① 참여단계는 집단에 대한 오리엔테이션과 탐색이 이루어지는 시기이다.

② 집단원들의 주요과제 :
'집단에 속할 것인가 vs 배제될 것인가?'
'이 집단이 얼마나 안전하고 신뢰할만한 것인가?'

③ 침묵이 많고 서로 어색하게 느끼며 혼란스러워 하는 단계이다.

(2) 심리상담사의 역할

① 집단참여자로서 모델을 제시한다.

② 구성원으로 하여금 집단의 목표와 개인의 목표를 정하도록 돕는다.

ex1) '왜 이 집단에 들어오게 되었는가'

ex2) '이 집단상담을 통해 무엇을 얻기를 원하는가'

③ 수용과 신뢰의 분위기를 형성한다.

→ 집단원이 각자의 의견과 느낌을 나누도록 격려한다.

(3) 집단 규범 : 집단상담의 '규범'을 안내한다.

① 가능한 정직하고 솔직하게 이야기 한다.

② 자신에 관한 이야기를 한다.

③ 다른 사람이 나와 같이 되기를 요구하거나 그들의 생각이나 감정의 정당성을 따지지 말고 있는 그대로 수용한다.

④ 다른 사람을 판단, 비판, 평가하거나 조언하지 않는다.

⑤ 다른 사람의 의도를 가로막거나 저지하지 않는다.

⑥ 집단에서 이루어진 어떤 것이라도 집단 밖에서 화제로 삼지 않는다.

⑦ 자발적이고 적극적으로 참여한다.

▌과도적 단계

참여단계는 한 번의 모임으로 완료되는 경우도 있고 보다 어려운 집단에서는 5~6회 소요되기도 한다. 과도적 단계는 참여단계와 엄격하게 구분되지는 않는다.

(1) 주요특성

① 참여 단계에서 생산적인 작업 단계로 넘어 가도록 하는 '과도적'과정이라고 볼 수 있다.

② 저항이 다루어지는 단계로 주로 집단원의 불안감이나 방어적 태도가 두드러지며 집단 내에서 힘과 통제력을 놓고 갈등이 일어나는 단계이다.

③ 과도적 단계의 성공여부는 상담자의 태도와 기술에 달려 있다.

(2) 주요과제

① 집단원들로 하여금 집단에 참여하는 과정에서 일어나는 망설임, 저항, 방어 등을 자각하고 정리하도록 도와주는 것이다.

② 주된 저항

- '무엇을 얻을 수 있을까'에 대한 불안
- '어디까지 말해야 하는가'에 대한 불안
- '심리상담사의 역할이 어디까지인가'에 대한 의문
- '심리상담사가 집단을 이끌 능력이 있나' 심리상담사에 대한 불안

(3) 갈등을 유발하는 집단원 유형

① 방관자 : 고립되거나 완전히 집단에서 떠나는 것을 방지하기 위해 집단원들로 하여금 그를 이해하고 받아들이도록 노력한다.

② 거부당하는 존재 :
- 집단의 초기 과정에서 유별난 행동으로 주목을 끌거나 다른 사람에게 충격을 주려 한다.
- 심리상담사는 그런 언행의 내면적 의미를 파악하고 다른 집단원으로 하여금 그 내담자가 기대하는 것이 무엇인지를 묻도록 한다.

③ 적대적인 집단원 :
- 심리상담사 및 집단원을 공격하거나 집단의 전체적 여론에 도전한다.
- 숙련된 지도자는 이런 공격과 도전을 집단의 상호작용 과정을 정착시키는데 활용한다.

(4) 심리상담사의 역할

① 집단원들 자신의 불안감을 표현하게 하고, 갈등 자체를 건강한 것으로 인식하는 긍정적이고 개방적인 태도를 가져야 한다.
→ 갈등을 건설적으로 해결하도록 돕는다.

② 자신에 대한 도전과 저항에 대해 솔직하고 개방적인 태도로 접근하는 모델을 보여야 한다.

③ 집단원들 간의 진정한 느낌이 교환되도록 격려하는데 노력을 집중해야 한다.
ex) '내 느낌이나 생각을 표현해도 괜찮구나'

▮ 작업 단계

앞 단계들이 잘 조정되면 작업단계는 매우 순조롭게 진행되고, 지도자는 한 발 물러나서 집단원들에게 대부분의 작업을 맡길 수도 있다.

(1) 주요 특성

① 상담 집단의 가장 핵심적인 부분이다.

② 집단에 대한 응집력이 생기고 생산적인 활동이 이루어지는 시기이다.

③ 과도기 단계의 갈등과 저항을 효과적으로 처리한 집단에서 나타난다.
④ 집단원은 자신의 구체적 문제를 활발히 논의하며 바람직한 관점과 행동방안을 모색한다.
⑤ 집단원들이 자신을 위해 어떻게 집단을 이용하는지, 집단원들을 돕기 위해 자기의 생각과 기술을 어떻게 활용하는지에 대해 알게 되었을 때 작업 단계에 들어섰다고 볼 수 있다.
⑥ 집단원 모두 지도력이 생기고 자유롭게 상호작용한다.

(2) 심리상담사 역할

① 집단원들이 대인관계를 분석하고 문제를 다루어 나가는 데 자신감을 얻도록 도와주는 존재라고 말할 수 있다.
ex) 우유부단한 집단원-자기에 대한 결정을 집단이 내려 주기를 바라는 경우가 있어도 스스로 자기의 행동을 먼저 선택하도록 권장하는 것이 바람직하다.
② 집단의 응집력을 강화하고 직면과 공감 같은 적절한 반응에 대해 모델을 보인다.
ex) '아, 저렇게 하는 거구나.'
③ 집단전체와 개인이 보이는 패턴에도 관심을 가지고 자신이 관찰한 것을 개방한다.
④ 통찰만으로는 행동을 변화시키기에 충분하지 않으므로 행동의 실천이 필요하다. 그러기 위해서는 문제해결방안을 제시하고, 지지와 격려를 보내야 한다.

▌종결 단계

(1) 주요 특성

① 지금까지 했던 작업을 다지고 마무리하는 시기이다.
② 어떤 면에서는 하나의 '출발'이라고 볼 수 있다.

(2) 다루어야 할 내용

① 종결에 대한 감정을 다루어야 한다.
→ 거부당했다는 느낌이 들지 않도록 한다.
② 집단 상담을 통해 얻은 성과를 다루어야 한다.
- 집단이 각자에게 주었던 영향과 서로에 대한 피드백
- 집단종결 후 성과를 유지하는 방법
- 앞으로의 행동방향

7.2 집단상담의 심화

1. 집단과정별 상담자의 개입

▮ 집단회기를 시작할 때 개입반응

(1) 집단회기가 시작될 때 :

지난 회기 이후 있었던 경험을 중요한 것 중심으로 얘기할 수 있는 발언 기회를 짧게 갖도록 한다.

(2) 지난 회기와 연결시킬 때 :

① 지난 회기를 가진 이후 어떤 생각이 들었습니까?

② 지난 회기에 관해 얘기를 나누고 싶군요.

③ 지난 회기에서 배운 것을 활용해 보았습니까?

④ 지난 주 우리는 ...의 이야기를 끝내지 못했었지요.

⑤ 여러분은 지난 회기에서의 자신의 모습과 오늘이 어떻게 달랐으면 좋겠습니까?

(3) 집단참여 목적을 분명히 하고자 할 때 :

① 오늘은 집단이 본격적으로 시작되는 날입니다. 앞으로 12주 동안에 당신이 변화시키고 싶은 것이 있는지 얘기해 보고 싶군요. 당신은 어떻게 달라지고 싶습니까?

② 눈을 감으십시오. 지금부터 두 시간은 당신을 위해 있다는 것을 생각하십시오. 오늘 이 집단에서 자신이 바라는 것과 자신이 기꺼이 하고자 하는 것이 무엇인지 스스로에게 물어보십시오.

③ 오늘 이 자리에 있다는 것이 당신에게 어떻게 느껴집니까?

④ 당신이 오늘 집단에 참여하지 않는다면 어떨 것 같아요.

(4) 문제를 의식화하고 그것에 몰입하도록 할 때 :

① 돌아가면서 이번 회기에서 다루고 싶은 주제가 무엇인지 각각 짧게 이야기해 봅시다.

② 돌아가면서 "오늘 나는 ...함으로써 적극적으로 이 집단에 몰두할 수 있을 것 같다"는 문장을 완성해서 말해주면 좋겠군요.

③ "지금 나는 ..."라는 문장을 완성시켜 봅시다. 00님의 경우에는 어떤가요?

▮ 집단회기를 마감할 때 개입반응

(1) 미진한 감정의 표현과 정리를 촉진할 때 :

① 우리는 오늘 의미 있는 시간을 가졌습니다. 누군가 석연치 않거나 채 정리 안 된 기분을 느끼고 있지는 않는지 궁금합니다. 지금 기분이 어떤지 말해 보시겠어요?

② 오늘 끝내기 전에 여기에 있는 다른 사람들에게 무언가 말하고 싶은 사람이 있습니까?

③ ○○님은 이번 시간에 별로 말이 없었던 것 같습니다. 이번 시간이 당신에게 어땠는지 말해 주시겠습니까?

(2) 회기를 요약하고 정리할 때 :

① 오늘 회기에서 배웠다면 무엇을 배웠습니까?

② 오늘 우리가 탐색했던 핵심 주제를 ○○씨가 요약한다면 무엇일까요?

③ 끝내기 전에 이번 회기에 대한 여러분 각자의 소감을 나누고 싶네요.

④ 오늘 회기 동안 여러분 각자에게 어떠한 일이 있었습니까? 함께 나누었던 것들을 돌아보며 지금 어떠한 기분이나 생각이 드는지 소감을 나누었으면 합니다.

(3) 집단 밖에서의 연습을 촉진할 때 :

① 나머지 10분 동안 다음 1주일의 계획을 얘기해 봅시다. 오늘 나왔던 이야기와 관련해서 여러분 각자 집단 밖에서 해 보고 싶은 것은 무엇입니까?

② ○○씨가 생각해 보았으면 하는 숙제는 ...입니다.

③ 돌아가면서 다음 문장을 완성해서 말했으면 하는데, "집단 밖에서 연습할 필요가 있는 한 가지는 ...이다"라고 말이에요.

▮ 집단의 참여 단계에서의 개입 반응

(1) 집단과 집단원에 대한 탐색이 이루어지는 시기에 활용할 수 있다.

(2) 다음의 반응들을 적절하게 사용한다면, 집단 초기단계에서 집단구성원들이 개인적인 문제를 의미 있는 방식으로 검토할 수 있도록 하는 촉진제로 활용될 수 있다.

① ○○님은 지금 집단 중에 있는 누구를 가장 의식하고 있습니까?

② ○○님은 지금 이 방안에 있는 것이 어떻게 느껴지십니까?

③ ○○님은 이 집단에서 무엇을 가장 얻고 싶은가요?

④ ○○님 친구 중의 한 명이 이 집단에서 당신을 소개한다면, 어떻게 00님을 이야

기할까요?

⑤ 혹시 이 집단에 대한 어떤 두려움이나 의심이 있나요?

⑥ ○○씨가 지금 말한 것을 얻기 위해서 무엇을 해야 한다고 생각합니까?

⑦ 당신에 관해서 우리가 알아줬으면 하는 것은 무엇입니까?

⑧ 생활 중에 어떤 점을 이번에 변화시키고 싶습니까?

▌집단의 과도적 단계에서의 개입 반응

(1) 집단과정에서 특히 도전적인 기간이다.

(2) 집단구성원들의 방어가 높아지는 때이므로, 상담자는 저항이 굳어지지 않도록 개입을 신중하게 해야 한다.

(3) 심리상담사가 어떤 태도와 어떤 어조로 이 반응들을 전달하는가에 따라 집단구성원들이 기꺼이 모험을 감수하고 도전하려는 의욕의 정도가 달라진다.

① 계속 침묵이 있네요. 여기서 이야기되어야 했는데 이야기 하지 않은 것이 있다면 무엇인가요?

② 이 시점에서 우리 집단이 어디로 진행해 가고 있는지 점검해 보고 싶습니다.

③ 몇 회기 동안 ○○님은 침묵하고 있다고 여겨지는데, 궁금한 것은 무엇이 ○○님을 집단에 계속 참여하도록 했는지, 그리고 당신이 할 수도 있었음직한 반응들이 무엇이었을까 하는 것입니다. 지금 이 방안에 있는 것이 어떻게 느껴지십니까?

④ 내가 상담자의 역할을 하는 데 너무 열심이고, 이 회기의 결과에 대해 너무 많은 책임을 가지고 있는 것처럼 여겨지는군요. 여기서 우리 각자의 책임감에 대해서 논의해 보고 싶군요.

⑤ ○○님이 제시한 많은 문제들 때문에 압도당한 느낌이 드네요. 잠시 동안 00님 자신에게 집중해 보세요. 바로 지금 하나만을 끄집어낸 다면 그것은 어떤 것이 될까요?

⑥ 이 집단에서 ○○님은 상당히 말이 없었다고 생각되는군요. 다른 사람을 관찰하면서 많은 것을 배울 수 있다고 말했지만, 나는 ○○님이 관찰하고 있는 것이 무엇인지 그리고 그것이 어떻게 당신에게 영향을 주고 있는지가 궁금하네요.

▌집단의 작업 단계에서의 개입 반응

(1) 본격적인 문제해결 및 변화가 일어날 수 있도록 안내한다.

(2) 다음의 반응들은 단순히 기계적으로 사용되어서는 안 된다.

(3) 적절한 시기에 집단흐름의 맥락에 맞추어서 사용한다면 건설적인 개입 반응이 될

수 있다.

① 여러분들은 지금 무엇을 하고 싶은 건가요?

② 지난 회기에서 일어난 일에 관해, 우리 함께 나눌 만한 것이 무엇인지 말해 보세요.

③ 이 문제가 당신과 어떤 관련이 있나요? 00님의 행동이 당신에게는 어떠한 영향을 미쳤나요?

④ ○○님에게 얼마나 잘 통하는지 알아보기 위해 이 실험을 한 번 해 볼 수 있겠어요?

⑤ ○○님. 당신의 어머니가 지금 이 자리에 계시다고 상상해 보세요. 어머니에게 어떤 말을 하고 싶으세요?

⑥ 당신이 여러 사람들에게 속을 내보인 것 때문에 당혹스럽고 긴장이 된다고 말했지요? 이제 이 방을 한번 둘러보고, 당신이 가장 의식하고 있는 사람들을 자세히 살펴보세요.

⑦ ○○님의 눈에 지금 눈물이 어려 있군요. 지금의 심정을 이야기한다면 어떤 것인가요?

⑧ ○○님은 말을 하기 전에 속으로 생각을 많이 하는군요. 말하기 전의 그 생각들을 그대로 한번 말해 보세요.

⑨ ○○님은 부모님이 ○○님에게 주입시켜 온 말씀들을 계속 대변하고만 있네요. 지금 시점에서 ○○님 자신이 주체적으로 생각한다면 어떤 말을 할 수 있나요?

⑩ "나는 …할 수 없다"라고 말하는 대신에 "나는 …하지 않겠다.라고 말해 보세요.

▮ 집단의 종결 단계에서의 개입 반응

(1) 집단에서 그동안 배웠던 것들을 일상생활에 적용할 수 있는 방법들을 생각해보는 시기이다.

(2) 아직 완결되지 않은 작업들이 무엇인지 검토한다.

(3) 집단상담 성과를 정리하고 종결에 대한 느낌을 다루도록 한다.

① 이 집단에서 ○○님 자신에 관해 배운 것들 중 가장 중요한 것은 무엇입니까?

② "이제, 우리 모임이 끝나간다"는 사실에 대해 당신의 느낌은 어떠합니까?

③ ○○님은 여기에서 배운 것들을 어떤 식으로 연습할 건가요?

④ 당신이 얻은 통찰을 행동으로 옮기기 위해서는 어떤 관계들이 필요할까요?

⑤ 이 집단을 떠난 뒤에 여러분이 현실에서 부딪힐 수 있다고 생각되는 상황들 중에서 몇 개의 장면을 골라서 어떻게 대처할 지를 연습해 봅시다.

⑥ ○○님은 처음에 집단에서 얻고자 하는 목표에 대해 어느 정도나 이루었습니까?

⑦ 이 집단의 성과에 관해 ○○님이 미흡하다고 느끼는 요소가 무엇이고 또 그러한 불만족스런 결과가 나오기까지 ○○님이 어떤 역할을 하였는지 한번 생각해 봅시다.

⑧ 이 집단에서 배운 것들 중에서 일상생활에 가장 잘 적용될만한 것이 무엇입니까?

2. 집단역동

▌집단의 기본 요소

집단의 기본이 되는 요소는 지도자(심리상담사), 집단원, 집단원간의 상호관계의 세 가지로 나눌 수 있다.

(1) 지도자(심리상담사)

① 심리상담사가 없는 집단에서부터 강력한 전문적 심리상담사가 있는 집단까지 그 정도가 다양하다.

② 지도력의 형태는 '파괴적인' 효과와 '건설적인'인 효과를 모두 가져올 수 있다.

③ 효율적인 심리상담사는 집단을 지배하지는 않지만 민감하게 집단의 움직임을 파악하고 이끌어 간다.

ex) 정보를 제공하고, 진행되는 과정을 관찰하며, 필요한 경우에 집단원을 지지하거나 행동을 제한할 수 있다.

④ 심리상담사는 집단의 활동을 촉진시키기 위해 새로운 방법과 절차를 제시하거나, 이미 제시 되었던 절차나 과정을 더 촉진시키기도 한다.

⑤ 또한 심리상담사는 집단에서 이미 제시되었던 의견을 집단원들이 재검증하도록 요청하거나 요약을 직접 정리해 주기도 한다.

(2) 집단원

① 심리상담사가 사용하는 방법과 행동양식을 따르거나 활용하지만 집단원 특유의 반응양식이 확인될 수 있다.

② 집단원들이 보이는 반응 수에 따라 참여의 빈도를 정할 수 있다.

ex) 어떤 사람들은 다른 집단원보다 더 많은 말을 할 수 있고, 말하는 양식도 보다 적극적이어서 집단과정에 영향을 줄 수도 있다.

③ 어떤 사람들은 함축적이고 간접적인 방식으로 영향을 주기도 한다.

ex) 집단원의 성격특성, 사회적 지위, 비언어적 반응 및 신체적 특성 등은 집단과정에 영향을 주는 중요한 요인들이 된다.

(3) 집단원간의 상호관계

① 집단원들은 서로 '상담적 잠재능력'을 가지고 있다고 보거나 심리상담사만이 그런 역할을 할 수 있다고 본다.

② 전자의 경우에는 집단원들이 심리상담사의 상호작용과 집단원끼리의 상호작용을 통해 서로 영향을 주고받을 수 있다고 믿는 것이다 (그림 7-1 참조).

③ 후자의 경우에는 단지 심리상담사와 집단원간의 관계만이 의의가 있을 뿐이고 집단원끼리의 관계는 큰 의의가 없는 것으로 본다.

→ 집단상황 속에서의 개인 상담을 가정하고 있는 것이다 (그림 7-2 참조).

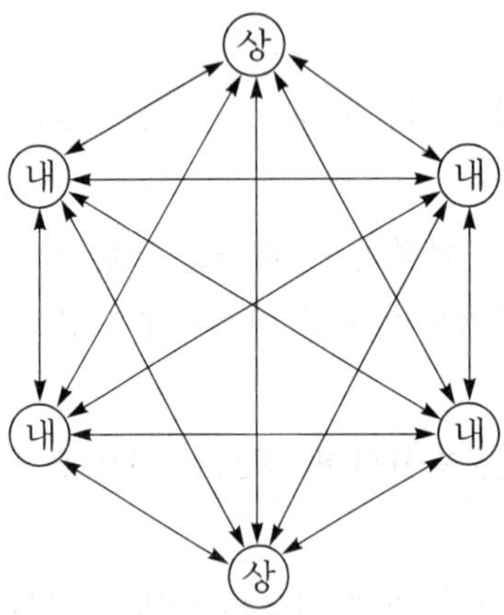

그림 7-1 상호작용적 관계

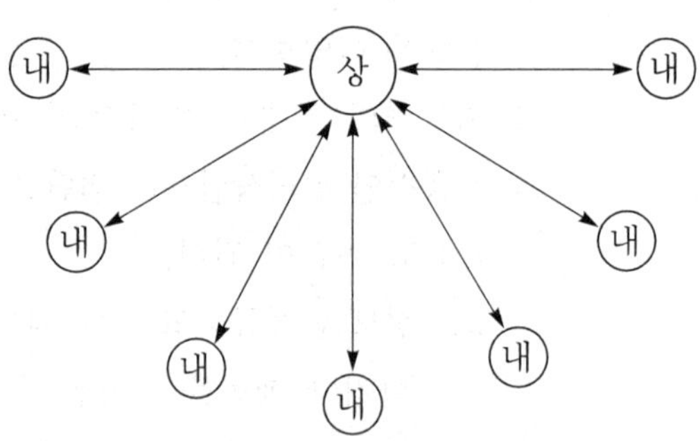

그림 7-2 각개격파식 관계

(4) 집단역동

집단원간의 다양한 상호작용에 의해 집단 내에서 일어나는 역동적인 변화이다.

(5) 집단응집력

① 집단의 기본적인 속성이다.

② 작업단계의 가장 큰 특징이다.

③ 집단원들이 서로 간에 갖는 정서적 유대감, 집단원들이 느끼는 집단에 대한 매력이다.

④ 응집력이 강하면 강할수록 상담적 효과가 좋다.

→ 기꺼이 집단작업에 참여하고, 서로를 지지하고 수용한다.

▌집단 심리상담사의 역할

(1) 생산적인 상호교류 분위기 조성

① 집단원들이 자유롭게 자기의 내면세계를 탐색하고 대인관계의 효율성을 검토할 수 있는 분위기를 조성해야 한다.

② 집단 심리상담사의 가장 중요한 역할은 내담자 개개인의 문제해결에 치중하기보다 집단원들 간에 생산적인 상호교류가 이루어지는 집단 분위기를 형성하고 유지하는 것이 중요하다.

③ 상담집단의 바람직한 분위기란 집단원이면 누구나 자기의 관심사를 말할 수 있고, 모든 사람의 관심사를 존중하고 경청하고, 다른 사람의 의견 및 태도를 비판 및 지적하되 결코 인격적인 모독이나 파괴적인 행동을 해서는 안 되는 분위기 등을 말한다.

(2) 생산적인 분위기 조성을 위한 방법

① 집단상담 처음부터 집단 내에서 지켜야 할 기본적인 규칙들을 제시하고 논의하여 동의를 구한다.

② 집단상담의 효과는 집단원들 간의 생산적인 분위기를 바탕으로 달성되며 개개인의 문제해결이 촉진된다.

③ 이러한 의미에서 집단 심리상담사는 개인상담에서처럼 직접적이고 유일한 심리상담사가 아니라 모든 집단원들과 함께 노력하는 '간접적인 공동 심리상담사'라고 말할 수 있다.

(3) 기본적 역할

집단 심리상담사의 '기본적' 역할은 '산파', '수문장', '교통센터' 등의 역할로 비유될 수 있다.

① 산파 : 생산적인 집단 분위기를 형성한다.

② 수문장 : 탈락자 및 지각자를 막는다.

③ 교통센터 : 내담자들 간의 상호탐색·교류가 골고루 이루어지도록 안내한다.

▌집단 심리상담사의 접근모형

상담집단의 특성 및 내담자 수준에 따라 개인사례 중심, 공통관심사 중심, 그리고 집단중심의 세 가지 유형을 생각할 수 있다.

(1) 개인사례 중심

① 한 내담자의 문제를 중점적으로 다룬 후 다른 내담자의 사례를 다루는 것이다.

② 주로 개인적 문제를 가진 내담자들의 집단에서 많이 사용한다.

(2) 공통관심사 중심

① 내담자들이 공통적으로 관심을 갖는 문제를 동시에 다루는 것이다.

- 중등학생의 경우 진학문제, 부모와의 관계 등이 있다.
- 대학생의 경우 대인관계 능력의 향상, 이성교제, 직업선택 등이 있다.

② 주로 시급한 개인문제보다는 새로운 환경에 대한 적응 및 능력개발 등의 공동목표를 가진 내담자 집단에서 주로 사용된다.

(3) 집단 중심

① 개인문제든 공통관심사이든 순서 없이 집단원들에 의해서 자유롭게 진행되도록 하는 방식이다.

② 비구조화된 집단으로 대학생 이상의 성인 집단에서 적합하다.

▌집단심리상담사의 이론 및 기법

(1) 이론 : 개인 상담과 마찬가지로 집단상담 또한 각 이론적 접근이 있다.

→ 정신역동적 집단상담, 인간중심적 집단상담, 게슈탈트 집단상담 등

(2) 기법 : 각 이론 별로 독특한 집단상담기법이 존재한다.

ex) 자기소개, 내 인생에서 가장 중요한 세 사람, 구두 편지, 역할연습, 생의 마지막 20분, 자신의 묘비 세우기 등이 있다.

▌집단 심리상담사의 자질

(1) 인간행동의 깊은 이해력

(2) 행동 및 태도의 의미를 명료화시키는 능력

(3) 집단에의 몰입 및 상호교류의 속도·깊이를 관리하는 능력

(4) 행동변화를 위한 실천노력을 촉진하는 능력

(5) 인간행동의 의미에 대한 통찰력과 집단역동에 관한 전문적인 지식

7.3 집단상담의 실제

1. 집단 구성하기

▌집단을 위한 계획서 작성

(1) 합당한 근거 - 집단에 대한 명확하고 신빙성 있는 합당한 근거를 가지고 있는가?

(2) 목표 - 지도자가 가진 목표가 무엇이며, 이것은 명확한가?
목표가 명확하고 평가 가능하며 정해진 시간 안에 달성 가능한가?

(3) 실제적인 고려사항 - 집단원의 자격이 규정되어 있는가?
집단 회기의 시간, 횟수, 진행기간이 합리적인가?

(4) 절차 - 목표를 달성하기 위한 절차가 있는가? 이는 참가자에게 적합한가?

(5) 평가 - 목표를 잘 완수했는지 평가해볼 수 있는가?
평가방법은 객관적이고 실제적이며 합당한가?

▌조직 내에서 일하는 전략

완성된 집단 계획서가 소속된 기관이나 지원 기관, 집단 참여자에게 받아들여지길 바란다면 프로그램에 대한 다양한 의문 사항에 대비한 준비가 필요하다. 가령, 법적인 문제, 프로그램 참여의 자발성에 관한 부분, 시각장애 혹은 언어장애 등의 특별한 요구가 있는 집단참가 희망자를 어떻게 할 것인가에 대한 부분 등의 다양한 측면에서의 의문을 받아들이고 그에 관해 답할 수 있어야 할 것이다.

> 집단의 조직단계에서 준비기간은 매우 중요한 시기이며 지도자의 태도와 준비에 따라 집단의 성과가 좌우된다. 이때 집단 심리상담사로서 역할과 기능에 대해 마음의 준비를 하고 집단의 필요성에 대한 상세한 계획서 작성이 필요하다.

▌집단원의 모집과 선별

(1) 집단 홍보와 집단원 모집을 위한 지침(표 **)

집단 프로그램을 홍보하고 참여자를 모으는 과정에서 전문가로서 고려해야 할 문제가 있다. "최선의 실천을 위한 지침"(ASGW, 1998)에서는 집단에 참여할 의사가 있는 사람들에게 다음 사항을 포함하여 집단에 관련된 정보를 제공해야 한다고 언급하고 있다.

- 집단 심리상담사의 전문적 배경에 관한 안내문
- 집단의 목표와 목적에 관한 진술
- 집단 입회와 종결에 관한 방침
- 자발적 참여자와 비자발적 참여자를 포함하여 집단 참여에 관한 기대
- 집단 참여가 의무 규정인 경우 집단 방침과 절차
- 집단원과 집단 심리상담사의 권리와 책임
- 기록 절차와 외부인에게 정보 제공
- 집단 밖에서의 교류와 집단원 간의 개인적인 관계형성이 갖는 문제점
- 집단 심리상담사와 집단원들 간에 이루어지는 자문절차
- 집단에게 사용될 기법과 절차
- 집단 심리상담사의 교육과 훈련 및 자격 요건
- 집단 참가비와 참여 시간
- 집단 구조 내에서 제공되는 서비스와 제공되지 않는 서비스에 대한 현실적 명시
- 집단참여에 따르는 잠재적인 결과(집단에 관련된 개인적인 위험)

(2) 집단원 선별과 선정절차

① 집단에 대한 광고와 모집이 끝나면 실제로 집단을 구성할 구성원을 선별하고 선정하는 절차를 준비한다.

② 집단 심리상담사는 제공되는 집단의 유형에 맞게 예비 집단원을 선별한다.

③ 집단원을 선정할 수 있는 경우에는 집단 심리상담사는 집단원의 요구와 목표가 집단의 목표에 부합하는지를 확인한다.

④ 선별의 목표는 동질적인 집단원으로 집단을 구성하여 지도자의 일을 수월하게 하는 것이 아니라, 내담자들에게 미칠 수 있는 잠재적인 해(害)를 예방하는 것이다.

> 아들러 이론 심리상담사는 예비 집단원을 선별과정 그 자체가 집단 상담을 가장 필요로 하는 이에게 그 기회를 제공하지 못하게 하는 역효과를 가져온다고 믿는다.

⑤ 집단을 선별할 때 다양성의 문제를 고려하는 것이 적절하다.
⑥ 이상적인 집단에는 다양한 자원과 세계관 및 행동 기술이 존재한다. 비슷한 경험을 공유하면서 여러 가지 측면에서 다양한 경험을 가진 구성원들이 집단에 있음으로 하여 그들은 서로에 대한 정형화된 인식과 잘못된 생각을 바로잡을 수 있다.
⑦ 궁극적으로는 집단의 형태가 그 집단에 받아들일 수 있는 집단원의 특징을 결정해야한다. 이에 지도자가 고려해야할 질문은 "이 사람이 시기에 이 집단심리상담사가 이끄는 이 특정한 집단에 참여해도 좋은가?" 하는 것이다.
㉠ 초기 선별회기 ; 양방향으로 이루어지는 과정을 지칭하며, 집단에 참여하고자 하는 후보자와 집단 심리상담사 간의 개별적인 면담을 지지면담 시 고려해야 할 질문은 다음(표 **)과 같다.

> - 이 사람은 변화하고자 하는 동기가 있는가?
> - 집단 참여가 스스로에 의해서인가 다른 사람에 의한 선택인가?
> - 왜 이 집단에 참여하고자 하는가?
> - 집단의 목표가 무엇인지 알고 있는가?
> - 이 시점에 이 사람에게 집단 상담이 부적절하다는 단서가 있는가?

- 집단 신청자가 개별 면담 때 집단 심리상담사의 의견을 물어보도록 권장한다.
- 개별면담 이외에 모든 지원자를 함께 만나는 집단 회기도 유익하다. 이때 집단 심리상담사는 집단의 근거와 집단을 탐색할 수 있는 주제에 대해 개괄적으로 설명해줄 수 있고 . 집단에 대한 소개는 집단 참여에 확신이 없는 사람에게 도움을 줄 수 있다. 또한 예비 집단원들이 서로 만날 수 있고 집단의 가능성을 탐색할 수도 있다.
- 집단 심리상담사는 집단원의 개별적인 특성이 타인들에게 미칠 영향에 관심을 둔다.

- 자살충동이 있는 사람, 매우 취약하거나 급성 정신병을 가진 사람, 반사회적인 사람, 극도의 위기상태에 있는 사람, 편집증이 심한 사람, 극히 자기중심적인 사람은 집단 상담에 적합하지 않다.
- 집단원을 선택할 수 없는 상황일지라도 최소한 집단 구성원들이 집단 참여를 위해 준비할 수 있도록 개별적인 접촉을 해볼 수 있다. 새로운 집단 구성원이 되는 경우에도 사전에 오리엔테이션을 실시하는 것이 바람직하다.

㉡ 집단원의 평가와 선발

- 일반적으로 운영하는 집단은 자발적인 집단이기 때문에, 개별면담에서 살펴야 할 요소는 집단 신청자가 얼마나 변화하기를 원하며 또 변화를 위해 필요한 노력을 기울일 용의가 있는지의 여부다.
- 집단에 참여하고자 하는 어떤 신청자의 열망에도 불구하고 우리는 때때로 임상적인 이유들로 이들을 집단에 받아들이기를 주저하기도 한다.
- 선별과 선정과정은 주관적인 것이다. 그러나 염려가 무엇이든 간에 우리는 당사자와 이에 대해 논의하고 이들에게 우리의 결정을 솔직하고 직접적이며 세심한 태도로 전달하고자 노력해야한다.
- 윤리적 실천은 집단 참여가 거부된 신청자에게 집단에 받아들여지지 않는 것에 대한 그들의 반응을 처리하는 데 필요한 지지를 제공하고, 또한 집단 참여의 대안을 제안하는 것을 포함한다.
- 선별과정은 예비 집단원과 갖는 대화를 포함한다. 이것은 이들에게 집단에 대한 정보를 제공하고 오리엔테이션을 실시하는 기회가 되며, 또한 집단참여가 이들에게 적합한지를 결정하는 과정에 이들이 동참하도록 돕는 방법이기도 하다.

▮ 집단 구성 시 현실적 고려사항

(1) 집단원 구성 : 동질적 VS 이질적 집단의 목적과 목표에 따라 결정한다.

① 집단의 동질성 : 어떤 특정한 욕구가 있는 특정 대상들은 동질성으로 집단의 응집력을 높이고 연대감을 가질 수 있도록 한다.

ex) 알코올 중독자 집단, 재활집단, 배우자를 잃은 부모 집단, 체중조절자 집단 등이 있다.

② 집단의 이질성 : 때때로 외부 사회의 축소판이 필요한데 이런 경우에는 다양한 구성원들을 구해야한다.

③ 집단원은 일상의 현실을 반영하는 환경에서 다양한 사람으로부터 주어지는 피드백을 통해 새로운 행동을 실험하거나 대인관계 기술을 개발할 수 있다.

ex) 자기성장 집단과 대인관계 집단, 특정한 상담집단 등이 있다.

(2) 집단의 크기는 집단원의 연령, 집단 심리상담사의 경험수준, 집단의 유형, 집단에서 탐색할 문제 등의 요인에 따라 다르다.

(3) 회기의 빈도와 기간은 집단 심리상담사의 집단 운영 스타일과 집단에 참여하는 사람들의 유형에 맞게 회기의 시간과 기간을 정할 수 있다. 주의력 부분과 집중가능 시간을 염두해 두면 좋다.

(4) 집단의 전체 기간은 다음과 같다.

① 집단의 특성에 따라 다르지만 보통 15주, 또는 한 학기 동안 운영되는 경우가 많다. 보통 집단 상담이 시작되기 전 정해지는 경우가 많은 데 시간이 제한된 이런 유형의 주된 가치는 아마도 집단원으로 하여금 그들의 개인적인 목표를 달성할 수 있는 시간이 영원하지 않다는 사실을 깨닫도록 동기를 부여하는 데 있다.

② 똑같은 구성원이 수년간 만나는 집단도 있는 데 이러한 시간 구조는 구성원의 문제를 깊이 있게 다룰 수 있지만 의존을 조장할 수도 있다.

(5) 집단 실시 장소는 다음과 같다.

① 집단은 안정적이고 보호적이어야 하며 주의를 산만하게 하는 큰 방이나 병동에서 진행되면 효과가 떨어질 수 있다.

② 원형으로 앉을 수 있는 장소를 선호하며 이때 구성원들을 모두 서로를 볼 수 있다.

③ 공동지도자들은 서로 반대편에 앉는 것이 좋다. 이런 경우 모든 구성원들의 비언어적 표현을 관찰할 수 있다. 지도자가 나란히 있을 때의 현상으로, 지도자와 집단 간에 '우리와 그들'로 나누어지는 현상을 방지할 수 있다.

(6) 개방집단 대 폐쇄집단의 장단점은 다음과 같다.

① 개방집단 : 집단원들이 다양한 사람과 교류할 수 있고, 사람들이 관계 안에 들어오고 떠나는 우리의 일상을 정확하게 반영하는 장점이 있다.

- 그러나 집단 응집력이 약해질 수 있으므로, 이를 방지하려면 집단 규칙을 설명하는 비디오를 제공하여 지도자가 미리 면담하는 방법과 집단원들에게 새로운 집단 구성원에게 규칙을 인지하도록 알려주는 역할을 주는 방법이 있다.
- 개방집단 시 모든 집단원에게 지금 이 시기가 서로 한 자리에서 만날 수 있는 유일한 시간이 될 수도 있다는 점을 상기시키는 것이 좋다.
- 지도자가 시도하는 개입도 이러한 목적에 맞출 필요가 있다. 또한 한 회기에 끝나는 활동을 제안해야하고 주어진 회기 내에 어떤 식으로든 해결점에 이를

수 있도록 집단원 간의 상호작용을 이끌 책임이 있다.

② 폐쇄집단 : 전형적으로 시간제한이 있고 회기가 정해져 있다.

▮ 사전회기의 활용

(1) 집단 심리상담사와 집단원이 가진 기대의 명료화

ex1) "이 집단에 대한 당신의 기대는 무엇입니까?

ex2) 당신은 어떤 생각을 갖고 이 집단에 등록하였습니까?"

① 이러한 질문을 통해 집단원이 집단으로부터 얻고자 하는 바와 그러한 목표 달성을 위해 그들이 무엇을 하고자 하는 지 알 수 있다.

② 집단 심리상담사 역시 왜 집단을 계획하였고 기대가 무엇인지에 대해 전달할 수 있다.

③ 이 시간은 집단에 대한 심리상담사의 책임을 재차 강조하고 명확히 하며 집단원의 권리와 책임에 대해 좀 더 논의할 수 있는 좋은 시간이다.

④ 주어진 특정한 여건에서 심리상담사가 현실적으로 제공할 수 있는 것은 무엇이며, 제공할 수 없는 것은 무엇인지를 설명할 수 있다.

> 초기 회기 또는 사전 집단 모임에서 심리상담사는 집단원의 기대를 탐색하고, 집단의 목적과 목표를 명확히 하며, 집단과정에 관한 정보를 제공하고, 집단원의 질문에 대답해줄 수 있다.

(2) 사전집단 준비과정의 목표

① 집단원과의 동맹을 맺도록 노력하여, 집단원이 자신의 변화과정에서 협력자가 될 수 있도록 한다.

② 상담집단이 어떻게 집단원의 대인관계를 향상시키는지 설명한다.

③ 집단원에게 집단상담으로부터 가장 많은 것을 얻을 수 있는 방법을 안내한다. '지금-여기'에서 일어나는 집단 상호작용의 맥락에서 자신의 감정에 솔직하고 단도직입적인 태도가 중요하다는 것을 강조한다.

④ 집단에서 참여자가 직면할 것으로 예상되는 장애를 포함하여, 좌절과 실망이 있을 것을 예상한다.

⑤ 집단상담의 지속기간에 대해 안내한다.

⑥ 집단상담에 대한 신뢰감을 불러일으키도록 한다.

⑦ 집단 내에서 자신과 다른 사람에게 대한 지각과 반응을 알리는 것, 비밀유지, 집단 내에서 끼리끼리 모이는 행위 등에 관한 기본규칙에 대해 논의한다.

> Yalom(1995)은 사전집단의 준비과정에서 위와 같은 7개의 목표를 염두해 둔다고 한다. 이상과 같은 목표의 이면에는 상담적 과정에 대한 비현실적인 신비감을 갖지 않도록 하려는 목표가 있다. 충분한 준비교육이 가능하지 않은 상황이라면 짧은 시간의 준비모임을 갖는 것이 전혀 준비교육을 하지 않는 것보다 낫다.

(3) 다양성의 문제 다루기

① 문화적 배경이 다양한 사람이 참여한 집단을 운영할 때, 지도자의 선입견이나 가정이 집단원 개개인에게 맞는지 확인하지도 않은 채 인종이나 민족 혹은 문화에 기초하여 선입견을 갖지 않도록 하는 것이 매우 중요하다.

② 집단원의 경험세계를 이해하기 위해 지도자가 그들의 문화나 삶을 반드시 공유해야할 필요는 없다.

- 집단참여에 대한 반응을 이야기할 수 있는 기회를 줄 수 있다.
- 집단이 이들의 힘을 북돋울 수 있는 방법을 고려함으로써 이들의 불필요한 불안을 예방할 수 있다.

(4) 기본규칙 수립

① 비밀유지 : 비밀유지에 대해 개별면담시간에 논의 하는 것이 이상적이며 회기 중에도 주기적으로 이야기 해주는 것이 좋다.

- 비밀유지가 상황에 따라 절대적인 것이 될 수 없다는 언급이 필요하다.

> - 아동과 청소년 집단, 보호관찰대상자 집단, 수감자와 같은 비자발적으로 구성된 집단, 병원이나 클리닉의 정신질환자 집단에서는 비밀유지의 원칙이 제한적으로 적용된다.
> - 이런 집단에 속하는 구성원에게는 그들이 집단 내에서 말한 내용 가운데 어떤 부분은 그들의 개인기록부에 기재되며, 다른 관계자들이 읽을 수 있음을 알려주어야 한다.
> - 이렇게 하면 집단원은 그들이 무엇을, 얼마나 개방할지 결정하는 기준을 가질 수 있다.

② 첫 회기에서 집단원과 논의해야 할 다른 주제는 다음 사항에 대한 원칙이다.
- 모든 회기에 참석하고 제시간에 오는 것
- 회기 도중 마시거나 먹는 행위, 친구를 데려오는 것
- 집단에 참여하는 동안 알코올이나 마약에 취한 상태로 오지 않는 것
- 미성년자의 경우 부모의 동의서를 받아오는 것
- 다른 집단원들과 집단 밖에서 친교하거나 만나는 것
- 다른 집단원들과 부적절하게 친밀한 관계를 발전시키는 것
- 집단원의 권리와 책임을 확인시키는 것 등이다.

▌사전집단 준비에 대한 접근

(1) 집단에 이전 집단 경험이 있는 사람들과 집단에 처음 참여하는 사람들이 섞여 있다면 준비과정을 통해 절차적 지식을 동일하게 갖고 집단을 시작하도록 해준다.

(2) 평가를 집단에 포함시키는 방법은 다음과 같다.

① 개별 집단원 중심 측정방법 : 집단원 개개인의 행동과 태도에서의 변화를 측정한다.

② 집단 중심의 측정방법 : 자기이해향상, 불안감소, 대인관계 증진 등과 같이 집단의 모든 구성원에게 공통적인 변화를 평가한다.

▌집단 구성에서 공동지도자의 문제

(1) 공동 지도자는 동등한 책임과 역할을 가지고 있어야 하며 공동 지도자들 사이에는 협력과 기본적인 합의가 있어야 한다.

(2) 공동지도자들이 첫 회기 이전에 고려해야 할 사항은 다음과 같다.

① 집단을 시작하기 전에 개인적으로 그리고 전문적으로 서로에 대해서 어느 정도 알 수 있는 시간을 가져라.

② 각자의 이론적 접근 방식이나 집단을 지각하는 방식에 대해 이야기를 나누라. 어떤 종류의 집단을 경험해보았는가? 두 지도자의 이론과 지도방식이 집단에 어떤 영향을 미칠 것인가?

③ 상대편과 함께 집단을 운영하는 것에 염려스러운 점이나 서로를 대하는 데 있어 저해요인이 될 수 있는 것은 무엇인가? 지도자의 재능을 한 팀으로 생산적으로 활용할 수 있는 방법은 무엇인가?

④ 각자 자신의 장점과 단점에 대해 이야기 하고 이러한 특징들이 집단에 어떠한 영향을 줄 것인가?

⑤ 집단작업의 윤리적 측면에 대해 합의해야할 필요가 있고 어떤 것이 윤리적 실천인가에 대해 두 지도자의 관점이 같은지 혹은 차이가 있는지 논의하라.

2. 집단상담 초기단계

▮ 초기단계 집단의 특성

(1) 집단원의 염려

① 초기 회기에서 집단원들은 집단 경험으로부터 무엇을 얻기 원하는지에 대해 보통 모호하고 불분명하다.

② 집단 초기에 집단원들은 집단 규범이나 집단에서 기대되는 행동이 무엇인지 잘 알지 못하며, 아직 경험해보지 못한 집단 경험에 대해 두려움과 주저함을 표현한다.

③ 집단원은 지도자의 행동을 관찰하고 집단이 얼마나 안전한지 가늠한다.

④ 지도자는 초기 회기에서 나오는 이야기들이 일시적인 것이라는 점을 인식하는 것과 부정적인 반응들을 열린 마음과 수용적인 태도로 다루는 것이 필요하다.

(2) 초기의 주저함과 문화적으로 고려할 점

① 집단원들이 집단에 깊이 관여하기를 주저하는 현상은 집단 초기에 자주 나타난다.
→ 정상적인 현상, 다양한 방식으로 표현된다.

② 지도자는 집단원들이 불안을 느낄 수 있다는 사실을 인식하고 집단원들이 자신의 불안을 서로 나누고 탐색하도록 촉진함으로써 집단을 시작할 수 있다.
ex) 두 사람씩 나누다가 네 사람이 이야기를 나누는 방식으로 하위 집단에서부터 시작한다.

③ 문화적인 요인은 집단에 참여하는 내담자의 준비도에 영향을 준다.
→ 집단지도자는 집단원들에게 자신의 문화적인 규범을 어기지 않으면서, 집단에 참여할 수 있는 방법에 대해 먼저 소개한다. 그들을 존중하는 태도로 그들이 집단에 가지고 온 문제를 다루도록 돕는다.

④ 집단지도자는 자기 노출을 주저하는 마음이 문화적으로 조건화 된 것일 수도 있다는 점을 집단원들이 이해하도록 해야 한다.

(3) 숨겨진 주제(hidden agenda) : 저항

① 완전히 알려지거나 논의되지 않은 주제와 관계가 있다. 이러한 주제에 직면하도록 권유하지 않는다면 지루한 분위기 속으로 빠져든다.

② 자신의 반응을 솔직하게 말로 표현하지 않고 있다면 낮은 신뢰감과 집단원들 사이에 긴장이 나타나며 자신을 방어하는 분위기가 형성된다.

③ 집단의 지도자는 집단에서 기능하고 있는 숨겨진 주제를 모두 알아야 하는 것은 아니지만, 특정한 집단이 가지고 있는 특성에 따라 나타날 수 있는 숨겨진 주제에 대해 어느 정도 예상하고 있는 것은 좋다.

→ 숨겨진 주제에 대해 심사숙고하고, 집단원으로 하여금 그러한 주제를 알아차려서 그것을 말로 표현하도록 돕는 방법을 찾아야 한다.

※ 집단원들이 하고 싶은 이야기를 하고 있는지 점검이 필요하다.

(4) 갈등을 초기에 다루라.

① 집단의 초기에 발생하는 갈등을 효과적으로 다루지 않으면 집단의 응집력이 생기는 것을 방해한다.

② 첫 회기에 갈등이 발생했을 때 지도자는 적절하고 효과적인 직면을 하기 위해 필요한 규범을 가르치는 일이 중요하다. 갈등이 다루어지지 않고 넘어가면, 집단의 발전을 방해하고 숨겨진 역동으로 남게 된다.

(5) 자기-초점과 타인-초점

① 집단원들이 자기 자신에게 초점을 맞추도록 하는 일은 집단 초기단계에서 중요과제이다.

→ 자신을 노출하기 위해서는 미리 신뢰감이 형성되어야 한다.

② 집단 밖의 사람들에게 초점을 맞추고 있다면, 지도자는 집단원 자신의 경험과 반응에 대해 이야기 하도록 방향을 전환해주어야 한다.

※ 지도자는 자신의 관찰내용이나 해석을 수용할 수 있는 집단원의 준비도를 고려해야 한다.

(6) "지금-여기" 초점과 "그 때-거기" 초점

① "지금-여기"에서 발생하고 있는 현상과 "그 때-거기"에서 발생한 사건들 모두를 다룬다.

② 일상생활에서 경험하는 개인적인 문제와 그들이 집단상담을 하면서 겪는 경험 간의 관련성을 서로 연결시켜 본다.

→ 집단 속에서 어떻게 다루어지기 원하는가?

③ 개인적인 문제를 의미 있게 다루기 위해서 집단원들은 우선 안전함과 신뢰감을 느낄 수 있어야 한다.

④ "지금-여기"의 상호작용에 초점을 맞추는 일은 무엇보다도 중요하다.

→ 현재 보이는 행동양식은 집단 밖에서 다른 사람들과 상호작용하는 방식을 반영하기 때문이다.

→ 집단 장면에서 보이는 상호작용방식을 주의 깊게 관찰한다.

→ 일상생활에서 기능하는 방식에 대해 이해한다.

→ 자신의 문제를 보고하는 식 〈지금 무엇을 경험하고 있는지에 초점을 둔다.〉

(7) 신뢰와 불신

① 신뢰감의 형성 : 자신의 감정을 자유롭게 표현하고, 구체적인 목표와 탐색할 영역을 스스로 결정한다.

→ 자신에게 초점을 맞추고, 자신의 일부를 노출할 위험을 감수한다.

② 안전감이라는 것이 반드시 편안한 것을 의미하지 않는다는 점을 주지시킨다. 스스로의 모습에 도전할 수 있는 안전한 장소라고 느낄 때, 위험을 감수하면서 겪는 불안이나 불편감을 견디려는 의지를 가질 수 있다.

▮ 신뢰감의 형성 : 지도자와 집단원의 역할

(1) 모델링의 중요성

① 집단 초기단계에서 지도자가 모범을 보이고 지도자의 행동을 통해 올바른 태도를 보여주는 것은 중요하다.

② 지도자가 개방적이고 존중하는 태도로 집단원들의 이야기를 잘 듣고, 그들의 주관적인 경험을 가치 있는 것으로 생각한다는 메시지를 전달하면, 집단원들은 적극적인 경청이 가지고 있는 힘을 경험할 수 있다.

③ 지도자가 적절한 자기 노출을 하려는 의지를 보이면, 지도자는 집단원들 사이에서 솔직성과 자기 노출을 촉진할 수 있다.

(2) 신뢰할 수 있는 분위기로 이끄는 태도와 행위

신뢰를 형성하는 것은 집단의 초기단계에서 수행해야 할 가장 중요한 과제이다.

① 주의집중과 경청 : 언어적 메시지와 비언어적 메시지에 주의를 기울이는 태도가 필요하다. 경청기술과 반응 기술을 가르치는 것은 신뢰를 형성해 가는 과정의 일부이기도 하다.

② 비언어적 행위의 이해 : 언어보다 비언어적으로 자신을 더 솔직하게 표현한다. 집단원의 비언어적 행동에 대해 지나치게 빨리 언급하는 것을 피하고 집단이 진행되면서 하나의 패턴으로 드러날 때까지 기다리는 것이 좋다. → 그들의 행동에

내포된 의미를 스스로 이해하고 탐색하도록 도와야한다.

③ 공감 : 다른 사람이 주관적으로 경험하고 있는 것과 그들의 눈으로 세상을 보는 방식에 있어서 조율할 수 있는 능력이다(있는 그대로 이해하고 수용하는 비판단적인 태도).

④ 진실성과 자기노출 : 어떤 사람의 내적인 경험과 그 사람이 외부로 투사하는 것 사이의 일치성이다. 진실해진다는 것은 자기노출과 관련이 있다.

→ 개인적인 생활을 집단원들에게 나누라는 것이 아니라 현재 그 집단에서 발생하고 있는 일에 대한 자신의 생각과 느낌을 알려주라는 의미이다.

⑤ 존중 : 말보다는 실제 행동을 통해 드러나며, 마음을 판단하지 않고 이해하려고 할 때 전달된다.

⑥ 돌보는 태도로 하는 직면 : 공격적인 말이나 직면은 마음을 닫게 할 수 있기 때문에 솔직하지만 돌보는 태도로 해야 한다. 적절한 시기에 도전함으로써 집단원들이 스스로 보지 않으려고 하던 자신의 어떤 측면을 직접 보도록 할 수 있다.

⑦ 신뢰의 유지 : 신뢰는 집단의 초기단계에 성취 되어야 할 주요 과제이지만, 집단이 지속되는 한 계속 될 것이라고 가정하면 안 된다. 집단에서 친밀성의 수준이 더욱 깊어짐에 따라 신뢰 역시 새로운 수준에서 형성되어야 함을 강조해야 한다.

※ 집단의 성장과 비례해 신뢰도 더 깊어져 가야 하지 않을까?

▌목표의 확인과 명료화

- 초기 단계에서 지도자가 해야 할 중요 과제는 집단원 각자의 구체적인 목표를 확인하고 명료하게 설정하도록 돕는데, 이는 집단원들의 참여 정도에 영향을 미친다.
- 목표를 설정하는 일은 새로운 집단의 초기나 집단이 발전하고 각각의 목표가 성취되는 시점 모두에서 중요하다.

(1) 집단원을 위한 일반적인 목표

① 자신의 대인관계 스타일을 자각한다.

② 친밀한 관계를 방해하는 요소에 대한 자각을 증진한다.

③ 자신의 문화가 개인적인 선택과 결정에 어떻게 영향을 끼치는지 자각하게 된다.

④ 다른 사람도 유사한 문제와 감정을 가지고 있음을 깨닫는다.

⑤ 문제를 해결하는 더 나은 방법을 발견한다.

⑥ 자신이 원하는 것을 다른 사람에게 요구하는 방법을 배운다.

(2) 각 집단원이 자신의 개인적 목표를 설정하도록 돕기

① 집단원은 자신의 행동 중에서 어떤 부분을 수정하기 원하는지 분명하게 기술하는 방법을 습득해야 하며, 지도자는 여러 가지 질문을 통해 자신의 목표에 대해 구체적으로 말할 수 있게 도와야 한다.

→ 집단원의 개인적인 목표를 협력적인 방식으로 설정하는 것은 지도자의 책임이다. 한 번에 끝날 수 있는 일이 아니라 지속적으로 이루어지는 일이다.

② 지도자는 집단원들을 도와 그들의 개인적인 목표가 적절한지, 어느 정도 성취되고 있는지 지속적으로 평가하도록 한다.

③ 계약과 과제를 통해 집단원이 자신의 목표를 명료하게 세우고 도달하게 하는데 도움을 받을 수 있다. 계약이란 집단원이 무엇을 탐색하고 어떤 행동을 변화시키고 싶은지에 대해 진술한 내용이다.

▌집단 초기의 집단과정 개념

초기에는 집단원들이 서로 알아가는 단계인데, 불안이라는 감정이 팽배하다. 따라서 집단 과정 속에서 집단의 규범과 응집성을 높이는 것, 협력하여 학습하는 방법의 습득, 집단 내에서 문제를 해결하는 방식의 형성, 갈등을 열린 마음으로 표현하는 것 등의 학습활동이 포함된다.

(1) 집단규범

집단이 효과적으로 기능하도록 하기 위해 필요한 행동이 무엇인지에 대해 집단원이 공유하는 신념체계로 초기 단계 동안 형성된다.

※ 집단의 전 과정을 통해 지켜져야 하며, 규범이 분명하게 제시되어야 한다.

① 암시적인 규범

- 어떤 일이 발생할 것인지에 대한 선입견 때문에 발생한다.
  → 집단은 자기 노출을 하는 자리이기는 하지만 동시에 각 집단원이 개인적인 생각과 감정을 가질 수도 있다는 점을 알려야 한다.
- 지도자의 행동을 모델링하는 과정에서 형성된다.

② 명시적인 규범

- "지금-여기"에 초점을 맞춰 이야기할 필요가 있고, 또한 집단 안에서 갈등을 표현하고 탐색함으로써 즉시적인 태도를 견지하는 것이 좋다.
- 집단원은 다른 집단원에게 치료적인 지지를 제공할 것을 요구 받는다.

(2) 집단응집성

① 집단 내에서 함께하는 느낌, 공동체라는 느낌을 의미

② 응집성이 있는 집단은 집단원이 집단 내에 존재하는 것에 대한 보상이 주어지고 집단원이 소속감이나 유대감을 나누는 집단을 의미한다.

③ 초기 단계에 형성되는데, 집단에서 갈등을 경험하고 고통을 나누며 의미있는 정도의 위험을 감수하기로 마음먹은 이후에 형성된다.

▮ 집단경험으로부터 최대한 많은 것을 배우도록 조력하기

의미 있는 자기 탐색 과정과 솔직하며 적절한 피드백을 주고받는 행동은 집단의 응집성과 생산성을 촉진한다.

집단원들이 집단 자체와 집단에서 배운 것을 집단 밖에서 실제로 연습하면서 적극적으로 참여하고 투자하는 만큼 집단경험으로부터 많은 것을 얻어갈 수 있다는 점을 강조한다.

(1) 집단원을 위한 지도자의 지침

① 신뢰를 형성하는 방법을 습득하라 : 비밀보장 강조, 집단원들에게도 책임이 있음을 안내한다.

② 지속적이고 반복되는 느낌을 표현하라.

③ 전문용어를 잘못 사용하는 것에 유의하라 : 구체적인 언어를 사용한다.

④ 얼마나 드러낼 것인지에 대해 당신 스스로 결정하라 : 모든 것을 말해야 한다는 생각 자체는 저항을 불러오기 때문에 삶의 어느 부분을 얼마나 드러낼 것인지는 각 집단원이 결정한다.

⑤ 관찰자가 아닌 적극적인 참여자가 되라.

⑥ 집단원의 삶에서 다소의 혼란을 경험할 것을 예상하라 : 일상생활에서 약간의 어려움과 혼란을 겪을지도 모른다는 점을 미리 안내. 주변의 모든 사람들이 그들이 이루고 싶은 변화를 좋아하거나 수용하는 것은 아니라는 점에 대해 마음의 준비를 해두는 것이 중요하다.

⑦ 자신의 긍정적인 측면을 발견할 것이라고 예상하라.

⑧ 잘 듣고 주의 깊게 경청하라.

⑨ 계속 반복되는 피드백에 유의하라.

⑩ 당신을 어떤 범주 속에 집어넣지 말라.

(2) 지나친 가르침을 피하라.

① 집단원에게 집단에서 기대할 수 있는 것에 대해 너무 많이 알려주면, 모든 자발적인 학습은 사라지며 스스로 배울 기회를 뺏게 된다.

→ 의존성을 조장, 지도자가 모든 방향을 제시해주는 것이 당연하다는 방향으로 집단이 구조화된다.

② 집단이 진행됨에 따라 지도자의 개입은 줄어들고 집단원은 좀 더 자발적으로 기능하기 바란다. 지도자가 순간순간에 집단의 응집성, 집단 규범, 집단 상호작용을 면밀히 자각하고 있어야 한다는 점은 중요하다.

(3) 집단회기의 보조전략인 경험보고서 작성방법은 다음과 같다.

① 집단이 끝나면 특정한 느낌, 상황, 행동, 생각들을 기록한다.

② 삶 중에서 일정기간을 돌아보고 그것에 대해 기록한다.

③ 집단원이 집단 속에서 자신에 대한 반응을 자발적으로 적도록 하는 방법이 있다.

(4) 초기 단계에서의 숙제

상담회기 동안 성취한 것을 강화하고 확대, 일반화, 유지를 촉진시킨다.

▌초기단계에서 지도자와 관련된 주제

(1) 책임의 배분

① 집단에 대해 전적으로 책임을 지려고 하는 지도자는 집단원의 독립성을 침해할 뿐 아니라 스스로에게 불필요한 짐을 지운다.

② 지도자와 집단원 사이에서 책임의 소재가 균형적으로 배분된 리더십 유형을 개발해야 한다. 집단 전체를 돌아볼 때 자신이 얼마나 많은 책임을 지려고 하는지를 명료하게 이해하기 위해 경험보고서를 활용할 것을 추천한다.

(2) 구조화의 수준

① 초기단계에서의 균형 : 각 집단원의 자발적인 기능을 촉진할 정도의 구조를 제공한다.

② 구조화에 대한 연구 : 지지적인 집단규범을 형성하고 집단원 간의 상호작용을 강조할 수 있다.

③ 연구에서 밝혀진 지도자를 위한 지침이 있다.

(3) 각 회기의 시작과 마무리

① 회기를 시작할 때 지침

- 각 집단원이 무엇을 원하는지 간략히 기술한다.
  → 공통적인 주제를 찾는데 도움을 준다.
- 지난 회기 이후 각 집단원이 집단에서 배운 것을 일상생활에서 어떻게 연습해

보았는지 나누는 기회를 가진다.
- 지난 회기 이후 들었던 생각이나 해결하지 못한 느낌이 있는지 확인한다.
- 지도자가 지난 회기 이후에 집단의 진전에 대해 생각했던 것을 집단원에게 알려줌으로써 집단을 시작한다.

② 회기를 마칠 때 지침
- 다른 집단원과의 관계를 통해 무엇을 배우고 있는지 간략하게 진술하도록 요구한다.
- 구체적인 계획이나 숙제를 고안한다.
- 집단원 간의 피드백을 주고 받는다.
- 다음 시간까지 탐색해볼 주제, 질문, 문제 등이 있는지 질문한다.
  → 다음 회기와 연결시키도록 한다.

3. 집단상담의 작업단계

▌작업단계

(1) 작업 단계는 집단 내에서 공통 주제를 찾고 그것을 따름으로써 집단원들을 연결시키는 데에 초점을 둔다.

(2) 이 단계에 이르면 참가자들은 스스로 집단 상호작용에 참가하는 법을 배우게 된다. 그리고 초기단계와 과도기 단계에 비해 덜 구조적인 개입이 요구된다.

① 지도자의 요청 없이도 다른 집단원의 작업에 스스로 동참하고, 다른 집단원에게 자발적으로 개인적인 피드백을 제공한다.

② 하지만 집단이 작업 단계에 돌입했다고 해서 반드시 모든 집단원이 최적의 기능을 발휘하는 것은 아니며, 준비 수준이 모두 같지 않다.

- 작업 단계에 도달한 집단의 특성은 무엇인가?
- 과도기 단계에서 작업 단계로의 이동을 촉진하기 위해 지도자는 어떻게 해야 하는가?
- 작업 단계에서 사용할 수 있는 상담적 요소는 무엇인가?
- 작업 단계에서 지도자와 집단원들이 자신을 노출하는 것은 어느 정도 중요한가?

▌작업단계의 특성

(1) 참가자들이 대개, 그들이 탐색하고자 하는 주제들을 제기하고 그것을 다루기를 갈망한다. 지도자는 “누가 작업하기를 원하나요?”라는 말로 집단을 시작할 수 있다. 또는 몇몇 집단원들이 “글쎄요, 나는 오늘 무엇을 말하기를 원해요”라고 말할 수 있을 것이다.

(2) 또한 지금-여기 상황에 초점을 두는 것으로 특성화 될 수 있다.

① 생산적인 집단의 신호는 집단원들이 자신이 현재 느끼고, 하고 있는 것에 대해 이야기 한다.

② 과거로부터의 문제를 현재로 가져와 자신의 현재의 느낌과 사고를 다룸으로써 작업을 할 수 있다.

③ 전형적으로 그들의 작업은 분리된 이야기 형태보다 더 직접적이라는 특성이 있다.

(3) 도입과 과도기로부터 작업단계를 구분하는 다른 특성은 작업단계에서 집단원들은 자신의 목표와 관심사를 보다 쉽게 규정짓고 그것에 대한 책임을 배우게 된다. 또한, 집단 내에서 일어나는 것들뿐만 아니라 자신이 배운 것들을 집단 외부의 생활에 적용하는 것에 대해서도 책임을 진다.

(4) 작업단계에서 집단원들 간의 교환은 정직하고 직접적이고 친절한, 그리고 유용한 피드백을 주고받는다. 이를 통하여, 자신이 받는 피드백을 보다 신뢰한다.

(5) 집단의 응집력이 작업단계에서 증가한다.

① 신뢰할 수 있는 공동체를 만들기 위해 함께 노력하고, 서로를 존중하고 배려한다.

② 초기 단계에서 신뢰하는 것보다 더 깊은 수준에서 스스로를 탐색하도록 격려한다.

③ 고통을 나누는 과정을 통해 응집력의 수준을 높여나간다.

④ 고통이라는 갈등에 대한 공동의 인간적 경험에서 자신들을 결합시킨다.

▌집단구성원들의 두려움을 다루기 위한 지도자의 개입

(1) 집단상담 과정을 경험하면서 집단원은 자신들의 불안을 좀 더 잘 인식할 수 있게 된다.

(2) 집단이 단계를 거치면서 개개인과 지도자의 관계를 좀 더 깊어지게 한다.

(3) 지도자의 개입 또한 다른 형태를 띠게 된다.

'남들로부터 평가를 받을 것'이라는 여성 집단원의 두려움.
초기 단계에서의 개입
초기단계에서의 개입은 자신이 남들로부터 평가를 받을 것이라는 두려움과 그 두려움이 집단 내에서의 그녀의 행동에 어떤 영향을 미치는지 좀 더 쉽게 털어놓도록 격려하기 위함이다.
과도기 단계에서의 개입
지도자는 그녀가 판단에 대한 두려움 때문에 자신을 억제해왔음을 인정하도록 격려한다. 집단에서 어떤 두려움을 갖는지 물어도 좋을 것이다. 그런 두려움이 들 때 이 방에서 누구를 가장 의식했나요? 무엇에 대한 두려움인가요? 그 두려움이 이 집단에서 당신에게 어떤 장애를 주나요? 당신이 표현하지 못한 생각이나 감정은 무엇이죠? 구성원들은 그녀의 발언에 대한 자신들의 의견을 나눔으로써 상호작용에 참여할 수 있다. 의견 교환은 좀 더 깊은 탐색을 가능하게 한다.
작업 단계에서의 개입
마음속에 품고 있던 감정을 털어놓음으로써 작업 단계로 나아가게 된다. 이 단계에서는 집단원들의 각오가 있어야 한다. 좀 더 깊은 자기 탐구로 들어가는 데는 개인 삶 속에서 중요한 사람들과 얽힌 문제에 대한 느낌과 감정을 알아보게 하고 말해보게 한다. 이것은 촉매제가 될 수 있을 것이다. 당신이 말하거나 행동하기 두려워하는 일은 무엇입니까? 타인의 판단에 대한 두려움이 없었다면 이 집단 내에서 당신의 태도는 어떻게 달라졌을까요? 자신에게 영향을 주었던 인물(예; 어머니)을 연상시키는 집단원과 역할연습을 하게 한다.

▌작업 단계의 과업

집단은 정적인 존재가 아니며 집단이 작업 동안 높은 수준의 생산성에 도달하였어도 그 수준에 계속 머물러 있지 않을 수도 있다.

(1) 집단 규범과 행동

집단의 응집력은 효과적으로 작용하는 집단의 가장 큰 특징이다. 응집력은 자기표출이나 피드백 주고받기, "지금-여기"에서의 상호작용 토론, 건설적인 직면, 통찰을 행동으로 옮기는 행동지향적 태도를 고양시킨다. 이 시기에 나타나는 행동은 표 **과 같다.

- 집단원들은 지지와 도전을 받으며 그들의 행동변화를 더욱 강화시킨다.
- 지도자는 좀 더 깊은 자기탐색을 하도록 다양한 상담적 개입을 적용하고, 새로운 행동을 해보도록 유도한다.

- 집단원들은 좀 더 직접적인 방법으로 다른 사람들과의 상호작용을 증가시킨다.
- 집단 내에서의 통제나 힘의 대립, 상호 갈등이 자주 토의되며 심층적으로 탐색된다.
- 집단원들의 자기 수용이 증가할수록 집단의 상담 능력도 점차 발전한다

(2) 작업 단계 집단과 비작업 단계 집단의 차이점

작업 단계 집단	비작업 단계 집단
• 목표가 분명하고 구체적이며 집단원들과 지도자에 의해 이 목표를 이루기 위해 직접적인 집단행동이 이루어진다. • 대부분의 집단원들이 소속감을 느끼며 소외된 집단원들은 좀 더 능동적으로 참여할 것을 요구 받는다. 의사소통이 열려 있고 자신의 경험을 정확히 표현한다. • 지금-여기에 초점이 맞춰져 있으며 집단원들은 자신들이 느끼는 것을 서로 직접 이야기한다. • 지도자와 또는 집단원들 간의 갈등이 있음을 인정하고 그것에 대해 토의하며 대부분 해결된다. • 집단원들은 자신의 문제점을 해결하기 위해 어떤 행동을 선택할 것인지에 대한 책임을 받아들인다. • 피드백이 활발하게 오가며 거부감 없이 받아들인다. 그 피드백이 정말로 옳은 것인지 진지하게 숙고한다. • 집단원들은 희망에 차있다. 그들은 건설적 변화와 자신이 원하는 대로 될 수 있다고 생각한다. • 자신을 포함한 다른 집단원들에게 좋은 감정을 느낀다. 집단원들은 서로 힘이 있다고 느낀다. • 다양성, 힘, 특권에 대한 문제들을 다룬다. 개인과 문화적 차이를 존중한다. • 집단원들은 집단 외의 시간에도 그 안에서 제기된 문제들을 작업 한다.	• 목표는 불분명하고 추상적이며 일반적이다. 개인적 목표가 불확실하거나 아예 없다. • 소외감을 느끼며 다른 사람들에게 동일감을 느끼지 못한다. 파벌이 형성되어 분열을 초래한다. 하부집단, 동맹을 형성하기도 한다. • 자신의 문제가 아닌 타인초점을 맞추는 경향이 있고 거짓말을 많이 한다. • 갈등이나 부정적인 감정들을 무시하거나 거부, 회피한다. • 집단원들은 개인적인 어려움을 남의 탓으로 돌리며 변화 하려 하지 않는다. • 피드백을 약간만 주어도 방어적인 태도로 거부한다. 상대에 대한 배려나 연민 없이 피드백을 준다. • 절망과 무력감을 느끼며 자신이 희생양이라고 생각한다. • 집단원은 자신과 다른 집단원을 좋아하지 않는다. • 동일성을 높이 평가하며 개인적, 문화적 차이는 무시한다. 집단원들은 자신들과 다른 사람들을 경멸하고, 힘과 특원에 대한 문제를 의논할 때 방어적이다. • 집단원들은 집단 시간 외에는 집단활동에 대해 거의 생각하지 않는다.

(3) 작업 단계에서 신뢰감 쌓기

① 몇몇 집단원들은 폐쇄적이 되며 움츠러들 수도 있다. 이러한 신뢰 부족이 나타나는 이유는 다양하다.

- 강도 높은 작업이 부담
- 이런 경험이 얼마나 유효한가에 대한 회의.
- 집단원 간의 분노나 고통스런 경험을 표현하는 것의 두려움.
- 생각해 보니 현 상태 그대로 머물고 싶음

② 신뢰 부족문제에 대한 것이 대두되며, 이러한 발언은 지도자에 대한 신뢰 부족을 암시하고 있으며, 지도자는 빨리 이 문제에 대해 활발히 토론하도록 유도해야 한다.
ex) "우리가 항상 여기서 문제를 꺼내놓아야 합니까?"
"우리가 좋은 집단원이라는 것을 보여주기 위해 울어야 하는 것입니까?"
"당신은 너무 사람들을 몰아세우는 것 같아요" 등

③ 강도 높고 생산적인 집단상담의 경우 신뢰의 문제가 다시 수면 위로 떠오르는 일이 종종 발생하기도 하므로, 집단이 전체적으로 퇴행하는 기미가 보이면 심리상담사가 현재 상황을 설명해주고 집단원들로 하여금 느낌과 생각을 표현하게 하는 것이 가장 효과적이다.

(4) 작업 단계에서 해야 할 선택

① 노출 VS 익명

익명성을 통해 스스로를 보호하기도 하지만 집단활동이 효과적으로 진행되면 참여자는 자진해서 속마음을 털어놓으려고 할 것이다. 자신을 알기 위한 시작은 곧 자기노출에서 비롯되기 때문이다.

② 정직 VS 과장

집단상담이 성공하기 위해서는 정직이 우선시 되어야 하며, 집단에 수용되기 위해 거짓말할 필요가 없다는 사실을 기본적으로 집단원에게 알린다. 받아들인다면 자신을 있는 그대로 드러내고 다른 사람의 진정한 모습도 받아들이는 법을 배운다. 그렇지 않다면 집단 내 상호작용은 피상적이게 된다.

③ 자발성 VS 통제

집단원은 가만히 앉아서 할 말을 미리 마음속으로 연습하는 경우가 많다. 통제되고 미리 연습한 방식을 버리고 순간의 사건들에 좀 더 자발적으로 반응하게 한다. '크게 입 밖으로 연습'하도록 격려하고 집단상담 동안 연습되지 않은 행동을 시도해 보도록 격려한다.

④ 수용 VS 거부

집단원들은 거부당하거나 받아들여지는 것에 대한 두려움과 수용적인 분위기를 조성하는 데 있어 각자의 역할과 책임이 있음을 깨닫고 수용 혹은 거부의 분위기를 조성함으로써 자신이 어떤 행동을 취함으로써 스스로 거부당하게 하는지 깨닫는 기회를 준다.

ex) "나는 나 자신이고 싶지만, 나 자신인 것이 두렵다. 나는 수용되지 못할 것이다. 이 집단에 내가 종종 잘 안 맞는 것 같아서 두렵다."

⑤ 응집 VS 분열

- 집단원들이 다른 사람들에게 자신을 내보이고, 고통을 함께 나누고, 서로를 염려하는 마음이 커지고, 의미 있는 작업을 시작하고, 다른 사람들에게 정직한 피드백을 줌으로써 응집력은 다져지게 된다.
- 응집력은 즐겁고 재미있는 순간을 공유하는 것뿐 아니라 의미 있고 고통스러운 문제를 함께 나누는 것에서 비롯된다.

⑥ 작업 단계에서 해야 할 과제

- 과제는 집단상담을 통해 배운 것을 극대화시켜주며 이러한 배움을 일상생활에서의 다양한 상황에 적용 할 수 있도록 해주는 수단이다.
- 작업 단계에서 과제는 매우 유용하며 집단원들에게 꾸준히 일기를 쓰도록 격려한다.

  ex) 일기쓰기는 집단 내에서 새로운 행동에 참여 할 수 있도록 격려하는 촉매 역할을 한다.
- 과제는 통찰의 변화를 위한 행동계획으로 바꾸는 데 도움을 주며 가능한 많이 집단구성원들과 협동하여 과제를 결정한다.

▌집단상담의 상담적 요소

(1) 자기노출과 집단원

집단원들은 자신을 노출함으로써 더 깊은 자기인식을 하게 된다.

① 이 과정을 통해 상담의 힘을 경험하고 자신이 원하는 방향으로 인생을 변화시킬 수 있는 새로운 깨달음을 얻게 된다.

② 집단 안에서의 경험과 관련되어 있을 때 자기노출이 반드시 필요하다.

③ 자신을 잘 표현하지 않는 사람에게는 자기감정을 투사하려는 경향이 있기 때문에 자기노출이 원활히 이루어지지 않으면 자칫 오해가 발생할 수 있다.

④ 문화적 배경이나 성별, 나이와 같은 변수로 인해 차이가 존재하게 되는데 일부 집단원들로부터 자기노출을 기대하는 데 있어 이 또한 고려되어야 한다.

- 노출이 아닌 노출 : 종종 진정한 자기 노출이 '모두 꺼내어 놓는 것'이라고 착각한다.
- 집단원들은 적절한 자기노출과 비적절한 자기노출 간의 차이를 알아야 한다.

비적절한 자기노출 행동

- 자신의 과거를 머릿속에서 미리 생각하여 기계적으로 들려주기만 하는 것은 자기노출이 아니다. 단순히 "그때-거기" 사건을 보고하는 것이다.
- 자신을 노출하고 정직해야 한다는 명목 때문에, 또는 압력을 받아 종종 필요 이상의 사실까지 이야기한다. 그 결과 무방비 상태가 된 기분을 느낌을 받기도 한다.
- 타인에 대해 순간적으로 스치는 감정이나 반응까지 모조리 털어놓게 된다.

(2) 자기노출과 집단지도자

자신을 드러내지 않는 지도자들은 다음과 같은 경향을 보인다.

① 이론에 치우치다 보니 각별히 조심하며 집단원들과의 개인적 교류도 최소화하려 한다. 자신의 역할이 집단원들의 '전이 대상(transference figure)'이라고 생각한다. 이런 지도자들은 모호한 존재로 남아있음으로써 집단원들의 반응을 투사에만 제한하는 경향이 있다.

② 또 다른 이유는 자신들의 경계선을 유지하고, 상담적 관계를 손상시키지 않기 위해서이다. 대신 설명하기, 문제 명료화하기, 요약하기, 중재자로서의 역할, 평가에 초점을 둔다.

③ 적절히 자기노출을 하는 지도자는 위험을 감수하는 모델이 되면서 신뢰를 맺고 발전시키는 핵심요소가 되기도 한다.

④ 지도자는 단지 집단원들에게 인상적이고, 동정을 구하거나 개인문제를 내놓으려는 의도로 자기노출을 하는 것은 피해야 한다고 경고한다.

⑤ 그러한 노출이 집단원과 개인과 전체에게 영향을 줄 수 있기 때문이다.

- Yalom(2005)은 지도자의 자기노출은 집단원들이 목표를 획득하는데 도움이 되는 도구여야 한다고 강조하고 있다. 이는 수용과 지지, 격려를 주는 선택적 심리상담사 노출이 중요하다.
- 노출은 자기 이해를 증진시키기 위해서 가장 잘 사용된다. 자기노출은 항상 지도자 자신의 욕구 안정이 아닌 집단작업을 위해서 진행되어야 한다. 집단에서 지도자의 노출이 미치는 효과와 지도자에게 끼치는 영향은 무엇일까? 중요한 것은 노출의 유무 보다는 언제, 어느 정도, 무슨 목적으로 할 것이냐의 문제이다.

자기노출 문제에 있어 지도자들이 자신의 위치를 결정하는데 고려해 볼 사항
- 개인적으로 탐색하고 싶은 문제가 있다면 자신을 위한 상담집단을 찾아보자.
- 사생활을 밝히고자 할 때 스스로에게 그 이유를 자문해 본다.
- 집단에서 진행되는 일과 관련된 노출이 가장 효과적이다. 집단에서 당신이 느끼는 감정을 말하는 것이 훨씬 더 적절하다.
- 향후 만나게 될 많은 사람들에게 어느 정도 사생활을 공개하고 싶은지 자문해 보라.

(3) 피드백

① 피드백은 변화에 대한 동기를 고조시키고 자신의 행동이 타인에게 미치는 영향에 대해 통찰하게 하며, 집단원들이 그들의 집단경험에 대해서 더 긍정적으로 평가할 수 있게 한다.

② 피드백을 교환하는 과정을 통해 집단원들은 새로운 관점에서 자신들의 대인관계 방식을 점검할 기회를 가지게 되고, 그들의 의미 있는 행동의 변화를 가능하게 한다.

③ 상호피드백의 과정은 집단들로 하여금 집단의 결과에 대한 책임과 서로 맺고 있는 관계를 변화시키는 것도 자기 몫이라는 것을 수용할 수 있도록 격려한다.

④ 집단원들은 긍정적이고 지지하는 피드백과 시정을 요구하거나 도전하는 피드백을 비교 평가할 때 듣기 힘들다고 여길 수 있다.

⑤ 만약 피드백이 명확하고, 염려해주고, 개인적인 방식으로 주어진다면, 지지하고 도전하는 피드백 모두 집단원에게 도움이 된다.

효과적인 피드백을 가르치는데 사용되는 지침

- 모호한 발언 보다는 분명하고 직접적인 태도로 말하는 간결한 피드백이 효과적이다.
- 다른 사람에게 피드백을 주자.(타인에게 충고나 단정 지어 말하기 보다는 그들이 본인에게 어떤 영향을 미치는지에 대해 이야기를 나눈다.)
- 집단에서 행동과 관련된 지금-여기에 해당하는 피드백이 특히 중요하다.
- 피드백은 반드시 적절한 때에 비판적이지 않은 방식으로 주어야 피드백을 받는 사람이 그 정보를 곰곰이 생각해 볼 수 있는 기회가 많아진다.
- 대인관계에 관련된 피드백이 설득력이 있다.
- 피드백을 줄 때 경험하는 어려움에만 집중하지 말고 개인의 강점을 말해주는 '샌드위치 피드백'이 상호작용을 향상시킬 수 있다.

(4) 직면

① 직면은 활발한 집단활동의 기본적인 요소인 피드백의 한 형태이며 건전한 관계의 한 형태이다.

② 도움이 되는 직면을 통해 집단원들은 자신의 말과 행동이 다르다는 것을 알고 자신의 잠재력을 인식하게 되며 깨달음을 행동을 옮기는 방법을 터득한다.

③ 신중한 직면은 궁극적으로 자기대면 능력을 향상시키며, 효과적인 직면은 지속적인 행동의 변화를 가져올 수 있다.

(5) 응집력과 보편성

① 작업단계의 가장 큰 특징은 집단의 응집력으로 집단원들이 자진하여 자신을 다른 집단원들에게 알리려는 데서 비롯된다.

② 응집력이 있는 집단의 특징은 지지, 연대, 경험의 공유, 집단과의 상호관계, 구성원을 결합하는 일체감, 소속감, 따뜻함과 친밀감, 배려와 수용력이 있다.

③ 응집력은 집단 내에서 많은 긍정적인 특성들과 관련이 있으며, 응집력은 처음에는 집단의 지지와 수용을 강화하는 상담적 요소로 작용을 하다가 후에는 개인관계에 대해서 배우는 중요한 역할을 하게 된다.

④ 작업단계에서는 집단원들이 서로의 공통점을 볼 수 있게 되며, 자신들이 안고 있는 문제가 너무도 비슷하다는 사실에 놀라게 된다.

⑤ 초기에 집단원들은 서로 다르다고 느끼다가 상담이 진행되면서 응집력이 높아지

고 이질감은 사라지게 된다.

⑥ 지도자는 집단원들에게 공동으로 나타나는 문제나 감정, 욕구에 중점을 둠으로써 응집력을 높이도록 도울 수 있다.

⑦ 집단원들은 그런 감정을 느끼는 것은 자기만이 아니라는 사실을 깨닫게 되는데 이러한 연대감은 집단이 앞으로 나갈 수 있는 원동력을 제공한다.

(7) 희망

① 희망은 변화할 수 있다는 믿음으로 사람은 과거의 희생양이 아니며 새로운 결정을 내릴 수 있다는 믿음이다.

② 희망은 그 자체만으로도 상담의 힘이 있어 집단원들에게 이제까지와는 다른 것을 선택할 힘이 있다는 자신감을 준다.

③ 심리상담사들은 변화와 좀 더 나은 결과가 가능하다는 확신을 가지고 집단원들에게 접근하는 것이 절대적으로 필요하며 집단원들에게 유용한 자원들이 무엇인지 인식하고 있어야 한다.

(8) 모험을 신뢰하고자 하는 의지

① 모험을 한다는 것은 상처받을지도 모르는 상황에서 자신을 노출하는 것이며 변화하기 위해 적극적으로 행동하는 것이다.

② 집단의 신뢰수준이 높아질수록 안락한 수준에서 벗어나려 할 것이다.

③ "지금-여기"에서 자신의 느낌을 과감히 밝힘으로서 집단원들은 활발히 신뢰감을 형성하며 좀 더 깊은 수준의 자기 탐색이 가능하게 된다.

(9) 관심과 수용

① 관심은 그 사람의 말을 들어주고 관여하는 것이다. 관심을 나타내는 방법 중 하나는 누군가가 받아들이기 어려운 정곡을 찌르는 피드백을 받았을 때 그 사람 곁에 함께 있어 주는 것이다.

② 다른 사람에 대한 자신의 관심이 중요하며 자신이 인간으로서 존중받는다는 느낌을 받으면 집단원들은 과감히 자기노출을 할 수 있다.

③ 수용은 다른 사람으로부터의 지정한 지지로 자신의 감정과 가치를 가지고 그것을 표현할 수 있는 권리를 지지한다는 것을 포함한다.

④ 관심과 수용은 타인의 괴로움을 진정으로 이해하는 공감으로 나타난다.

(10) 힘

① 힘은 자신의 내부에 아직 개발되지 않은 자발성, 창의력, 용기 그리고 근력이 있

다는 깨달음에서 비롯된다.

② 힘은 다른 사람에 대한 지배력이 아니라 자기 인생의 진로를 결정하는데 필요한 힘이 자신에게 있다는 깨달음이다.

③ 현재 상황에서 더 나은 삶을 영위하기 위해 앞으로 나아갈 수 있다는 깨달음을 얻을 때 힘을 갖게 된다.

(11) 정화

① 집단원들은 신체가 마음의 고통을 다양한 증후들로 나타나고 있다는 사실을 모른채 고통스러운 감정들을 기억하고 싶지 않다고 말한다.

② 쌓여있던 고통과 그간 나타내지 않았던 감정들을 표현하고 나면 사람들은 대개 정화(catharsis)라고 알려진 엄청난 신체적, 정신적 해방감을 느낀다.

③ 감정의 정화를 경험하는 것이 기분 좋은 일이지만 일상생활에서도 억눌린 감정을 배출하라고 부추길 수는 없다.

④ 집단원들에게 자신의 감정을 잘 제어하여 만나는 상대에 따라 그것을 표현하도록 가르치는 것은 심리상담사의 중요한 임무이다.

⑤ 감정의 표출은 집단상담에서 매우 중요한 역할을 하며 감정의 표현은 신뢰와 응집력을 촉진시킨다.

⑥ 감정을 표출하고 난 후 감정적인 상황과 이러한 감정적 패턴 저변에 놓인 인지와 연관된 집단원의 통찰을 다루는 것이 중요하다.

⑦ 지도자는 집단원들이 감정적 탐색을 인지적이고 행동적인 작업과 연결시키도록 도움을 줄 수 있어야 한다.

⑧ 인지적 요소

- 감정의 분출을 경험한 후 이 경험이 갖는 의미를 올바로 이해하고 이를 바탕으로 새로운 결정을 내려야 한다.
- 특정한 경험과 연관된 강렬한 감정의 의미를 개념화 하는 것은 그 사람의 고통을 깊이 탐색하는데 반드시 필요한 요소이다.
- 인지적 요소에는 설명, 명백화, 해석, 사고의 정립, 문제를 새로운 시각으로 볼 수 있게 하는 인지적 구조의 제공 등이 포함된다.

⑨ 변화하겠다는 의지

- 변화하겠다는 의지는 집단원들이 집단상담에서 여러 작업을 이용하여 자신의 행동을 변화시킬 방법을 모색하는 의지를 말한다.
- 집단원들은 자신들이 집단에 있는 이유를 스스로 상기할 필요가 있으며, 일상

생활에서 실천할 수 있는 행동계획과 전략을 세워야한다.
- 집단원들은 자신의 계획이 얼마나 효과적인지 평가할 수 있어야 한다.
- 심리상담사와의 접촉을 통해 현실적이고 책임감 있는 계획을 짜야 한다.

⑩ 마음껏 시도해보기
- 집단상담은 새로운 행동을 시도해 볼 만한 안전한 장소를 제공한다.
- 집단 내에서 새로운 행동을 시도하고 나면 집단원들은 자신이 기존의 모습에서 얼마나 변화하고 싶은지 깨닫게 된다.

⑪ 유머
- 유머는 집단원들이 자신의 문제에 대해 통찰력을 갖거나 새로운 시각으로 바라볼 수 있도록 함으로써 치료의 효과가 있을 수 있다.
- 유머는 문제를 새로운 시각으로 바라볼 것을 요구하며 집단 내 모든 사람들을 더욱 가깝게 느끼도록 할 수 있으며, 작업도 즐겁게 할 수 있다는 것을 의미한다.
- 유머는 내담자에게 현재 자신의 상황에서 불합리하고 아이러니한 면을 찾아내도록 도와주는데 효과적인 전략이다.
- 유머를 사용할 때는 미리 계획된 유머가 아닌 즉흥성에 기초한 유머를 사용하는 것이 효과적이다.

▌작업 단계에서의 공동지도자 문제

(1) 집단의 진행평가 : 공동지도자들은 시간을 할애하여 집단의 방향과 생산성을 평가할 수 있다.

(2) 토론의 기법 : 집단을 이끄는 기법과 지도력의 유형에 대해 논의하면 큰 도움이 되며, 두 지도자간의 서로 다른 유형에 대해서도 토론해볼만하다.

(3) 이론적 방향 : 집단활동에 대해 반드시 같은 의견을 공유해야 할 필요는 없지만 공동지도자와 각자 배우고 깨달은 것을 토론하게 되면 서로 다른 이론이 멋지게 통합될 수 있을 것이다.

(4) 자기노출 문제 : 공동지도자들은 적절하고 상담에 도움이 되는 차원에서 자기노출에 대한 자신들의 느낌을 탐색해야 한다.

(5) 직면문제 : 공동지도자가 직면에 대한 생각이 다를 때 집단에게 피해가 가지 않도록 충분히 이야기를 나눠야 한다.

4. 집단상담의 종결단계

▌종결단계의 의의

(1) 집단의 종결단계에서 집단원들은 집단상담에서 자신이 경험한 것의 의미를 명확히 하고 자신들이 얻은 깨달음을 더욱 공고히 하며, 일상생활에 적용하고 싶은 행동이 무엇인지 결정한다.

(2) '관계를 잘 마무리 할 수 있는 경험'의 기회를 가진다.

(3) 종결을 얼마만큼의 시간 여유를 두고 상담을 끝내는가 하는 문제에는 많은 변수가 작용한다. → 어떤 집단이든지 '충분한 시간을 할애하여 각자의 경험을 통합하고 평가해야 한다.

▌종결단계에서 집단원들의 특징

(1) 복합적 감정의 소유

① 집단원들이 집단을 떠나야 하는 데서 오는 분리감, 상실감을 경험한다.

② 집단에서 새로운 행동을 실생활에 잘 적용할 수 있을 것인가에 대한 의구심과 두려움을 지닌다.

③ 집단 경험을 통해 얻게 된 것에 대한 성취감을 느낀다.

④ 새로운 삶에 대한 기대감을 갖는다.

(2) 소극적 참여

집단의 마지막을 예상하여 집단 활동에 냉담해지고 참여에도 소극적인 자세를 취한다. → 집단 작업의 강도가 줄어드는 경향(종결에 대한 저항)을 보인다.

▌집단상담 마지막 단계의 과업 : 학습의 강화

(1) 종결단계에서는 집단원들이 학습을 강화하고 집단 상담을 통해 배운 것을 일상생활에 적용할 수 있는 전략을 발전시키는 시기이다.

(2) 집단경험에 대해 표현하는 시기이다.
집단을 되돌아보며 집단에 대한 생각, 느낌, 의미, 앞으로 어떻게 달라질지에 대해 나누도록 한다.

(3) 지도자가 해야 할 일

① 집단원들이 집단에서 일어났던 일을 의미 있게 여길 수 있도록 하는 방법을 배우도록 돕는다.

② 상담이 끝난다는 현실을 직면하고 작별하는 방법을 배우도록 돕는다.

▌집단별 종결의 특성

개방집단의 종결시의 과제는 다음과 같다.

(1) 집단원들이 떠날 때가 됐다는 결심을 하게 될 때 적절한 통보를 하도록 교육시키는 정책이 필요하다. 미해결된 사건을 다룰 시간을 확보할 수 있다.

(2) 초기부터 집단원들과 정보에 입각한 합의를 하고 생산적으로 종결할 수 있는 방법에 대해 설명한다.

(3) 떠나는 집단원에게 정서적으로 종결할 시간을 준다.

(4) 종결을 이해하고 인식하는 집단원들의 문화적 영향을 탐색한다.

(5) 적절한 다른 상담을 소개한다.

(6) 사전 통보없이 떠나려는 집단원들에게는 그 동기를 탐색하고 이유를 설명할 수 있을 만큼 충분히 오래 집단에 남아 있도록 격려한다.

▌집단 경험의 종결

(1) 분리감정 다루기

집단이 끝나는 것에 대한 상실감, 슬픔을 마음 속에만 품고 있다면 결국 실생활에서도 이러한 감정에 대처하는 방법을 제대로 습득하기 못하기 때문에 집단 내에서 충분히 표현하고 다루어야 한다

(2) 집단상담의 초기 지각과 후기 지각 비교

① 집단 초기 : 집단을 처음 시작하는 느낌에 대해 이야기를 나눈다.

ex) 방 안을 둘러보며, 집단 원을 바라보며 떠오른 생각이나 느낌에 대하여, 마지막 시간에 이런 일을 한 번 더 할거라고 말해준다.

② 집단 후기 : 첫 시간에 했던 이야기를 상기 시키며 후기와 초기의 느낌을 비교해 본다.

ex) 변화에 대해 이야기 나누는데, 변화가 있기까지 한 일이 무엇인가에 대하여 나눈다.

(3) 미해결 문제 다루기

① 자신의 문제가 완전히 해결되지 못한 집단원들에게는 그 문제를 토론할 수 있도록 격려해준다.

② 최소한의 해결점이라도 찾게 해준다. 즉, 현실적으로 탐색을 시도한 문제들이 모두 해결될 수는 없지만 상담이 얼마 남지 않았을 경우, 집단원들에게 이를 상기

시켜주면 집단원들은 남은 시간동안 각자 계획했던 것을 달성하려고 노력할 것이다.

(4) 집단경험 뒤돌아보기

① 집단원들에게 "이번 상담을 통해 배운 것이 무엇이고 어떻게 그런 교훈을 얻게 됐는지" 에 대해 의견 나누기를 하게 한다. 이를 위해 마지막 시간에 상담을 전체적으로 어떻게 보는 가에 대해 토의하는 시간을 마련한다.

② 평가 작업을 위해서는 집단원들이 좀 더 '구체적으로 상세히' 말하도록 유도한다. 이를 통해 집단원들은 자신들이 깨달은 것을 좀 더 쉽게 일상에 적용할 수 있다.

적용할 수 있는 질문들

- 집단이 어떤 면에서 당신에게 의미가 있었나요?
- 어떤 면에서 변했다고 생각하죠?
- 당신이 깨달은 것 중 기억하고 싶은 것들은 무엇인가요?
- 집단 경험 중에서 떠오르는 것들은 무엇이죠?

(5) 행동변화의 실습

① 다른 사람을 변화시키려고 고심하기 보다는 자신을 바라보고, 자신이 원하는 방향으로 변화되는 것이 중요하다는 것을 전달한다.

② 상담이 끝난 후에도 새로운 행동을 실습해볼 수 있도록 격려한다.

③ 새로운 행동들을 실행해본 후에 자신들이 여러 상황에서 어떤 새로운 행동을 시도했는지에 대해서 이야기 나눈다.

④ 실습의 단계

역할극, 리허설

- 자신이 원하는 대로 행동할 수 있는 구체적 기법들을 습득할 수 있다.
- 유의점 : 하고 싶은 말의 핵심만 간략하게 말하기!!!

⇩

실제 상황에서 실행해보기

- 외부 사람들을 상대로 새로운 행동을 계속 시행할 수 있도록 서로 격려하기

(6) 좀 더 심도 있는 학습 수행하기

① 집단의 궁극적인 목적은 집단에서 습득한 학습 내용을 외부세계에 나가서 도전하고 삶을 더 생산적으로 변화시키는 것이므로, 집단원들이 집단을 통해 배우고, 변화된 것을 외부 환경에서 적용하여 행동으로 옮길 수 있도록 구체적인 행동계획을 세우는 것이 무엇보다도 중요하다. 실생활에서의 실천 없이는 집단의 종결과 함께 다시 원점으로 돌아갈 수 있다.

② 집단원들은 비현실적 기대를 하기도 한다

- '변화는 즉각적, 자동적이며, 영원히 지속되고 대변혁이 일어날 것이다'라고 믿는 경우이다.
- 지도자는 집단원들이 오랜 기간 굳어진 습관을 한순간에 변화시키기 어려우므로 변화가 서서히 진행된다는 점을 깨닫도록 돕는다.

③ 사용할 수 있는 전략의로써, 자신이 배운 것을 외부 환경에 적용할 수 있는 다양한 방법들에 대해 정기적으로 토론한다.

스스로의 미래에 대해 투사해보기

- 6개월 or 1년 후에 만들고 싶은 변화를 생각해보도록 요청한다.
- 전 집단이 지정된 시간에 한 곳에 모이는 상상을 한 후 그 때 서로에게 무슨 말을 하고 싶을지에 대해 말해본다.
- 미래 투사기법(심리극) : 자신들의 미래에 대한 불안을 표현하는 것을 돕기 위해 고안한다.

ex) 현 상황에서 미래를 그려보도록 하기 : 미래의 시간과 장소, 상대방 에게 하고 싶은 대화를 집단원들과 연기해보기를 해본다. 이를 통해, 사건을 현재로 불러옴으로써 자신이 원하는 것을 얻기 위해 얼마나 노력해야 하는지 깨닫게 된다.

(7) 피드백 주고받기

① 집단원들이 서로 최종적인 피드백을 주고받는 것은 매우 중요한 활동이다.

② 최종적인 피드백은 집단원들이 그동안의 집단 경험과 작업을 통해 어떻게 변화되었는지에 대해 각자 다른 집단원에게 말해 주는 것이다.

상담 후반기 피드백주기

- 초점이 분명한 피드백주기
  "○○씨의 솔직한 피드백이 마음에 들어요. 더욱이 다른 사람들을 따뜻하게 배려하고 경청해주는 태도가 저한테는 너무 좋은 느낌으로 다가와요."
- 보편적인 피드백은 피하기
  "전 정말이지 ○○씨가 참 괜찮은 사람이라고 생각합니다."
- 통합과 학습을 종합하는 것에 초점이 맞춰진 건설적인 피드백주기
- 피드백을 줄 때 다음과 같은 말로 시작하기
  - *당신에게 내가 바라는 것은...*
  - *내가 당신에게 한 가지 줄게 있다면 그것은...*
  - *당신한테 배운 것들 중에 몇 가지는 당신이...*

(8) 다짐과 과제

① 집단원들이 상담을 통해 새로운 시작을 계속해 나가도록 돕는 유용한 방법은 앞으로의 다짐을 쓰는 것이다.

② 다짐은 상담이 끝난 후에도 집단원들이 자신들의 목적을 성공적으로 달성하기 위한 계획이다.

③ 다짐은 상담 후반기의 과제에 포함될 수 있다.

다짐하기

- 거창한 계획하지 않기
- 자신이 쓴 것을 집단원들 앞에서 큰 소리로 읽고 그에 대한 구체적 제안받기
- 집단 내에서 한 사람을 골라 그 사람에게 자신의 진척 상황을 알리도록 하기
- 다짐하기의 예
  "*나는 수업시간에 좀 더 자주 발표하는 일을 시도해왔다. 나는 앞으로도 수업시간에 계속 발표할 것이며 학기가 끝날 때마다 최소한 두 명의 집단원에게 전화해 나의 진척을 알릴 것이다.*"

(9) 좌절 극복하기

집단원들이 현실적인 방해요소들을 극복하고 낙담하거나 포기하지 않도록 강화시

켜야 한다.

좌절 극복하기
- 지원체계를 만들어 집단원들을 돕도록 하기
- 퇴보와 기대하지 않았던 결과를 극복하는 방법에 대해 토론하기
- 다짐에 과제를 맞추고 지나친 계획을 세우지 않도록 하기
- 집단원들에게 추수모임의 중요성 강조하기

(10) 집단상담에서 배운 것을 실생활에 옮기는 지침

① 집단상담은 목표가 아니라 하나의 수단이라는 것을 인식하라 : 집단상담의 목적은 참가자들로 하여금 일상생활에 어떤 변화를 가져올 것인지를 결정하도록 하는 일이다

② 변화는 천천히, 눈에 띄지 않게 일어난다는 사실을 깨달아라 : 변화의 과정이 느리다는 사실은 집단에서 탐구해야 할 좋은 주제이다.

③ 한 번의 집단상담만으로 인생이 달라지기를 기대하지 마라 : 단 한 번의 집단상담은 그것이 아무리 그 자체로 중요한 변화를 일으키는 촉진제의 잠재성이 크다 해도 집단원들의 결심을 지속시키는데 충분하지 않다.

④ 자신이 깨달은 사실을 어떻게 할 것인지 결정하라 : 집단상담을 통해 집단원들은 자신이 누구이며 자신이 남들에게 어떻게 비춰지는지 깨닫게 되는데, 이 깨달음으로 무엇을 할 것인지는 집단원들 자신에게 달려있다.

⑤ 마지막 단계에서는 집단원들이 각자 배운 것을 공고히 하고, 이를 일상생활에 활용할 수 있도록 가르쳐야 한다.

(11) 종결 시 고려해야 할 사항들

비밀유지의 강조가 중요하다. 집단경험에서 배운 것을 다른 사람들에게 전달하려고 할 때 발생되는 경우가 종종 있는데, 다른 집단원들의 신상에 대해 상세하게 언급하거나 거론하지 않도록 강조한다.

▍집단경험의 평가

(1) 집단의 평가

① 집단의 평가는 집단 종결 시기에 수행되어야 할 과업 중 하나이다.

② 집단원들로 하여금 각자 집단과 지도자에 대한 평가를 내리게 한다.

평가의 역할

- 평가는 또 다른 집단상담을 이끄는 밑거름이 된다.
- 평가는 집단원들이 한 번 더 집단에 대해 곰곰이 생각해보는 시간을 제공하며, 집단경험의 의미를 되새기도록 해준다.
- 평가를 통해 상담을 필요로 하는 집단원들에 대한 의뢰가 가능해진다.

(2) 집단평가방법

① 리커트 척도를 사용한 객관적 질문지

번호	문 항	매우 그렇다	그렇다	보통 이다	그렇지 않다	전혀 그렇지 않다
1	이번 집단상담을 통해 다른 사람들을 보다 잘 이해할 수 있게 되었다.					
2	집단상담은 내게 아무런 영향을 주지 않았다.					
3	집단경험은 집단 밖에서의 실생활에 긍정적인 영향을 주었다.					
4	이 집단에 소속되어 있었다는 사실이 싫었다.					
5	집단경험은 나를 이해하는 데 많은 도움이 되었다.					
6	다른 친구들에게도 집단상담을 적극 추천하겠다.					

② 집단원들의 주관적 반응을 측정하기 위한 주관식 질문지

1. 집단경험이 일반적으로 당신의 인생에 어떤 영향을 미쳤습니까?
2. 당신의 생활방식이나 태도, 대인관계에 대해 구체적으로 깨닫게 된 것은 무엇입니까?
3. 집단상담이 끝난다는 사실과 변하겠다는 결심을 실행하는 과정에서의 문제점은 무엇입니까?
4. 집단에 참여함으로써 자신들의 삶에서 중요한 사람들에게 어떠한 영향을 미쳤다고 생각합니까?
5. 만약 집단에 참가하지 않았다면 현재 자신의 삶이 어떻게 다를 것 같습니까?

③ 각 집단원들과 개별적으로 상담을 갖거나 계속 연락하며 지낸다.

④ 한 번 이상의 추수모임을 가진다.

⑤ 집단원들에게 상담일지를 작성하라고 제안한다.

▌집단상담 종결기에서의 공동지도자 문제

(1) 공동지도자들은 종결기에서 충분히 다를 수 없었던 새로운 문제를 꺼내지 않도록 합의한다.

종결기 동안 공동지도자와 함께 상의해야 할 사항들

1. 특별히 염려되는 집단원이 있는가? 특정 집단원에게 하고 싶은 말이 있는가?
2. 집단상담이 끝나기 전에 집단원들과 함께 나누고 싶은 생각이나 느낌은 있는가?
3. 두 사람 모두 상담이 끝나고 지도자들과 헤어지는 데서 오는 감정을 다스릴 수 있는가?
4. 집단원들에게 집단상담의 경험을 되돌아보고 그 가르침을 일상생활에 실천하도록 하는 가장 효과적인 방법은 무엇이라고 생각하는가?
5. 상담이 끝나기 전이나 추수상담 때 집단원들이 집단상담을 평가하는 데 도움이 될 만한 계획이 있는가?

(2) 집단상담이 끝난 후에도 공동지도자들은 다시 만나서 함께 작업한 경험을 토론하고 집단상담을 정리하는 것이 바람직하다.

집단상담의 경험과 깨달음을 통합하는 과정에서 공동지도자와 탐색할만한 주제

1. 공동지도자와 책임의 균형 문제에 대해 토론하기
2. 한 명은 너무 지지해 주는 편이고 다른 사람은 지나치게 반박하는 경향이 있지 않았는가?
3. 두 사람의 지도방식은 어떻게 조화를 이루었으며 집단에 어떤 영향을 끼쳤는가?
4. 집단의 나아갈 방향이라든가 집단 활성화에 필요한 요소들을 결정하는 것과 같은 기본적 문제에 있어 의견일치가 이루어졌는가?
5. 함께 작업하면서 좋았던 점과 나빴던 점을 이야기하기
6. 스스로에 대한 평가뿐 아니라 상대방을 평가해주기
7. 두 사람 모두 집단에서의 중요한 순간들을 돌아보기

(3) 각 집단원에 대해 간략히 평가하는 것이 바람직하다

▌추수상담

(1) 집단을 종결하고 나서 일정한 시간이 지난 후에 집단에 참여했던 사람들이 집단에서 습득한 새로운 행동을 얼마나 효율적으로 적용하고 있는가를 점검하기 위함이다.
(2) 상담이 끝난 후 집단원들이 직면했던 어려움을 공유하고 변화를 위해 취했던 방법들을 이야기하는 시간이 될 수 있다.
(3) 사람들에게 변화를 위해 자신들이 되고자 하는 것과 모험을 감수할 필요성에 대한 책임이 있다는 것을 상기시켜 주는 또 다른 기회를 제공한다.

참고문헌

1. *김광웅, 유미숙, 유재령*(2008) 놀이치료학. 학지사
2. *김동배, 권중돈*(200(1). 인간행동이론과 사회복지실천. 학지사
3. *김혜란, 홍선미, 공계순*(2007). 사회복지실천기술론. 나남
4. *김용배*(2008). 실황적인지행동치료 Rain E. McMullin저. 하나의학사
5. *김영숙 외*(2003). 사회복지프로그램 개발과 평가. 교육과학사
6. *김현택 외*(2003). 심리학-인간의 이해. 학지사
7. *김성천, 노혜련*(1998). 치료감호소의 만성정신장애인을 대상으로 한 반려견 방문 프로그램의 효과에 관한 연구. 한국사회복지학회. 36. 1-19
8. *김성천, 노혜련*(1998). 학교폭력으로 인해 대인관계의 문제를 갖게 된 청소년에 적용한 동물매개프로그램의 효과에 관한 연구. 정신보건사회사업학회. 5. 85-98
9. *신동욱 외*(2006). 애견학 개론. 한진
10. *신성자*(200(1). 자폐아동의 대인상호작용 증진을 위한 치료도우미견 매개프로그램의 효과 및 효과지속성에 대한 평가. 한국사회복지학회. 45. 250-287
11. *신성자, 권신영*(2000). 치료도우미견매개 프로그램이 자폐아동의 사회성 향상에 미치는 영향. 한국사회복지학회.43.157-192
12. *신성자, 정숙희*(2000). 치료도우미견 보조 프로그램이 정신분열증 환자의 사회기능수준 향상에 미치는 영향. 정신보건과 사회사업학회. 10. 85-112
13. *신혜정*(1995). 자폐아동의 사회성 향상을 위한 형제자매 중재효과. 대구대학교 교육대학원. 석사학위논문
14. *안제국 외*(2007). 동물매개치료. 학지사
15. *안병환 외*(2007). 행동수정Raymond G. Miltenberger저. 시그마프레스
16. *여광응 외*(2003). 특수아동의 심리학적 이해. 학지사
17. *원허택, 권석만*(2002). 이상심리학총론. 학지사
18. *오혜경*(2005). 사회복지 윤리와 철학. 창지사
19. *유재연, 전병윤*(2003). 애완견을 이용한 동물매개활동의 발달지체아동 교육프로그램 적용 가능성 탐색. 한국 자폐학회. 4(1), 163-184

20. *이성진*(2004). 행동수정의 현장기법. 교육과학사

21. *이형구*(2008). 동물매개치료. 에듀컨텐츠

22. *이장호 외*(200(1). 상담심리학의 기초. 학문사

23. *이인정, 최해경*(2007). 인간행동과 사회환경. 나남출판

24. *이영훈*(2002). 자폐아동의 사회성 향상을 위한 움직임의 활용. 용인대학교 예술대학원. 석사학위논문

25. *이진숙*(2004). 유아의 정서지능과 유아의 배경변인 및 애완동물 기르기와의 상관에 관한 연구. 한국외국어대학교 교육대학원. 석사학위논문

26. *이진숙*(2004). 애완견 매개활동 프로그램이 자폐아동의 사회적 행동변화에 미치는 효과. 강남대학교 교육대학원 석사학위논문

27. *이상복, 이상훈*(1999). 정서. 행동장애아 치료와 교육. 대구대학교 출판부

28. *조복희*(2002). 아동발달. 교육과학사

29. *채준안*(2000). 치료레크레이션 입문. 인간과 복지

30. *한국수의공중보건학회*(2004). 수의공중보건학. 문운당

31. *Suzanne Hetts, 이승근, 윤영원 역*(2004) Pet Behavior Protocol(개와 고양이의 행동학 프로토콜). NEWPHIL PRESS

32. *Fine H. Aubrey.* (2000). Animals and Therpist; Incorporaying Animal in Outpatient Psychotherapy. In Handbook on Animal-Assisted Therapy. Edited by Fine, H. Aubrey. San Die go; Academic press.179

33. *Levinson B. M.* (1964). Pets; A Special Technique in Child Psychotherapy. Mental Health. 48. 243-248

34. *Levinson B. M.* (1972). Pets and Human Development. Illinois; Springfield.

동물매개치료와 심리상담

인 쇄 / 2016년 8월 1일
발 행 / 2016년 8월 5일

•

저 자 / 김옥진, 임세라
펴 낸 이 / 정 창 희
펴 낸 곳 / 동일출판사
주 소 / 서울시 강서구 곰달래로31길7 (2층)
전 화 / 02) 2608-8250
팩 스 / 02) 2608-8265
등록번호 / 제109-90-92166호

•

ISBN 978-89-381-0839-5-93510
값 / 24,000원